激荡时代一书生

A scholar in the turbulent era

（第2版）

林宗寿　著
By Lin Zongshou

远 见 出 版 社
Foresight Publishing LLC

ISBN: 979-8-9925780-4-1
出版方：远见出版社
波士顿，美国
版次：2025 年 1 月第 2 版
印次：2025 年 1 月第 1 次印刷
封面设计：洪林设计
内页排版：洪林设计

《激荡时代一书生》 / 林宗寿
ISBN: 979-8-9925780-3-4
Ⅰ. ①激荡时代 ②书生 Ⅱ. ①林宗寿 Ⅲ. ①传记文学—中国—当代

ISBN: 979-8-9925780-3-4
Published by Foresight Publishing LLC
Boston, Massachusetts, USA
First Edition: January 2025
Printing: January 2025, frist Printing
Cover Design by Hong Lin Design
Interior Layout by Hong Lin Design

A scholar in the turbulent era / Lin zongshou
ISBN: 979-8-9925780-4-1
Ⅰ. ①turbulent era ②A scholar Ⅱ. Lin zongshou Ⅲ. ①Biographical Literature - China - Contemporary

内容简介

　　本书是林宗寿教授的自传体回忆录。他以 20 世纪 50 年代以来中国社会变化为背景，记录其人生历程、奋斗经历、生活感悟及时代变迁。他丰富的人生阅历，故事性的表达方式，引人入胜的叙述风格，给人启迪与激励。是一本珍贵的史料和人生教科书。他凭借自己的勇气、信念和坚持，描述了过往岁月的艰辛和美好，表达了对国家、社会和亲友的珍重。

　　林宗寿教授出生于"大跃进"运动前夕，经历过三年困难时期，参与过文化大革命，响应国家号召上山下乡，1977 年恢复高考使之成为了"天之骄子"，见证了八九民运，赶上了出国潮出国留学，回国后成为大学教授，产学研相结合创建了高科技公司，最终成为一位知名教授、博士生导师，水泥行业的权威专家。

Content Introduction

This book is an autobiographical memoir by Professor Lin Zongshou. Against the backdrop of the social changes in China since the 1950s, he records his life journey, the experiences of his struggles, his insights into life, and the vicissitudes of the times. With his rich life experiences, his storytelling way of expression, and his captivating narrative style, this book provides inspiration and motivation. It is a precious historical material and a textbook of life. Relying on his own courage, belief, and perseverance, he describes the hardships and beauty of the past years and expresses his respect for the country, society, relatives, and friends.

Professor Lin Zongshou was born on the eve of the "Great Leap Forward" movement. He lived through the three-year difficult period, participated in the Cultural Revolution, responded to the country's call to go to the countryside, and became an "outstanding talent" when the college entrance examination was restored in 1977. He caught up with the trend of going abroad and studied overseas. After returning to China, he became a university professor. By combining production, education, and research, he established a high-tech company. Eventually, he became a well-known professor, a supervisor of doctoral students, and an authoritative expert in the cement industry.

时光荏苒，日月如梭，转眼间我已 65 周岁了。在即将告别我所热爱的科研事业之际，我谨以此书献上一份心意，并以此感谢生我育我的父母；

感谢我亲爱的妻子、女儿、女婿和两个可爱的外孙，给我带来灵感、快乐和力量；

感谢与我同生共长的兄弟姐妹，陪伴我度过快乐的童年；

也以此感谢与我共同走过这段旅途的老师、同学、同事和朋友们，感谢你们的帮助！

目　录

自 序

65 周岁对大多数人而言，是人生中的一道坎，绝大多数人都要退出工作岗位，同时退出历史的舞台。

我号称太姥山人，来自福建太姥山，从一个懵懂少年成长为一名大学教授，博士生导师，但我始终认为是一个普通的人。

生活中的我，经历过一些荣耀，也得到过一些奖赏，这些虽然是美好的，但不过是过眼云烟。生活中的我，经历过一些磨难，也受到过一些委屈，这些虽然是痛苦的，但却使我更加坚强。

我的一生，有过被人理解的畅快，也有过被人误解的酸楚；有过被人支持的感恩，也有过被人拆台的无奈，但这一切都已成为了往事，成为了一段历史的插曲。

老年人怀旧，这是自然的。回首往事，在晨光熹微的清早、在夕阳西下的黄昏、在莺歌燕舞的春天、在烟雨迷蒙的雨季、在落叶缤纷的秋日、在白雪皑皑的隆冬，我脚踏实地，一步一个脚印走到了今天。

在平凡的生活中，总有些不平凡的日子，记住它们、怀念它们是一件很有意义的事情。我一直想淡忘一些东西，但总有些事情难以忘记。我一直想记录一些东西，但自己的心情却总难以平静。现在我就要退休了，就想给自己留下点什么。于是，我终于努力将心平静了下来，终于想写点儿什么了！于是，就有了写这本回忆录的想法！记下了自己生活中的一些值得纪念并记住的事情！

我的前半生，苦难、勤奋、执着……点点滴滴的小故事，串起了岁月的轻纱，萦绕在脑海边的满是那耕耘岁月的身影。我的人生不追求浓墨重彩，却有着平凡人走过的不平凡的历程。"苦乐童年"妙趣横生，"文化大革命"人性险恶，"中学时光"朴实天真，"上山下乡"苦中作乐，"恢复高考"改变命运，"大学生活"丰富多彩，"产学研相结合"脚踏实地，"著书立说"勤奋努力……等等，记述了我一生平凡的生活和不平凡的经历。我用自己的勇气，用自己的信念，写下了对过往岁月的留恋，写下了对友人的珍重，写下了走遍天涯海角的足迹。

此刻，你即将读到的文字，无论是出彩的，还是平实的，对于我来说都是一种宝贵的回忆，希望对大家有所启迪。

林宗寿

2025 年 2 月于武汉

引 子

蓦然回首，光阴似箭，转眼我 65 周岁了。

我要退休了。

我问自己，这一生你都做了啥？

我是武汉理工大学教授、博士生导师；第九、十届全国人大代表、第十一届全国政协委员、全国政协人口资源环境委员会委员；湖北省劳动模范，全国"五一"劳动奖章获得者，享受国务院特殊津贴专家。

我走"产、学、研"相结合的道路，创建了一家高科技公司。主持过国家"863"课题，有专利 33 项，计算机软件版权 5 项，发表论文 150 余篇。我主编的已出版的教材和专著合计 39 本，共计 2778 万字。我参与国企改革还购买过一家国营企业。我获得过国家重点新产品奖一项、国家级规划教材一部、湖北省科技进步一等奖两项及国家自然资源综合利用优秀成果奖等多项奖励。

唉！这一生似乎我已经尽力了，往事一幕幕在眼前浮过……

第1章 苦乐童年

1.1 我的父母

我叫林宗寿，号太姥山人，1957年10月13日（农历润8月20日），出生在福建省福鼎市太姥山镇（原秦屿镇）城门兜的一个普通家庭。

我的家族源远流长，祖先林禄公于东晋初年以黄门侍郎的身份出任晋安郡（今福建省福州市）太守。当时福建还是偏远之地，林禄公带领家人一同赴任，从此扎根在这片土地上繁衍生息。经过数代人的努力，林氏家族日益壮大，至今在福建已发展成一个人口约390万的大族，占福建总人口的10%，在福建省姓氏人口中位居第二。1700年来，福建林氏家族走出了众多名人，在历史舞台上扮演了重要的角色。

"九牧林"为林姓重要分支之一，林披公是"九牧林"的开派始祖。林披公，万宠公第二子，唐天宝间授太子詹事，赠睦州刺史，生九子：苇、藻、著、荐、晔、蕴、蒙、迈、蔇，兄弟九人皆官居州刺史(州牧)，时称"九牧林家"。"九牧林"派系之旺、繁衍之广、人才之多，堪称中华姓氏一大望族。

"九牧林"家族素以诗礼传家，人文彪炳，代出英杰。唐有林藻、林蕴各以文名、忠烈名载入唐史；宋有祖姑林默（即妈祖，清时御封"天上圣母"）为台湾第一宗教信仰；明有永乐状元林环、刑部尚书林俊、"铁面御史"林润、"三教先生"林兆恩(龙江)等名垂青史的九牧名贤；近代有民族英雄林则徐、清朝末年的革命党人林觉民；现代有著名作家林语堂、女诗人林徽因等。

据福建福鼎秦屿《九牧林氏宗谱》记载[1]，瑞甫公三子长傅公于清朝康熙年间由（福州府）侯官县经商到福鼎秦屿城门兜定居，为秦屿城门兜九牧堂林氏始祖。从第一世瑞甫公和第二世长傅公迁徙秦屿算起，秦屿城门兜九牧堂林氏家族至今已历十五世，历时300多年。

300多年来，秦屿九牧林氏家族人才辈出，第七世子孙林品南公，号林纾，生于清嘉庆年间，卒于光绪年，享年六十四岁。林品南公十七岁赴省考，考取举人；二十岁进京赶考，虽因路途颠簸不幸患上伤寒，未能如期参加考试，但其因德行文采出众被选荐为拔贡，从此开始踏上仕途。历任江西盐税卿、贵州镇远知县、贵阳知府、贵西道台、代理贵州巡抚，授赠朝议大夫，官终一品，后卒于升迁帝师进京面圣途中。林品南公在任期间，倡教育建文明书院，扬家乡文化建天后宫，行民便建浮桥，改赋税减重负劝农桑，还带头募集资金扶贫济困。其一生为官清廉自守，做事刚正不阿，为朝野内外所称颂。1999 年，他的坟墓被盗墓贼撬开，陪葬之物不见踪影，但林品南公墓碑上镌有的龙头，显示了其不凡的身份。

我的父亲林以贱，为秦屿九牧林氏家族第十世子孙，解放前继承祖业经营"林同寿"中药堂，始终奉行积德行善、悬壶济世的理念，得到了乡民的广泛赞誉。解放后，"林同寿"中药堂被并入秦屿中心医院（现福鼎市第二医院），父亲也就成为秦屿中心医院的一名药剂师。

父亲为人诚恳老实，做人坦坦荡荡，光明磊落，一生节俭。他少言寡语、心地善良、热心助人，看起来老实巴交，但聪明好学，乐天达观，是个公认的大好人。

父亲会做木工，但没有拜过师，是靠

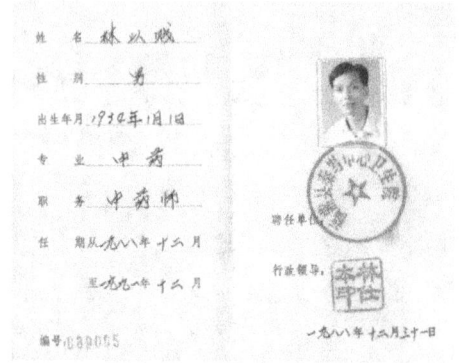

图 1.1 父亲的中药师聘任书

自学的技术，有不少木工工具。小时候，我们家的那张架子床就是父亲亲手做的。除床架的四个脚外，在床身上架还置有四根柱子，柱子之间安有十一扇屏风，结构精巧，装饰华美，风格古朴大方。屏风之中还张贴了许多以民间传说、花马山水等为题材的画报，寓意和谐、平安、吉祥、多福、多子等，我就是出生在这张床上。有一次医院领导想调父亲到农村卫生所工作，由于无法照顾家庭，父亲准备辞职做木工，后来医院领导担心失去一位业务骨干就作罢了。我受父亲影响，从小也学会了一点木工技术，后来上山下乡派上了大用场，技艺也日益精进，最终超越了父亲的水平。

父亲眼光远大，胸怀宽广，生活乐观，对未来总是充满着希望。无论何时何地，无论顺境逆境，从来没有见到过他流泪，从来没有听到过他骂人。父亲的一生是勤劳的一生，他生于 1934 年 2 月 14 日（农历正月初一），卒于 1994 年 10 月 26 日（农历 9 月 22 日），寿 61 岁。他的一生虽然短暂，但他生前留给我们许多的欢乐，至今历历在目；他虽然不富有，但他却有一颗金子般的心。记得我妈给我说过，1955 年 6 月，在秦屿镇城门兜发生了一场大火，顿时火光冲天，一下子烧掉了几十间房子，从伍恩照相馆（现古城北路 246 号）开始直到南侧的城门下（现古城北路与金灵路的十字路口）为止的整条古街一下子变成了一片废墟，我家老宅（现古城北路 288 号）就在其中。我有一个哥哥叫林宗善，一个姐姐叫林水香，一个弟弟叫林宗福。当时我哥哥 2 岁半，我姐姐才 6 个月大，我和我弟弟都还没出生。我妈听到街上有人喊救火时，都来不及给我姐姐穿衣服，什么也没拿就抱着我哥和我姐冲出了家门，一看街道两边都已经起火，情况相当危急，我妈当即把我哥和我姐抱到位于积石街的我外婆家，再回头来救火时，一切都晚了，房子早已化为灰烬。父亲和他的一些朋友听到消息赶到后，拼命从后门抢出来了一张四方桌，其他物品无一幸存。那次火灾后，我们家一贫如洗，生活陷入困境。后来，在亲属们的帮助下，父母在原址搭建了一间草屋暂时居住。

当时父亲只有20来岁，上有老、下有小，父母在这一片废墟中，历尽艰辛，重新修建了一栋一层楼前后两间的木房子，后来又在后面增加了一间厨房。等我出生长大后，又在房顶三角架中增加了一个阁楼，让我们四兄妹有了个温暖的家，度过了童年时光。后来，在我上中学后的1973年又拆除了重建，建成了一栋两层的新木质房子。1976年，由于秦屿供销社扩建征地拆迁，我们家拆迁至玉池路（现金灵路178号），并扩建成两榴两层木房子。直到我哥和我上了大学，走出太姥山后，我弟弟在原址重新扩建成了两榴七层高的楼房。

我的父亲从未打骂我们，尽管生活并不富裕，但他始终给予我们最好的生活条件。我的父亲，是个老实巴交的人，他从不说矫情和肉麻的话，他总是用行动来表达他对我们的爱。每次吃饭，他总是抢着吃剩菜、剩饭，总是把最好吃的东西留给我们，生怕我们吃不饱。他很辛苦，却从来没在我们面前说过累，也从来不会让我们受到委屈。他将自己所有的汗水，所有的泪水，所有的痛苦，所有的委屈，都深深地埋在心底，而给我们的家庭撑起了如山的爱。我的父亲像一把雨伞，遮住了所有的风吹雨打，留给我们一片晴暖。我的父亲像一轮太阳，照亮了我们的心田，让我们心中永远是阳光灿烂。

父亲虽然身材矮小，但总是充满自信与力量。儿时的我，特别好动，特别顽皮，一刻也闲不住。那时的我，是父亲的跟班，只知道跟随父亲到处玩，小手紧紧地拉着父亲那双宽大而温暖的手，感受着父亲手心的温度，不愿放开。一天到晚，在父亲的工作单位秦屿医院里窜来窜去，在秦屿医院门口旁边的电线杆上爬上爬下，我的父亲也不嫌我吵。有一次，我甚至用弹弓把秦屿医院大门上的电灯泡给打爆了，父亲也没责怪我，只是默默地买了个灯泡给换上了。

最让我难忘的是，一次秦屿医院的工作人员在用高压釜压蒸生理盐水，生理盐水是用玻璃瓶装的，压蒸时瓶盖上插了一根注射用的大号针头，以便平衡瓶内外的压力。压蒸结束后，工作人员就把生理盐水瓶从压蒸釜中拿了出来，放在地上冷却，我们几个小伙伴们出于好奇，就围在旁边观看。这时，突然一声巨响，腾起了一团水雾，生理盐水瓶爆炸了，随即血就从我的脸上流下来了。我父亲一听见爆炸声，就立马跑过来，将我抱到外科室，发现在我两道眉毛的正中间，有一道约 2.5 厘米长的伤口，还有在左小腿下部有一道 3 厘米左右的伤口，血不断地往外涌，医生马上给我进行了止血包扎。奇怪的是除了我，其他几位小伙伴们居然都没炸着，所幸没炸着眼睛，否则一生的前途尽毁。事后调查事故原因，发现是那根针头被堵住了，不通气造成了瓶内压力过大，从而造成了爆炸。60 年时间过去了，至今还可以看到清晰的疤痕，这也算是我成长的代价吧。

每当父亲做木工时，我总爱在旁边帮忙，他总是耐心地手把手教我如何使用锯子和凿子，让我亲自操作。我常听人说父爱如山，但在我看来，父亲对我的爱，既有如山的坚定，也有如水的温柔。

图 1.2 我的父亲和母亲（1988 年）

我的母亲王金妹，生于 1935 年 4 月 1 日（农历 2 月 28 日），卒于 1993 年 12 月 8 日（农历 10 月 25 日），享年 59 岁。母亲拥有惊人的记忆力，几乎是过目不忘。我们全家一旦忘了什么，总是去问她，而她每次都能准确地回忆起来。

母亲特别爱干净，无论是桌子还是灶台，她都要擦得一尘不染。即便是衣服上打了补丁，她也要洗得干干净净，熨得板板正正。母亲的性格与父亲截然不同，父亲少言寡语，而母亲则性格开朗，总是唠唠叨叨，整天说个不停。她说多了，我们有时也会装作没听见，但心里却满是温暖。

我的母亲王金妹，是一个勤劳且非常聪明的人。在我少年时期，我们一家六口的生活都靠父亲每月 30 元的工资维持。为了补贴家用，也为了供我们兄妹上学，母亲自学了裁剪技术，开始为别人做衣服。那时没有电灯，夜里只能靠豆油灯照明。母亲每晚都在昏暗的灯光下，一针一线地缝制，直到深夜，她的眼睛熬得通红，腰也累得酸痛。然而，母亲从未抱怨过，依旧坚持不懈地工作。

后来，我的大姑姑林冬妹（姑丈王国书）家买了一台缝纫机，母亲便常常去姑姑家缝制衣物，这多少减轻了她的工作量。直到我上中学后，我们家才终于买了一台自己的缝纫机。

母亲的一生是清贫的，也是充满劳累的。虽然她没有什么惊天动地的伟大事迹，但在每一个生活的重大抉择面前，她都能保持头脑清醒、目光长远。母亲上过学，十分热爱读书，成绩一直名列前茅，常常是班上的第一名。她坚信"书中自有黄金屋"，对知识的渴求从未停止。小学毕业后，由于成绩优异，学校决定保送她去福鼎上中学。然而，由于当时福建沿海一带普遍存在"重男轻女"的观念，我的外公反对她继续求学。母亲不甘心，她曾试图逃跑去上学，刚跑到"牌坊脚"（现秦屿汽车站附近）就被外公抓了回去，这也断送了她的一生理想。她小学时的老师林明星，后来成了我中学时期的数学老师，他对母亲未能继续学业感到无比惋惜。

1968 年后，所有中学毕业的学生都被认定为知识青年，必须上山下乡接受贫下中农的再教育，城市户口也被改为农村户口，取消了城市商品粮供应。因为担心孩子失去城市户口，很多家庭都不让孩子继续上中学。我在 1970 年 12 月小学毕业时，也曾想放弃继续上学，但母亲坚决反对，她说："这种现象是暂时的，国家发展总有一天是需要知识的。"现在看来，母亲的眼光何其高远。那个时期是福鼎四中史上学生人数最少的阶段，整个学校几乎空荡荡，但我们家却逆流而上。当时我哥哥比姐姐高一个年级，姐姐比我高一个年级，三兄妹同时在同一所中学就读，几乎相邻的年级，形成了当时福鼎四中的一大奇观。而我弟弟还在上小学。

正是因为母亲的高瞻远瞩，才使得我们兄妹四人最终都取得了成功，彻底摆脱了贫困，走上了兴旺发达的道路，母亲的梦想也因此得以实现。

我的哥哥林宗善，字子涵，号仙都隐士，大学毕业于法律专业。多年来，他在多个重要岗位上任职，历任福鼎县保密局局长、福鼎市环保局局长、福鼎市人大法制委主任、福鼎市人大内务司法委主任以及福鼎市人大环境城建委主任等职务。2001 年，他被福鼎市委评为优秀共产党员。他以卓越的领导才能和坚实的法律知识，为福鼎市的治理和发展做出了重要贡献。

我自己则在同济大学毕业后，考取了武汉工业大学研究生，现为武汉理工大学的教授、博士生导师，致力于培养新一代的学术人才。

我的弟弟毕业于福建妇幼卫校的临床医学专科，目前在福鼎市第二医院担任主治医师，专业技术精湛，深受患者和同事的信任。

我的姐姐高中毕业后上山下乡，随后被招录为秦屿供销社的职工，工作勤勉尽责。而我的姐夫王霞明大专毕业后，曾任太姥山镇副镇长，为当地的社会经济发展贡献良多。

我们兄妹四人能够在各自领域取得成就，离不开母亲的智慧和辛勤付出。她凭借着坚定的信念和不懈的努力，使我们一家度过了无数艰难困苦的时期，最终健康、平安地成长，并各自拥有了幸福美满的生活。

图 1.3　全家福（1991 年摄）

嫂子李巧如，哥哥林宗善，姐夫王霞明，本人，夫人刘顺妮，弟弟林宗福

姐姐林水香，母亲王金妹，父亲林以贱，弟媳王冰金，侄儿林祖榕

侄女林凌，女儿林小进，外甥女王枫

母亲年轻时曾是秦屿闽剧团的演员。小时候，我常被母亲带到后台，看她演出。记得她扛着一把小锄头，锄头前挂着一只花篮，仿佛是"黛玉葬花"的情节。这个场景深深地印在我脑海中，成为伴随我一生的记忆。母亲性格慢条斯理，做事从容不迫。即使演出即将开始，她仍在不慌不忙地化妆和试衣服，任凭导演在外面敲门催促，她依旧我行我素，泰然自若。后来，我上了小学，正值文化大革命期间，秦屿闽剧团被解散，但母亲仍然活跃于镇里的文艺活动中，参与"踩高跷"等表演。

秦屿，又称"小福州"，受方言影响，秦屿集镇的居民喜欢福州评话和闽剧。因此，闽剧曾在秦屿作为地方主流剧种，经历过辉煌的时期。1952 年，在秦屿区工商联工会的主导下，成立了秦屿闽剧团。剧团的演职人员大多是秦屿本地人，其中包括我的母亲。剧团聘请了危隶卿为编剧，杨梅英为导演，经过一段时间的紧张排练，剧团的首场演出《野猪林》在 1952 年秋于秦屿康湖毓麟宫的大戏台上演。

此后，剧团不仅担负起了地方的文化宣传任务，还组织了台阁、旱船、高跷等民俗表演，掀起了秦屿地区的文化热潮。剧团的演出不仅局限于秦屿镇，还曾到浙江苍南、霞浦东溪头、牙城、三沙、松山及福鼎桐山、渠洋等地演出。演出现场常常是人山人海，观众意犹未尽，盛况空前。母亲在其中扮演了重要角色，留下了不少美好的回忆。

我的父母虽然平凡，却在平凡中彰显伟大。他们没有丰厚的学识、万贯的家财或显赫的地位，但他们用无尽的爱心养育我们，用坚韧的意志面对生活的风雨。父母在我们的成长过程中，承受了巨大的压力和无数的辛酸与苦楚。如果不是为了我们，为了这个家，他们怎么会如此早早地离开这个世界呢？

我的父母已经去世将近 30 年了，但他们的笑容依然仿佛在我们身边浮现。他们的音容笑貌早已深深铭刻在我们的心底，融入我们的血液，成为我们生命的一部分。父母离开后，虽然没有为我们留下丰厚的物质财富，但他们留给我们的，是那永恒的爱与关怀，是那无限的怀念与深深的悲伤；他们留下的，是他们的平凡、他们的勤劳、他们的宽容和善良。

父母的恩情比天高，比海深，我说不尽对您们的情怀，我写不完对您们的思念；穷尽毕生、轮回几世，也无法报答父母的养育之恩。

斯人已去，世事恍惚，人生长恨水常东；翻飞的泪雨，不尽的悲痛，无限的哀思，再也不能唤回哪怕是偶尔的回眸。

1.2 美丽的故乡

故乡的山，
故乡的水，
故乡有我童年的足印；
几度山花开，
几度海潮起，
童年的欢歌依然记在心；
他乡的山也美，
他乡的水也清，
难锁我爱故乡的一片情。
每当我听到此歌声，就会情不自禁地想起我的故乡——太姥山。

太姥山，历史上又名"才山"。相传上古轩辕黄帝时，有炼丹术士容成子栖居此山后羽化仙去。尧时有老母种兰于此，因名太母山。西汉年间，汉武帝命东方朔授天下名山，改"母"为"姥"，封为西岳之神。[2]

太姥山座落于东海之滨，三面临海，一面背山，雄伟巍峨，高耸入云表，横亘於海滨，苍苍黝黝，奇峰怪石，天造地设，绝壁摩空，满山皆石，肖人肖物，移步换形，处处有景，计有五十四峰，二十四洞，十岩，九泉三溪，一谷。其主体为摩霄峰，海拔 917.3 米。相传太姥乘九色龙至此摩霄而去，遂因以名峰。登摩霄东望，点点云帆，海天一色，台山列岛、大嵛山、七星岛等岛屿尽收眼底。山坳有座寺院，名白云寺，又名摩霄庵，始建于唐乾符三年，距今已有一千三百多年。摩霄峰旁另有新月峰，昔人于此望月之初上，故名"新月"，后人又于此看日出，又名"望日台"，较之泰山的日观峰，天台的华顶山，更胜一筹。传说东海诸仙常聚会山中，故又有"海上仙都"的美誉。

太姥山以"峰险、石奇、洞幽、雾幻"四绝名闻遐迩。山中 360 处岩石，千姿百态，肖人肖物，鬼斧神工，栩栩如生，仿佛是抽象派大师的雕塑作品。前人曾赞："太姥无俗石，个个似神工，随人意所识，万象在胸中。"太姥山的美景令人浮想联翩，目不暇给。"仙女峰"宛若亭亭玉立之少女，脉脉含情凝眸远望。站在"仙桥"之上，令人目眩。"九鲤朝天"宛如九条大鱼畅游嬉戏于迷茫的大海。"传声谷"四面环山，幽谷有如深潭，只要发一声欢歌笑语，便招来阵阵回响。"二佛讲经"两块毗连的怪石，一高一矮，像身披袈裟手捧佛经的老僧。回转远望，"二佛讲经石"则变成一对久别重逢之情侣，似在喁喁私语话衷情呢。

图 1.4 太姥山镇全貌（游祖建摄）

"七星洞"两边峭壁对峙犹如深巷，顶端夹着七块石头就像七颗星星镶嵌于蓝天。"石笋""蟹钳石""金猫扑鼠""仙人锯板""金龟爬壁"等奇景，形象清晰，情态逼真。

太姥山上共有各种各样的洞 100 多个，若想遍历诸洞，需时 28 天，有的洞一进一出需历时一天。这些洞各具特色，而在诸洞中最神奇的，首推一线天、七星洞、将军十八洞。一线天洞，两壁陡峭，直插云天，仰视崖端，天光一线。一百多处岩洞，洞洞相通，大洞套小洞，小洞连大洞，纵横交错，曲折幽深，宛如地下迷宫，行进之间，时蹲时俯、时侧时爬，妙趣横生，为天下名山所少有的花岗岩洞群景观，令人折服叹止。有的洞内可望海观日，有的洞内石景连绵，有的洞内有暗泉明瀑，有的洞内还生长着奇花异草。景色迷人，令人神往。葫芦洞和将军洞在葫芦洞景区，葫芦洞形似葫芦，洞室宽大，可容千人，面积 2000 平方米，有"世外桃源"之誉。宋代曾建有楼阁，今已无存。洞中生长着空谷兰、凤兰等名花，暗香浮动，满穴馥郁。将军洞因其顶有三石似将军的鞋、帽、剑而得名，由十几个洞穴相连组成，人称"将军十八洞"。长 977 米，有四个洞口。洞内有七个厅堂，十三个天井，还有"三线天"、"回音洞"、"洞中听泉"等胜景。"三线天"是两块巨石压顶，似坠未坠，惊险万状，顶部一条裂隙，形成三线蓝天，阳光照人，满穴生辉。"回音洞"是一条狭窄暗道，迂回曲折，上下盘旋，人行洞内，前后不见，但能相互呼应，虽相隔几十米，其声犹似近在耳边。这是由于洞壁回音传声所致，若北京天坛的回音壁。"洞中听泉"长 160 米，地下泉水淙淙，声如佩玉，故古人称为漱玉洞。若遇大雨过后，泉水如瀑，轰鸣激荡，令人心悸。穿过"洞中听泉"，进入"流水湾"，长 130 米，游人可借助洞顶透光，看到泉水流动，可以解渴。

太姥山上多奇花异树，如空谷兰、云雾草、感触树、相思林、五色杜鹃、绿雪芽茶等，更为山景增色不少。而登临峰顶，眺望东海，星罗棋布的岛屿，风光旖旎的海湾，千点风帆，万顷碧波，尽收眼底，是一幅恢弘壮大的"山海大观"图。蓝天与碧海共妍，岛礁同港湾并美。

太姥山流传着一个古老的传说：尧帝时，有一老母在太姥山居住，种蓝为业，乐善好施，手植"绿雪芽"茶治愈许多患麻疹的病童。人们感念其恩德，称其为太姥娘娘，奉为神明，春秋二祭。太姥山有一"鸿雪洞"，传说就是太姥娘娘当时居住之处。洞顶有一株"绿雪芽"古茶树，高近二丈，枝干虬曲盘横，顶部绿翠如雪，叶子如旗，芽尖似针。传说此树即为太姥娘娘手植之"绿雪芽"繁衍，其旁有一碑记："绿雪芽，仙茶也，相传太姥娘娘手植，为福鼎大白茶始祖"。清代周亮工在《闽小记》载："太姥山古有绿雪芽，今呼白毫，色香俱绝，而尤以鸿雪洞为最，产者性寒凉，功同犀角，为麻疹圣药，运销国外，价同金土孚。"至今，福鼎大白茶仍然品质上乘，享誉海内外，是全国绿茶茶树鉴定的对照品种，号称"中华一号"品种。

太姥山镇原名秦屿镇。秦屿镇设立于民国二十九年（1940 年），1968 年设秦屿公社，1987 年，复称秦屿镇，2011 年 3 月 21 日，更名为太姥山镇。

秦屿镇数千年前是濒临海岸间的岛屿，宋代称作蘑屿，因岛上有"榛树"而得名。古老的秦屿素有"万古雄镇"美誉。凌空眺望，本镇犹如绽放在闽东北海岸的一朵莲花。
[3]

秦屿镇隶属福鼎市，地处福建东北、福鼎东南部，晴川湾入海口，西北依太姥山，东南临东海。全镇面积 119.08 平方千米，水域面积 40 多平方千米，海岸线长 32 千米。山环海绕，山、海、川、岛会列其间。丰富的山海资源，绵长的海岸线，山海交汇的独特地理环境，奠定了太姥山镇的文化基调。

秦屿镇塾馆书房林立，文风鼎盛。该镇方言腔调复杂，有福州话、桐山话、闽南话、畲客话，还有"海头话"等。据清光绪三十二年（1906）《福鼎县乡土志·七都分编》载："秦屿，……风土腔音一如省会，故又称为'小福州'云。"秦屿集镇都操福州方言，因烽火门水寨设置秦屿，士兵多是福州人，日常生活中，他们带来福州话，与秦屿本地居民进行语言交流。随着烽火营士兵在秦屿定居的数量逐渐增多，福州方言渐渐地便在秦屿集镇推开来。

秦屿自古就是商贾云集之地。据明嘉靖《福宁州志》载："秦屿市，舟车辏集。"清光绪《福鼎县乡土志·七都分编》载："西出涌金门入市，人烟鳞比，圆圆云连，约数百间，盐仓、牙馆皆于是属焉。"还有清乾隆《福宁府志》和嘉庆《福鼎县志》也都有"秦屿市"的记载。可见早在明嘉靖以前，这里就是一个贸易繁华的集市。

秦屿镇文化结构多元，艺术文风源远流长，太姥娘娘文化、畲族文化、渔家文化、穆斯林文化与当地传统文化兼容并蓄，形成独特的文化体系。民间传统社戏有闽剧、木偶戏、布袋戏等，台阁、鱼灯、狮灯、老婆船、踏高跷等民俗文化也独具魅力，现有省市级历史文化遗产 62 处，藤牌舞、太姥娘娘传说等非物质文化遗产 20 多处。

秦屿镇兴教办学、读书近道由来已久。境内有多所著名书院，如位于秦屿镇屯头村礼澳草堂山的"草堂书院"，为福鼎市境内最早的书院，建于唐咸通年间（860～873），为林嵩读书之处。位于秦屿镇冷城的"石湖书院"，是宋代朱子讲学寓所。位于秦屿镇积石山北面龙门硖的龙门书院，创办于清乾隆六年（1741），院中有移建于清嘉庆十五年（1810）的文昌阁，于清末废科举后改龙门学校。清光绪丙午年（1906）初设秦屿初等小学堂，1911 年设福鼎官立第二高等小学堂。私塾蒙馆林立，如见山楼、扫叶山房、寒碧山房、绿榕谷、化云楼等近 20 处。尤其是见山楼书馆，它始建于清乾隆年间（1736～1795），为福州鳌峰书院监理、秦屿人王孙恭的家塾。厚重的历史文化积淀，造就了不少文人名士。秦屿历代文士先贤有名可考的近 60 人，遗留有文献诗作百余册，还有大量的书画作品。文采风范，享誉古今。[3]

秦屿镇向来是"鱼米之乡"，经过历代先民的辛勤耕作，秦屿镇沿着海岸线，北连店下，南至硖门，形成了绵延四五十里的狭长形的万亩良田。春天，在和煦的阳光照耀下，遍野的油菜开花了，那澄黄连片的菜花在青山的映衬下，向人们展示着一幅幅迷人的画卷。夏天，那一望无边的稻田，紧邻着远处的海面，一阵海风吹过，绿浪滚滚而来，恰似那大海被染绿了一般。

秦屿镇的海堤是一道独特的风景线，而海堤最迷人的时候莫过于夏夜乘凉了。晚饭后在海堤上漫步、独坐，让思绪长出翅膀，飞向无尽的远方。海风习习，把一天的暑气渐渐吹散。在海的那头，缓缓地从海平线上升起一轮明月。那明月越来越圆，发出橙黄、柔和、明丽的光，象一个大铜盘，又象一盏大桔灯，比平常当空的月亮要大要红许多许多。俗话说"月上山，水涨三"，随着月亮从海平面上升起，海水也渐渐地涨进来了。海面上倒映着片片月光，如片片金子一直铺到我们面前，人们都会不由自主地被这美妙的月色惊呆。

现在秦屿的年轻人，恐怕没想到，秦屿过去的洋里溪和才堡溪是多么地清澈见底，那溪上的碇步桥是多么的富有诗意。"老树枯藤昏鸦，小桥流水人家"，元代马致远的《天净沙》仿佛就是为此而作。从洋里村沿溪上溯五、六里，就可以看到一条大瀑布，落差有一百多米，分为两折，上窄下宽。大雨过后，水声震耳、水珠飞溅，比那李白诗中描写的"飞流直下三千尺，疑是银河落九天"，景色更为壮观。

今天，家乡秦屿镇已今非昔比。集镇人口不断翻番，新建房屋鳞次栉比，新街不断开发，学校、医院不断扩建，经济结构已从单纯的渔农业转向工业，文渡特种钢材工业区、水井头科技工业园区已颇具规模，尤其是基础设施建设，更是驶向快车道，高速公路、铁路动车组已经开通，核电站已建成投产，再加上太姥山提升为国家级重点风景区、世界地质公园，牛郎岗开发为海滨度假旅游区等等，使这个千年古镇胜似插上翅膀的千里马，在现代化的道路上突飞猛进！

太姥山是我生命的根，是我心灵的家园。太姥山如一曲悠扬的清笛，总是让我魂牵梦绕；如一抹皎洁的月光，总是让我心生涟漪；如一串永恒的记忆，总是让我想起就思念。太姥山如一坛陈年的老酒，时光愈久，愈加醇厚。

悠悠情思，浓浓乡愁，谁也割不断我那绵绵的故乡情。每当我站在他乡的街头，仰望那片与故乡相似的天空，心中便会涌起无尽的思念。那些山、那些水，那些埋藏在故土深处的回忆，常常在夜深人静时浮现，化作一阵柔情的呼唤，牵动着我心底最深处的乡愁。

无论岁月如何流转，沧海如何变迁，我对故乡的思念从未淡去。无论走得多远，心中那份对故乡的眷恋，依然如初，深深扎根在心田。太姥山，我魂牵梦绕的故乡，你是我生命中永恒的港湾。

站在他乡的土地上，我时常闭上眼睛，仿佛还能听到故乡的风声，感受到海潮拍岸的韵律，仿佛故乡的气息依旧环绕在我身旁。每一片飘落的树叶，都像是从故乡寄来的信笺，带着儿时的欢笑与泪水，在心头萦绕不散。

我怀念太姥山的四季，怀念春天漫山遍野的花海，怀念夏日清凉的山泉，怀念秋夜明月下的稻田，怀念冬日雪后的寂静山林。这些季节的变换，仿佛是一首首无字的诗篇，写在故乡的山水间，烙在我的心底，成为我永远的牵挂。

当夜幕降临，漫步在异乡的街道上时，故乡的灯火总在我的记忆中闪烁，温暖着我前行的心。无论我走得多远，无论岁月如何变迁，那片土地，那座山，那些人，始终是我心中最柔软的地方，永远无法割舍。

太姥山，你是我灵魂的依托，是我心灵的归宿。无论未来的路途多么漫长，无论前方的风景多么迷人，心中那份对你的思念，永远是我内心的航标，指引着我在心灵深处回望你的一方净土。

在这纷繁复杂的世界中，我深知，太姥山永远是我魂牵梦绕的地方。它的每一寸土地，每一片树叶，都承载着我的童年、我的家族、我的生命故事。即便岁月带走了青春，带走了记忆中的一些细节，但那份对故乡的热爱与怀念，却愈发浓烈。太姥山，我将永远珍藏你在心中，直到生命的最后一刻。

1.3 大跃进与饥荒年代

1949 年，新中国刚刚成立，在前苏联的技术援助下，中国开始推行土地改革和国有工业化。到了 1950 年代中期，全国局势逐渐稳定。朝鲜半岛和越南方面的战争已不再构成直接威胁；1956 年，"生产资料公有制的社会主义改造"基本完成，1957 年，发展国民经济的第一个五年计划顺利收官。资本家的财产在"公私合营"及"三反五反运动"之后被新中国政府征收。此外，通过镇反运动、反右运动等一系列政治运动，国民党在大陆的残余势力几乎被彻底消灭，被指反对共产党统治的人也大多已遭到监禁或整肃。1957 年，我出生在这个特殊的历史节点，正值"大跃进"运动的前夕。

大跃进是于 1957 年底至 1960 年代初发生在中国的一场政治及社会运动。1957 年 11 月 13 日《人民日报》发表社论，提出了"大跃进"的口号，并于 1958 年全面展开。该运动试图利用本土劳动力和群众热情，在工业和农业上盲目追求脱离现实的"跃进"：大放农业"卫星"、钢产量追求"超英赶美"、全民大炼钢、建立人民公社等等。

在"大跃进"中，毛泽东号召大家要破除迷信，解放思想，发扬敢想，敢说，敢干的精神。于是，高指标、瞎指挥、虚报风、浮夸风、"共产风"盛行，各地纷纷提出工业"大跃进"和农业"大跃进"的不切实际的目标，片面追求工农业生产和建设的高速度，大幅

图 1.5 《人民日报》报道"高产卫星"

度地提高和修改计划指标。在农业上，提出"以粮为纲"，不断宣传"高产卫星""人有多大胆，地有多大产"，粮食亩产量被层层拔高。

1958年秋，《人民日报》开始报道早稻亩产的"高产卫星"，引发了新一轮浮夸竞赛。例如：

- 7月12日，福建闽侯城门乡公社报告亩产3275斤；
- 7月18日，福建闽侯连板公社报告亩产5806斤；
- 7月26日，江西波阳县报告亩产9195斤；
- 7月31日，湖北应城春光公社报告亩产10597斤；
- 8月1日，湖北孝感长风公社报告亩产15361斤；
- 8月10日，安徽枞阳高峰公社报告亩产16227斤；
- 8月13日，湖北麻城建国公社报告亩产36956斤；
- 8月22日，安徽繁昌县报告亩产43075斤9两；
- 9月5日，广东北部山区连县报告亩产60437斤。

这些夸张的粮食产量数据远远超过了正常的单位面积产量，通常是通过偷梁换柱等手段造假。例如：

1. 把其他田里的水稻集中移栽到一块田里，将稻谷紧密排列在一起，甚至人都可以坐在上面。
2. 从其他田收打进仓的稻谷秘密运到验收现场，冒充"卫星田"稻谷过秤。
3. 将一箩稻谷重复称重数次，即"转转秤"。

"大跃进"期间，类似的虚报产量事件屡见不鲜，其中最著名的是河北徐水县，号称一年收获粮食12亿斤。1958年8月11日的人民日报上发表了署名康濯的通讯报道，报道中说1958年8月4日毛泽东对当地进行了视察。毛泽东高兴地说：你们全县31万多人口，怎么能吃得完那么多粮食啊？你们粮食多了怎么办啊？……要考虑怎么吃粮食呢！……农业社员们自己多吃嘛！一天吃五顿也行嘛！

在工业上，为实现全年钢产量1070万吨的指标，全国几千万人掀起了"全民大炼钢铁运动"。因为缺少文化没有技术，尤其是没有铁矿石、高炉和焦炭等基础，就号召土法上马，大面积的森林被砍伐作为替代燃料，很多铁制农具和其他生产资料被捣毁作为炼钢原料，高炉就用土法和土法制造的煤炉。而缺乏基本技术设备的大炼钢铁运动在政府官吏主导下，巨大的人力和物资投入之下，除了主要的骨干企业产出的合格产品外，更多没有工业生产基础的非专业生产单位、学校和农村，生产的只是几乎没有经济价

20

图1.6　"大跃进"时期的土高炉（源自网络）

值的劣质的生铁或者废铁疙瘩。

我那时年幼，对"大跃进"没有太多记忆，但经常听大人们提起，我的家乡虽然地处偏僻的海边，也受到了"大跃进"的波及。热情高涨的乡亲们砸锅卖铁，许多人拿着脸盆在海边的砂滩上淘洗铁沙，开展大炼钢铁运动。原本茂密的太姥山森林被砍伐殆尽，大跃进导致全国各地大量资源被过度开发、破坏和浪费，生态环境恶化。

我的一个小伙伴刘兆华，聪明能干，后来成为了福鼎县百货公司修理手表的技术能手。他母亲曾对他说，由于秦屿地区没有铁矿，镇领导要求大家从海砂中提取铁沙炼钢铁，但铁沙量少，无法完成上级交给的任务。一位干部突发奇想，组织人手到各家各户挖走铁锅、砸碎后投入高炉，以此充数。在刘兆华一周岁的那天，他妈为了给他做生日，买了两个鸡蛋、却没有锅煮，后来只好用一个碗、下面架起石头，拿一些树枝树叶烧着，煮给他吃。

图 1.7 "社会主义大食堂"吃饭不要钱

1958 年夏天，正当"大跃进"运动与日渐炎热的天气一样，如火如荼，进入了高潮之时，为了让所有劳动力都能集体出工，也为了把一大批妇女同志从锅台前解放出来，提高劳动效率，便开始了吃"社会主义大食堂"。城镇每个单位，农村每个生产队都办起了集体食堂，大家都进公共食堂，吃饭不要钱。由于"大跃进"的浮夸风，人们还以为粮食多得不得了，就没有计划，也没有节制，放开肚皮大吃大喝。此外，大炼钢铁也占了很大一部分劳力，甚至出现了地里粮食没人收的现象，严重影响了粮食的生产。很多地方还宣布人民公社为全民所有制，并试点"向共产主义过渡"。所有个人财产和个人债务都一股脑儿"共了产"，分配上完全实行供给制。但这一试验型的"共产主义大锅饭"给干部们的腐败提供了便利之门，一小部分干部乘机多吃多占，公共食堂成了他们的腐败场所，而且这些人还经常用不让吃饭来惩罚社员。可惜没过两三年"大跃进"就不得不宣告终结，社会主义大食堂也因断粮而关门大吉。大跃进最终酿成了 1959～1961 年的大饥荒，人民群众过上了与饥饿搏斗的艰难岁月。

在"三年困难时期"，粮、油和蔬菜、

图 1.8 在垃圾堆里找吃的（1961 年广州）

副食品等极度缺乏，严重危害了人民群众的健康和生命。当时农民的食物主要以野菜和树叶为主，像我们所常见的野苋菜、银银菜、米荠菜、羊蹄棵、蒲公英等野菜，在那个年代，可属美味佳肴，早已被饥饿的人们挖光吃光了。于是，人们又把生存的希望由地上转移到树上，树上能吃的东西以桃树上的毛毛虫、刺槐树的槐芽、槐花，榆树上榆叶、榆钱子为最佳。榆树的二层皮，桑葚果以及路边的毛菇草里长出的嫩毛穗，便是孩子们的零食佳品。

人们为了充饥，在正常年份不作为食品的植物、动物、微生物、化学合成物等，都把它当作代食品食用，主要分为以下四类：

第一类为农作物类代食品，它包括各种非灾难年份人们不曾食用的农作物的秸秆、根、叶及壳类，如水稻、小麦、大麦、玉米、高粱等的叶、秆、根和玉米皮、玉米芯、稻谷壳等，另外还有薯类作物的叶、茎、根等。

第二类为野生代食品，是指野生植物的秸秆、根、叶、皮、果实等，如榆树叶、树皮、橡子、芭蕉芋、蘑芋、石蒜、土茯苓、大百合、野苋菜、洋槐叶、沙枣、鸭跖草之类。

第三类为小球藻、红萍等浮游植物。小球藻是一种球形藻类，直径仅数微米，体内有一绿色杯状或板状色素体，种类繁多，生长于淡水中。小球藻最初是用来当猪饲料的，1960 年 7 月 6 日，《人民日报》的社论《大量生产小球藻》明确提出，小球藻不仅是很好的精饲料，而且具有很高的食用价值。该社论还举例说："有些地方用小球藻试制糕点、面包、糖果、菜肴、藻粥、藻酱等食品，清香可口。有人用小球藻粉哺育婴儿，效果跟奶粉不相上下"。

第四类指合成类代食品，如"人造肉精""人造肉""叶蛋白"等，它们相对于前三类有较高的营养价值，而且有一定的技术含量，因此也被称作精细代食品。

图 1.9 《人民日报》1960 年 7 月 6 日
社论"大量生产小球藻"

那时，我们家兄弟姐妹加上父母和爷爷奶奶共 7 口人，仅靠父亲 30 多元工资维持生活，全家人面黄肌瘦，缺乏营养，每天都是在饥饿中度日。大米极少吃到，以地瓜米、地瓜叶为主食，种点蔬菜、挖点野菜作为补充。

我爷爷名叫林绍衡，生于 1883 年 4 月 21 日（农历 3 月 15 日），在"三年困难时期"，由于缺少食物，瘦得皮包骨，最终还是因为严重缺乏营养，没能熬过那个时期，于 1960

年 12 月 11 日（农历 10 月 23 日）逝世，去世时想喝点米汤都没有，想想我能活下来也算是庆幸。

我爷爷去世时，我才 3 岁，印象比较模糊，但我奶奶去世时，我已经 7 岁，记得比较清楚。我奶奶生于公元 1895 年 1 月 29 日（农历正月初四），卒于 1964 年 10 月 29 日（农历 9 月 24 日）。

图 1.10 我的爷爷和奶奶

我大舅哥刘大论，1949 年出生于湖北省麻城县铁门乡祠堂塆，1959 年时他已经 10 岁，亲身经历过那"三年困难时期"，对大跃进、大食堂和随之而来的大饥荒，至今还记忆犹新。他这样描述当时去大食堂去吃饭的情景："祠堂塆的大食堂就建在我家隔壁，饭桌就摆在房子前面的空地上，用木料搭了个棚子，上面盖上稻草，棚子里放着 9 张桌子和一些椅子。当时，祠堂塆小队共有 72 人，每桌安排 8 个人，每桌 8 个菜，有鱼、有肉、大家吃得都很高兴。大人们都高兴地说：我们马上就要进入共产主义社会了，我们正在赶英超美，以火箭的速度，以一天等于二十年的精神和干劲，超越资本主义，跑步进入共产主义。让总路线、大跃进、人民公社这三面红旗飘扬在共产主义的大道上。那种高昂的建设热情，感染着我们幼小的心灵，我们吃着可口的饭菜，看着大人们的高兴劲儿，别提多高兴，心想要是每天都有这样的日子该多好呀！可这样的日子不长，在秋收之后，春节快来临之时，吃大食堂的幸福生活就突然停止了。随之而来的是，号召大家为建设社会主义，必须扼紧裤腰带，共度艰难的日子，一下子把人们从天堂打下了地狱。为了不饿死人，克服当时的困难，凉亭人民公社，按人头计算，每人每月 7 斤半稻谷分到各家各户，艰苦的日子就这样来临了。"

显然，每人每月 7 斤半的稻谷是维持不了人生存的，为了活命，他们就吃树皮、树叶、树根、红花草子、野芹菜等，将谷糠壳、荞麦壳用锅炒干，再用石磨磨成粉，做成

23

粑吃。吃了以后，经常屙不出屎来，他母亲没有办法，就用竹筷子在肛门里掏，硬是将干巴巴的屎一点点抠出来。

我夫人有个小姐姐，1955 年出生，属羊。湖北人习惯把小孩称为："毛毛"，所以就把她小名叫作"羊毛"，准备长大后再取正式的名字。"羊毛"聪明伶俐，皮肤长得很白，头发还天生卷卷的，像个洋娃娃，人见人爱。1960 年前后，因咽不下树皮，又没有其他什么东西可吃，最终被活活饿死了。据我大舅哥回忆说，"三年困难时期"，只有 72 人的祠堂塆饿死的人就有 7 人。

表 1.1 中国统计部门公布的人口出生和死亡数据（单位：万）

年份	出生人数	死亡人数	时期	出生人数合计	死亡人数合计
1954 年	2245	779			
1955 年	1978	745	1954～1956 年	6199	2230
1956 年	1976	706	1955～1957 年	6121	2139
1957 年	2167	688	1956～1958 年	6048	2175
1958 年	1905	781	1957～1959 年	5719	2439
1959 年	1647	970	1958～1960 年	4941	3444
1960 年	**1389**	**1693**	**1959～1961 年**	**4224**	**3602**
1961 年	1188	939	1960～1962 年	5037	3298
1962 年	2460	666	1961～1963 年	6602	2289
1963 年	2954	684	1962～1964 年	8143	2152
1964 年	2729	802			

注：摘自《中国人口统计年鉴 1995》第 384 页。

许多地方城乡居民出现了浮肿病，患肝炎和妇女病的人数也在增加。由于出生率大幅度大面积降低，死亡率显著增高。据《中国人口统计年鉴 1995》（第 384 页）正式统计，1960 年全国死亡人数为 1693 万，总人口出现了负增长。1959～1961 年，三年死亡人数合计是 3602 万，比正常年份死亡人数多出 1000 多万。突出的如河南信阳地区，1960 年有 9 个县死亡率超过 10%，为正常年份的好几倍。也有报道称，"三年困难时期"全国各地非正常死亡人口就有 3000 余万。

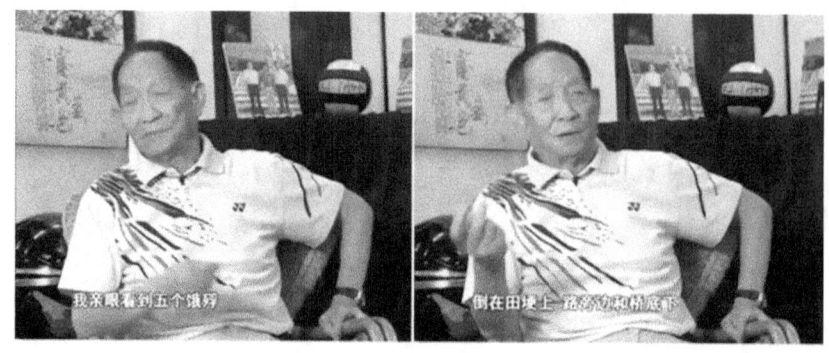

图 1.11 电视片《感动中国人物志》中的袁隆平

水稻专家袁隆平在电视片《感动中国人物志》中说："三年困难时期，饿死了几千万人啊。'大跃进'把树都砍了去炼钢铁，把生态破坏了，1959 年大干旱，一年基本上没有收成。我看到路上有 5 个饿殍，倒在田坎旁边，倒在桥下和路边，我亲眼看见啊，那很凄惨的"。（摘自 2009 年 4 月 8 日《广州日报》A19 版）

"三年困难时期"究竟是由何原因引起的？至今仍然众说纷纭。从"大跃进"到 1980 年代初，中国官方一直认为这场大饥荒主要是由一系列严重的自然灾害，加上工作失误所致。有一种说法是，由于中苏论战引发的意识形态纷争，前苏联向中国索要抗美援朝时期的债务，进一步加剧了"三年困难时期"的困境。然而，1980 年代以来，许多研究者认为，饥荒的根本原因在于严重的体制问题以及"大跃进"运动中的左倾错误路线。因大炼钢铁调用大量劳动力，大片农作物未及时收割，大片田地荒废。中共中央农村工作部保守估计，1958 年农作物有 10%未收回。大办公共食堂又浪费了大量粮食，致使 1958 年冬～1959 年春个别地区开始断粮，浮肿病开始出现。地方上，为了按浮夸数据征购粮食，出现了抄家、强行搜粮的情况，为补足巨大的数据缺口，农民口粮也被征收，在浮夸数据影响下，粮食净出口从 1958 年的 270 万吨增长为 1959 年的 420 万吨。然而浮夸带来的巨大的缺口依旧无法弥补，部分人民公社为保留部分口粮和减少损失，以天灾作为借口，降低了高产量粮数。但全国范围的粮食紧张已经无法挽回。1959～1961 年间全国食物供应量急剧下降。1959 年总供给突然下降了 15%，1960 和 1961 只达到了 1958 年总供给水平的 70%。

"大跃进"运动引发了党内外广泛的质疑和反对，也遭到了广大农民的抵制。尤其是在农业领域，大跃进提出的"不切实际的高产目标"和"人民公社化运动"导致了基层干部层层加码，虚报产量，极大地破坏了农业生产的正常秩序。前苏联对中国实行人民公社制度的质疑，也加剧了中苏之间的意识形态分歧和外交矛盾，最终导致中苏关系恶化。

在中共党内，围绕"大跃进"的意见分歧逐渐公开化并导致了高层的严重裂痕。这一矛盾在 1959 年的庐山会议上达到了高潮，时任国防部长的彭德怀在给毛泽东的私人信件中坦率地批评了"大跃进"中的浮夸风和人民公社的弊端，呼吁纠正错误。然而，毛泽东将彭德怀的批评视为对其权威的挑战，并在会上发动对彭德怀的公开批判，随后将其定性为"彭德怀反党集团"事件。与彭德怀持相同或相似意见的中共高层领导人，如黄克诚、张闻天、周小舟等，也因此遭到整肃。庐山会议的结果进一步强化了"大跃进"的政策，党内对政策的质疑声音被压制，导致"大跃进"继续推行，进一步加剧了经济困难和社会问题。

与此同时，毛泽东在庐山会议后将军权交给了林彪，后者因坚决支持毛泽东的政策而迅速崛起，并成为毛的亲信和接班人之一。这一变化也为后来的党内权力斗争埋下了伏笔。

随着"三年困难时期"的严重后果逐渐显现，到 1962 年初，中共在北京召开了"七千人大会"。在大会上，时任国家主席刘少奇对"大跃进"等政策提出了批评，指出这场灾难不仅仅是自然灾害所致，更有"人祸"的成分。这一发言引发了党内关于政策路线的进一步讨论和分歧。虽然"七千人大会"后进行了某些政策调整，但刘少奇的批评和毛泽东的意见分歧日益加深，最终在 1966 年爆发的文化大革命中引发了更为严重的政治斗争。

1.4 初生牛犊

我的外公名叫王尾弟，祖籍福州长乐。他是一位船老大，精通航海技术，性格刚毅且寡言少语，但他为人善良，乐于助人，深受周围人的敬重。他的一生充满了风霜雨雪，在茫茫大海中搏击风浪，驾驶着木质小帆船，凭借这份辛劳谋生。外公常年在福建沿海一带活动，曾多次遭遇过海上的惊涛骇浪。有一次，他在福鼎县台山岛避风时，发现岛上风景秀丽，鱼产丰富，便决定举家迁徙到台山岛定居。

1939 年，我母亲只有 5 岁，日本鬼子的飞机时常在岛上空盘旋侦查，频繁骚扰着岛上的居民。那时，福建沿海一带还经常有土匪和海盗出没，生活的安宁常常受到威胁。一天，一伙"大刀会"的土匪窜到岛上，这些土匪身穿红肚兜，全身涂满红色颜料，头戴高帽，人人手握大刀，口中念念有词，高喊着"刀枪不入"，到处抢掠。我母亲年幼，慌不择路，不知不觉跑到了悬崖边，一不小心掉了下去。幸运的是，她被半空中的一丛草挡住，才得以保住性命。若非如此，她早已坠入万丈深渊，命丧当场。

当时的海盗猖獗，不仅抢掠财物，还时常劫持渔船。一次，我外公的渔船被海盗劫持，海盗命令所有船员站成一排，伸出双手，凡是手上戴有金戒指的，就被迫交出，没有的便面临被砍断手掌的命运。外公伸出双手，海盗见他手上没有戒指，便拔出大刀，准备下手。就在这千钧一发之际，外公果断推开海盗，毅然跳入大海，拼命向岸边游去，最终捡回了一条命。然而，深海的压力损伤了他的耳膜，从此他听力大减。我们与他说话时，必须大声喊叫，他才能听见。

外公意识到台山岛不再安全，最终决定再次搬迁，这次他选择了秦屿镇积石街伍厝定居。

秦屿刚解放时，福鼎县台山岛仍在国民党控制之下，因而沿海地区的管制极为严格。一天，外公驾船出海捕鱼时，被秦屿的巡逻人员截获，船上被搜出两把笋干，便被怀疑资敌。外公因此蒙受不白之冤，渔民出海捕鱼时通常都会携带一些干货以备不时之需，但这次普通的随身物品却成了他被怀疑的证据。外公被带去审问，后来母亲不懈申诉，经过调查，他才被无罪释放。然而，这件事被记录在了秦屿派出所的档案中，给我们家带来了持久的影响。此后的许多年里，我哥哥在入党、推荐上大学等重要节点上都因此事受到极大牵连。那个年代，凡是招工、上学、提干、入党等大事，政审是必不可少的一环，且还要追溯到"祖宗三代"，外公的这件事总会被翻出来，成为我们家不可承受的负担。

我小时候常去外公外婆家。外公是个能干的人，甚至在我换乳牙时，他也有独特的方法。他会用细绳绑住我的牙齿，然后大喊一声"嗨"，同时在我头顶上一拍，牙齿就掉了下来，一点也不疼。有一次夏天，阳光炽烈，我在海边的一艘小船上钓鱼，完全沉浸在捕捉小鱼的乐趣中，忘记了时间，也忘了回家吃午饭。我钓到的是一种叫"三角鱼"的小鱼，这种鱼的背鳍和腹鳍各有一根刺，含有剧毒，若不慎被刺到，会疼痛难忍。我们那里的孩子有个土方法，用尿来消毒伤口，虽然不知道是否有效，但大家都这样做。这种鱼特别好钓，我钓得很起劲，居然忘了喝水，最终中暑了。头晕得厉害，我以为是晕船，便回家躺在竹床上，连饭也吃不下。外公恰巧来我家，见我这副模样，马上给我喝了一碗盐水，并用手指在我眉间和脖子上揪了一会儿，出现了两块红斑，不久后，我的症状竟然消失了。

外公去世时，由于工作繁忙，我未能回家送他最后一程，这成了我心中永远的遗憾。2015年清明节，我回家祭祖时，专程前往外公的墓前拜祭。舅妈在墓前大声念道："外公、外婆、舅舅，阿幼弟来看你们了。""阿幼弟"是我的小名。我也手持香烛，心中默念："外公、外婆、舅舅，我来看你们了。"那天晚上，我住在弟弟家，半夜感到出奇的寒冷，浑身发抖，仿佛置身冰窖之中，我还以为是感冒了。然而，天亮后，我竟然恢复如常，完全没有感冒的迹象。我们那里有一种说法，久别重逢的亲人拜祭祖先时，若长辈对你特别疼爱，夜里可能会感到寒冷发抖。也许，外公外婆对我的疼爱，正是我当晚寒冷的缘由吧。

人的记忆一般从几岁开始？据说不同的人差别比较大，有些人可以记住 2 岁时的事情，而有些人对 7 岁之前的事情都没有印象。我最早的记忆始于幼年，那是一个模糊而又深刻的影像：我外公穿着一件棕色的衣服，抱着年幼的我，在齐腰深的水中艰难地行走。外面正下着倾盆大雨，天地仿佛都被那狂风暴雨淹没了。他最终将我安置在一个高门槛的房间里，房间里挤满了和我差不多大的小朋友，大家都安静地坐着，仿佛对外面的狂风暴雨浑然不觉。当时我还不会走路，这一切看似虚幻却又真实，仿佛是我生命中最初的记忆之一。

大人们常常谈论 1958 年那场特大台风，他们说这场台风有多么猛烈，如何将房屋吹倒，连百年大树都被连根拔起，甚至船只都被吹到了街上。那些夸张的描述深深印在了我的脑海中，更为那场风暴增添了几分神秘色彩。后来，我在一篇回忆文章中读到："1958年夏天，一场特大台风袭击秦屿镇，巨浪几乎将整个小镇淹没，水位高达一米多。后吞、石弄门的石头海堤全被冲垮，十余棵直径两三米的大榕树连根拔起，60 多条帆船被刮到了远离本镇数十里的财堡村。"

尽管那场台风如此猛烈，但当时我只有不到 10 个月大。如此年幼的我，怎么可能记住外公抱我涉水过街的场景？这段记忆或许并不属于 1958 年，也可能只是另一个时间的回忆，甚至有可能是一个梦境。但接下来发生的事情，却是真实的，是我永远不会忘记的。

在"三年困难时期"，饥饿笼罩着整个小镇，街上时常看到自发组成的打狗团伙。他们一旦发现有狗出现在街上，便毫不犹豫地围上去，用棍棒将狗打死，然后迅速逃离。这种行为在"文化大革命"期间尤为猖獗。

打狗看似简单，但也有技巧。通常，打狗者会在木棍的前端绑上一把铁钩，然后两个人分别持一把，前后夹击将狗钩住。其他几个人则一拥而上，用棍棒将狗打死。等到狗的主人赶来时，这些人早已消失无踪。

我那时还小，可能只有 5 岁左右，初生牛犊不怕虎，也想学大人们的样子去打狗。我心想，一个人就够了，不需要其他人帮忙。一天傍晚，大约 7 点钟左右，我拿着一根小竹竿，满怀自信地走上街头。没走多久，我就看到前方迎面走来一只大黄狗。我心里一阵激动，觉得机会来了，便拿起竹竿朝大黄狗冲去。此时，大黄狗见有人向它跑来，还拿着一根小竹竿，顿时就皱起了鼻头，裂着嘴，露出了一排洁白而又锋利的牙齿。只见那大黄狗后腿微屈，前腿向前伸出，竖立着两支大耳朵，两只黑色的眼睛发着幽幽的凶光，后面还拖着一条扫帚似的尾巴，夹在两支后腿之间，摆出了一副决斗的架势。嘴上发出"呜，呜"低鸣声，偶尔还会"汪汪"地咆哮几声。我看着那犀利的眼神，是那么的锐利，那么的凶恶，但我不怕，我勇敢地迎上去，拿起我那小竹竿照着狗头狠狠地抽了它一鞭子。只见大黄狗"汪"地一声就冲我而来，我看见那大黄狗比我人还高，龇着锋利的尖牙向我奔来。不好，我不是对手，三十六计走为上计，我转身就跑，可是已经晚了，那只大黄狗在我的屁股上狠狠地咬上了一口。

街上的大人们见状，纷纷大喊着冲向大黄狗。我父亲听到有人喊"你家孩子被狗咬了"，立刻赶来，把我抱起直奔医院。那家医院就在我家不远，原来是地主的宅邸，解放后土改时被没收，后来改成了秦屿中心卫生院（现已搬迁至秦屿镇金灵路，改名为福鼎市第二医院）。

由于紧张，我当时并没有感到疼痛。医生只是给我的伤口消毒、上药，然后包扎了伤口。我父亲抱着我回到家，没想到我突然感到另一侧也很疼，原来狗咬的伤口不止一个。母亲脱下我的裤子，发现另一边还在流血，父亲赶紧再次带我去医院。这次的打狗经历，让我深深明白了"初生牛犊不怕虎"的代价。这件事至今让我记忆犹新，至今我的屁股上还留着那两个伤疤，成为了童年鲁莽行为的永久印记。

这段经历不仅是我童年冒险精神的一个缩影，更是我与那个动荡年代紧密联系的一部分。它让我体会到，面对不可预见的挑战，勇敢固然重要，但也需要智慧和谨慎。正是这些早年的经历，塑造了我对生活的态度和认知，也让我对那个特殊的时代有了更深刻的理解。

1.5 苦中作乐

我小时家里生活贫困，记得我们家每日三餐都是稀饭，很少能吃到肉。因长期缺乏营养，我长得面黄肌瘦，个子又瘦小，大家都以为我得了什么病，称我为"黄种"，就像久病之人脸色蜡黄的那种样子。这种情况延续了很长时间，上了中学以后，到街上买东西，人家都还以为我是个小学生。我童年时期的个子一直不高，与同龄人相比矮了不少，上大学后由于营养的改善，还长高了不少，现在回老家与我童年的玩伴相比，反过来还比他们高。

我童年虽然贫困，却像一幅美丽的图画，多姿多彩；充满着阳光，写满了快乐；无忧无虑，天真烂漫；如同一块美玉，洁白无暇。

小孩子都喜欢结伙玩耍，我也一样。我们小时候通常是按区域结伙的，我们城门兜的小孩大概七八个人一起玩，城门下和横巷头也各有一伙小孩，远的就不说，一般没有什么冲突，但附近的小孩就经常打架，有时还打得头破血流的。为了立于不败之地，小伙伴们经过讨论，认为要有一个基地，建立个作战室、司令部什么的。

于是，就在我们家后门的空地上，用木棍、油毡等建了一个小棚子。棚子不是很大，比我们的个头高一点，地上铺上稻草，由于经济不允许没有什么家具，我们就坐在地上开会，研究些作战方案，战略战术什么的，偶尔也会开除一两个人，但也会吸收些新鲜血液，每天忙忙碌碌，日子过得相当充实。

一天突然有人提议，我们必须要有一只战犬，"打仗"的时候它可以冲在最前面，平时还可以保卫我们的司令部。对，这个提议好，大家一致赞成。"这战犬得从小开始培养才好，抓个大的来养不好，不听话，不能要。"一个小朋友这样建议着。"母的也不能要，一定要选一只公的小狗"，大家七嘴八舌地提建议。皇天不负有心人，总算让我们找到了一只小黄狗。这是一只刚出生不久的小黄狗，我们把它养在小房子里，每天好吃好喝招待着（其实也就剩菜剩饭）。小黄狗渐渐长大，大家一心想把它培养成战犬。听说战犬必须身材高大，才能战无不胜，比如德国牧羊犬那样的才好。可这只小黄狗显然不行，怎么办呢？

我家有个表叔，家住在秦岭巨口大队。他家里养了许多猪，小猪出生后，为了让它长的高大些，小公猪都要进行阉割。那天表叔正好到我们家里来，我就问他怎样才能把我们的小狗养的高高大大的。他提议说把它阉割了就可以长高了。我们马上请他帮忙给小狗做阉割手术，大家七手八脚把小黄狗四肢按住，小黄狗死命地嚎叫，我表叔拿着锋利的尖刀，两只手指捏住小黄狗的睾丸，也不管小黄狗怎么叫，一刀割下去，白色的睾丸就出来，马上割掉，同样的方法也把小黄狗另一边的睾丸也割除干净，然后涂上锅底灰，就算手术完成了。大家一松手，小黄狗立马就穿过我们家，嚎叫着朝我们家对面的一条小巷跑去，小朋友们在后面使劲地追，也没能抓住它。我们大家在后面拼命追，小黄狗在前面拼命跑，跑着跑着，就跑到农民的菜地里来了，这时前面出现了个化粪池，这是农民储存粪便的池子，上面有薄薄的一层硬壳，底下是与水差不多的粪便。小黄狗不知道这里不能走，就一脚踩上去，只听"咚"一声小黄狗掉到化粪池里面去了，大家一阵紧张，马上把小黄狗给捞上来，拿到不远处的水池里清洗干净，赶快抱回小房子里来了。经过这么一番折腾，大家生怕小黄狗生病，可还好没几天小黄狗就完全康复了。

小黄狗长得很快，那时正值盛夏季节，我大致 9 岁左右，我们要带小黄狗去洗澡。我们用一根绳子绑住小黄狗的头，我牵着绳，小黄狗高兴地朝前奔去。走到"鱼池头"（现金麟路附近）的一个大水塘边，我哥就捉起小黄狗用力向水塘中间扔去，我没注意，还牵着绳子，一下子就跟着掉到水塘中去了。那水塘水还真深，也可能是我个子小，反正掉到水中后，脚够不着底，水马上就淹过了我的头，我两只手朝上拼命挥舞着，正想开口说话，只感觉一股水就顺着喉咙溜到肚子里面去了。说时迟，那时快，我哥立即奋不顾身地跳入水中，一把捉住我的一只小手，把我拖上了岸，避免了一场悲剧的发生。

不过，后来那只小黄狗还真没有辜负大家的期望，长得又高又壮，比一般狗要高出一个头，我们给它取名"阿豹"，就像一只豹子一样勇猛，从此我们老打胜仗。

经过这次落水事故后，我认识到了会游泳的重要性，决心要学习游泳。

我们秦屿镇面向大海有两座山，北面的山叫后岐山，南面的山叫岭后山。民国初年，萨镇冰担任福建省长，为民做好事，依山修了两条平行相对的海堤，为当地群众解决了台风海潮的灾难，人们称之为萨公堤。在萨公堤的正中间留有一个50米宽左右的出入口，叫做海堤门，供刮台风渔船躲避风浪时进出之用。1958年，人民政府又修了一条内堤，避免台风大潮冲击街道和民房，从而形成了一个良好的避风港。在避风港内，风平浪静，倒是游泳的好地方，但由于海水比较浅，退潮比较早，所以我们一般不在这里游泳，而是选择在海堤外麟后山脚下的"乌沙角"，因布满黑沙而得名。这乌沙角有一百多米长的沙滩，尽头就是"尼姑礁"。后岐山岸边与尼姑礁正对的地方有个"和尚头"，俨然就是太姥山上飞来的一块奇石。"和尚头"和"尼姑礁"怪石林立，洞壑交错，美不胜收。

我们秦屿人小时候学游泳都从狗爬式学起，土话叫"爬沙子"。由于海面上有浪，容易呛到水，头能抬起来是最关键的，所以先学狗爬式是有一定道理的。小时候我们游泳，都是脱光衣服下水的。把衣服脱下后，找个地势高的地方，然后用石头压着，防止被风吹跑了，或者把脱下的衣服塞到海堤的石缝中。一到夏天，乌沙角和海堤一带就成了男孩子们的天堂，有好多男孩子们光着身子跑来跑去，女孩子是不敢到海边来的，否则就会被那帮小孩乱扔石头和泥巴。

有的家长不让小孩去游泳，怕出危险，特别是家里只有一个男孩的家长，就特别担心小孩去游泳。有一个方法可以检验去游泳了没有，用手指在小孩手臂上划一下，如果出现一道白色的痕迹，就是去游泳了，小孩就会招来一顿打。但是，也有一些小孩不怕打，父母就会到海边观察，一旦发现他家小孩的衣服，就会拿走，这小孩就只好捂着下身跑回家，所以衣服必须要藏好了才行。父母爱子心切，生怕游泳会出事，是可以理解的，毕竟那是一种有危险的活动，但也使得许多小孩成了旱鸭子。我们家有三个男孩，万一牺牲一两个也无所谓，所以我们父母从来不管我们是否去游泳了。游泳、爬树、跳墙、打架，无论什么危险的事，我都敢干，我的童年充满着欢乐。

我学会游泳没花多长时间。第一次下水，找个比较浅的沙滩，两只手着地，两脚不停地打水，尽量让身子浮起来。没用多长时间就学了打水，然后突然两只手向前划动，头就可以露出水面了，这就是狗爬式。我只用了半天时间，就学会了狗爬式，而且还可以向前游了十几米。

当时，衡量一个小孩会不会游泳，有个标准就是能不能游过海堤门。海堤门水深、浪急，而且很容易被海浪打到避风港内，或者被海浪拖到海堤外，这时你就必须绕很远才能游回来。所以，虽然海堤门只有50米左右宽，但如果你游不了100米，通常是不敢去渡海堤门的。我只用七八天时间，就成功渡过了海堤门，算是学会游泳了。

狗爬式样子太难看了，我忘了从哪里得到了一本怎样学习游泳的小册子，里面介绍了各种游泳的姿势，有蛙泳、仰泳、侧泳、自由式（爬泳）、踩水等等，我就照着书中介绍的方法，反复练习，终于各种姿势融会贯通，随心所欲了。学会了这"十八般武艺"，得有地方施展才华呀，小朋友们一合计，就开始练习"打水仗"，以防万一有一天"敌人入侵"，也好对付。

我把小朋友分成两组，让两组之间在海面上相隔一段距离，然后大家潜到海底，从海底挖上一大坨泥巴，放在头顶上，浮上水面后，一只手游泳前进，另一只手就从头上取少量泥巴，用力向对方砸去。"冲啊！冲啊！"边喊边向对方游过去，另一组被我们的泥巴砸得晕头转向，不一会儿就败下阵来了。

小时侯我们喜欢看电影，我们那里有驻军，解放军军营经常放露天电影，那时"军爱民、民拥军"，军民之间的关系可好了。每次放电影解放军战士都欢迎老百姓来看，什么《南征北战》《地道战》《地雷战》等等可多了。游泳累了时候，我们就学《地雷战》埋"地雷"玩。在行人经常走动的沙滩上，挖个大坑，然后到海里挖上一堆烂泥，放在大坑中，面上再铺上一层薄薄的沙子，外观一点也看不出这是陷阱，然后我们就躲在远处观察。不久，就见到一个渔民模样的中年男人，肩上扛着一支橹，兴冲冲地走过来，一下子就踩上了我们的"地雷"，整个脚肚子都陷进去。只见他使劲地拔出腿来，恨得牙痒痒的，满腿都是泥巴，气得要命，看看四周没什么人，就远处有一群小孩，我想他一定知道这是我们干的，但也没办法，只好到岸边的水潭清洗去了。

冬天到了，我最讨厌冬天，冷得要死，又没有棉衣之类的厚衣服，没有袜子，冷得直发抖，两支脚一天到晚都是麻木的。怎么办呢？我们就玩"坐飞机"游戏，其实根本没有什么飞机可坐，我们那时根本就没见过真飞机，都是从电影上才看到过飞机。我家门前有条街，路面是用"三合土"制作的，这"三合土"强度挺高，而且比较平整和光滑，跟水泥路面差不多。我们用一块椭圆型的石头，"坐飞机"的人倾斜着用脚瞪住石头，两只手各被两三个人拖住，然后大喊一声"开始"，几个人就拖着这个"坐飞机"的人带着石头往前冲，搞得满街咚咚响，石头在地面上摩擦都冒出了火星。除了"坐飞机"，我们还玩"车轮战"，找一块比较光滑的石头，一共六个人，大家手连手，三个人倾斜地瞪着石头、三个站立，形成一个车轮一样的圈，然后大喊一声"开始"，三个站立的人，就拖着三个倾斜瞪在石头上的人一起旋转，直到转晕倒地为止。有阵子也玩"坐小车"，用一块木板，木板前面挖一个洞，然后插入一根木棍，木棍的前端安有一个滑轮，这样就可以当作方向盘用。木板的后面安一根木棍，木棍的两端各安一个滑轮，实际上就是一辆三轮木板车。玩的时候，一个坐在三轮车上，其他几个人就在后面拼命往前推，大家都跑得的满头大汗。

我家屋后有颗老桑树，也不知道是什么时候种下，长得又高又大，至今我也没见过比我们家那颗还大的桑树。在1955年6月的秦屿镇城门兜大火中，把桑树临火一面的树干都烧成了木炭，后来未烧掉的一面居然顽强地生长出来，而且生长的树皮又包住了整个树干，在树上还形成了一个很大的树冠。我经常一放学，就爬到树上坐着，看着周围的风景。树上还有许多小洞，有些麻雀就在里面作窝，还下了不少蛋。我每天观察，只要它们一下蛋，我就把它偷走，但每次我都留一个放在里面。不知道这麻雀是傻子还是不会数数，也不知道换个地方作窝，老赖着不走。

初夏季节，桑树还会长桑葚，又红又大的桑葚好吃极了。我坐在桑树上不停地吃，够得着的地方都吃光了，剩下树梢上的桑葚，我们就用竹竿打下来再吃。这桑树浑身都是宝，叶子、树枝都是中药，我们经常把树枝割下来，再用闸刀切成一片片的，然后晒干后卖给中药店。经常会有人来讨要桑树的汁，用于治疗小孩的什么病，我们很不情愿，因为要在树干上砍下一大块树皮，然后把树汁挖走后，树干上就留下了一个疤痕，这时都是我爸拦着我们，让人家砍。

那年春节刚过，有人给了我们一张纸，纸上密密麻麻布满了一颗颗黑芝麻大小的蚕卵，他们对我们说："等春雷一响，蚕就会从这些卵中出来，随后会渐渐长大，变成一条条乳白色的蚕，你们必须喂它桑叶吃，它就会吐丝，最后又会变成蛾，再产卵给你"。我们拿到蚕卵后，如获至宝，把它放在一个纸盒中，天天盼望着春雷响。有一天突然响起了春雷，我们立马跑过去一看，可真有一只只小黑虫爬了出来。早春天气还很冷，我们正在担心桑树还没发芽呢，赶快跑到屋后一看桑树，说也奇怪，桑树也开始发芽了，时间怎么会这么凑巧，好像大家都听春雷的号令似的。于是我们赶快摘取桑叶，小心翼翼地饲养了起来。

蚕长得很快，没多长时间就长成了一条条白白胖胖的乳白色虫子。我们听人说，蚕是天虫，是从天上来的，小孩吃了会聪明，我们都深信不疑。我哥就拿出一盒蚕让大家吃，看着一条条蠕动的小虫，

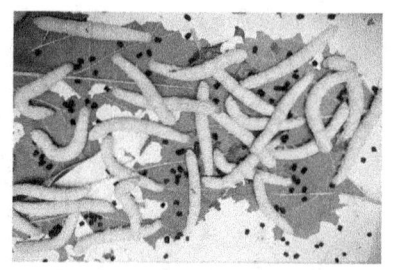

图1.12 蚕

与毛毛虫也没有什么区别，小朋友们都害怕地往后躲，谁也不敢吃。这时，我挺身而出，说："我来吃"。吃蚕有个讲究，就是不能像吃鸡爪一样咬得吃，也不能像

吃冰棒那样含着吃，而是要将蚕放在嘴里让它自己爬到喉咙里面去。我按照我哥的吩咐，张开嘴，我哥就挑选了一只最肥的蚕放在我嘴里，让它自动往里爬，可蚕就是不进去，想想也知道，毕竟谁也不会自投罗网。怎么办呢？我就一横心将蚕尽量地往嘴里塞，强制地把它咽下去了。

由于我吃了天虫——蚕，从此我变得"聪明"了（请勿模仿），我的一些邻居和朋友看到我从小就聪明伶俐，都认定是由于吃蚕造成的。有句诗怎么说的："春蚕到死丝方尽，蜡炬成灰泪始干"。形象地说明了蚕一生辛苦劳累，鞠躬尽瘁，死而后已的宿命。天虫把聪明给了我的同时，我也注定逃脱不了要像春蚕一样一生劳累，鞠躬尽瘁，死而后已的宿命。

1.6 文昌阁启蒙

在福建省美丽的风景旅游区太姥山境内，有一所学校——秦屿中心小学。1964 年 2 月至 1970 年 12 月，我在这所小学读书。我的童年记忆，几乎都与这所学校紧密相连。自从入学那天起，至今已经过去了 60 年，半个多世纪的时光流逝，但我对这所小学的情怀不仅未减，反而愈加深厚。

秦屿中心小学历史悠久。据史料记载，清乾隆年间，政府倡导举办书院，福鼎书院之风开始盛行。清乾隆六年（1741）秦屿乡绅王霞春会同前清举人王锡龄，在太姥山镇积石山北面龙门峡创办了"龙门书院"。书院用茅草盖顶，土坯围墙，极其简陋。后来经过多年艰苦办学，该院移教于秦屿文昌阁内。清光绪三十一年（1905），政府废除书院制，改设学堂，第二年春，福鼎县令黄鼎翰下令将龙门书院改设为初等小学堂，并由秦屿巡检陆曾荣协同地方乡绅王秉煊、王捷魁、陈孔焕等人筹资办学。清宣统年间，学堂屡次遭受匪徒捣毁，经校长周梦庄筹资修缮，才恢复办学。民国十七年（1928），改称县立秦屿中心小学。1938 年更名为"秦屿中心小学"，迄今已有 282 年的历史。

文昌阁是一种传统祭祀建筑，为祭祀传说中掌管文运功名之神、保一方文风昌盛而建。秦屿文昌阁最初的历史可以追溯到明代，在历史上经历了多次重建。2006 年，由于年久失修，秦屿文昌阁在"桑美"台风中坍塌。秦屿中心小学在 2011 年 5 月开始了文昌阁的重建工作，并于 2012 年 9 月竣工。建国后，秦屿文昌阁一直是秦屿中心小学的办学旧址，并先后作为学校的礼堂、教室、阅览室、育德室和图书馆使用。

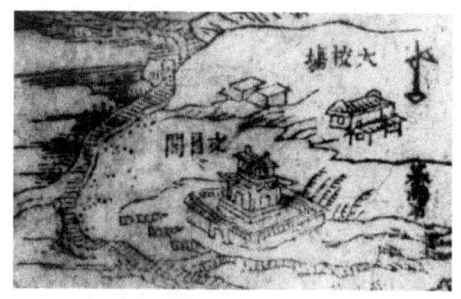

图 1.13 明代《太姥山志》中文昌阁

图 1.14 2006 年坍塌前文昌阁

图 1.15 2012 年重修后文昌阁

图 1.16 秦屿中心小学校舍（1949 年）

我上小学时秦屿文昌阁的建筑为四合院布局，带一天井，采用木质砖瓦结构，坐南朝北，抬梁式，硬山顶。建筑的面阔五间，进深四柱，左右两厢对称。中厅没有大门，正中设有一个台子，天井两侧和前方均为二层木质楼房，如图 1.16 中左边那个楼处于文昌阁的正前方，文昌阁处于这两个楼的后面。文昌阁正前方楼的一层正中设有一个 3 米多宽的出入口，通向学校大门，天井的三合土地面为学生提供了活动的空间。校门建在北侧，古朴端庄，门上刻有"秦屿中心小学"六个大字。

1954 年，随着学生数量的增加，校园向北扩展，新建了几间木质结构的教室，并开辟了一个小操场。操场设有两个简易的篮球架，中央铺设了一条石头小路，通往校门。操场的正中央建有主席台，背后竖立着一根旗杆，学校的早操、升旗仪式以及各种集会都在这个操场上举行。

2015 年，我故地重游，追思往日的时光。地方还是那个地方，但校门已经从原来的北向改为西向，原先分为东西两块的校园也已合二为一，周边的道路早已不是当年的模样。跨进校门，眼前是一片宽广的广场，左边耸立着一座高大的教学楼，右前方则是重建的文昌阁。院内的景象已与当年完全不同。在这一瞬间，我仿佛置身梦境——这还是当年我就读的那所小学吗？还是那片熟悉

图 1.17 秦屿中心小学南校区（2020 年）

的土地吗？看着整齐的院落和现代化的楼房，听着陌生的声音，不禁感慨万千！如今的秦屿中心小学已今非昔比，在太姥山镇南侧还新建了一个拥有先进教学设备和宏伟大楼的南校区。

时光荏苒，物是人非，但对母校的深情却在心中愈加厚重。每一块砖瓦，每一片草木，都镌刻着属于那个时代的记忆，也见证了我的童年与成长。

至今，我依然清晰地记得第一天上学的情形。那是1964年2月，母亲郑重其事地为我穿上新衣服，把我打扮得干干净净。她还特意煮了两个鸡蛋，并用颜料将蛋壳染成了红色，放进我的小书包中，然后送我到学校。那一天，我无比兴奋，因为在此之前，家里附近几个比我大一点的孩子已经开始上学了，我总是羡慕地看着他们背着书包去学校，所以我也经常吵着要上学。由于我还未满7周岁，那时我只能上半年学前班。

我的第一个班主任名叫陈爱弟，是位30岁左右的漂亮女老师，留着一头短发，走路风风火火，显得很干练，她给我留下了深刻的印象。她把我接到学校后，领着我走向文昌阁。文昌阁正厅的中间有一个台子，台子的正上方悬挂着毛主席的画像，台子的两边有台阶。陈老师带我走上台子，那里已经摆放了几排小凳子，我们被安排坐在上面。我环顾四周，看到大约有十来个和我年纪相仿的小孩。

当时，我一只手摸着书包里那两个红鸡蛋，想吃却又不敢拿出来。老师说了什么话我已经不记得了，只记得她后来领着我们走到大门口对面的一个院落里。这院落主要是老师们的宿舍和食堂，但也有几间教室，我们的教室就在最里头。我进入教室时，发现里面已经坐着三十来个小朋友，还有一位女老师，我却忘记了她的名字。我们坐定后，老师给每个人发了两颗糖和一些书本，从此开启了我的求学之路。

我小学一年级的教室是在文昌阁前面的一排单层木质结构教室中，这排教室连排着三个班，每个班有五十多名学生，全都是一年级的学生。这排教室的右边是操场，左边是文昌阁，而我的教室是最靠近校内道路的那一间。由此推算，当时我们一年级的学生大约有150多人。

我记得那时我们学习的课程有语文和算术，印象最深刻的是学习汉语拼音，陈爱弟老师教我们发音，那朗朗的拼音声仿佛至今还在我的脑海中回荡。

1963年，毛泽东发布了一项"工业学大庆，农业学大寨，全国学人民解放军"的指示，在全国掀起了一场农业学大寨的运动。大寨是山西省昔阳县大寨公社的一个大队，原本是一个贫穷的小山村。农业合作化后，社员们开山凿坡，修造梯田，战天斗地，艰苦奋斗，治山治水，使粮食亩产增长了7倍，成为中国政治版图上的重要地标之一。

1966年春夏之交时，我正读小学二年级，那年我9岁。在农业学大寨的号召下，秦屿镇开始了规模宏大的后岐海堤建造工程。这段海堤位于秦屿镇后岐村附近，堤内流域面积达 124.52 平方千米，海堤总长 1.79 千米，其中水闸长 46 米，砌石护坡 1.74 千米。堤顶高程为 13.2 米，平均堤高 6.7 米，堤顶宽 4 米，堤顶上还砌有宽 0.86 米、高 1 米的防浪墙。

当时，各行各业都被动员起来，参与业余劳动，连我们小学二年级的学生也被派到了工地，负责挑石头。我们和大人们一样，要求将从水井头开山放炮炸下来的石头挑到海堤位置，铺在海滩上。这段路估计有 2～3 千米，这是我平生第一次挑东西——两个簸箕，一根扁担，簸箕里装着几块小石头。由于掌握不了平衡，挑起后身体总是前倾，只能一路向前奔跑，沿着海岸边上的小路，像百米赛跑一般奔向工地。旁边的大人们看到后忍不住笑着说："这小孩跑得还真快。"我把石头挑到海滩工地后，负责填海滩的民工接过我的簸箕，将石头倒在海滩里。接着，我回头继续挑下一趟石头。

1963 年 3 月 5 日，毛泽东题词"向雷锋同志学习"在《人民日报》发表，从此雷锋精神成为全心全意为人民服务的象征。几十年来，雷锋被中国共产党塑造成共产党员的革命模范，学雷锋活动在全国范围内广泛开展，雷锋也成为了全民学习的榜样。

我们小学也不例外，积极开展学雷锋活动。当时，人人都会唱"学习雷锋，好榜样，忠于革命，忠于党"的歌曲。但光唱歌还不够，还需要有实际行动。于是，老师们组织了一系列活动，比如拾金不昧——今天捡到一分钱，明天捡到一个纽扣，都要交给老师。还有放学后轮流扛着防火宣传牌，走街串巷宣传防火知识，帮助"五保户"挑水、洗衣、买东西，扶老人过马路，或者大同学为小同学缝扣子等。

这些活动虽然是不错的行动，但问题在于，街上没有那么多的钱和纽扣可以捡，"五保户"也只有那么几户，不需要那么多人去挑水。怎么办呢？于是，最简单的办法就是上街打扫马路。每天清晨，天还未亮，我们便拿起扫把到街上四处打扫。你可以想象，那场面颇为壮观——一群小学生人手一把扫把，在街上挥舞，仿佛掀起了一场"扫把风暴"。在那个时段，若有人想上街，最好避开这群"扫把大军"。

在我上小学三年级之前，尽管学校经常组织各种集体活动，但教学仍然是正规的，我们在课堂上学到了不少知识。特别是汉语拼音的学习，为我们的语文基础打下了坚实的基础。然而，好景不长，随着史无前例的"文化大革命"的爆发，一切都发生了巨大的变化。

"文化大革命"期间，学校的教学秩序被彻底打乱。学生们停课不再上课，老师们也遭受了前所未有的批斗。曾经在课堂上教书育人的老师们，如今被批判、斗争，课堂被政治斗争所取代。原本安静的校园，充斥着激烈的口号和集会，学生们被动员参与各种政治运动，课本被红色宣传材料取代，教学完全停滞。

在那段动荡的岁月里，学校不再是传授知识的殿堂，而成为了政治运动的前沿阵地。

那些曾经我们引以为傲的学业，如今却成了被批判的对象。我们小小年纪，对于这一切虽不甚了解，但也隐约感到一种失落与迷茫。我们失去了正常的学习机会，教学的连贯性被打断，这对于当时的我们来说，无疑是一次沉重的打击。

1.7 成长中的艰辛

我父母亲一生饱经沧桑，1955年那场突如其来的大火，几乎让我们家变得一贫如洗。然而，我的父母都是意志坚强的人，他们的眼光总是比常人更为长远。他们不仅要照顾我们一家老小的日常生活，还要为我们兄弟姐妹的未来做好准备，特别是面对那远远不够住的二间小屋，他们从未停止努力。那时，我父亲的月薪只有30来元，却要养活一家六口人，还得时不时攒些钱买木料，为将来扩建房屋做准备。生活的艰辛可想而知。

尽管如此，我们兄弟几个虽然年纪尚小，却也尽力为家庭分担责任，贡献我们微薄的力量。小时候，我家房屋后面有一块小菜园，父亲曾在那里种过一些中药材。上了初中后，这块菜园被秦屿供销社强行征用，他们在四周打上围墙，禁止我们进入。虽然经过多次申诉，直到多年后我们才获得了一些经济补偿，但这块菜园对我们家庭的影响已无法弥补。

菜园被征用后，家里就在围墙边搭建了一个养猪圈，每年养一两头猪补贴家用。当时，我们养的是本地的土猪苗，小黑猪或小花猪，这些猪需要一年左右的时间才能长到一百多斤。为了养猪，我和哥哥、姐姐经常在周末到野外挖野菜，或到农民收割后的地里捡拾丢弃的菜叶给猪做饲料。

那时，秦屿南片区有一大片未围垦的海滩，生长着零星分布的"海梳"草。我们有时会到海滩上采摘这种草喂猪。特别是在夏季干旱时节，我们盼望着一场大雨，滋润田地，让地瓜藤叶长得快些。街上卖地瓜藤叶的价格也会因雨水而下降，这样爸爸就可以多买些地瓜藤叶，加工成猪饲料，我们也就不用频繁地去野外挖菜了。

每到年底，我们家把猪养大后，就会扛到秦屿食品站的宰猪场卖掉，赚取一些收益来补贴家用。这种微薄的收入虽然不能改变家庭的贫困状况，但它是我们一家人用汗水和辛勤换来的，是我们努力的见证。

秦屿的滩涂广阔，物产丰富。每当退潮时，三面环海的古镇便露出了广袤的滩涂，我和哥哥常常在这片滩涂上"讨小海"。讨小海的种类繁多，比如捡拾麦螺、拾土蛭（泥螺），还有蛤蜊、海蛏等。麦

图1.18 退潮后的秦屿海滩

螺形状如同特大的麦粒，非常容易捡到，回家后用烧火钳子将螺尾剪断，再用葱头油一炒，味道鲜美极了。土蛭虽然操作稍微麻烦一些，但腌制后口感极佳。我们需要不断地颠簸土蛭，去掉它的粘液，然后用盐搅拌，再让它吐掉涎沫，经过反复处理，最后加上调料密封几日，即可成为一道美味。在海滩上，有时还能遇见"海蜈蚣"，这种海产状如蜈蚣，细长而深藏洞内，往往一拉就会拉出一米多长。剖开后可以看到绿色的肠子，洗净后，无论是炒蛋还是煮酸菜，都是一道绝佳的美味。记得有一次，我和哥哥在屯头一带的滩涂上，幸运地捉到了满满一小桶花螺，高兴得不得了。

讨小海是要看潮水的，每天两次的涨潮和退潮时机各不相同，时间的变化与月亮的运行周期息息相关，也就是与农历有关。我们那里的孩子只要知道当天是农历几号，就能准确判断该什么时候下海，什么时候回家，习惯了这种规律的循环变化。

随着讨小海的人数越来越多，近处滩涂的海产资源渐渐被捞光了，要想有好的收成，就得去更远的滩涂。当时秦屿小东门海堤还没建成，与小东门隔海相望的打水奥滩涂由于路途遥远，去的人较少，于是我们决定去那里碰碰运气。

去打水奥要沿着当时的海岸边绕一圈，大约需要一个小时的路程。我们需要准确计算退潮时间，再提前一小时出发，走到那里时正好赶上退潮，就可以跟随潮水下海，通常能得到比较丰盛的收成。但这一来一回加上讨小海的时间，总共需要五到六小时。记得有一次盛夏，下午两点左右，我们在回家的路上已经筋疲力尽，头顶烈日，饥肠辘辘，连迈步都觉得十分艰难。

不久后，打水奥滩涂的海产也开始枯竭，我们决定去更远的地方——文渡。文渡距离我们家有近两小时的路程，这次路途遥远，我们必须带上干粮。前一天晚上，我和哥哥自己动手做干粮，用面粉加少量红糖和适量水搅拌均匀后放在锅里烤成软饼，用塑料布包好，挂在腰上。

那天一路上还算顺利，正当中午时分，我们正在专心拾土蛭时，突然天气大变，只见四周的黑云一阵阵压过来，乌云笼罩着天空，眼前一片昏暗，只在闪电时才有一线亮光，扫去昏暗带来的沉闷。但闪电以后，是隆隆的雷声，那雷声好像从头上滚过，然后重重地一响，炸了开来，好吓人呀！我们没地方可躲，只能站在原地，雨点顿时落了下来，好大的雨点，顺着风势，斜斜地落在我们的身上。骤然间，雨点变得非常密集，视野中的海岸和树木，隐入茫茫的雨色中。约半小时后，雨停了，云散了，海岸和树木似乎没什么两样，只是与雨前不同，眼前一片清新，土蛭（泥螺）纷纷地往上冒，多极了，正好应了那首民谣："日头出出雨沥沥，和尚背仔拾土蛭"（福州方言），我们满满地捉了两大桶，凯旋而归，爬上了岸，洗干净脚上的泥巴准备回家。此时，虽然全身都淋湿了，但我们用塑料布包裹的干粮无恙。我们找了一块大石头，坐下来，拿出昨夜烤的软饼，那种美味至今让我难以忘怀，简直是世间最珍贵的美食。

在春夏交替的季节，我们那里的人们时兴捉泥鳅。那时，水田刚刚被犁过，还没开始插秧，许多泥鳅集中在水田中的小水沟里。我们用一根约1.5米长的木棍，在木棍的一端用竹片卷成一个小圆圈，固定好后，就制成了赶泥鳅的工具。捉泥鳅时，一只手提着簸箕放入水沟中，另一只手握着工具，从距离簸箕约一米远的地方开始用力敲打水面和泥土，然后慢慢将泥鳅赶向簸箕。受惊的泥鳅就会向前游，直到被簸箕捞起。每次这样，我都能捉到不少泥鳅。

我有个邻居叫林祖泽，是我的小学同班同学，属于九牧林氏家族，比我小一个辈分。我们经常一起玩耍，也一起捉泥鳅。每次我捉到的泥鳅总是比他多。有一次，我捉到了9斤多泥鳅，而他才捉到1斤多。他家里人见此情景，便叫他跟着我学，结果即使他跟着我学，收获还是远远不如我。看来，捉泥鳅确实有些窍门。

俗话说"开门七件事，柴米油盐酱醋茶"，柴火在日常生活中至关重要。秦屿那个地方没有煤，更没有天然气，做饭只能依靠柴火。这柴火，要么花钱买，要么自己上山砍。当时正值"文化大革命"期间，太姥山无人看管，任何人都可以上山砍柴。每天上山砍柴的人络绎不绝，山路上人来人往，热闹非凡。甚至还有一些来自浙江平阳县的人，以砍柴为生，最可恶的是他们竟然放火烧山。有一次，太姥山上的大火整整烧了一个多月才熄灭，大片森林被毁。烧过的树木变轻，易燃，成了理想的柴火。看到这么多人去砍柴，我和哥哥也决定参与其中。

我哥哥比我大4岁，力气也大，能爬得更高，能砍到更优质的柴火，比如已经枯死的小树木。清晨2~3点钟，他便带着干粮出发，通常要爬到国兴寺以上的高度，经过"三伏腰"，穿过"七星洞"，再上到"九鲤朝天"以上的山涧峻坡，才能找到柴火。砍柴的工具是用圆竹制成的"枪担"，有时直接用砍来的木头做挑担。上山时，他们脚穿稻草编成的草鞋，腰间系着插刀鞘，插着砍柴刀。下山时，左手撑着撑杖，右手扶着"枪担"，一步步小心翼翼地沿着陡峭的山路走下山。左边是万丈深渊，右边是悬崖峭壁，一不小心就可能粉身碎骨，这确实是一项异常危险的任务。通常到下午4~5点才能回到家。

太姥山当时没有公路，山路陡峭，拐弯急促，经常大雾弥漫。大雾时，只能看见脚下的路，其余都是一片雾蒙蒙的，令人举步维艰。最怕的还是下雪，虽然秦屿镇很少下雪，但太姥山海拔高，经常积雪，一旦下雪，路面湿滑，更加危险。

我年纪小，力气不足，通常早上5~6点出发，带上干粮，只爬到太姥山半山腰的国兴寺一带，割一些铁芒萁草回家。下午4~5点钟左右，我就能到家。铁芒萁草非常适合作柴火，太姥山上这种草很多，通常有一两尺高，有的甚至更高，成片生长。但由于我们到达的地方较低，早已被人割过多次，草长得短小，只能一点点割，割完后捆成两捆，中间插上一根"枪担"，挑回家。每当我父亲有空时，总是担心我累着，经常会走到半路来接我。

在这里，特别要感谢一个大善人。他在太姥山半山腰通往山顶的必经之路旁搭建了一座草房，门口摆着一只大缸，里面装满了从山上引来的清泉水，供来往的砍柴人解渴歇脚。这个叫"阿侯爸"的老人，以他善良的举动成为了太姥山的标志性人物。去太姥山砍柴的人，几乎无人不知"阿侯爸"。凡是经过的人，通常都会在那里休息片刻，喝点水，再继续上路。

然而，随着越来越多人频繁砍柴和烧山，太姥山的绿化受到了严重破坏。最令人惋惜的是，太姥山摩霄庵正门前那棵上千年树龄的铁杉树。这棵树高达40多米，直径超过4米，树干底部需7~8个大人才能合围，是太姥山最高、最粗壮的树。树干笔直挺拔，宛如一支直向天际的大毛笔，树顶部高过太姥山的最高峰——覆鼎峰。当年，渔船在秦川湾姆屿岛外围航行时，都能远远看见这棵树，将其视为航行的标志。然而，由于当时的秦屿公社革命委员会决定建造公社大楼，缺乏木材，竟下令砍伐这棵树用于兴建公社大楼。执行砍伐任务的人是秦屿镇人，他在砍树前，首先点上三炷香，向树神祷告："大神上天，小神走边，党委命令，不是我迁"。（几年后，秦屿供销社要我们家搬迁，也是请这个人来砍掉我们心爱的大桑树，砍树前他同样也是占香祷告半天，此乃后话）。白云寺住持品海法师想阻止砍伐，但赶去宁德地区找领导时，等到领导下达停止砍树命令时，树已经被砍倒了。从此，太姥山失去了一个最能见证历史的宝贵财富，这是全体秦屿人心中永久的痛，也是太姥山无法弥补的损失。

最终，随着上级领导部门意识到绿化的重要性，封山育林的政策开始实施。太姥山林场成立，禁止一切砍柴和割草行为，并通过飞机播种的方式重新植树造林。太姥山的绿化才慢慢开始恢复生机。

太姥山禁止砍柴后，我和姐姐曾经到表叔所在的巨口大队割草。那里的草虽然不少，但都是长在山坡上的野草，种类繁杂，里面还夹杂着许多带刺的植物，烧起来并不好用。面对这样的困境，我们不得不改用水稻谷壳做饭。

为了适应这种新方法，我爸动手用木板做了一个风箱，并在灶底安了个篦子。做饭时，先用纸张或易燃的小树枝点火，然后一边拉动风箱鼓风，一边往灶里撒稻谷壳。烧到一定程度后，谷壳灰积得太多，我就用铁钎把底部的灰烬掏出来，再继续添加稻谷壳。总的来说，烧稻谷壳火力还算不错，但它有个缺点：需要不停地鼓风和撒谷壳，否则火势就会减弱。这无疑增加了我妈做饭的工作量，她一边烧火，一边做菜，经常忙得团团转。这时，我常常会去帮她烧火。我妈最喜欢我烧火，因为我懂得如何把火集中在锅底中间，让火力持续稳定。我总结的经验是：往里撒谷壳时，不能一次撒太多，要少而勤，薄薄一层更容易燃烧。这样不仅可以让火力保持连续，还能节省谷壳。

随着大家都开始使用稻谷壳，谷壳资源变得紧张起来。我们家门前的马路对面是一个农业大队，他们在后面开了个碾米厂，稻谷壳在那里出售。很多人都想买，常常还没等稻谷壳出来就被人抢光了。无奈之下，我只好提着箩筐守在碾米机旁，等着稻谷壳从风口吹出来。那个灰尘真是大得吓人，我硬撑着站在那里，等箩筐装满后才离开。每次去买稻谷壳，身上从头到脚全是灰尘，更要命的是，两个鼻孔都塞满了灰尘。那时候也没有什么口罩防护，只能硬着头皮忍受。

不久后，碾米厂的稻谷壳越来越紧俏，价格也随之上涨。于是，我和姐姐不得不跑到十几里外的巨口大队，甚至更远的才堡大队去买稻谷壳。那时我还没上小学，个子也小，估计体重也就 50 来斤，但自尊心却很强。有一次，我气喘吁吁地挑着一担 40 多斤重的稻谷壳走在回家的路上，遇到两个过路的年轻人。其中一个问另一个："你看这担谷壳有多重？"另一个人随口答道："大概 20 来斤吧。"听到他们这么说，我很生气，马上回了一句："我可是过秤的，40 多斤！"他们听了哈哈大笑，其中一个人说："这么小的人也会争强好胜啊。"我也不明白，为什么从小我就有这么强烈的好胜心。

从小我不仅具备了强烈的好胜心，还早早地接触了商品经济的氛围。我舅公开了一个小商店，我也在他旁边摆了个小桌子，卖一些桃子、李子和"猫咪瓜"。"猫咪瓜"的正式名称我至今不知道，但它外观像黄瓜，只是大得多，比成年人的手臂还粗，长度约有一尺。一根"猫咪瓜"通常一个人吃不完，所以我会把它切成几块来卖。我的小伙伴们每天都来捧场，照顾我的生意。

我们家还曾经卖过粿。粿分为甜粿和咸粿两种，制作时，我们用石磨把粳米磨成米浆，装进布袋里，再用大石头压干部分水分，形成糊状。然后在蒸笼里铺上一层宽大的良姜叶或棉纱布。如果是做甜粿，就在米浆里加适量红糖揉匀，再撒上红枣，放入蒸笼蒸熟；做咸粿时，则加葱头油、盐和味精。太姥山镇的这种粿独具特色，我爸妈负责制作，我则在街上叫卖，生意还特别红火。

此外，我们家还曾卖过油条和油饼。前一天晚上，我爸妈和好面，第二天一大早就开始炸，我则在门口的街上卖，每根油条 2 分钱，吸引了很多顾客。炸油条的手艺是我妈的舅舅教的，他是一名厨师，所以我们家的油条不仅又大又粗，而且非常实惠，深受大家的喜爱。除了油条，我们还炸油饼，油饼是用米浆做的，炸好后中间会鼓起来，圆圆的，非常美味。

然而，好景不长，"割资本主义尾巴"的运动来了。有一天，我在街上卖油条时，突然来了一群人，臂上戴着红袖章。我立刻感觉不妙，想赶紧收摊回家，但已经来不及了。他们拦住了我，宣布油条要被变卖，价格从原来的 2 分钱一根降到 1 分钱，不一会儿就卖光了。不过，他们还算有点良心，变卖所得的钱全都还给了我，走的时候还特别叮嘱以后不准再卖了。从那时起，我再也不能做这些小生意了，也标志着我的童年进入了新的阶段，告别了这段既辛苦又欢乐的时光。

我的童年就是在这样既艰苦，又充满欢乐的环境中度过的。虽然艰苦，但这些磨难塑造了我坚韧的性格，让我学会在困境中坚持不懈。那些艰难的日子教会了我如何面对生活的挑战，并从中汲取力量。虽然生活充满艰辛，但这些经历也让我懂得了珍惜，懂得了感恩。正是这些艰苦的岁月，培养了我无畏的勇气和不屈的精神，让我在面对未来时，依然充满希望。

然而，童年的时光并不仅仅是艰辛与磨难。那段日子也充满了无尽的快乐与美好，充满了天真与无忧的笑声。每一个在乡间嬉戏的日子，每一次与小伙伴们的冒险，都像是一颗颗珍珠，串联成了我心中最美的回忆。尽管物质匮乏，但童年的欢乐却是无价的，那种纯真无邪的快乐，至今仍温暖着我的心。

时光飞逝，岁月流转，童年里的每一件趣事，都成了我记忆中的美梦。这些梦如同温柔的轻风，时常在我心中轻轻拂过，带来一阵温暖的感动。它们不仅是我成长的印记，更是我心灵深处最柔软的部分，伴随着我一路走来，给予我力量和勇气。

我的童年是一幅画，充满了五彩缤纷的生活，每一笔都描绘着生命的色彩；我的童年是一首歌，吟唱着幸福与艰辛，每一个音符都充满了生命的韵律；我的童年是一个五味瓶，装满了酸甜苦辣，每一种味道都成就了如今的我；我的童年是一个梦，梦里有无限的欢乐与甜蜜，这个梦虽已远去，但它的美好却永远留存在我的心中。

即使时光荏苒，岁月流逝，那些童年的记忆依然鲜活，它们是我生命中最珍贵的宝藏，永远照亮着我前行的路。无论未来的路途多么漫长，我知道，那些童年的画面和感动，将一直伴随着我，成为我心灵深处最深的依靠和最美的回忆。

参考资料

[1] 福建省福鼎市太姥山镇《九牧林氏宗谱》[M]，2020 年秋季修编。

[2] 嘉庆《福鼎县志》[M]，卷二"山川"，《中国地方志集成》福建府县志辑 14，上海书店出版社，2000 年，第 34 页。

[3] 李顺.太姥古镇秦屿[M].香港：华星出版社，2011.

第 2 章　文化大革命

文化大革命，全称"无产阶级文化大革命"，简称"文革"，是中华人民共和国历史上一场全国性的政治运动，发生于 1966 年 5 月 16 日至 1976 年 10 月 6 日，由毛泽东为代表的中国共产党左派发动和领导。这场运动对新中国社会产生了巨大的影响，且影响深远。然而，随着时间的推移，邓小平等后来的中央领导层全面否定了文革，后世普遍将其视为十年内乱、十年动乱、十年浩劫。

图2.1　《人民日报》刊登的"五·一六通知"和"十六条"

文革之所以被冠以"文化"二字，是因为这场"大革命"是由文化领域的"批判"引发的。1966 年 5 月，在我即将完成小学二年级学习时，中共中央召开了政治局扩大会议，同年 8 月又召开了八届十一中全会。这两次会议的召开，标志着"文化大革命"全面启动。会议先后通过了《中共中央通知》（简称"五·一六通知"）和《中共中央关于无产阶级文化革命的决定》（简称"十六条"），并对中央领导机构进行了改组，使"左"的方针占据了主导地位。从此，十年的文化大革命正式拉开帷幕，伴随着的是一场持续十年的动乱和内乱。

2.1　破四旧

1959 年 4 月，中共中央在上海召开工作会议期间，毛泽东观看了一出以"海瑞"角色为主的清官戏。他对此颇为关注，要求有关部门找历史学家研究并撰写相关文章。会后，胡乔木回到北京，找到历史学家吴晗，请他撰写了几篇关于"海瑞"的文章。与此同时，周扬在上海请京剧表演艺术家周信芳编演《海瑞上疏》，此后在马连良的建议下，吴晗进一步创作出了剧本《海瑞罢官》。

1965年2月，江青与时任上海市委书记柯庆施密谋，决定通过文艺批评发起一场政治斗争。此后，他们指示上海解放日报社的编委姚文元撰写批判文章。姚文元受命执笔，撰写了《评新编历史剧〈海瑞罢官〉》，并于1965年11月10日发表在上海《文汇报》上。文章公开点名批判北京市副市长、历史

图2.2 《文汇报》批判吴晗《海瑞罢官》

学家、《海瑞罢官》剧本的作者吴晗，指责该剧本是在为右倾机会主义翻案，是一株"毒草"。

1965年12月21日，毛泽东在杭州同陈伯达等人谈话时表扬了这篇文章，但他同时认为没有打中要害，毛泽东说，《海瑞罢官》的"要害问题是'罢官'。嘉靖皇帝罢了海瑞的官，1959年我们罢了彭德怀的官，彭德怀也是'海瑞'"。对《海瑞罢官》的批判，成了"文化大革命"的导火索，拉开了"文化大革命"的序幕。

1966年6月1日，人民日报社论《横扫一切牛鬼蛇神》，提出"破除几千年来一切剥削阶级所造成的毒害人民的旧思想、旧文化、旧风俗、旧习惯"的口号，即所谓的"破四旧"。

中国共产党八届十一中全会后，红卫兵（大、中学生成立的群众组织）运动迅猛发展，成了破除"四旧"的先锋，"破四旧"运动在全国各地轰轰烈烈地开展起来了，但随后就发展为抄家、打人、砸物。无数优秀的文化典籍被付之一炬，大量国家文物遭受洗劫，许多知识分子、民主人士和干部遭到批斗。一时间，把街道、工厂、公社、老字号商店、学校等，改成"反修路""东风商店""红卫战校"等革命名称。剪小裤腿、飞机头、火箭鞋，揪斗学

图2.3 《人民日报》1966年6月1日社论

者、文学家、艺术家、科学家等"资产阶级反动学术权威"……暴力行为成风。

北京第二女子中学将该校所在的东城区"扬威路"改成"反修路"，原因是这条街上有苏联驻华大使馆。他们认为"扬威"是为"苏联修正主义者扬威"。其实红卫兵不知道这条街原名叫"羊尾巴路"，因街道较为弯曲，形同羊尾巴而得名，

在北京街道名称雅化时谐音改为"扬威路"。与"苏修耀武扬威"是风马牛不相及的。

"文革"时期红卫兵更改了几乎所有的北京路名，但是后来被地图采纳的约有百余条。如东交民巷旧时是帝国主义租界地所在，遂改为"反帝路"，而"王府井"属于带有"封建帝王"性质的，所以偏要把它改为"人民路"。龙潭湖，有封建迷信色彩，于是"龙潭北路"改为"红湖北路"。"夕照寺大街"有日薄西山之感，于是改叫"光明路"。

这股潮流迅速涌向全国，各地红卫兵竞相效仿：冲击寺院、古迹、捣毁神佛塑像、牌坊石碑，查抄、焚烧藏书、名家字画，取消剪指甲、美容、摩面、洁齿等服务项目。砸毁文物，烧戏装、道具，勒令政协、民主党派解散，抓人、揪斗、抄家，从城市赶走牛鬼蛇神，禁止信徒宗教生活，强迫僧尼还俗……甚至打擂台似的相互竞赛，看谁的花样翻新出彩。

红卫兵焚书，除马克思、恩格斯、列宁、斯大林、毛泽东的著作外，其他书籍都被列为"四旧"，大量焚烧。带有小资产阶级情调的名字，例如什么"梅、兰、竹、云""春、夏、秋、冬"的，或者带有孔孟之道特征的"仁、义、理、智、信"等等，都改为"革命化"的名字，公安局户籍管理部门则以"报

图 2.4 曲阜孔庙万世师表匾额被焚

则速批"为原则，表示了对这种"革命行动"的支持。上海某工厂有个人，早先是资本家，名字叫"养民"。说资本家养活了人民，反动透顶。全厂日批夜斗他，并勒令他将名字改成了"民养"。有位中学教师名"念修"，"想念修正主义！"全校大会批斗后，学生把他押到派出所，改成了"仰东"。

香水、尖头皮鞋、窄腿裤均属于"资本主义的东西"，一经查出，立即实施革命制裁。限令西餐店停业，服装、皮鞋店停止出售"奇装异服"，凡发现行人中穿尖头皮鞋者责令脱下，赤脚走路；穿着、发型显得"时髦"的就被剪去一刀。有的红卫兵小将们提出，要求改变中国的现有交通规则，要变右侧通行为左侧通行，他们说右侧通行，是右派分子们的规则。在中国这样的革命国家，应该是左派处处通行。同时，他们还提出交通路口的指示灯也有路线问题，因为交通规则说明，红灯停绿灯行这也不符合左派的要求，红色代表革命，黄色代表资产阶级，怎么能红色一出现就停止呢，怎么处处与红色作对呢？正确的做法应该是红灯行、黄灯停才对！

我的家乡秦屿镇虽地处福建边远海边，但同样燃起了"文化大革命"的熊熊烈火。中共中央《关于无产阶级文化大革命的决定》传到秦屿后，工作组立即组织大家学习文

件，并组织人到农村去宣传。《十六条》提出要批判"封、资、修"和破除"四旧"，要横扫一切牛鬼蛇神，对其实行专政。福鼎四中的学生们立即成立了红卫兵和造反队，凡出身于地（主）、富（农）、反（革命）、坏（分子）、右（派）家庭的所谓"黑五类"的同学都不能参加这一组织。红卫兵戴着袖章，举着红旗杀向社会。他们到处抄家，把被定为"封、资、修"者或"牛鬼蛇神"的人抓起来，挂牌子，戴高帽，游街示众。这些过激行为，严重伤害了许多不应该受到伤害的人。尤其令人心痛的是，红卫兵、造反派还将从民间查抄来的一些珍贵字画、书刊、器皿、饰物、古籍等统统投入火堆化为灰烬，使许多珍贵的文物遭受了严重的破坏。红卫兵又去太姥山摩霄庵和冷城灵峰寺破"四旧"，半夜包围了这两座寺庙，拂晓时便冲了进去，砸佛像，烧经书，把和尚抓去游街，强迫出家几十年的老和尚吃猪肉。"文革"动乱，毁了多少珍贵文物今天是既无法估量，更无法弥补的！所谓的文化大革命，实际上确实是在革文化的命！[1]

许多地方出现了所谓的"群众专政"。在"破四旧"的口号下，红卫兵和造反派大肆进行"打砸抢"活动。许多家庭的财产被非法没收，文物古董被毁坏，甚至有些人因为所谓的"政治问题"被抄家。社会秩序彻底崩溃，法律和道德失去了约束力，许多人因此家破人亡。我那时还小，正在上小学三年级，没有能力去"打、砸、抢"，但喜欢看热闹，哪里热闹就跟到那里。我老家的房子位于秦屿供销社的隔壁，是当时秦屿镇的中心地带，许多重要活动一般都在这个地方举行。我看到红卫兵捉到和尚后，把他们列成一排站在供销社的门前大街上，每个和尚手拿着木鱼，脖子上挂着佛珠，强迫他们一边敲着木鱼一边不停地念着："肉好吃，鱼好吃"。时不时一些红卫兵还拿着臭带鱼要和尚们吃，许多和尚当场就吐得一塌糊涂，看着那些老僧人当时那痛苦的表情，至今回想起来还记忆犹新，令人心碎。

各个寺庙中菩萨，泥塑的当场就捣毁了，木头制作的菩萨就剥光衣服，用绳子捆住脖子，然后都拖到供销社对面的秦屿农业大队门前示众。我和小伙伴们看到这么多菩萨，赶快跑来看热闹，一看原来菩萨是分男女的，都是按照男女的生理特征雕刻的，男人和女人的各种器官包括生殖器官全都具备。我们感觉特别好奇，这摸

图 2.5 红卫兵烧毁寺庙中的菩萨

摸，那摸摸，终于发现所有菩萨后背上都有一个四方型暗龛，大概火柴盒那么大，表面用薄薄的一层木板盖着，我用小刀一撬开，发现里面有一个小袋子，小袋子里

放有五谷、海马、铃铛等。我们小伙伴们立马把所有菩萨后背的暗龛都撬开，把里面的东西都拿回家玩了，而这些木制菩萨示众三天后，就一把火全部被烧掉了。

我父亲在秦屿医院工作，当时的医院是利用地主的住宅改建的，就在我家隔壁不远，从我家后门过去，只有 20～30 米距离，我们经常在那里玩。由于是地主的住宅，所以梁、柱子等地方均雕有许多精美的雕塑，有仙鹤、松鼠、梅花鹿等等。"破四旧"一来，这些精美的雕塑统统都被铲除干净，看着这么精美的雕塑被铲掉实在是可惜。

当时，秦屿医院有位德高望重的老中医，也是我们林氏家族的，与我父亲同辈份，但年龄比我父亲大，名叫林以炽，字兆盛，号谷田，笔名老华。生于 1898 年，卒于 1970 年。谷田先生年幼聪慧，专攻诗书，后致力于医学。擅治天花、牛痘及麻疹，业余爱好诗、书、画、篆刻，喜存书。秦屿后歧临水宫大型壁画等，均出自于先生之手。我小时候，经常在父亲工作的医院玩，当时谷田先生已接近 70 岁，满头白发，留着长长的白色胡须，经常手里拿着铜制的水烟斗，脸上堆满着笑容。我经常在他身边钻来钻去，他也不嫌烦，是个非常慈祥的老人。

谷田先生，1947 年主持修建了九牧堂秦屿林氏宗祠（地点：鱼池头）和宗谱。1950年任秦屿区卫生协会长，1953 年组建了秦屿区中医诊所并担任负责人，1956 年进一步组建了秦屿区中西医联合诊所并再次担任负责人。1958 年任秦屿公社保健院中医主治医师，1962 年受福建省文化厅委托组建了太姥诗院（时称九老诗社）。1966 年文化大革命开始后，受到迫害，家中旧医学经典、名人书画集等数百本文物悉数被缴，并被定为反动文人，行动受到管制。1966 年冬天一个特别寒冷的早晨，寒风呼呼地吹着，吹到脸上如同刀割一样疼，我看见谷田先生在几个红卫兵的监督下，在我家对面的一个小巷里，用他已冻得麻木的手艰难地在墙上写着"阶级斗争要年年讲，月月讲，天天讲"的标语，标语写得很大很长，大致有几十米长。我看着他冻得瑟瑟发抖的年迈身躯，心中不是滋味，但也无能为力。

1970 年，谷田先生因身心遭受严重刺激，而引发了各种疾病，直到病危时，才准予从"学习班"回到家中，他这才获知自己患了晚期食道癌，只剩下 2～3 月的生命。"破四旧"搜走了他数百本文物，他虽感可惜，但还能忍受，唯独收缴的那本《九牧堂秦屿林氏宗谱》，他一直耿耿于怀，病情恶化之时还念念不忘林氏宗谱。可当时的秦屿镇数百个林氏家庭中的林氏宗谱都已经被红卫兵收缴了一空，再也找不到了。还好，当时红卫兵把宗谱抄走后，存放在福鼎四中的一个房间里，族人林宗楞打听到消息后，便半夜冒险潜入了福鼎四中，在堆放抄查品的房间内找到了林氏宗谱，但该宗谱已被严重损毁，撕掉了大部分，只剩下前半部分的一些内容。为了抢救九牧堂秦屿林氏宗谱，病危中的谷田先生从林宗楞处取来了残缺不全的宗谱，带病坚持拼凑整理，拾遗补缺并形成了草稿，离世之前一再嘱咐族人，有机会一定要续修宗谱。终于在改革开放后的 1993 年，在林绍冰先生的主持下，《九牧堂秦屿林氏宗谱》才得以重修完成，达成了谷田先生的遗愿。

"破四旧"不仅造成了社会生活的混乱，财产、文物的损失，更可怕的是让红卫兵从学生循规蹈矩的行为规范、习惯里挣脱了出来，打破了种种文明禁忌，把虚妄的阶级斗争从理念转化为实行践履的狂热。行动赋予了他们青春的自信、权威，使他们崇尚非理性暴力，崇尚可以恣意妄为的权力，唤醒了他们心中的魔障。为红卫兵日后政治性的造反、夺权做了热身演习。

"破四旧"给中国的传统文化，民族精神和面貌带来了难以估量的毁灭性的打击，一些具有重要意义的节日、庆典和流传千年的文化和生活方式遭受了空前的质疑和破坏，至今无法恢复。对国人精神面貌和民族信仰的摧残，更是延续了几代人的时间，至今都无法估量其破坏程度和波及的后果。中国维持了几千年的家谱体系几近完全摧毁，至今无法恢复。端午、春节、重阳等本应耳熟能详的传统节日被批判，文化艺术遭受空前的浩劫。（摘自网络 360 百科《破四旧》词条）

2.2 造反有理

1966 年 5 月 16 日《五·一六通知》后，"文化大革命"异常迅猛地发动起来。大、中学校的学生率先起来"造修正主义的反"。在很短的时间里，由学生成立的"红卫兵"组织蜂拥而起，在文革初期，学生被煽动起来，成为红卫兵的一部分，他们在学校里开展"批斗走资派"和"反动学术权威"的行动。许多受人尊敬的教师和学者被学生们指控为"反革命"，遭到公开批斗、侮辱甚至殴打。这种现象在全国范围内广泛存在，导致了大量教育工作者的身心受到严重伤害，有些人甚至因此自杀。一些党政机关受到冲击，这场运动很快从党内推向社会，社会动乱开始出现。

1966 年 5 月 29 日，清华大学附属中学成立了第一个红卫兵组织，此后迅速遍及全国。红卫兵是文化大革命时期在极"左"思潮支配下产生的一种群众性组织。是中国文化大革命时期的特殊人群，大部分由年轻的学生组成。红卫兵并不是真正的国家军队，而是一种特殊的群团组织，是文化大革命中冲击原政权架构的重要力量，对文化大革命在全国范围内的发展起到了推波助澜的作用，是造成这一时期全国动荡的重要因素。

图 2.6 红卫兵

红卫兵的典型着装是头戴绿军帽、身着绿军装、腰间束武装带、左臂佩红袖标，手握红宝书（毛主席语录）。每个学校里都有几支或十几支分别取不同名称的红卫兵组织。红袖标通常写有三行字，上面一行一般写："毛泽东思想"，中间用毛泽东手书字体写着："红卫兵"三个大字，下面一行写着各自的组织，如："全无敌战斗队""丛中笑战斗队"等等，战斗队的名称多来自毛泽东诗词或当地当时的重大事件的日期。许多个学校的红卫兵组织因观点一致而联合，又称兵团。

那时有规定，中学生以上才能加入红卫兵组织，小学生只能加入红小兵组织。我那时才上小学三年级，照理应该加入红小兵组织的，但当时红卫兵很时髦，我就想成立个红卫兵组织，老师们都自身难保，根本管不了我们。我记得"文革"开始后，学校给我们每个学生发 1.2 元人民币作为闹革命的经费。我就找了 7~8 小伙伴成立了个红卫兵组织，取什么名字呢？绝大多数人都是毛泽东思想红卫兵，然后什么什么战斗队。我想不能太普通了，得与他们不一样。这时，我哥给我提了个建议，叫"毛泽东主义红卫兵"，我想这个名字不错，很少看到有人起这个名字。那叫什么战斗队呢？大家讨论来讨论去，最后确定叫"敌百虫战斗队"，这个名称还真的很新颖，很别致，也意味深长。名字起好了，我们就去刻了个公章，定制了红袖标（每人一个），剩下的钱就全部买各种颜色的纸张、毛笔和浆糊，开始"闹革命"了。

怎么闹呢？我们当时毕竟还是三年级的小学生，常用字还没认全，读报纸也就大致懂得个意思。但我们"革命"热情很高，到处跟着高年级学生后面，看他们如何"闹革命"，到处看大字报，还到福鼎四中观看真正的红卫兵是如何"闹革命"的。也学着写大字报，但我们写不了长篇文章，只会写简单的标语，如"打倒……"，"火烧……"，"脚踢……""油炸……"什么的，听起来挺恐怖的。而且每张标语上，都盖上我们敌百虫战斗队的公章，还是有点像模像样的。

大字报成为了一种极具破坏性的舆论工具。任何人、任何组织都可能因一张大字报被指责、批判甚至打倒。大字报的内容往往是对某个人或某个组织的指责、揭发，语言激烈、情绪化，常常给人扣上"反革命"的大帽子。由于大字报的传播速度快、影响大，许多人因大字报而身陷囹圄，甚至家破人亡。各地的大字报墙也成为了恐怖的象征，人们走在墙边战战兢兢，害怕自己的名字出现在大字报上。

1939 年 12 月 21 日，毛主席《在延安各界庆祝斯大林 60 寿辰大会上的讲话》中

图 2.7 文革时期大字报（摘自 360 图片）

说："马克思列宁主义的道理，千头万绪，归根结底，就是一句话'造反有理'。根据这个道理，于是就造反，就革命，就干社会主义。"文化大革命中，不知道是何人根据这句话，概括出了"革命无罪，造反有理"的口号，立马传遍全国各地。还把毛主席的这段讲话编成歌曲，在全国数千万大、中、小学校学生中狂热传唱，有线广播、无线电台、沿街喇叭都不停地反复播放，无人不知，无人不晓。

图2.8 红卫兵批斗"黑帮分子"和"反革命修正主义分子"

各地大批红卫兵高呼"造反有理"的口号，冲向文化教育界、党政机关和社会，对他们认定的所谓"封、资、修"的事物进行大破坏；许多人被当作"黑帮分子""资产阶级代表人物""反动学术权威""反革命修正主义分子"受到批斗、抄家、侮辱、殴打和迫害。造所谓"牛鬼蛇神"的反，揪斗所谓"走资派"，搞乱了地方党委，并造成群众之间派别纠葛和纷争。

一时间，全国各大城市一批批从中央到地方的各级党政领导人被押上批斗台，押上卡车，戴高帽、抹花脸、剃鬼头、坐"喷气式"，批斗、游街、示众。被批斗者，最初是学术权威、老师、黑五类，后来是走资派、假党员、失势的保皇派、对立面的派头头，或犯了各种事儿并被冠以各种罪名的人（现行反革命、流氓分子等）。被批斗的人通常会被戴上高帽、挂上大字报游街示众，遭受辱骂和殴打，有的甚至被迫害致死。

"喷气式"，是喷气式飞机的简称，那是"史无前例"的文革年代的一个创造。是文化大革命初期常用的一种体罚手段，亦称"喷气式"，"坐土飞机"。在批斗会上，强制性地按扭住被批斗者的头、颈、背部，使其上肢和下肢呈90度，乃至更甚；把被批斗者的两只胳膊向后上方或向侧伸直，如同喷气式飞机翘起的两个翅膀似的。头部向地，臀部高撅，同时在胸前还给挂上黑牌。时间长了，颈脖勒出血痕，腰酸背痛，血脉不畅，四肢僵直。

1966年8月5日，毛泽东写出《炮打司令部——我的一张大字报》："全国第一张马列主义的大字报和人民日报评论员的评论,写得何等好呵!请同志们重读这一张大字报和这个评论。可是在50多天里,从中央到地方的某些领导同志,却反其道而行之,站在反动的资产阶级立场上,实行资产阶级专政,将无产阶级轰轰烈烈的文化大革命运动打下去,颠倒是非,混淆黑白,围剿革命派,压制不同意见,实行白色恐怖,自以为得意,长资产阶级的威风,灭无产阶级的志气,又何其毒也!联想到1962年的右倾和1964年形"左"实右的错误倾向,岂不是可以发人深醒的吗?"

这篇大字报不点名地指责刘少奇,明确地提出党中央有一个资产阶级司令部。"革命"矛头很快便指向中华人民共和国主席、中共中央第二把手刘少奇。为了置刘少奇于"永世不得翻身"的死地,江青、康生等得知刘少奇早年从事工人运动时曾在奉天纱厂

图 2.9 炮打司令部——我的一张大字报

被捕过,便在这上面大做文章,指派人用各种卑劣手段制造伪证,最终给刘少奇扣上了"叛徒、内奸、工贼"的三项弥天大"帽"。

1967年2月,一幅丑化中共领导人、名为《群丑图》的漫画开始热传,它最先刊发在"首都大专院校红卫兵革命造反联络站(首都二司)"主办的小报《东方红》上,其后还贴在了西长安街的红色宫墙上,来来往往的人们都可以看到,并很快传遍全国。画面中央上方是坐着轿子手持令牌做发号施令状的刘少奇(轿子上贴有修养二字,其中"修"字被突出意指"修正主义")和坐着"滑竿"的邓小平,而周围抬轿的,鸣锣开道的,

打旗摇扇的,舞枪弄棒的,跑腿跟班的,全是所谓"刘邓司令部"从中央到地方的"黑"干将:彭真、陶铸、刘澜涛、杨尚昆、陆定一等。一行人向着"资本主义"的深渊前行。

每个人的模样都极像而又极丑,一看就知道谁是谁,足见这位画家抓特征的能力。

1967年4月10日,清华大学红卫兵将刘少奇的夫人王光美骗至清华大学进行批斗,还在她的脖子上挂着一串乒乓球当作项链。

1968年10月,中共中央八届十二中全会召开了。会议批准了江青、康生、谢

图 2.10 红卫兵批斗国家主席刘少奇

富治主持下用伪证写成的《关于叛徒、内奸、工贼刘少奇罪行的审查报告》，作出了将刘少奇"永远开除出党，撤消其党内外一切职务"的决定。在会上，全体中央委员和候补中央委员，除了一位女干部陈少敏外，全都举手通过。

图 2.11　红卫兵批斗刘少奇夫人王光美

就这样，中国共产党历史上的最大冤案形成了，直到 1980 年，党的十一届五中全会才为他恢复了名誉。

文化大革命开始后，我们秦屿中心小学的学生也不甘落后，在高年级学生的煽动之下，顿时批判老师的大字报铺天盖地而来。从教室到走廊，从餐厅到天井，都贴得满满的，有的连老师宿舍的房门也给封住了，实在没地方可贴了就贴在老师身上，并勒令他不准毁坏，夏修益校长和高年级班级的班主任成了主要批斗对象。大字报成了那些年间中国政治生活中的一道独特的风景线。遥想当年，稍微能识文断字的人，没写过大字报者，或许不会很多；没看过大字报者，更是寥若晨星。

秦屿医院也开展了批斗"走资派"的活动，那时，我也经常去"观摩"他们的批斗会，当时秦屿医院的院长被定为"走资派"，戴着高帽，接受造反派的批斗，

图 2.12　群丑图

只见他站在一个凳子上，两腿直发抖，向大家低头认罪，台下的口号喊得震天响。"某某某不投降，就叫他灭亡！"，"坦白从宽！抗拒从严！顽固到底！死路一条！"，"打倒某某某走资派！"……阵阵的口号声不绝于耳。

图 2.13　毛主席接见红卫兵

福鼎四中老师们的言行受到了限制，个别人还受到盯梢。读过几年大学的老师，就被指责为资产阶级学术权威，被剥夺了人身自由。许多老师受到冲击，有个教师在那高压和恐怖的气氛里，服安眠药想自杀，幸好抢救过来。这些极"左"行为，给我们学校带来了一场灾难。同年底，学校成立校"文革筹委会"，取代了校长和党支部的各项工作。[1]

福鼎四中红卫兵的"革命"行动，除了大字报、大批斗、破四旧、抄家等外，"打砸抢"行为还时有发生。当时，曾担任过秦屿市场管理所副所长的刘某某，被认定为走资派，一伙红卫兵就冲到他家，见家具就搬，见值钱的东西就拿。我当时正好在福鼎四中观摩他们的"革命行动"，只见红卫兵们把刘某某押到正对学校大门口的教室的二楼走廊上，挂着"走资派"的牌子，捆绑着面对学校大门口站着，我也站在离他不远的走廊上观看。突然，学校大门被打开，一辆板车拖着整整一车家具进来，一到门口，一伙红卫兵就蜂拥而上，抓起家俱就往地上砸，砸了个稀巴烂，走廊上的红卫兵就揪住刘某某的头让他看着他们的"革命行动"，事后听他家属说，那次刘某某被他们打断了三根肋骨，还好检回了一条命。

1966 年 8 月 18 日开始，毛泽东身穿绿军装，佩戴红卫兵袖章，站在天安门城楼上，连续八次检阅来自全国各地的红卫兵，人数超过 1300 多万。当时的天安门广场上，是一望无际的人群，在南到前门和东西两侧的长安街上，都是人山人海，人们的口号声惊天动地。同年 9 月 5 日，中共中央和国务院发出《关于组织外地革命师生来北京参观革命运动的通知》，要求各地组织大中学校学生或学生代表、教职工免费来北京，参观文化大革命，使红卫兵和学校师生的大串连走向高潮。

图 2.14 接受毛主席接见的红卫兵

1966 年秋季开学后，福鼎四中先派出第一批 10 名红卫兵代表到北京参加国庆典礼，接受毛主席的接见。我那时还小，没有参加过大串联，有一天在我爸的中药店玩，听一名接受过毛主席接见的红卫兵在"吹牛"，只见他满脸红光，无比幸福的样子在介绍毛主席接见他们的经过，激动得满脸绯红，讲得唾沫横飞，那个心情激动得就像波涛汹涌的大海一样。围在旁边听的人，也怀着无比崇敬的心情问道："毛主席长什么样？看清楚了吗？""太远了，太远了，看不清。"他答道。这多少让大家有点失望，不过也感到了从未有过的幸福感。

参加北京国庆典礼的红卫兵回来后，便把北京最新的消息带回了秦屿：第一，斗争矛头要指向"资产阶级当权派"，包括本校范祖裘校长；第二，全国各地开始

图 2.15 红卫兵革命大串联

大串联。这年10月，秦屿派出所逮捕了一个喊错口号的农民。因为受到各地红卫兵都已经把主要斗争矛头指向当权派的影响，福鼎四中红卫兵也组织到秦屿派出所静坐，认为派出所是转移了斗争的大方向，要求为喊错口号被打成"现行反革命"的农民平反。11月初，学校组织了第一批毛泽东思想红卫兵福鼎四中长征队，徒步南下（后来又陆续组织了几批串联队）。串联队到了福州，亲眼目睹福州红卫兵批斗福建省委书记叶飞和福州市委书记郑重等领导人的场面，观摩了各种大字报。月底，先期出去的串联队又派几个红卫兵赶回秦屿，将串联到各地所得到的情况和"革命经验"印成传单，进行散发宣传，并解放了学校里被批斗的老师，让他们也参加串联。这一时期，学校的同学几乎都参加了大串联，原串联队的同学们也都重新组合各奔南北。沿途在接待站免费吃住，偶尔领到一枚毛主席纪念章或盖上有纪念意义的印章，就高兴得不得了。串联的红卫兵在当地阅览了各类大字报，有时也参加当地的批斗会，个个都成了"革命小将"。

这年冬天，外出串联的红卫兵都陆续返校。这时，秦屿各单位组织了造反派，对秦屿区党政领导林秀胜等人及有关部门的当权派进行了几场批斗会，许多群众都卷入了这场"史无前例"的文化大革命中。[1]

图 2.16 福鼎四中长征队在福州林详谦墓前

当时，人们必须时时刻刻注意自己的言行，稍不注意就可能被打成现行反革命。因为没有法定的政策界限，对现行反革命罪名的确定和处理，随意性较大。轻的被贴大字报、批斗、审查，剃阴阳头，限制人身自由，关进牛棚；重的送到五七干校劳动改造，注销城市户口，遣送农村落户，甚至家属亲友也受株连。

据郝吉林在"博客中国"中介绍，哈尔滨电表仪器厂有两个叫巫炳源、王永增的技

图 2.17 处决现行反革命现场

术员，都受过高等教育。1968年1月1日，他们在街头散发张贴一张传单，这是一种用腊纸油印的16开小报，报名为《向北方》。小报的报眼上刻印了毛主席语录"领导我们事业的核心力量是中国共产党，指导我们思想的理论基础是马克思列宁主义。"问题是：在这段语录的下面，他们又加上了两句话："这是颠扑不破的真理，不允许任何人篡改和代替"。

那个年代，正是中苏关系十分恶化的时期。苏联在我国的北方，《向北方》很容易被人误解和另加意会；毛主席的语录是什么你就说什么，画蛇添足是绝对不被允许的。当年政治挂帅的气氛是现在人没法体会的，有了这样的错误绝对得不到任何人的同情。这起重大的"6811反革命案件"，很快被结案公审，他们被判处死刑立即执行。

说到这件事，我想起我们小学的一起"反动标语"事件。1968年的一天，有个同学在厕所里发现了用铅笔书写的反动标语"打到毛某某"。这个同学的脸色顿时煞白，可又不敢隐瞒，赶紧报告了学校，学校又马上报告了公安局。第二天，学校收取全体学生的语文作业本，针对笔迹查询作案者。很快，这个学生被找出来了，是一位与我们同年级的姓卢的男生。马上，此人就被确定为现行反革命，经常被揪到全校大会上批斗。现在想起来，这小孩年龄不大，他懂得什么政治，他有什么想不开的要在厕所里写反动标语？可能他是出于顽皮捣蛋，或出于逆反心理，老师家长不让干的事我偏干，别人眼里危险的事情我还偏偏不在乎。

更可笑的是，福鼎四中有位老师只因为唱了几句《铁道游击队之歌》就受到批判，因为歌词中有"西边的太阳快要落山了……"的词句，就说他们攻击毛主席、共产党，那可是不得了的事！

那个时期，对报纸、画报等都要特别留心，千万不要乱坐，乱写乱画，不能用报纸包东西，否则一不小心可能就变成了现行反革命分子。因为，上面经常有毛主席的像，有毛主席的语录，你把它坐在屁股下面，你说不是反革命是什么？

有一次我们秦屿镇盛传不能穿人字型的拖鞋，因为上面有人民的人字，你把人民压在脚下，那还得了，吓的我们宁愿打赤脚也不敢穿拖鞋了。

无产阶级文化大革命，本来是想反修防修，最后却演变成了一场全民运动，在这种革命激情冲击之下，红卫兵成为一股力量，"革命无罪，造反有理！"红卫兵无比狂热的革命热情却变成是破坏的主力。这些昨日课堂上的学生，家长膝下的孩子，转眼间就变成了暴徒，对国家行政体系、社会秩序、文化价值观念以及千千万万人的无辜生命造成了无法挽回的损害。举凡中华数千年礼义人伦诗书典则，一夕扫地荡尽，给中华千年文明带来了无法挽回的巨大损失。

2.3 "文革"荒唐事

1966年5月"文化大革命"开始后，我们小学与全国各学校一样随即全面停课。原教材被指责为"封资修"（封建主义、资本主义、修正主义），全部都不能用了。为了应急就给每个学生发一本白皮的16开简装《毛主席语录》，我们每天就学这个，其他任何课都没有。后来，《毛主席语录》印制得越来越精致，由于简装 16 开本携带不方便，随后就出现了 32 开的红塑料皮精装本，还是有点大。最后出版了林彪写有序言的红塑料皮 64 开精装《毛泽东语录》，精巧玲珑，个个爱不释手，整天都带在身上。

图 2.18 毛主席语录

所谓《毛主席语录》，就是二十世纪六十年代初编辑出版、文化大革命期间风靡全国乃至世界的毛泽东主席名言警句选编本。因为最流行的版本用红色封面包装，又是红色领袖的经典言论，所以文化大革命中被红卫兵普遍称为"红宝书"。严格意义上讲，"红宝书"应包括各种正式出版的毛泽东著作。但由于《毛主席语录》发行量最大、印制最精美、读者最多，且封面又是由红塑料封皮特制，人们心目中的"红宝书"往往专指《毛主席语录》。那时，人们饭可以不吃，觉可以不睡，但"红宝书"不可不带，连结婚送礼也必少不了一本"红宝书"，发行量达到了惊人的 50 亿册之多。

图 2.19 早请示、晚汇报

于是，大家怀着对毛主席无比忠诚的心情，每天早上一上学，什么也不做，就要先集合在一起"早请示"；晚上放学前，还要集合一次"晚汇报"。每人手里拿着《毛主席语录》，面对毛主席像大声喊道："敬祝我们伟大的领袖、伟大的导师、伟大的舵手、伟大的统帅毛主席万寿无疆！万寿无疆！！敬祝林副统帅身体健康！永远健康！！"边念边有节奏地摇动着手中的"红宝书"。这就是著名的"早请示，晚汇报"，当时的一个全民对领袖的祷告的仪式。

后来，增加了毛泽东写的三篇短文，也叫做"老三篇"，即《纪念白求恩》《为人民服务》《愚公移山》。

那时，提倡"一帮一，一对红"，也就是两个人一组，相互帮助，达到共同提高的意思。我们学生两人一组，相互监督，经常一个人背诵"老三篇"，另一个人拿着书本看是否背错了。我那时年纪小，正是记忆力最好的时候，不光会背许多毛主席语录，还能把"老三篇"倒背如流。现在回想起来，真是感到痛心，要是将此精力用于背诵唐诗宋词该多好呀。

光咱们自己学还不行，还要让广大群众学毛主席语录，包括"老三篇"，于是我们小学生们就几个人一组，拿着教室里的长凳子（当时我们的课桌椅都是长桌子和长凳子)上街设卡，让过往人员学习毛主席语录和"老三篇"。凡是要通过我们关卡的，都必须学一段毛主席语录，一般采用"对暗号"形式学习。比如过来了一个人，想通过我们的关卡，我们先念一句："要斗私"，对方必须回答："批修"，才算对上"暗号"了，就可以通过。如果答错了，我们就会

图2.20 农民劳动间隙学习毛主席语录

再念一句："下定决心"，对方如果回答："排除万难"，就让他过去。如果还错了，那我们还会再念一句，直到他答对为止。但对那些有点文化的人，就没有这么简单过关了，我们就从"老三篇"中抽出一篇让他读。有一次有个小学老师要上街，老是让她读"老

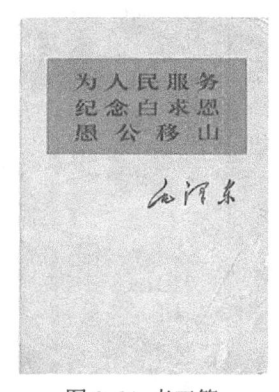

图2.21 老三篇

三篇"，街上关卡又多，一道又一道，一条街走下来，差不多都快天黑了。

文革期间，毛泽东被塑造成全知全能的"红太阳"，无论他说什么、做什么，都被视为绝对正确，必须无条件服从。全国各地纷纷建造毛主席雕像，连农村的田间地头、学校操场、公园广场都少不了毛主席的雕像或画像。在我们秦峪镇这个小地方，毛主席的画象更是无处不在。各单位极尽其力制作毛主席像，互相攀比，不甘落后。比如，秦峪建国渔业大队将毛主席像设计成红太阳的形象，四周配上灯光，夜晚

灯光一亮，就像太阳一样光芒四射，象征毛主席的光辉普照大地。家家户户都把毛主席的画像挂在家中最显眼的地方，每天早晚向毛主席像行礼，仿佛在祭拜神灵。这种极端的造神运动，使整个社会陷入了非理性的狂热之中，留下了深远的影响。

为了表达对毛主席的"绝对忠诚"，各地纷纷兴起了各种令人难以置信的举动。例如，有些人每天在毛主席像前烧香跪拜，完全如同祭拜神灵一般对待毛主席。更为

图2.22 毛泽东思想宣传队在山间田头演出

荒唐的是，有人在生产和生活中也要将"忠"字体现到极致：做饭时高喊口号，劳作时齐唱红歌。人们的日常生活被这种荒谬的政治仪式所充斥，弄得紧张、压抑，仿佛每一个细微的动作都必须符合"革命精神"的要求，才能安心度日。这种极端的表现，不仅扭曲了正常的生活秩序，还深深影响了人们的精神状态，使整个社会陷入一种难以言喻的窒息感中。

图 2.23 红卫兵跳"忠字舞"

在中共"九大"之后，出于对毛主席的无限崇拜，全国各地掀起了一股"忠字墙"和"忠字舞"的狂热风潮。工厂、学校、街道等地方的墙壁上到处都是"忠"字的涂鸦，许多人家中也挂满了"忠"字，以示对毛主席的绝对忠诚。每天，在工作或学习之前，人们都会集体跳"忠字舞"，以表达对毛主席的忠心。这种荒诞的崇拜形式将个人崇拜推向了极致。

不仅我们学校的宣传队在跳"忠字舞"，秦屿镇的许多单位也纷纷组织自己的宣传队上街跳舞。通常，每个单位都会从门口开始跳一曲，结束后再往前走一小段继续跳，如此反复，直到把整条街都跳遍为止。那个时候，每天街上几乎都能看到跳"忠字舞"的场面。然而，当时的大多数单位并没有如今广场舞大妈们那样好的音响设备，只能自己一边唱一边跳，没有音乐伴奏。只有那些经济实力雄厚的单位才能提供音乐伴奏，场面才显得更为热闹。

然而，这个"忠字舞"缺乏美感，与现在广场舞相比，显得单调乏味。动作无非是双手捧在胸前，象征着将心献给天上的"太阳"，而这个"太阳"就是伟大的领袖毛主席。这种极端的个人崇拜已经完全脱离了理性，渗透到社会生活的每一个角落，严重扭曲了正常的社会秩序和人们的日常生活。

1966 年 10 月 31 日，《解放军报》发表了题为《一心为公的共产主义战士》的社论，以纪念为抢救红卫兵专车而献身的解放军战士蔡永祥。随后，11 月 17 日，解放军总政治部发出通知，号召全军干部、战士和广大民兵向蔡永祥学习，像他那样"永远忠于毛主席，永远忠于毛泽东思想"。这一举动在全国范围内引发了广泛的响应和效仿。到 1968 年 3 月 24 日，林彪在接见军队干部会议上的讲话中进一步提出了"永远忠于毛主席的革命路线"，这使得"三忠于"的口号正式成型。

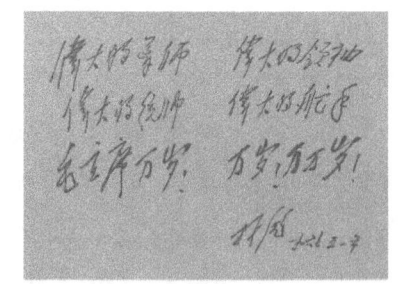

图 2.24 林彪手书四个伟大

1967年，林彪为"五一"题词："伟大的导师、伟大的领袖、伟大的统帅、伟大的舵手毛主席万岁！万岁！万万岁！"。这句话在全国迅速传播，成为对毛主席个人崇拜的集中表达。许多书刊和媒体将林彪的题词描述为亿万中国人民对毛主席、毛泽东思想和毛主席革命路线的"无限热爱、无限信仰、无限崇拜、无限忠诚"的象征。

从此，"三忠于，四无限"成为了推行个人崇拜和迷信的最典型口号之一。这一口号不仅反映了当时政治环境中的极端崇拜情绪，也为后来文革期间的种种极端行为提供了思想依据，使得个人崇拜的风潮达到了空前的高度，严重扭曲了社会的正常运转和人们的日常生活。

大家怀着对伟大领袖毛主席无比崇敬的心情，开始自觉地把毛主席像章戴在胸前、帽子上，并把佩戴、悬挂、赠送、交流、欣赏毛主席像章当成了一种时尚。照像时的标准动作是手捧着毛主席的语录，胸前戴着毛主席的像章，人人如此，不觉得好笑，我的小学毕业照也是胸前戴着毛主席的像章。

图2.25 身上挂满毛主席像章

文革初期佩戴毛主席像章的人寥寥无几，如"星星之火"，因为那时像章数量很少，要有一点门道的人才能搞到一两枚。街上就时兴抢像章，特别是晚上出门时，一不小心就会被人抢走像章。后来，像章逐渐多了起来，几乎每人都有几枚像章，就慢慢没有人抢了。佩戴像章上级并无指令，可是几乎人人佩戴。1966年夏至1971年夏达到了高潮。佩戴的数量多少不一，最少一枚，最多的十几枚，有一位战士在参加活学活用毛主席著作积极分子代表会议时，军帽和军衣上挂满了毛主席像章，创造了佩戴像章的最高纪录。更有甚者，有人竟脱去上衣，把像章直接佩戴在胸前的皮肉上！

毛主席像章的形状，大部分是圆形，也有正方形、长方形、扁圆形、五星形等等。直径最小的0.48厘米，最大的1.8米，但绝大多数都是3～5厘米左右。像章的重量，差异十分悬殊，最轻的只有1～2克，最重的达180公斤，但绝大多数都是10克左右。像章的材质，也是五花八门，有金、银、铜、贝壳、钢、铅、胶木、塑料、陶瓷、竹、木、但以铅合金为主。像章正面的主体是毛主席像，陪体有各种各样的图案，如韶山，井冈山，遵义会议会址、延安宝塔山、北京天安门等，此外还有红太阳、大青松、梅花、向日葵、国旗、党旗等。陪体还有毛主席语录或诗词或口号，陪体上往往还能见到一个"忠"字。1966年起的前后5年间，毛主席像章制作的种类高达1万来种、总数高达20亿枚之多。（摘自360百科）

文化大革命期间，毛泽东的论述、意见、指示都是最高指示或最新指示（刚发布的），地位至高无上。当时，对最高指示和最新指示都不能有丝毫非议，不管这种非议是多么微不足道，甚至本来就是着意维护，都不允许。

细辨"最高指示"，似是"圣旨"的变种。中国封建王朝对帝王(天子)的命令称"圣旨"，是皇权的象征、展示，是当时最大的权威、最高的法律；不听从圣旨（"抗旨不遵"便是"欺君之罪"）的最高刑是死罪。把毛泽东著作、指示称作"最高指示"就是拿它比拟圣旨，以领袖意见否定了法律、制度、中共中央的集体领导。

（摘自360百科）

宣传和传达毛主席的最新指示，绝对不允许过夜。当时，大家都很穷，绝大多数家庭都没有收音机，但有线广播却很发达，街上到处都可以听到高音喇叭广播，许多家庭甚至连偏远农村的农户家里都安有有线广播的喇叭。每天早上6时，在《东方红》的歌曲中开始一天的广播，晚上十时在《大海航行靠舵手》的歌曲中广播结束。如果毛主席的最新指示一到，无论是白天还是夜晚，都必须马上传达。有阵子经常半夜里街上大喇叭突然响起，然后就是锣鼓喧天，人声鼎沸，毛主席的最新指示来了，于是我们大家就会自觉地上街参加游行庆祝。

《大海航行靠舵手》，原名《干革命靠的是毛泽东思想》是由李郁文作词，王双印作曲的一首歌曲，创作于1964年春天，曾在周恩来总理的指导下稍作曲子上的修改。歌词为："大海航行靠舵手，万物生长靠太阳，雨露滋润禾苗壮，干革命靠得是毛泽东思想。鱼儿离不开水呀，瓜儿离不开秧，革命群众离不开共产党，毛泽东思想是不落的太阳"。是一首歌颂毛泽东思想的歌曲，反映了当时中国工农兵群众学习毛泽东著作的热潮。在文化大革命时期传唱度极高，其歌词简短，曲调明快，琅琅上口，曾风行于世界。

图2.26 林彪手书题词邮票

1967年11月29日，林彪为"中国人民解放军海军首次学习毛主席著作积极分子代表大会"题词："大海航行靠舵手，干革命靠毛泽东思想"。邮电部于1967年12月26日，以林彪手书题词为题材，发行了邮票一套一枚，面值八分。该邮票将题词烫金，背衬大红底色。致使许多人以为《大海航行靠舵手》这首歌曲是"文化大革命"的产物。其实，这是一个历史的误会。这首歌不仅创作于"文革"之前，而且是在周恩来帮助修改词曲后，才正式推向全国的。

然而，由于林彪的题词，在"九一三"林彪叛逃事件发生后，全国就再也不唱这首歌，有线广播和各种会议结束时，就改唱《国际歌》了。

在"文化大革命"的头几年里，除去"最高统帅"毛泽东和最底层的"牛鬼蛇神""专政对象"外，在中国大陆的政治、军事、经济、文化、科技、社会各个领域，几乎人人是《毛主席语录》不离手，"毛主席语录"不离口。"毛泽东思想统帅一切"变成了"毛主席语录"统帅一切。

毛主席的语录不仅被广泛用于教育和宣传，还被用来处理国家事务和解决复杂问题。无论是政策的制定还是实施，都必须以毛主席语录为依据。许多地方政府和单位在处理纠纷、制定计划时，首先要翻开《毛主席语录》，寻找一段与问题相关的语录，作为行动的指南。这种做法不仅使得国家治理陷入了机械化、形式化的僵局，也导致了许多荒唐决策的出台，进一步加剧了社会的混乱与不安。

因为事事离不开"毛主席语录"，在民间就出现了许多"活学活用毛主席语录"的新花样。比如[2]：

利用"毛主席语录"行乞。乞丐向人乞讨时，先振振有词地背诵："最高指示：我们都是来自五湖四海，为了一个共同的革命目标走到一起来了……一切革命队伍的人都要互相关心，互相爱护，互相帮助……"然后向你伸手。

利用"毛主席语录"卖艺贩药。跑江湖卖艺贩药者，在广场上拉好了圈子，表演之前，不再说以前那些"在家靠父母，出门靠朋友"之类的套话，而是先恭恭敬敬捧出《毛主席语录》，请围观者跟他一起诵读"最高指示"："要把医疗卫生工作的重点放到农村中去"。这段被称作"六二六指示"的"语录"，虽然在《毛主席语录》中没有收录，但"文革"时期经官方媒体一再宣传已尽人皆知。但在诵读时也得照例捧着《语录》本做做样子。有了这段"语录"作为铺垫，江湖艺人的贩药就似乎成了"贯彻落实最高指示"的革命行动了。

利用"毛主席语录"治疗精神疾病。当时有一家精神病院曾总结出经验推广介绍，他们组织精神病人学习毛主席著作，背诵毛主席语录，使得精神病人的治愈率大大提高。这说来有些荒诞，不过，在实际生活中，那段"我们应当相信群众，我们应当相信党……"的"毛主席语录"和与此有关的信念，确实也曾支撑着一些受到打击迫害的人们战胜了精神崩溃的危机。

在大量使用"毛主席语录"的花样中，最常见的是"打语录仗"。"打语录仗"，是"文化大革命"中独具特色、也是"史无前例"的现象。"文革"时期的中国，几乎人人都会以"毛主席语录"作为"克敌制胜"的法宝来保护自己，压服对方。因为毛主席的话是"最高指示"，谁敢不服从，就等于是"抗旨"。只要能说出一段对自己有利的"最高指示"，就等于是在两军对阵中抢占了"政治制高点"。我那时上小学三年级，就只学毛主席语录，没学其他任何课程，学了整整一年，那时记性又好，会背很多毛主席语录，无论做什么事都可以背出一段内容相近的毛主席语录来，经常搞得小伙伴们无语以对，老老实实听我的。

由于"毛主席语录"已经渗透到生活的诸多细节中，小孩们耳濡目染都会背许多段，在挨家长打的时候，便会无师自通地喊出"要文斗，不要武斗！"这种似是而非的语录口号，而家长们也多半会因受到这一"最高指示"的制约，忍气住手，不敢再打——除非能想出新的理由而且同样以一段"毛主席语录"来给自己撑腰。

当时在两派辩论或争吵中，还有用"毛主席语录"来骂人的。比如，若要想骂对方"不要脸"，就可以引用这段"语录"："只有不要脸的人们才说得出不要脸的话，顽固派有什么资格站在我们面前哼一声呢？"（这段"语录"出自毛泽东《团结一切抗日力量，反对反共顽固派》）还有一句常被用来辱骂对方的"语录"是："死皮赖脸，乱吹一顿，不识人间有羞耻事。"（出自同一篇文章，原也是骂反共顽固派的，其前边几句是"……借统一之名，行专制之实，挂了统一的羊头，卖他们的一党专制的狗肉"，接下来才是"死皮赖脸……"这几句）那时，毛泽东的《念奴娇·鸟儿问答》词还没有公开发表，要不然，那首词中的"不须放屁"肯定会成为两派辩论或争吵中使用率极高的"语录"。

"文革"时在中央广播事业局工作的美国专家李敦白（当时著名的外国专家造反派代表人物），后来在他的回忆录《我在毛泽东身边的一万个日子》里写到这样一次"语录仗"：

广播学院的红卫兵要冲进中央人民广播电台揪"走资派"，而"保守派"和负责保卫广播电台的士兵们则不准学生进入，双方对峙并各自读起了《毛主席语录》。一方读"下定决心，不怕牺牲，排除万难，去争取胜利"，另一方读"政策和策略是党的生命，各级领导同志，务必充分注意，万万不可粗心大意"，互不相让。

李敦白说：那是毛泽东与毛泽东的对抗。他感叹道：没有任何权威，任何双方都承认的党领导人或任何一个人能告诉我们，这些引自毛主席语录的话哪一条能适用于目前的情势？

更加有趣的是，"文革"初期调任中共中央办公厅副主任的童小鹏，在《少小离家老大回——童小鹏回忆录》一书中回忆了一次周恩来亲自参加的"语录仗"。

当时，中央办公厅由戚本禹领导的造反派——"中南海红色造反团"要在怀仁堂东边一个食堂批斗童小鹏，但那个食堂离毛泽东住地较近，中央办公厅主任汪东兴担心影响毛泽东的休息，要造反团换到西边的食堂去批斗，但造反团不听。汪东兴向周恩来反映后，周恩来亲自来劝说，造反团的人就搬出毛泽东在《湖南农民运动考察报告》中的一段语录："一切革命同志都要拥护这个变动，否则他就站到反革命立场上去了。"似乎不支持他们在这里开会就是"站到反革命立场上去了",真是咄咄逼人。

周恩来立即拿出随身携带的《毛主席语录》,很熟练地翻到其中关于"纪律"的部分,念到:"在人民内部,不可以没有自由,也不可以没有纪律;不可以没有民主,也不可以没有集中。"

造反派听了,面面相觑,无言以对,只好收兵。说明当时的"语录仗"是多么地普及和多么地荒唐。

"文化大革命"期间,毛泽东的"斗争哲学"被推崇到极致,渗透到了社会的每一个角落。学校、单位,甚至家庭内部,都弥漫着各种形式的"斗争"氛围。在这种极端的环境下,人与人之间的信任彻底崩塌,社会陷入了一种恐怖和撕裂的状态。

在这场"斗争哲学"主导的社会中,单位和学校经常组织"群众揭发会",要求大家揭发身边人的"反动言行"。这种揭发不仅仅限于同事和同学之间,甚至延伸到家庭成员之间。更为荒唐的是,为了表现对毛主席和革命的绝对忠诚,一些人甚至主动在大会上进行"自我批斗",揭发自己在思想和行动上不够"红"、不够"革命"。这种公开的"自我批斗"常常伴随着羞辱和身体上的惩罚,形成了社会上极度压抑和恐怖的氛围。

同时,社会上弥漫着一股告密风潮。学生举报老师,同事之间互相揭发,家庭成员之间也因所谓的"政治不忠"而相互举报。为了证明自己"革命立场坚定",一些人不惜举报自己的亲人,导致许多家庭因此分崩离析。亲人之间的互不信任,甚至导致一些无辜者被打成"反革命"而遭到迫害,许多人因此丧命。这种极端的社会环境,使得人人自危,整个社会陷入了一种前所未有的恐怖状态。

与此同时,传统文化也在这场运动中遭到毁灭性的打击。所有的传统京剧、戏曲、电影都被视为"封资修"的产物而被禁演,许多著名演员因此遭受批斗,甚至被迫害致死。取而代之的,是那些符合"无产阶级文化"要求的"革命样板戏",如《智取威虎山》、《沙家浜》、《红灯记》等。这些文艺作品内容单一,形式僵化,只宣传"阶级斗争"和"革命英雄主义",彻底取代了原有的丰富多彩的文化生活。

在这种极端的文化环境下,老百姓的文化娱乐选择变得极为有限,艺术创作几乎被扼杀。人们只能通过反复观看和收听这些"样板戏"来满足有限的文化需求,文艺工作者的创作自由被剥夺,整个社会的文化氛围陷入了前所未有的单调与乏味。

"文化大革命"时期的这些荒唐事,至今令人唏嘘不已。

2.4 复课闹革命

1967 年 10 月 14 日，中共中央、国务院、中央军委和中央文革小组联合发布了《关于大、中、小学校复课闹革命的通知》。这项通知要求学生返校复课，学校恢复招生，并明确提出了"边上课边闹革命"的方针。

在此之前，由于"文化大革命"的爆发，全国各地的学校陷入了停顿状态。招生和教学活动被迫中止，学校进入了所谓的"停课闹革命"阶段，学生们被动员参与各种政治运动，课堂教育几乎完全停滞。

通知发布后，从 1967 年 11 月起，大部分中小学生逐渐回到了课堂，新生也开始入学。然而，这次复课并未真正恢复正常的教育秩序，而是以"闹革命"的形式继续推进文革中的政治运动。教育仍然被高度政治化，学生的学习生活依然受到严重影响。

值得注意的是，尽管中小学教育在 1967 年有所恢复，但中国高等教育的重建却经历了更为曲折和漫长的过程。恢复高考制度的通知直到 1977 年 10 月 12 日才由国务院发布，距中小学复课已有整整十年。高考的恢复标志着中国教育逐渐回归正轨，但在此之前的十年里，整个国家的教育系统都在文革的风暴中遭受了极大的冲击和破坏。这段时期的教育空白，对一代人的成长和国家的发展产生了深远而持久的影响。

然而，复课后的"闹革命"并未止步。各学校的建制、课程设置、教学形式和内容都经历了彻底的"革命化"改造，显示出"革命化"对教育体系的强烈冲击。

教室的布置大同小异：黑板上方挂着毛主席像，左边写着"好好学习"，右边写着"天天向上"。教室侧墙上通常贴有几张简洁的印刷品，内容多为毛主席语录，如"要斗私，批修"、"不要吃老本，要立新功"、"一不怕苦，二不怕死"、"大海航行靠舵手，干革命靠的是毛泽东思想"等等。

不久，当局匆忙印制了一批紧贴现实政治的临时教材。然而，即使是这些简化后的教材，也很难按照规范的课时安排完成。学校频繁安排学工、学农、学军等活动，真正用于学习的时间大幅减少，导致我们这一代人的教育水平明显下降。

小学三年级时，我的班主任是王怀铭老师，他年纪轻轻，才二十多岁，却给人一种老成持重的感觉。不过，他脾气很好，我们学生都不怕他。经过"文化大革命"的洗礼，校园里流行着"革命无罪，造反有理"的口号，师生关系发生了巨大变化。"我们要做世界的主人"的观念使得"师道尊严"遭到了严厉批判，老师们普遍对学生变得畏惧，课堂上也少了老师应有的威严。

那一年，王怀铭老师教我们算术课，其中还包括了珠算的加减运算方法。我记得学了不止一个学期，王老师细心教导我们如何在算盘上进行加减计算，直到我们掌握为止。之后，方钦祖老师接手，继续教我们珠算的乘除运算。

方钦祖老师是个刚从师范学校毕业的年轻小伙子，才华横溢，水平非常高。他不仅精通珠算，还多才多艺，会乐器、会跳舞、会画画，似乎没有什么是他不会的。方老师来到学校不久，就组织了我们年级的宣传队，编排了许多节目，其水平远远超过了学校原有的宣传队。后来，他甚至接手了整个学校的宣传队，成为了校内的文艺骨干。他经常背着画板，利用我们支农帮忙割稻子休息的间隙，进行写生创作。由于他的出色表现，后来方老师晋升为福鼎市委宣传部副部长、福鼎市文联副主席等职务，现在他是福建省美术家协会会员、太姥画院画师、院委，并著有《福鼎历代书画选》、《方钦祖山水画集》等作品。

　　其实，方钦祖老师第一次给我们上课并不是算术课，而是美术课。那天他教我们画漫画，主题是红小兵刺杀美国鬼子。画面充满了血腥味，一个美国鬼子戴着高高的帽子，尖尖的鼻子，一支红缨枪刺穿了他的脖子，鲜血淋漓。这幅漫画给我留下了极为深刻的印象，尽管时间已经过去了将近 60 年，我仍然清楚地记得那幅画的每一个细节。

图 1.27 方钦祖(1976 年)

　　我的数学成绩一直非常优异，记得从小学三年级开始直到高中毕业，年终考试中的数学成绩几乎都是满分。方钦祖老师特别喜欢我，每次见到我，总是习惯性地摸摸我的下巴，然后轻拍我的头顶表示鼓励。当时，我的算盘技术已经非常熟练，无论是加减乘除的运算都能打得飞快。

图 1.28 小学时学的漫画

　　我舅公开了一家小商店，他对算盘的使用非常精通。每次我看到他一边快速拨动算盘珠，一边口中念念有词地说着"三下五除二""四去六进一"之类的珠算口诀时，心中总是充满了崇拜。我也学会了这些口诀，虽然大部分是自学的。然而，方钦祖老师教我们的是一种新式的除法，不需要背那么多复杂的口诀。只用两句口诀："够除隔位商，不够除挨位商"，就可以完成所有的除法运算，这种简化的方法让我感到既新奇又高效。

　　小时候，我经常帮我舅公看管商店，他也教了我很多经商的知识。他常说，希望我以后能接他的班，因为家里有一个门面，"比做什么都好"。然而，我妈妈对他这些想法嗤之以鼻，完全不感兴趣。当时的秤是十六进制的，1 斤等于 16 两，这样的计算方式确实比较麻烦。每次计算一件物品的价格时，我舅公总是在算盘上快速拨动，不一会儿就能得出结果，我看着他熟练的操作，心中虽然佩服，却一时无法理解其中的奥妙。后来，我找到了一个简便的方法：先将物品 16 进制的重量换算成十进制（把两的数除以 1.6 再加上斤的数），然后乘以单价，这样一来，计算起来就容易多了。这些早年的经验不仅让我对数学充满兴趣，也让我对解决实际问题有了更多的理解和感悟。

1966 年 5 月 7 日，毛泽东给林彪写了一封信，这封信后来被称为"五七指示"。在这封信中，毛泽东提出了一个全面的教育和劳动结合的方针，要求全国各行各业都要变成一个大学校，既要学政治、学军事、学文化，又要从事农副业生产，并能办一些中小工厂，生产自给自足的产品以及与国家等价交换的产品。同时，还要在思想上批判资产阶级的影响。

从此，学生们的生活不再仅仅局限于课堂学习，他们被要求"学工、学农、学军"。我们小学不仅经常组织学生到秋溪、巨口、东埕等生产队支援割水稻，还在校园外围开辟了一块大约两亩的蔬菜种植基地。一到劳动课，老师们就会带领我们到这块地里，手把手地指导我们如何种植蔬菜、施肥、浇水和除草。每个班都被分配了一块园地，由学生自己负责管理。此外，学校还在秦屿后岐尾开垦了约三十亩的海滩地，作为我们的学农劳动基地。当时，后岐海堤刚刚建成不久，那个地方原本是海岸边，遍布乱石和砂滩。我们就在这片乱石砂滩上开荒种地，竟然还种出了不少作物，如红薯（地瓜）、竹叶菜（空心菜）、玉米、水稻、豌豆等。

为了提高农作物的产量，肥料是必不可少的。于是，学校组织大家去积攒农家肥。当时，最常见的农家肥是人粪尿，但由于我们学校的学农老师认为人粪尿盐分过高，而我们的学农基地本身就是海滩围出来的，土壤盐分已经不低，所以他认为人粪尿不适合用作肥料，而猪粪则是较为理想的选择，因为他认为猪粪不咸。

至于猪粪是不是真的不咸，老师是否亲自验证过，我们不得而知。但既然老师这样要求，大家就纷纷开始去积攒猪粪。可积攒猪粪并不是件容易的事。很多猪都是圈养的，猪粪在当时可是个宝贝，养猪的人家自然不会轻易让我们去收集。而街上散养的猪数量也不多，加之那么多学生都在寻找猪粪，这项任务就显得更加艰难。为了抢到猪粪，我们必须早起，但太早了也不行，因为猪还没睡醒呢，哪来的猪粪？因此，积攒猪粪也变成了一项技术活。

我当时想了个办法，用一根木棍，在木棍的一端钉上一块木条，再在木条上钉上几根大铁钉，模仿"猪八戒"的钉耙，做了一把简易的钉耙。经常在天蒙蒙亮时，我手持钉耙，肩挑着两个簸箕出门，准备积攒猪粪。我会巧妙地把握时机，总能在猪粪出现的关键时刻赶到，因此不少同学都抱怨我抢了他们的猪粪。虽然这是一段艰辛的经历，但也让我学会了不少与劳动相关的技能。

我们小学当时没有条件办工厂，秦屿镇也没几家工厂，所以在"学工"方面的活动很有限。然而，在"学军"方面，我们的学校做得非常到位。学校不再称呼哪个年级、哪个班级,而是把年级改称为"连",比如三年级就叫做"三连";班级则改称为"排",原来的小组改成了"班",完全按照军队的建制进行管理。

那时,我们从小就看过许多关于革命战争的电影,电影里的少先队员们都拿着红缨枪,参与斗地主、站岗等活动。我也是少先队员,脖子上系着鲜红的红领巾。老师告诉我们,红领巾是革命先烈用鲜血染成的,绝对不能丢失,每天都必须戴着它。

有一次,我在玩耍时玩得太疯了,不小心把红领巾给丢了。这可把我吓坏了,因为怕被老师批评,我竟然不敢再去上学。我妈知道后,赶紧找了一块红布,亲手给我做了一条新的红领巾。我拿着这条新做的红领巾与同学们的比对了半天,发现除了尺寸稍微小了一点,似乎也没什么区别。不过,我总感觉颜色有点不一样,这让我心里一直忐忑不安,但也只能硬着头皮每天带着这条红领巾去上学,生怕被老师发现它上面没有那"革命先烈的鲜血"。这种对红领巾的紧张感反映了当时社会对红色象征物的极度重视,以及在极端环境下对孩子们心理造成的巨大压力。

学军时,我们一开始也是扛着红缨枪进行训练。红缨枪的特别之处在于枪头上系有红缨,据说这红缨的缨穗能够吸血,可以阻止枪头上的血顺着枪杆流下来,从而不影响持枪者的发力,实际上就像是擦血的抹布,而红色则是因为血的颜色。当然,不可能给我们真枪,大家都是回家自己动手做或者请家长帮忙。我当时从父亲那里学了些木工知识,就自己动手做了一把红缨枪。先用木板做了一个枪头,然后把它固定在一根木棍上,再系上红缨。为了让枪头更亮,我没有用普通的白油漆,而是用包装香烟的锡箔纸贴在枪头上,看起来闪闪发光。那时候,我脖子上系着红领巾,肩上扛着红缨枪,学着解放军战士的样子,走起队列来,还真有几分雄赳赳、气昂昂的气势。

然而,好景不长。由于红缨枪头太尖,小伙伴之间经常因为打闹而受伤,学校不得不禁止使用红缨枪,改用红木棍。红木棍相对简单,就是一根木棍,再用红漆油成红色。为了保持形象,红木棍不能太细,而且要直一些。家里的柴火都是树枝,找不到合适的材料。我和同学刘兆华一合计,决定到太姥山去砍一根合适的木棍。

刘兆华的奶奶信佛,经常到太姥山寺庙里进香拜佛,与寺庙的主持比较熟悉。那天正好是观音菩萨的诞辰日,我和刘兆华就跟着他奶奶一起去了太姥山国兴寺(下寺)。国兴寺历史悠久,建于唐乾符四年,虽然在宋代一度废弃,但至今地面上仍留有石柱三百六十根以及唐、宋时期的人物、花卉、禽兽等雕刻和碑文。文化大革命刚开始时,这座寺庙和其他寺庙一样,所有的菩萨像都被红卫兵砸烂了,和尚和尼姑也都被批斗得很惨。后来情况好转了一些,虽然不敢大张旗鼓地拜佛,但晚上还是会偷偷进行佛事活动,墙上挂着菩萨的画像,我们也跟在后面转圈。

第二天,我们看中了国兴寺后门不远处的一棵小树木,觉得它比较直,粗细也正合适，于是向主持讨要，主持同意了。我们砍了上半截比较直的部分，正准备离开，却被主持叫住了。我们以为自己做错了什么，心里忐忑不安。没想到主持和蔼地对我们说："阿弥陀佛，你们砍树不能只砍一半，不然以后你们做事都会半途而废，赶快去把剩下的一截也砍了，阿弥陀佛。"我们回头一看，果然还有一大截树干没有砍下，于是赶紧按照主持的意思把它全部砍了下来。这件事在我幼小的心灵里埋下了做事要有始有终、不能半途而废的理念，一生受用至今。

小学四年级以后，我们的班主任换成了施济舟老师。施老师非常严厉，脸上的颧骨突出，额头稍微有点窄。在"文化大革命"刚开始时，他担任五年级的班主任，因为这班学生非常调皮捣蛋，他经常被批斗，甚至还被学生们戏称为"兔子老师"。尽管如此，施济舟老师的能力非常出色，尤其擅长游泳和手风琴，甚至还会拉小提琴。他主要教我们语文，在方钦祖老师来之前，他还负责学校的宣传队。施老师听说我妈妈曾经是演员，就想让我加入宣传队，但我死活不肯，因为我不喜欢跳舞，更讨厌化妆，脸上涂那么多颜料让我很不自在。施老师见状，就教我们打锣鼓，这个我还挺喜欢的，因为不用化妆。每次游行时，我们总是走在最前面，敲锣打鼓

图 2.29 班主任施济舟

为队伍开道。甚至有一次，小学里开大会时，尽管我们已经上了中学，学校还是请我们回去为大会敲锣鼓。

那时候，我们每天天还没亮就得起床，手持红木棍到学校操练。有一次，夜里月光如昼，把大地照得如雪般白亮，我误以为天亮了，急忙起床提着红木棍跑到学校。结果到了学校一看，空无一人，才意识到起得太早了，只好赶紧回家继续睡觉。

清晨一到时间，街上就能见到成群结队的小学生，每个人都拿着一根红木棍，敲得马路震天响，仿佛一群强盗进城。然而，不久后，这群小家伙们感觉不过瘾了，不知道是谁发明了在红木棍的顶端绑上一个子弹壳，在子弹壳里塞满棉花，然后注满煤油做成一个小火把。结果人人效仿，把一条狭窄的小街照得通红，场面就像电影里农民赤卫队打着火把，气势汹汹地准备"打土豪、分田地"。

我们班里有一位特别突出的同学，叫王上秀。他和我同年同月生，从学前班开始就是我的同学，一直到初中毕业他因父亲病重而辍学为止，我们一直在一个班。小时候，我们经常一起玩耍，一起去讨小海等。王上秀天生就是个孩子王，组织能力强，学习成绩也很好。尽管他只念了一个学期的高中，后来却通过高考考取了福建机电学校。毕业后，他被分配到福鼎农械厂工作，之后又考取了福建省经济管理干部学院。王上秀后来

历任福鼎县工业局副局长,福鼎市桐城镇党委副书记,桐城镇长,福鼎市桐山街道主任,福鼎市桐山街道党工委书记,福鼎市人大常委会副主任等职,可以说是我们小学班里最大的官了。当时他的父亲在秦屿铁器社工作,家庭成分不错,属于工人阶级,说起话来总是头头是道,非常有条理。

有一天,王上秀的父亲看到我们这群小学生挥舞着火把,大吃一惊,随后大喊一声:"把火灭了!"吓得我们赶紧把火把灭掉,逃往学校。王上秀的父亲随即到学校提意见,学校马上宣布禁止打火把,这场轰轰烈烈的"打土豪、分田地运动"就这样被"镇压"了下去。

1964年5月后,由于前苏联和美国对中国的军事威胁加剧,中共中央作出了一项重要决策,对中国国民经济进行重大区域性布局调整。这个调整主要集中在东部和中部的经济建设项目,采取了"停""压""搬""帮"的措施,同时重点开发和建设西部地区,作为国家的"战略后方"或"三线"建设基地。毛泽东将这一战略方针概括为"备战、备荒、为人民"。

到了1967年4月,"备战、备荒、为人民"作为毛主席语录在全国广泛传播,甚至连妇孺皆知。这个口号后来与"深挖洞、广积粮、不称霸"相结合,掀起了一场全国性的防空洞挖掘热潮。我们小学虽然没有能力挖防空洞,但为了响应号召,也开始在学校后面的积石山上挖战壕。山上种有许多果树,我们就在这些树下挖,每人负责一段,最终将各段战壕连成一片,从山脚一直延伸到山顶。一次军事演习中,随着军号一响,全校学生按连、排顺序,有条不紊地沿着战壕跑到指定地点,埋伏在战壕中,红木棍在山间密布,场面颇为壮观。

在"各行各业都要支援农业"的号召下,我们不仅在学校的学农基地劳作,还经常前往农村支援,帮助农民割水稻、收麦子等,这种活动被称为"支农"。当时的政治氛围极为浓厚,一切行动都要以政治为导向,只要上级下达指示,必须雷厉风行地执行,毫无拖延。

有一年5月初,小麦即将成熟时,半夜里街上突然人声鼎沸,高音喇叭响起:"大家注意了,接上级指示,今晚有暴风雨,请大家立即支援割麦子。"我和同学们接到通知后,立刻集合,赶往秋溪大队。我们打着手电筒,拿着镰刀,连夜奔赴十几里外的田地,在指定的地块上,将麦子一一割倒捆绑。当任务完成时,天已放亮,

图2.30 县级五好学生奖状

大家筋疲力尽，饥肠辘辘。然而，让人哭笑不得的是，预报中的暴风雨根本没有出现，连一丝风都没有。看着那些尚未完全成熟的麦子倒在地上，我们不禁疑惑：这究竟是在支农，还是在坑农呢？

在我上小学五年级时，为了贯彻毛主席关于"教育要革命，学制要缩短"的指示，小学学制从原来的六年制改为了五年制，同时将秋季招生改为春季招生。学校决定将本该上六年级的学生并入我们班，这便是我们班级的第一次大合并。

合并后，我发现原本高我们一个年级的同学们成绩并不比我们好，甚至有的还不如我们。教学质量之低可见一斑，学习似乎成了走过场，不管学得怎么样，大家都跟着一起升级，从来没有人留级。

尽管我的家庭成分不算很好，但由于我的突出表现，那一年我还是被评为全县的"五好学生"（指思想品德优良、学习成绩优秀、身体健壮、审美趣味健康、热爱劳动），并受到福建省福鼎县革命委员会的表彰。那时，这可是件非常光荣的事情！

在这样的环境和状态中，我们小学毕业，集体升入了福鼎县第四中学，结束了我们人生中的小学时光。回头想想，我们到底学到了什么呢？心里五味杂陈，感觉童年的宝贵时光，竟有一大半都被这样荒废了。

图 2.31 小学毕业照（1970）

在这疯狂的月里，我们受到极端政治化教育的深远负面影响。正常的学术教育被摧毁，知识学习被《毛主席语录》和政治活动取代，严重限制了我们的知识发展。学校充斥着批斗和揭发，社会信任崩塌，扭曲了我们的价值观，给我们心理健康带来伤害。此外，频繁的劳动活动超出了我们的承受能力，影响了身心健康。文革的政治氛围压制了大家的创造力和独立思考能力，使大家逐渐失去独立意识，成为盲从的"革命工具"，这些影响对我们的成长造成了难以弥补的损害。更为可怕的是，在我上小学期间，还经历了一场武斗，这些事件严重影响了我们的正常学习和成长。

2.5 奇葩的武斗

所谓"武斗"，是指不同造反派之间的暴力冲突，甚至是武装冲突。今天普通的中国人，不是军警、保安或民兵，不可能合法拥有枪支弹药，但是在"文化大革命"期间，他们不仅持有武器，还使用武器参加战斗。

1967 年造反派开始全面夺权，但在这个过程中，往往会发生两派对立的局面，一派要砸烂现存体制，真的要打倒各地当权派。而另一派却认为部分当权者属于毛主席革命路线的革命派，需要加以保护。后者常常被称为"保皇派"，意思是要保护当地的"走资派"，还有的是因为权力分配之争和政见之争，造反派之间的分歧常常发展成势不两立的两大派别，最后演变成大规模的武装冲突。奇葩的是，在所有的"武斗"中，双方忠于的是同一个领袖，即伟大的导师、伟大的舵手、伟大的领袖、伟大的统帅毛主席。双方都抱着同一个目的，即响应毛主席的号召，把无产阶级文化大革命进行到底。

1966 年 12 月 30 日，上海两个对立的造反派组织，发生了号称全国第一次大规模"武斗"的流血冲突。不到一个月以后的 1967 年 1 月 25 日，新疆生产建设兵团在石河子的汽车团的造反派，夺取了枪支，准备夺权，当权派请出军队支援，结果双方发生枪战，两天之内一共打死了 29 人，打伤 80 人。大大小小的"武斗"开始在全国各地发生。

开始，毛泽东支持所有的造反组织，接下来毛泽东把群众组织划分为左派组织（造反派）和右派组织（保皇派），毛泽东要支持左派组织，压制右派组织。再后来，老干部被打倒了之后，毛泽东又将忠于自己的一些老干部扶植起来，于是原来的一些"保皇派"又成了毛泽东支持的左派组织，而原来的一些左派组织又成了反动组织。

1967 年 1 月 21 日。毛泽东对主持中共中央军委工作的林彪说："军队要支持左派广大群众"。于是，1967 年 1 月 23 日，中共中央、国务院、中央军委、中央文革小组，联合发布了《关于人民解放军坚决支持革命左派群众的决定》（中发 6727 号）。可以想象武装部队公开介入派性之间的斗争，只能使"武斗"更加严重和复杂化。

1967 年初，武汉地区造反派形成了两个对立的组织，一个是"工人造反总部"，另一个是"百万雄师"。武汉军区认为"百万雄师"是左派，于是解散了"工人造反总部"，并且关押了"工人造反总部"的头目，不巧的是毛泽东和中央文革小组却认为"工人造反总部"是左派，"百万雄师"是"保皇派"，因此要求武汉军区司令员陈再道和政委钟汉华转而支持"工人造反总部"。武汉军区的部队不服，驻武汉的湖北省独立师官兵甚至和"百万雄师"一起举行了武装示威游行，他们指责当时代表中央文革小组到武汉处理问题的王力和谢富治。1967 年 7 月 20 日，大批"百万雄师"群众和湖北省军区独立师官兵冲进王力住的武汉东湖宾馆，将王力绑架到武汉军区大院审问，这就是所谓的"720 事件"。然而，他们没有想到的是将"百万雄师"定性为"保皇派"的是毛泽东本人，在他们冲进东湖宾馆，抓走王力的时候，毛泽东就在距离王力住处百米之外的地方。事件发生后，周恩来总理火速带着三架飞机从北京赶到武汉，将毛泽东转移到上海。

"720 事件"使中央文革小组和毛泽东十分紧张。毛泽东没料到造反派和军队公然对抗中央文革小组。他在 1967 年 8 月 4 日写信给江青，认为在各个军区和驻军中，有

75%支持"右派"，因此，他在信中提出，应大量武装"左派"。这封给江青的信，直接导致江青提出了"文攻武卫"的口号。

1967年7月22日，江青表示支持"文攻武卫"的口号。1967年7月23日，《文汇报》公开发表了"文攻武卫"的口号。1967年9月5日，江青在接见安徽造反派时又说："谁要跟我武斗，我一定要还击"。1967年9月9日，中共中央办公厅发出了通知，号召学习江青9月5日的讲话。

图2.32 文攻武卫像章

从1967年8月开始，上海、南京、郑州、长春、沈阳、重庆和长沙等，相继发生了大规模的"武斗"，随后迅速升级并波及到全国，是"文化大革命"发动以来国家动乱最剧烈、社会灾难最严重的阶段，参与武斗者多为年轻人，死伤惨重。

图2.33 武装起来的造反派（摘自360图片）

1967年8月4日，王洪文为首的上海造反派十多万人，围攻对立组织的总部，导致18人死亡，1000多人受伤。

其实，从1967年9月开始，毛泽东就改变了要求军队支持左派的做法，转而要求军队支左不支派。毛泽东发出最高指示说："在工人阶级内部，没有根本的利害冲突。在无产阶级专政下的工人阶级内部，更没有理由分裂成势不两立的两大派组织。"尽管中央在1967年曾经先后发出过一些指示，要各派停止"武斗"，而且做过一些实际的努力，但是收效甚微。在各地造反派组织抢夺军火库时，军队并没有得到坚决制止的命令。因此，军队要么主动送武器给造反派，要么眼巴巴地看着武器被抢。

1968年5月5日～6日，广西的一个造反派组织，一次就抢夺了7044支枪，其中包括轻机枪479挺，高射机枪48挺，炮弹60发，子弹120万发。在这之后，这个组织又分别两次抢走军队各种枪支2175支，子弹100多万发，六零式迫击炮10门，四零式火箭筒2具。与此同时，对立面的造反派也组织几千人到柳州火车站，抢走准备支援越南的弹药11888箱，子弹

图2.34 重庆武斗场景（摘自360图片）

1700 万发。

1968 年 7～8 月，在广西的梧州市，造反派从军队那里一次就获得了 700 多支枪。

重庆是全国武斗最剧烈的地区之一，从 1967 年夏～1968 年夏，分别属于两派的重庆造反派组织共发生武斗 31 次，动用枪炮、坦克、炮艇等军械兵器 24 次，还使用了当时中国最先进的双管高射炮。在武斗中死亡 645 人，其中年龄最大的为 60 岁，年龄最小的为 14 岁，部分为女性。重庆武斗期间，有不下 20 处地方埋葬着死难者，正式的"红卫兵公墓"有 3 处，它们都是由造反派们建设的"烈士墓地"。

图 2.35 重庆武斗动用的高射机枪　　图 2.36 重庆红卫兵公墓

与全国形势一样，随着"文化大革命"的深入和全国动乱的加剧，我的家乡秦屿镇两个对立的造反派也逐渐浮出水面。这时，秦屿镇又发生了一件促进两派进一步分化和对立的事件。当时，中共中央、国务院针对部分沿海地区渔民采用"敲罟"作业方式进行毁灭性捕捞黄瓜鱼的行为，专门发了份文件予以禁止。秦屿区的机关干部、工作人员在宣传这一文件的同时，抓住渔民的错误不放，准备逮捕其中被认为"出身成分不好"的人，借以打击持不同观点的建国渔业大队的造反派，结果建国渔业大队的渔民们不服气，组织了上千人打着横幅上街游行，进行反示威。从此双方你来我往，事情越弄越复杂，最终形成了势不两立的两派群众组织。[1]

为了所谓"誓死捍卫无产阶级革命路线"和"誓死捍卫无产阶级文化大革命"，秦屿镇两派斗争不断加剧，大家都认为自己是毛主席革命路线的，对方是反革命。一派是以建国渔业大队渔民造反司令部为主的红色革命委员会(简称红革会)，他们主张打倒韩先楚(中国人民解放军上将，时任中共福建省委书记处书记)。另一派是以秦屿区直机关干部为主的联合司令部(简称联司)，他们坚决拥护韩先楚。

两边都有工人、农民、渔民、学生以及机关单位的人员参加，斗争十分激烈，甚至父子母女、兄弟姐妹、亲戚朋友以及夫妻之间，都只认派别不认亲情，以观点相同与否决定亲疏。

秦屿镇第一个大学生是王兆龙，他人长得白白净净，戴着一副近视眼镜，毕业后分配在河南工作。我小时候经常看到他在油画毛主席像，也算是个多才多艺之人。"文革"刚开始时，有次他回秦屿探亲，看到建国渔业大队的渔民受到区直机关造反派的围攻，认为这是转移斗争方向，便贴出《海驴的难题》的大字报，反对把斗争矛头指向渔民群众，这引起了一场激烈的辩论。开始时，双方还只用大字报相互攻击，后来发展到面对面的激烈辩论，到高潮时就武力相向，最后发生了武斗。

1967年3月9日，两派群众在秦屿镇区公所大门口进行辩论。这时，"红革会"群众为了了解区公所的情况，便冲进去看个究竟，结果发生了互殴。

1967年6月，江青提出"文攻武卫"，使全国武斗形势逐步升级。1967年6月18日，由于秦屿镇派出所有个民警用枪支威胁渔民，结果对立派群众进行"文攻武卫"，一部分渔民冲进派出所，抢夺了部分枪支并送到"红革会"。不过，到了1967年9月，渔民们还是将枪支归还给了派出所。

还有一次，两派群众在秦屿镇粮站附近发生冲突，围观者达数百人，结果双方均有人员受伤，包括一部分学生。

当时秦屿镇两派都有支持的群众，但相对来说，"红革会"力量要强大许多。在全国形势的影响下，两派都采取了所谓的'文攻武卫'措施。"联司"有福鼎县人武部暗中支持的枪支弹药。"红革会"便在秦屿镇小东门渔业大队机器修配厂制造土枪、土手榴弹，打制长矛和匕首。不过，这时间两派虽然都有或洋或土的武器，却还没有人员伤亡。但由于"红革会"人多势众，而"联司"相对人员比较少，力量比较单薄，只好退到了远离秦屿镇的财堡村等地农村，秦屿镇于是被"红革会"控制。为了预防"联司"一派夜间来袭，到了晚上7点，"红革会"便对全镇实行"戒严"。

我的家在秦屿镇供销社隔壁，是当时镇中心地带，农村来赶集的农民来来往往的，很是热闹。为了壮士气，也为了吓唬对方，我经常看见十几个"红革会"的民兵，身上挂着土手榴弹，肩上扛着土枪，雄纠纠、气昂昂地从街上走过。然后，故意在居民中散布这个土枪如何如何利害，一枪打出去，火力有晒垫（晒稻谷工具）那么宽，在其范围内的人员都会全部死光，以此吓唬参与"联司"的农民。

由于当时全国都发生为了"夺权"而武斗升级的现象，到1967年8月5日，秦屿镇两派武斗终于进入白热化和总决战的阶段。"联司"在福鼎县武装部某些人以"支左"为名的支持下，当晚在岭后山和后歧山架起了重机枪，向"红革会"进行全面进攻。"红革会"尽管在武器方面处于绝对的劣势，但也不甘示弱，坚守在秦屿镇供销社和对面农业大队楼房等制高点。为了防止"联司"人的冲击，"红革会"人在秦屿镇农业大队楼房门口两边架起了电网，把发电机装在农业大队楼房内。"红革会"头目之一的王某某（秦屿中心小学教师）通过秦屿镇供销社楼顶的大喇叭不停地广播叫喊："警告你们……，否则我们将采取激烈的革命行动，……，我们将采取最激烈的革命行动，……，我们将采取最最最激烈的革命行动。"

我们知道今天晚上将是这两派的决斗时间，我们家又处在武斗的中心地带，所以天还没黑，我爸就叫我和我哥到我姑妈家住。我姑妈家的房子四周是用"金包银"（外面是三合土，里面是土）土墙盖起来的，土墙有半米多厚，可有效躲避枪弹，是个很安全的地方。这天深夜，"联司"一方发起了总攻，他们在后歧山用重机枪向"红革会"总部所在地建国渔业大队礼堂扫射。顿时枪声大作，我从我姑妈家二楼的窗户上，可以看到伴随着枪声，后歧山上吐出了一串串火舌。我姑丈的弟弟原来当过兵，打过仗，有经验，马上制止我们观看，他让我们全部都睡到一楼地面上，以防流弹，这时，我父母带着我弟弟和姐姐也来躲避了。我爸说：天刚黑不久，"红革会"安装在秦屿镇农业大队里的发电机就停了，枪声一响，就见农业大队里的人一个接一个从对面的马路，朝建国大队方向跑去，没多久就全部跑光了。他们担心被流弹打中，就半夜从我们家后门跑到了秦屿医院，再打开秦屿医院食堂楼梯下通往甘厝的后门（这个门从来不开），然后穿过甘厝的小路跑到了我姑妈的家。

这次武斗，由于福鼎县人武部暗中支持的"联司"一派有真枪实弹，还从周边农村调来了大批民兵，占着绝对的优势，其结果便可想而知了！秦屿镇很快就被"联司"逐步占领，"红革会"的部分领导和骨干只好从秦屿镇后岙乘坐建国渔业大队的机帆船撤退到海上，并漂泊于浙江瑞安和温州一带的海面上。

天亮了，枪声停了，"联司"一边用高音喇叭广播劝降，一边到处搜捕"红革会"一派人员，许多"红革会"成员包括一部分学生遭到殴打。但是，由于"联司"一派人数实际上比"红革会"少得多，他们的戒备心理也就十分严重。

我看看大局已定，就跑到街上看热闹了。只见建国渔业大队礼堂的墙壁上留下了一个个弹孔，在我们家对面的农业大队门口，站着两个人，各自手上握着一把梭镖，挽着裤腿，把衣服下摆扎得紧紧的。我一看这个人，原来是个二流子，我认识这个人，现在非常神气地在那里站岗。

第二天晚上，有一艘渔船从七星岛向秦屿镇内港驶来，住守在秦屿镇后歧山上的"联司"人员误以为是"红革会"的人要登陆反攻，就向船上开火，结果打死了并未参加过任何派别活动的水产站职工王某某。

没过几天，"联司"人员就把"红革会"逃跑时留下的发电机当作战利品，给抬到了秦屿镇区公所他们的总部去了。建国渔业大队的渔民们见状，认为这发电机是他们的，就纠结了十几个人去秦屿镇区公所要发电机，"联司"的人看到这么多的"红革会"的人来了，就从楼上扔下了一枚手榴弹，结果炸伤了几个人。其中有个小孩受了重伤，一个弹片从耳朵下面穿入，从嘴巴下面出来。这个小孩与我差不多大小，我认识，我们曾经也一起玩过。这时，解放军战士赶到了现场，立马将受伤严重的小孩抱到了秦屿镇医院。当时秦屿镇医院无法医治，解放军战士就抬着这个小孩，徒步翻过太姥山到福鼎县医院医治去了，总算拣回了一条命。后来，我去看了现场，手榴弹的落地点是在区公所街对面的派出所的台阶上。这台阶是"三合土"制作的，还比较结实，爆炸点处留下了一个20cm左右的小坑。

那时，由于武斗，把秦屿镇搞得人心慌慌的，很容易引起紧张气氛，所以千万不能在街上乱跑。记得有一次，有个人在街上跑了一下，顿时满条街的人都跟着跑，沿街商店纷纷关门闭户，停止营业，大家如临大敌。过后一看，什么事都没有，大家就把带头跑的人骂得半死。我们小孩，那时也很小心，都不敢在街上跑，否则就会被大人们骂死。

1967年8月5日的武斗过后，福鼎县"军管会"也派人进驻秦屿镇，于是秦屿镇完全被"联司"控制。秦屿镇各单位的造反派原来都加入了"文革会"，现在都纷纷表示投降，发表声明：杀出"文革会"，加入"联司"。我记得当时只有秦屿镇铁器社造反派没有表示投降，最后不了了之。

逃往温州的"红革会"的头头和部分成员，只好南下福州到省革委会告状，但省革委会表面上劝告他们赶紧返回秦屿镇与对立派实现"革命大联合"，实际上是支持"联司"一派掌权。结果他们一回来立即被监禁起来并遭到批斗。而实际上，在整个派别斗争的过程中，两派都有人受伤或遭受其他方面的伤害。特别在所谓"大联合"之后，受压制的就全都是"红革会"一派的了。许多"红革会"成员被关进"学习班"，有的骨干挨了打，有的头头被抓去挂牌游街，乃至到乡下巡回批斗。当时，位于"牌坊脚"附近的秦屿镇茶厂（现秦屿镇汽车站附近）由于比较偏僻被当作隔离审查专用场所，晚上经常可以听到人的叫喊声。

全国局势稍为稳定后，逃回河南的王兆龙就被引渡回来了。押解王兆龙回秦屿镇的那天，"联司"人员就事先交代沿街群众，要求大家要跟着喊口号。王兆龙一到大家就跟着举手喊口号，我看了一眼王兆龙，发现原本白白净净的一个人，现在变得瘦瘦巴巴的，被两个人，一边一个押着，押的人强制性地按扭住王兆龙的背部，使其上肢和下肢呈90度，同时把两只胳膊向后上方伸直，头部向地，臀部高撅，胸前还给挂上黑牌，押解到哪里，哪里就响起震耳欲聋的"打倒王兆龙！"……口号声。几年后，王兆龙被安置在秦屿镇太姥山排堂岭知青点劳动，当时我哥也在太姥山排堂岭知青点上山下乡，王兆龙还到过我们家，我看他变胖了很多，眼镜也不戴了，精神也很好，"文革"结束后，听说他回河南去了。

1969 年，毛泽东利用军队的武力和领袖的号召力，恩威并重，终于克服了一度失控的局面，基本上结束了这场全面内战，全国先后建立了革命委员会，实现"全国山河一片红"。

在这种形势下，秦屿也建立了由武装部、革命干部和所谓两派群众组织"选出代表"组成的"三结合"领导班子——秦屿公社革命委员会。革命委员会由区武装部长章财树担任主任，林存端、王连年等担任副主任，还有谢代冠、郭玉龙等任委员。这种革命"三结合"，对于稳定当时局势，保证各项工作的正常运转起了一定的作用，但实际上还是"联司"这一派独揽实权，而且借此机会大搞派性斗争，到处抓捕对立派的同志。这一时期，多数"红革会"领导和一部分普通成员都遭到残暴的批斗、关押和游街示众。幸好这时的秦屿公社革委会主任章财树较能平和地对待不同观点的同志，保护了一些同志。同时，他在秦屿主政十年期间，比较重视基础建设，修建了长漳溪水库、水电站和两条海堤，解决了秦屿群众长期缺水、缺电的问题，为当地办了许多实事。特别在"文革"后期，他还启用了对立派的一些同志，这在当时政治形势下确实是难能可贵的。[1]

2.6 家庭成分

"家庭成分"这一词汇如今已鲜有人提及，甚至很多人对其含义感到陌生。然而，在 50 多年前，这个词却非同小可。在当时，每个家庭的户口本上都有一栏必须填写"家庭成分"，各种个人履历表中也有一项必须注明"家庭出身"。

这背后究竟是什么缘由呢？事情要追溯到 1950 年。为了正确实施 1950 年 6 月 30 日中央人民政府公布的《中华人民共和国土地改革法》，政务院于 1950 年 8 月 4 日通过了《关于划分农村阶级成分的决定》。从此，我国在全国范围内进行了阶级成分的划分，以明确划分谁是"敌人"，谁是"自己人"。

图 2.37 划分农村阶级成分的决定

"家庭成分"主要根据家庭财产的多少来划分，分为多个类别。通常分为两大类：一类是农村，另一类是城镇。属于农村的家庭成分包括地主、富农、中农、下中农、贫农、雇农；而属于城镇的则包括工人、小贩、小商、工商业者、资本家。此外，还有官僚、旧军人、职员、自由职业者、城市平民、革命干部、革命军人等。

具体来说，划分为"地主"的标准是：占有土地，但自己不从事劳动，或仅进行少量的附带劳动，而主要依靠剥削他人劳动为生的家庭。被划分为"富农"的则是：占有土地并参与劳动，但同时依靠剥削他人劳动为生活来源之一部或大部的家庭。

图2.38 地主及富农的土地和财产被没收

在解放初期的土地改革时期，地主和富农的土地和财产，如房屋、金银首饰、珠宝、家具等，往往会被没收和充公，许多地主甚至被判处死刑，遭到枪毙。这种严苛的政策，导致了当时社会中对家庭成分的高度关注和严格区分。

在那个年代，如果一个家庭的成分被确定为"贫农"，那么这个家庭中的所有成员的家庭成分就都是"贫农"。同样，如果被确定为"地主"，那么这个家庭的子孙后代也都被视为"地主"出身。在当时的社会中，阶级斗争的观念极为强烈，贫农、下中农和工人被视为无产阶级，是革命路线的主要依靠对象，而其他阶级则被视为革命对象或团结对象。

这种阶级划分不仅影响了人们的生活，还深刻影响了社会的方方面面。入党、提干、参军、上学等机会，贫下中农的子女往往绝对优先，就连婚姻选择也以家庭出身为重要标准。那些家庭出身不好的人，如地主或富农的后代，就像古代被刺了"金印"的罪犯，几乎没有翻身的可能。

在"文化大革命"期间，社会等级是严格按照家庭成分进行划分的，地主、富农、反革命、坏分子这四类人被统称为"四类分子"。需要明确的是，这里的"地主"和"富农"特指戴帽管制分子，而非一般的地主和富农成分。所谓的"戴帽"与"摘帽"，是针对这些"四类分子"建立的一种评审制度。一旦被戴上了"四类分子"的帽子，他们的政治身份就被定义为

图2.39 被看押的"四类分子"（1964年）

阶级敌人，成为无产阶级专政的对象，必须接受管制或监督改造。如果被认为改造得好，才有可能摘掉这顶帽子。因此，"四类分子"都千方百计地争取"摘帽"，希望能摆脱这个沉重的政治枷锁。

在当时的各种法规下，"四类分子"的公民权利被全面剥夺，他们没有选举权和被选举权。全国各地在对"四类分子"进行监督改造时，普遍采取了严厉的限制性措施。例如，外出需要请假，接待来客必须报告，一定时期内还要汇报思想、检查改造情况等。这些措施使得"四类分子"及其子女的生活充满了约束和压力。

"四类分子"的子女深受其父辈的连累。在教育必须贯彻阶级路线的错误政策下，他们的入学和受教育权利受到了严重的歧视，甚至被完全剥夺。土地改革时期，地主和富农的土地和财产早已被没收，土改后，"四类分子"的财产权利也毫无保障。在人民公社中，他们和他们的子弟往往从事最繁重的劳动，却只能拿到最低的报酬，个人财产随时可能再次被剥夺。

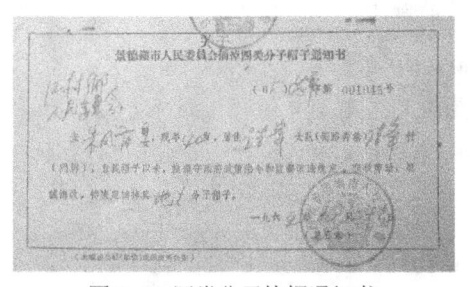

图 2.40 四类分子摘帽通知书

文化大革命期间，"血统论"观念盛行，"四类分子"的子女在入团、入党、毕业分配、招工、参军、提干、恋爱和婚姻等方面都遭受了系统性的歧视。虽然我的家庭成分被评为小商，相当于中农，属于团结的对象，因此在文化大革命中没有受到批判和管制，但在入团、入党、招工、参军、提干等方面，也无法享受优先待遇。

我清楚记得上小学三年级时，文化大革命刚开始不久，正处于复课闹革命阶段。那时，班级要选举班干部，原来的班干部中有几位因为家庭成分不好被免职，班主任让大家推荐新的候选人，并在黑板上写下候选人的名字，同时标注他们的家庭成分。我提名了一个叫林祖泽的小朋友，他平时表现很好，原来也是班干部，但因为他家的成分是小商，班主任一听就直接把他的名字擦掉了。最终选出的班干部，全部都是工人、贫农家庭出身的学生，选举变成了一场家庭成分的比拼。

在小学里，少先队组织是学生中非常重要的集体，加入少先队意味着成为少先队员，能够戴上红领巾。少先队员中还有小队长、中队长和大队长等职位，手臂上佩带着白底红杠的标志，红杠越多，级别就越高。然而，由于我的家庭成分是小商，不属于贫下中农，所以我是最后一批才加入少先队的，从未当上过小队长，也没有佩带过红杠。在小学时期的红小兵组织中，我也是最后一批才得以加入。

这些经历让我深刻感受到家庭成分带来的不公平待遇，它不仅影响了我们的成长，还深深刻在了我们的记忆中。

我岳母名叫刘淑芹，湖北麻城县宋埠镇人。宋埠镇位于麻城市中南部，举水河畔，地理位置优越，东接中馆驿镇，北邻顺河集镇，南临举水河，与铁门岗乡隔河相望，西靠歧亭镇和红安县永河镇。自古以来，宋埠镇一直是麻城市的政治、经济、文化重镇，历史上享有"小汉口"之称。解放前，宋埠镇是麻城境内最大的内陆码头，我岳母的父亲刘松柏正是在这里经营木材生意起家的。

刘松柏通过将云南、贵州的木材和家具从乌江水道经长江运输，再经阳逻团风县进入举水河，最终运到宋埠镇。他精明能干，经营有方，很快成为当地有名的资本家，宋埠镇半条街的商铺都是他家的产业。除此之外，他还经营一个果园，家里还办有私塾，特地请了先生来教书，因此我岳母从小就受到了良好的教育，是一个真正的大家闺秀。

岳母的大哥刘兆庆是个非常能干的人，解放前曾担任宋埠镇商会会长。他广结善缘，常常家里高朋满座，做事八面玲珑，见多识广。当时，不论共产党还是国民党，都愿意找他帮忙，仿佛没有他办不成的事。然而，就在解放前夕，刘兆庆一夜之间因赌博输掉了全部家产，将岳母父亲大半生积累下来的财富败得一干二净。这让岳母的父亲大为恼火，气得提着木棍到处追打他。可是，刘兆庆却蛮不在乎，还对家人说道："你们看吧，到时候你们会感谢我。如果我不把这些财产处理掉，将来你们就得吃这些财产的苦头。"果然，不久后解放到来，由于家里已经没有

图 2.41 我的岳母（1991）

多少财产，岳母父亲被评为"小商"成分，躲过了一场劫难。可惜的是，岳母的大哥没等到解放那天就因肺结核去世了。

解放前夕，兵荒马乱，宋埠镇并不太平。为了躲避战乱，农村相对安全些，岳母于是嫁到了麻城县铁门乡祠堂塆，与我的岳父结为夫妻，开始了她的新生活。

我岳父名叫刘美钦，生于 1924 年 4 月 19 日（农历 3 月 16 日），1982 年 4 月 6 日（农历 3 月 13 日）因病去世。我没见过他，因为他去世时，我还没有认识我的夫人。那时她正在上大学，岳父病重时，她班里的同学还为她捐了几十元钱，她至今仍感念大家的情谊。岳父年轻时不仅英俊，还特别聪明，能说会道，家境殷实，拥有不少土地。然而，这些土地在解放后却成了他的负担，使他受了不少苦，挨了不少批斗，过上了苦命的日子。

岳父的母亲是个奇女子，不仅吃苦耐劳，勤俭持家，还为人厚道。在抗日战争时期，她曾奋不顾身地救过一名新四军的通讯员，村里的人都对她十分尊敬。

大约在 1940 年前后，有一次日本鬼子和乡丁在棉花地里追捕新四军战士。当时，岳父的母亲刚生完女儿，正在坐月子，一个人在家，门关着但没上闩。这时，一名新四

图 2.42 我的岳父（1978）

军通讯员突然跑进岳父的家，反手将门关上，对岳父母亲说："大嫂，日本鬼子在追捕我，请帮忙找个地方躲躲。"岳父母亲见状，立即带他到柴房，让他钻进稻草堆里。不一会儿，门外就传来敲门声，岳父母亲开门后，看到一个乡丁带着一个日本鬼子，恶狠狠地问："有没有人跑进你家？快交出来，否则搜到就杀你全家。"岳父母亲冷静地回答："没有。"然后抱起装着女儿的小摇篮，走向花园。正准备跨过矮墙去隔壁的刘氏祠堂时，那个日本鬼子见她不理他，火冒三丈，一把夺过小摇篮，倒扣着将女儿丢进了花园里的储粪池中。随着女儿的凄厉叫声，岳父母亲奋不顾身地跳进粪池，把女儿捞了上来，可惜已经没了气息。为了救一名新四军通讯员，她牺牲了刚出生不久的女儿。

尽管岳父的母亲曾冒死救人，但她没有顺应历史潮流，在解放前夕还大量购置土地。家中省吃俭用积攒下来的钱都用来买地。由于雇了两位长工，土地又多，按当时的政策，她家被评为富农。尽管她救过新四军，并为此付出女儿的生命，但依然被戴上了"四类分子"的帽子，受到管制和批斗。后来，岳父孝顺，担心她年老受不了，就代替母亲戴上了"四类分子"的帽子，承担了沉重的负担。

解放初期的土地改革期间，岳父家的财产已经被没收得差不多了。但到了文化大革命，更大的灾难降临。一帮造反派冲进岳父家，二话不说，又一次将家中洗劫一空，连床都被拿走了。无奈之下，岳父一家只好用泥坯砖做床脚，用房门板当床板，再铺上稻草，才勉强有个睡觉的地方。我夫人小时候和姐姐一起睡觉，常常早上醒来时发现肚子上只盖着稻草，被子已被姐姐无意中卷走了。

"四类分子"是社会的最底层，不仅要干脏活、累活、重活，还经常被迫出义务工。夏天扫大街，冬天钻阴沟。在我家乡秦屿镇，许多"四类分子"一到过年过节，常听到街上的高音喇叭广播："四类分子带上扫把到公社门前集中。"这时，可以看到许多"四类分子"自带工具赶到公社门口，列队等待指示。公社干部会先训话，然后安排他们去各处打扫卫生、修路或疏通下水道。当时镇上有条大阴沟，经常堵塞，都是"四类分子"负责疏通的。阴沟里有大量淤泥，臭气熏天，还散发着毒气，呆久了容易晕倒。我看到他们浑身沾满淤泥，像老鼠一样钻进钻出，没有一点人的尊严，令人唏嘘。

文化大革命期间，岳父作为"四类分子"，也受到了同样的对待，做义工、被批斗成了家常便饭。我夫人回忆说，她最讨厌过节，因为过节意味着父母要被带走，不是去打扫卫生，就是去挨批斗，而家里也没有什么好吃的。她幼小的心灵因此留下了深深的创伤。

作为"地富子女"，每次在表格上填"家庭出身"一栏时，我夫人都会脸红心跳，生怕被别人看见。那种难以言喻的羞辱感，恐怕今天的人已难以理解，但对她来说却是刻骨铭心的痛苦。

在孩子们的世界里，"地主"和"富农"成了最恶毒的骂人话。地主和富农的子女与其他孩子打架时，最怕被骂成"地主"或"富农"，一旦被骂，往往会低头认输，再有理也说不出口。但我夫人天生就是孩子王，从小就会打架。有一次，一个比她高的邻居男孩吵架时骂她是"富农"，她气不过，便使出全身力气一顿暴打，直到把他打得无处可逃，钻进鸡窝里才作罢。

自1964年起，我国在中西部地区的13个省、自治区展开了一场以战备为指导的大规模国防、科技、工业和交通基本设施建设，称为"三线建设"。1970年初，为了支援三线建设，麻城县铁门乡组织民兵参加襄渝铁路的建设。由于工地条件艰苦，距离家乡较远，愿意参加的人并不多。然而，我的大舅哥刘大论毅然报名参加，并顺利获批。

刘大论虽然由于家庭成分不好，上不了初中，只有小学毕业文凭，但他天资聪颖，待人谦和，谈吐高雅，心地善良，尊老爱幼，人际关系良好。他不仅精通文字，还擅长音乐。尽管农村买不起钢琴、手提琴等高档乐器，但他却能熟练演奏二胡、板胡、笛子、口琴等多种乐器。在村里的晒谷场上，他常常在晚饭后为乡亲们演奏，悠扬的二胡声、哀怨的笛声、欢快的口琴声，让大家暂时忘却了劳作的辛苦，沉醉于音乐的美妙之中。

我的大舅哥不仅才华出众，外貌也十分英俊。他高高的个子，浓眉大眼，俊美的五官和完美的脸型，透着一股灵秀的神采。他是人见人爱的阳光青年，唯一的不足就是家庭成分不好。

在襄渝铁路建设工地上，我大舅哥遇到了未来的大舅嫂陶翠娟。她是民兵排长，家庭成分是贫农，麻城县铁门乡陶园村人，是当地有名的"铁姑娘"，中共预备党员，乡里重点培养的妇女主任人选。陶翠娟不仅人长得漂亮，而且非常能干，无论是农活还是家务，她都是一把好手。裁剪衣服、绣花、纳鞋底，甚至修皮鞋，她样样精通。

在工地上，他们两人一见钟情，深深相爱。然而，在当时的政治环境下，这段感情却成了重大政治事件。贫农的女儿怎么能嫁给富农的儿子？按当时的惯例，"四类分子"的儿子只能娶"四类分子"的女儿，或是身有残疾的人，绝不允许娶贫下中农的女儿。

襄渝铁路工程结束后，陶翠娟坚决要求嫁给刘大论。然而，这段感情遭到了当地政府和女方家庭的强烈反对。他们反复做陶翠娟的思想工作，告知她如果嫁给刘大论，就会失去预备党员、民兵排长、妇女主任等所有身份，还会成为阶级敌人。她的父亲甚至威胁道："你要是嫁给他，我就与你断绝父女关系。"尽管如此，陶翠娟的决心坚定不移，她毅然离家出走，投奔到了刘大论的家中。

当地政府无奈之下，采取了另一种手段：不给开结婚介绍信，也不给结婚证，让他们无法合法结婚。尽管这种做法显然违法，但在文化大革命的十年动乱中，这类事屡见不鲜。

面对这种情况，我岳父提出了一个折中的办法：先按农村习俗举行婚礼，把事情闹大，然后再考虑领取结婚证的问题。

1972年2月12日（农历腊月28日），刘大论和陶翠娟不顾阻挠，在祠堂垸按照当地习俗举行了婚礼，并办了酒席。这一举动激怒了当地政府，公社武装部部长带着民兵闯入婚礼现场，将刘大论和我岳父五花大绑，押到了大队部。第二天，我岳父被释放，并被要求写检讨。他只好写了好几份检讨，在大年初一到处送检讨。刘大论则被送到林场强制劳动一个月后才获释。但没过几天，他又因"骂了管教干部"被抓去参加插秧劳动半个月。

图2.43 大舅哥和大舅嫂（1971）

尽管经历了诸多波折，这对新人终于在三年后，随着形势的变化，文化大革命接近尾声时，领取了结婚证，正式成为夫妻。

1976年文化大革命结束后，国家逐步放宽了对家庭成分的歧视政策，1977年恢复高考时，即便是家庭成分不佳的人也可以上大学了。我的夫人在1976年初中毕业后，因家庭成分问题无法继续升入高中，只能回家帮忙做家务和在建筑工地打小工。看着那些成绩远不如她的同学背着书包，成群结队地放学回家，13岁的她却身穿沾满水泥的衣服和鞋子，独自从工地劳累一天后回家，她内心的自卑感油然而生。她总是低着头，假装看不见那些同学，或绕道行走，尽量避免与她们碰面。面对因家庭成分而遭受的不公平待遇和对未来的悲观与绝望，她虽然表面装作若无其事，但内心的悲愤与不平，只有亲身经历过的人才能深刻体会。

1978年，政策有所改变，家庭成分不佳的子女也被允许上高中。这时，她的初中班主任余大平老师，作为武汉下乡知青，视野开阔且富有同情心，始终惦记着这位班上学习最好的学生。他亲自到我夫人家中，告知她可以参加高中考试的好消息，并帮助她办理了报名手续，我夫人这才获得了高中入学考试的机会，通过考试才重新上了高中，并于1980年9月考上了大学。

1979年1月11日，中共中央作出了《关于地主、富农分子摘帽问题和地、富子女成分问题的决定》。这个决定指出，除了极少数仍坚持反动立场、未改造好的以外，凡是遵守法令、老实劳动、不做坏事的地主、富农分子以及反、坏分子，经过群众评审，县革命委员会批准后，一律摘掉帽子，给予农村人民公社社员的待遇。地主、富农家庭出身的农村人民公社社员，成分一律定为公社社员，享有与其他社员同等的待遇。今后，他们在入学、招工、参军、入团、入党和分配工作等方面，主要应看本人的政治表现，不得歧视。这一决定使全国数以千万计的地主、富农家庭出身的子女，以及他们的后代，终于从"成分论"和"血统论"的桎梏中解放出来，重新焕发了生命力。

随着改革开放的推进，我大舅哥的聪明才智得到了充分发挥，他创办了一家建筑公司，成为了当地致富的带头人，并带领农民投身改革开放的主战场。他也成为了一名光荣的共产党员。如今，我大舅哥和大舅嫂育有一对儿女，女儿从上海交通大学博士毕业后，成为了一名大学教授；儿子则从中南政法大学毕业后，成为了一名法官。一家人过上了幸福的生活，回想起当年的婚礼，他们至今仍感慨万千。

家庭成分的划分曾经深深影响了一代人的命运，将无数家庭推入了阶级斗争的漩涡中。它不仅决定了个人的政治地位，更左右了他们的教育、就业、婚姻和未来。许多人因为家庭出身不佳，背负了巨大的心理压力和社会歧视，无法公平地参与社会竞争。然而，家庭成分并不决定一个人的价值，真正的品质在于个人的能力、品德和对社会的贡献。文化大革命结束后，国家逐渐纠正了这些不公，给予了所有人更多的平等机会，让无数人终于能够摆脱历史的枷锁，展现出他们的真正潜力。这段历史提醒我们，社会进步的关键在于公平与公正，只有在一个平等的社会环境中，个人才能真正实现自我价值，为社会发展作出贡献。

2.7 物质匮乏

站在当下的时代，有无数人在自由地怀旧，怀念50多年前那个理想与记忆掺杂的"公平时代"。在许多人眼中，那时的社会似乎是一片平等的"天堂"：人们不必为房子发愁，也不用为工作担忧，吃穿用度都由国家包办，生活看似简单而有保障。然而，对于那些真正经历过那个年代的人来说，那个时代的关键词却更接近于"匮乏"：吃不饱、物质短缺、住房拥挤，以及无处不在的权力约束。这种表面的平等背后，隐藏的是资源的极度短缺和个人自由的严重受限。怀念不应只是对记忆的美化，更应该是一种对历史的深刻反思。

图 2.44 物质匮乏的票证时代

这些都是那个时代的真实，而这种真实正是计划经济体制下公权力在城市居民生活中的无处不在。它像根系般深入整个社会，将人们的生老病死紧紧包裹，无论你是否情愿。在新中国成立初期的上世纪50年代，农业基础落后，粮食增产远远赶不上需求增长，导致粮食等民生用品供需矛盾突出。1953年，国家对粮食等主要农产品实行计划收购和供应；1955年，国家颁发了《市政粮食定量供应凭证印制使用暂行办法》，从此人们购买粮食、油、布、煤等必需品都要凭票证进行。到1961年，市场上凭票供应的商品多达156种，吃饭要粮票，吸烟要烟票，连买一盒火柴都要火柴票。

图2.45 城镇居民购粮用粮本

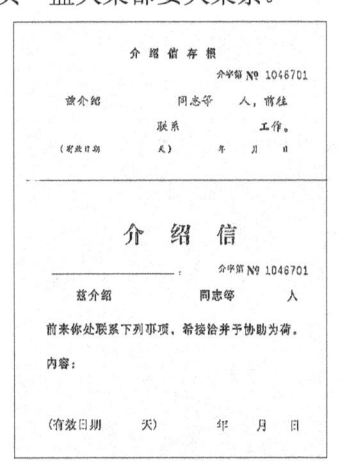

图2.46 联系工作用的介绍信

图2.47 福建省地方粮票

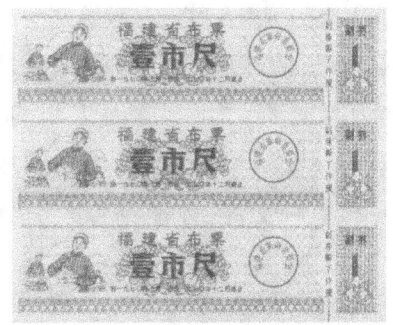

图2.48 福建省布票

那时，人们对粮食的崇拜，一方面源自节俭的传统和对饥饿的恐慌，另一方面也因为国家限量供应的政策。在那个粮食市场尚未开放的年代，有钱也买不到粮食，人们只能用粮票来换购定量的粮食。城镇居民迁徙户口时,有一个特殊的关系叫做"粮油关系"。"粮油关系"最终会落实到具体粮店，关系人只能限定在该粮店购粮食和食油。对于拥有城镇户口的居民来说，"粮油关系"与城镇户口同等重要。倘若居民想到另外一个城市工作，除须办理户口转移手续外，还必须办理"粮油关系"的转移。没有"粮油关系"，等同于没法吃饭。每家每户都发一个粮本，用于在指定粮店购买粮食。秦屿镇那时有两个粮店，一个在区公所旁边，另一个在离秦屿中心小学不远的城隍庙里，我们家购粮被指定在区公所旁边的那个粮店。

那时候，出差要开介绍信，住宿、买火车票、到别的单位办事，都需要介绍信。介绍信的内容包括："姓名、性别、单位、地点，找什么人，办什么事"，然后加盖单位公章。除了办这些必要的通行手续外，还需要将粮本中的粮食定量换成粮票。粮票有地方粮票和全国粮票之分，根据你去的地方兑换不同的粮票，因此粮票就成为当时买粮所必需的"通行证"。

1976年上半年，我已经上山下乡了，由城镇居民户口变成了农业户口，也就是说没有粮食供应了。当时秦屿正在搞围垦海滩工程，我被调到了秦屿小东门围垦指挥部做板车。指挥部就设在秦屿镇小东门，离我家不远，我就在家里吃饭，我的粮票由秦屿镇分管知青工作的魏朝胜负责。有天中午回家，我突然发现没饭吃了，家里没米了，粮票也吃完了，买不了大米，才发现魏朝胜没及时送粮票来。于是就到处找他，到了下午2点钟才找到，赶紧拿了粮票才从粮店买米下锅，一家人都跟着我饿肚子。

当时，居民物质生活水平不高，因为缺乏副食供应，人们的肚中很难存下油水，有的人家里甚至吃了上顿就没下顿。一般人家未到月底，家里的粮食就吃空了，粮票刚好够花，根本攒不下来。这种情况下，被俗称为"粮本"的粮食供应证，和户口本、结婚证变得同等重要，往往被珍藏家中，束之高阁。没有粮本就无处买粮，某种意义上，这个黄皮红字的粮本就成为了吃饭的护照。

由于物资比较匮乏，为保证人人能买到基本生活用品，政府几乎对所有紧俏物资都采用发票证的办法。买东西时，人民币加票证，缺一不可。当时，票证种类之多，使用范围之广，完全超出你的想像。用来购买基本生活用品的有：粮、布、油、煤票等；用来购买日用品的有肥皂、卫生纸、火柴票等；用来购买副食品的有鱼、肉、蛋、豆制品票等；用来购买大件的有自行车、缝纫机、电视机票等等，……等等。还有一些物资，货源时多时少，有季节性，无法固定时间与数量，便采用一种从1到100连号小票，随时公布，如某年某月用某号票购买苹果一斤等等。无论何种票证，都有一条硬性规定，即过期作废，没有商量余地。

布票是中国供城乡人口购买布匹或布制品的一种票证，中国对布匹购销实行统一管理及保证布匹按计划供应所采取的一项措施。1953年开始实行，由各省、自治区、直辖市商业部门印发。跨地购买时，到指定地点兑换异地通行票证。特供军用的布票由国家统一发放，可在全国通用。布票的单位一般有：1寸、2寸、半尺、1尺、2尺、5尺、10尺等。布票是购物的凭证，本身不含价值，不许买卖流通。

有了各种票证，也不一定能买到商品，因为那时的供应实在太少，根本不够用。我那时多想吃肥肉呀，可是没有，偶尔在稀饭中拌上一点猪油，再滴上几滴酱油，

87

感觉简直就是人间美味了。可猪油和酱油都需要凭票供应的，不是想吃就可以吃的。

没有肥皂洗衣服、洗头，怎么办？我们家就用皂角代替。有一次我爸买了一些皂角，把它捣烂，然后捏成饼，晒干后就可代替肥皂使用。

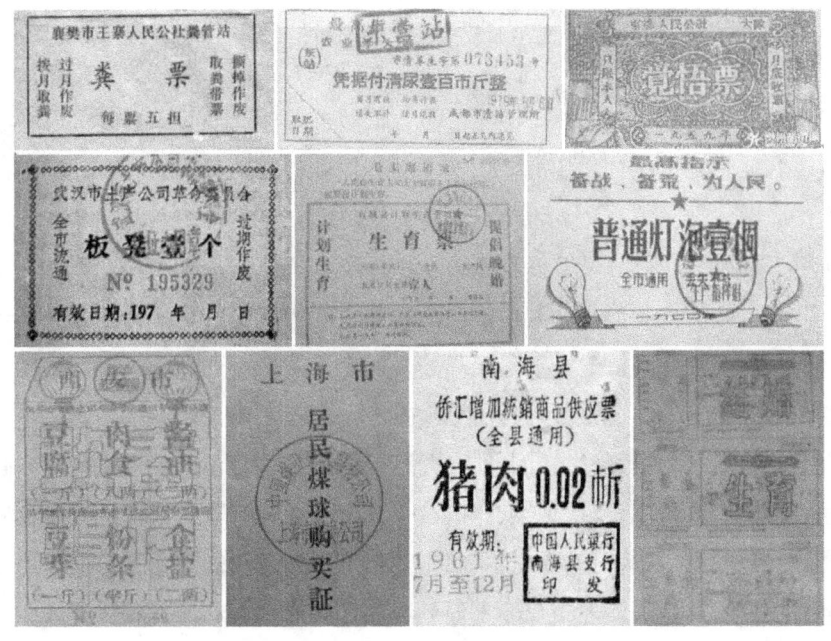

图 2.49 各种离奇的票证

现在年轻人也许会问，没有肥皂等商品，为什么不多办些工厂？没有猪肉吃，为什么不多养些猪？这个问题，到现在我也没有完全想通，你说办工厂需要设备和投资，没钱也许办不了。可养猪农民都会养，我们家虽然不是农民，也曾经养过猪，我还记得我和我姐姐一起到后歧山上割猪草的情景。可那时，要割资本主义的尾巴，是不能随便养猪的。老百姓即使养了猪，猪也不能自己杀，必须卖给政府，由政府统一定价收购，作为老百姓还是吃不上猪肉。记得小时候我们家养的猪，也都是卖给政府的，政府收购猪时是按猪的肥胖程度评等级的，越胖等级越高，瘦肉型等级低，不值钱，与现在完全相反。因为那时人们没肉吃，都想吃肥肉。我们家的猪没东西吃，总是瘦巴巴的，所以每次评的等级都很低，后来就不养了。当然，农业生产队集体可以养猪，农民家里也可以养猪，但头数是有严格限制的，多养了就是资本主义，是要被"割尾巴"（被批判）的。那么生产队集体不能多养一些吗？也不行，因为那时是"以粮为纲"，不能随便做别的事，这是毛主席教导我们的，必须执行。

我上中学时，有一次学校请了秦屿镇税务局长给我们作报告，他说："农民的生产能力就这么大，都去干自留地生产自己的东西，集体的活就少干了，集体的产品就少了，所以要割资本主义的尾巴，社会主义才能发达"。我当时猛一听，感觉好像还有点道理，就积极参与公社组织的割资本主义尾巴的活动。有一年双抢（7～8月份的抢收、抢种季节），我们就拿着长凳子在秦屿海堤的水闸处，阻拦农民到秦屿镇来卖东西，无论谁都不许通过，要他们回去一心一意搞双抢，不准干私活。这样一来，农民自留地上生产出来的东西也没法卖出去，他们也就不生产了，市面上的商品自然就越发紧张了。为了彻底割除资本主义尾巴，有阵子索性将农民的自留地全部给取消了，这样资本主义的尾巴倒是被割除干净了，可我们所需要的商品就更紧缺了。

当时，农业是采用集体化生产，现在的秦屿镇政府称为秦屿人民公社，现在的乡称为生产大队，现在的村称为生产队，所有农民都在生产队里劳动。那如何体现"按劳所得"原则呢？采用评工分的办法，比如强劳力工作1天记10工分，体力差一点的就评低一些，依此类推。我们家对面就是农业大队部，每次评工分时，经常看到里面的人在大吵大闹，这个说那个高了，那个说这个不合理等等。在文化大革命高峰期，为了突出政治，还加上了所谓的政治分，也就是说某个人虽然体力不行，不会干农活，但毛主席语录学得好，能说会道，能背出许多语录来，也可以评高工分。最可怜的是"四类分子"（地主、富农、反革命、坏分子），根本没有发言权，总是评得最低分。别看大家在评工分时干劲十足，但真正干起活来，却出工不出力，甚至在磨洋工。结果是年终一结算，不但分不了红，许多人还倒欠生产队许多钱。

"文革"前，我们小学有篇课文，至今我还记得很清楚："房前屋后，种瓜种豆，种瓜得瓜，种豆得豆"。随着年龄的增长，我有了一些个人的需求，想买一些书啦，买一些工具啦什么的。那时，母鸡被称为"小银行"。鸡蛋是很贵重的食品，只在过生日时，才能煮上一个鸡蛋给我吃。在离我们家不远的街上，就有一家供销社开的店收购鸡蛋，有多少鸡蛋他们都收购，多多益善。于是，我们就受这篇课文的影响开始养鸡了。我们养鸡不是自己用鸡蛋孵的，我们没有这么多的鸡蛋，也没有孵化的技术，而是从街上购买人家刚孵化出来的小鸡来养，一次通常买十几只小鸡，但成活率不高，每次都要死掉好多。平常最怕鸡瘟，一旦有鸡瘟，几乎会全部死光。通过不懈的努力，我总算有了几只会下蛋的母鸡。下了蛋也舍不得吃，集中起来换成钱。此外，我还经常去海边捡一些人家扔掉的麻绳啦，棕绳啦，破铜烂铁啦什么的，废品站都收购。这无形之中，培养了我商品经济的观念。

终于有了一点自己可以支配的钱了，不知道为什么我当时对一些未知的知识特别感兴趣，比如天上为什么会有星星，太阳为什么会发光，天上为什么会下雨，为什么海洋是蓝色的，等等。于是，我一有钱就去买《十万个为什么》书看。

《十万个为什么》第二版由少年儿童出版社出版，按学科门类分为14册，数学1册、物理2册、天文1册、气象1册、自然地理1册、动物2册、植物2册、生理卫生 2 册，化学 2 册，每册大约 150～200 个 "为什么"。《十万个为什么》让我增加了许许多多的知识，它让我认识到世界是那么丰富多彩，让我明白了很多道理，它是一位无声的老师，给了我无穷的知识，我太喜欢《十万个为什么》了。后来，我自己编著的《水泥十万个为什么》1～10 卷，还得了 "湖北 70 年优秀科普作品奖"，就是受到此书的影响。此外，我还购买了《木工基础知识》，为日后上山下乡时干木工活打下了基础。

在我上初中二年级的时候，有一次秦屿建国渔业大队的一艘渔船要到福州去办事，当时有个特别要好的朋友叫林宗庆，他是这艘渔船上的渔民，邀请我乘他们船去福州游玩，这是我人生第一次到省城福州。还好，当时大家送了几斤福建省地方粮票给我，我就凭这几斤粮票在福州能吃上饭。而同船有个跟我一样的家伙，到了福州以后，手上老是拎着一个沉甸甸的袋子，在福州街上到处转悠。我们觉得好奇怪，一问才知道原来他家没有粮票，就带一袋大米出来了，吃饭时就用大米当粮票向小吃店买饭。

这次福州游玩，我有两大收获：一是感受到了大城市的繁华，那时自行车是中国人最重要、最普及的代步工具，福州五一路上下班高峰期的自行车洪流无边无际，异常壮观，显得是那么激荡澎湃，震撼了我幼小的心灵，从此立志要走出太姥山，到外面世界闯荡；二是我们船回程时在闽江口触礁遇险，我们所乘的船是木头船，舵是用非常坚硬的木头制作的，遇险时我就站在掌舵人的旁边，突然一声巨响，只见大腿粗的舵的操纵杆从我身边直直地打了下来，打到船板上瞬间就被折断了，同时发动机也开始剧烈地震动，紧接着整个船身也都跟着震动。遇到这紧急情况，只见船老大迅速赶到，他遇险不惊，面不改色，沉着镇定，指挥有序。首先命令轮机员立即停机，然后让大家用绳子固定住方向舵，因为此时固定方向舵的 "牛鼻子" 已经完全裂开，方向舵随时有可能掉入水中。接着让大家拔出已折断的操纵杆，锯掉断裂的头部，重新安装好。检查整个船体无恙后，命令轮机员开机，以最慢的速度驶向附近的渔村。船一路震动地到达渔村后，把船停在了砂滩上，退潮后我们大家都下去看损坏情况，只见三片螺旋桨已被礁石打掉了两片，只剩下一片，难怪船震动得那么厉害。整个轴承都快脱离船体了，如果再震动一段时间，船体就一定会进水，发动机也开不成了。此时，船老大才对我们说："到达这里，平时不用 1 小时就可以到，我今天整整开了 4 个多小时，你们可能担心回家的时间晚了，可我担心你们回不去呀。" 听到此话，我肃然起敬，原来船老大知道此次事故的危险性，但他面对众人时，仍能面不改色，这对稳定军心起到了多大的作用呀！使我受到了一次深刻的教育，人就该有此担当。后来，渔村的渔业生产队派船将我们的船拖回了秦屿镇，我们安全回到了家。

现在年轻人在超市中选购琳琅满目的商品时，很少会有人体会到那个物质匮乏时代；很少有人知道，上个世纪 90 年代以前，存在过这个特殊的 "票证时代"。这是一个回忆起来苦涩的年代，生活绝望困顿，物质极度匮乏，商品皆需"凭票购买"，贫瘠的商品对应着繁多的票证。以粮票为代表的票证，成为捆在商品身上的枷锁，给那个时代留下鲜明烙印。

1993 年，我国取消粮票制度，这是从计划经济转变到市场经济过程中的里程碑事件。经济体制的一次成功转身，终将各类票证送进了历史的橱窗。

回顾那个物质匮乏的年代，我们不仅要感叹时代的变迁，更应珍惜当下丰富的物质生活。历史教会我们，平等与自由的真正实现需要经济的支撑和制度的保障，而不只是表面的繁荣和秩序。只有对过去保持清醒的反思，才能更好地前行。

2.8 走后门成风

腐败是历朝历代以及世界各国普遍存在的现象，它不仅限于公共官员滥用职权，也包括任何人为了获取不义之财而滥用职权的行为。腐败会严重破坏国防安全，导致社会治安恶化、风气败坏、人际关系冷漠。它在官场中催生官官相护、官僚主义和浮夸风气，在社会层面加剧贫富悬殊，激化社会矛盾，滋生各种违法行为，并最终威胁国家政治安全、破坏党的声誉、影响社会稳定，导致社会退化。

一些人认为"文革"期间没有腐败，官员都很清廉，并且"文革"是"最本质的反腐"，但这种观点并不准确。腐败源于权力的不受监督和制约。如果说在"文革"前，权力的监督和制约不足，那么在"文革"期间，造反派夺得权力后，监督更是无从谈起。腐败的严重程度不仅取决于受贿的绝对数额，更应考量社会普遍的物质状况与受贿金额的比例。在物质匮乏的"文革"时期，腐败同样存在，只不过是因为整个社会的贫困，腐败的"交易额"较小，显得不那么显眼。然而，这并不意味着"文革"时期的腐败官员道德上优越于今天的腐败官员。其实，他们只不过是在一个贫穷的社会中行使同样的恶行。

在文革高潮过后的上世纪 70 年代初，一个与腐败紧密相连、与权力和利益相关的特殊名词"走后门"应运而生。从青年参军、知青回城、上大学、分配工作，到购买日常用品，甚至异地调动工作、转干升职，几乎每件事都可以与"走后门"联系起来。所谓"走后门"，就是利用不正当手段，凭借权力或关系，来谋取个人利益的行为。这种现象反映了当时社会中普遍存在的潜规则和腐败问题。

1972 年，福建莆田的小学教师李庆霖，给毛泽东写了一封信，反映知青在农村的生活状况，这是"文革"期间的著名事件。李庆霖信中说："在我们这里已上山下乡的知识青年中，一部分人并不好好劳动，并不认真磨炼自己，并不虚心接受贫下中农的再教育，却倚仗他们的亲友在社会上的政治势力，拉关系，走后门，都先后被招工、招生、招干去了，完成了货真价实的下乡镀金的历史过程。有不少在我们地方上执掌大权的革命干部的子女和亲友，纵使是地富家庭出身，他们赶时髦上山下乡才没几天，就被'国家社会主义建设事业的发展需要'调用出去，说是革命干部的子女优先安排工作，国家早有明文规定。这么一来，单剩下我这号农村小学教员的子女，在政治舞台上没有靠山，又完全举目无亲，就自然得不到'国家社会主义建设事业的发展需要'而加以调用了。唯一的资格是在农村滚一身泥巴，干一辈子革命而已。"

当时，"走后门"已经是社会的一种普遍现象。在生活必需品紧缺的年代，送上一定分量的粮食、鸡蛋、食油、老母鸡这几样物品，往往就是有效的贿赂。那时候，到农村去的城市知青被称为下放知青。农村的孩子读完初中或高中后回家务农的，被称为回乡知青。下放知青日思夜想的是"上调"，即回到城里工作。对于回乡知青来说，能在大队小学当个民办教师，就是很幸运的事了。如果能在公社中学当个民办教师，那就是天大的幸运了。要能有如此好运，就要向有权决定此事者"送"。往往是要送许多次，才有可能如愿以偿。如愿以偿后，并不能就不再"送"。有权给你这职位的人，也能够随时请你卷铺盖走人。为了保住这职位，就得持之以恒地"送"。回乡知青多，而民办教师的职位少，那就看谁家"送"得多，"送"得勤了。在一般情况下，农民求人办事，是送上一篮子鸡蛋、一担稻子、数斤菜油。在食物紧缺、营养普遍不良的年代，其价值，也不亚于今日厚厚的一叠钱了。

参军，也是那时年青人的一条出路，要想穿上军装，当然也得"送"。虽然那时是普遍穷困的，但也有比较宽裕和更为寒窘之别。只有那种比较宽裕一点的人家，才有可能"送"。因此，当民办教师、参军一类事，是与那种寒窘之家无缘的。

从吃的到用的，从菜场到百货商场，人们都想尽办法"走后门"。连买几个西瓜，都要去商场的营业员那里"走后门"。一切的社会关系，都被动用起来，用来"走后门"。

在那个年代，要想当个供销社或商场的营业员，那可需要有特别强硬的后台或者关系，一定是某个领导的七大姑、八大姨，才有机会拿到供销社职工这个肥差。因为你掌握着整个城市某片社区所有人吃喝拉撒的原材料，这就叫权力。别人买不到的紧俏物资，你就可以买到。当时的供销社服务员可不像现在的营业员，他们是顾客的上帝，作为顾客的你，必须毕恭毕敬，小心翼翼，保持微笑，去面对供销社的职工。我们不能称她为服务员，因为她根本就不是服务你的。这些供销社的职工一般都是目露凶光，极其不耐烦，还会克扣你的斤两，这种情况一直延续到改革开放以后才得到了改善，这是现在年轻人绝对体会不到的。

迫于就业形势十分紧张，那时全国实行知识青年上山下乡政策。许多家长为了使子女离开农村，设法打通关系，争取大学招生、入伍、招工的名额。"文革"中后期，解放了不少干部。这些干部一解放就开始不按原则办事，借机以权谋私，甚至进行勒索，他们的子女大多数都以招工、招生、当兵的名义早早地离开了农村。没有政治势力和关系的知青，家庭经济条件好的，可以靠"送"得到招工、招生指标，或者采用极其卑鄙的手段离开农村。

"文革"期间，取消了高考，大学从工农兵中直接招收学员，没有文化考试，甚至对招收对象没有文化水平方面的要求。对招收对象的唯一硬性要求，或许就是政治上的"根正苗红"，地富反坏右的子女、阶级敌人的子女或本身是阶级敌人的人，没有进大学的资格。大学以这种方式招生，是历史上从未有过的，堪称史无前例。"文革"时期，大学对青年人同样有着极大的吸引力。工也好，农也好，兵也好，能以"工农兵学员"的身份在大学混几年，就能成为吃"商品粮"、拿工资的干部，谁人不想？大学其实没有真正意义上的招生权，只有接纳权。决定工农兵中何人上大学的原则是"工农兵推荐"。我们知青都知道，"贫下中农推荐上大学"，是十足的空话。大学招生，我们那时是以公社为单位分配名额。比如，某公社今年可推荐两人上大学，这两人是谁，当然由公社的最高领导公社书记说了算，连"推荐"的过场都不会走。全公社的贫下中农推荐，就变成公社书记一人推荐。书记推荐谁，就看谁与书记关系最亲，就看谁的贿赂最有档次了。

1972年5月1日，中共中央面对高校招生问题成灾的局面，不得不经毛泽东批示"同意"发出《关于杜绝高等学校招生工作中"走后门"现象的通知》，其中指出："当前值得认真注意的一个问题是，各地招生工作中程度不同地存在着'走后门'现象，有些地区和单位情况比较严重。据反映，有少数干部，利用职权，违反规定，采取私留名额，内定名单，指名选送，授意录取，甚至用请客送礼、弄虚作假等不正当手段，将自己、亲属和老上级的子女送进高等学校。有些招生主管部门和负责招生工作的干部，不按党的原则办事，讲私人交情，私送名额，或强令招生人员违章接收不够条件的人入学。"即使从这些为了维护"形势大好"的宣传口径而大大淡化了的说法中，也可以看出当时"走后门"问题的严重程度。

那个时代的不平等并不是首先表现在经济上，而是在政治上。党员和非党员、团员和非团员，甚至积极分子和非积极分子之间，在升学、提干、参军等前途攸关的大事上待遇是大不一样的，而更广泛、更严重的是，人们根据家庭出身的不同，从一生下来就被分成了三六九等，以后的个人努力和个人表现基本上不作数。

"文革"期间的"走后门"现象延续多年，而且越演越烈，成为了当时的一大社会问题，颇受广大群众的诟病。我清楚地记得，我们当时正在福鼎四中开展"批林批孔"运动，就有许多同学贴出大字报，强烈要求反对"走后门"之风。可没多久就接到上级通知，不准再批斗"走后门"了，说是因为"开后门来的也有好人，从前门来的也有坏人。批林、批孔，又夹着走后门，有可能冲淡批林批孔运动。有关走后门的问题，等待运动后期再另行解决"。由此，反"走后门"运动草草收场，不了了之。

"文革"时期普遍盛行的"走后门"现象揭示了，即便在名义上追求平等和正义的社会运动中，权力的不受监督依然会导致腐败和不公正。这一历史教训提醒我们，真正的公平和正义，必须依赖透明、有效的监督机制，以及对权力的严格约束。只有建立健全的法治和监督体系，社会才能朝着真正的公平与繁荣迈进。

1976年10月6日晚，华国锋、叶剑英等代表中央政治局，对江青、张春桥、王洪文、姚文元及其在北京的帮派骨干实行了隔离审查。此举标志着"四人帮"的垮台。随后，全党、全军、全国掀起了揭批和清查"四人帮"及其帮派骨干罪行的高潮。1977年8月，党中央在党的第十一次全国代表大会上，正式宣布"文化大革命"结束，标志着这一历史时期的终结。

图2.50 首都人民庆祝粉碎"四人帮"

实践证明，"文化大革命"不是也不可能是任何意义上的革命或社会进步。它根本不是"乱了敌人"而只是乱了自己，因而始终没有也不可能由"天下大乱"达到"天下大治"。在中国，在人民民主专政的国家政权建立以后，尤其是社会主义改造基本完成、剥削阶级作为阶级已经消灭以后，虽然社会主义革命的任务还没有最后完成，但是革命的内容和方法已经同过去根本不同。对于党和国家肌体中确实存在的某些阴暗面，当然需要作出恰当的估计并运用符合宪法、法律和党章的正确措施加以解决，但决不应该采取"文化大革命"的理论和方法。在社会主义条件下进行所谓"一个阶级推翻一个阶级"的政治大革命，既没有经济基础，也没有政治基础。它必然提不出任何建设性的纲领，而只能造成严重的混乱、破坏和倒退。中共十一届六中全会通过的《关于建国以来党的若干历史问题的决议》指出："1966年5月至1976年10月的文化大革命，使党、国家和人民遭到建国以来最严重的挫折和损失。""文化大革命是一场由领导者错误发动，被反革命集团利用，给党、国家和各族人民带来严重灾难的内乱"。

参考资料

[1] 倪希显，十年"文革"亲历，太姥古镇秦屿[M].香港：华星出版社，P67，2011.

[2] 何蜀，任兆祥."文革"中的"语录仗"[J].龙门阵. 2006 年第 1 期.

第3章 中学时光

1971年2月，我从秦屿中心小学毕业，升入福建省福鼎县第四中学（现为福鼎市第四中学），开始了我的中学时光。

福鼎四中创建于1958年9月，初创时，师生们在秦屿后岐的临水宫（供奉道教女神陈靖姑的宫殿）上课。当时学校仅有两个初中班，100名学生，和6名教职工。由于校舍尚未建成，学校将临水宫的第一进两间厢房作为教室，第二进两间厢房用木板隔成学生寝室，楼上则作为教师宿舍。

1959年后，学校在临水宫门前的海滩地里清淤挖泥，移石填土，先后建起了南北两排每幢各四间的教室，最终又在这两排教室之间的东侧建起了一幢二层办公楼，形成了一个"U"型建筑结构。我入校时，福鼎四中的主要校区便是这个"U"型建筑。原来的临水宫则被改为学校食堂兼会场使用。

图3.1 福鼎四中的主楼（1959年）　　图3.2 福鼎四中的主校门（2015年）

在"U"型建筑的西侧，有一个主席台，台上矗立着一根旗杆，主席台两边种着几棵大树。主席台的西边还有一个篮球场。U型建筑与主席台之间围成了一个广场，这个广场也是当时秦屿镇最大的露天广场。每当秦屿公社有大的集会，通常都会在这里举行。在二层办公楼前还有一条南北走向的小路，路边种着几棵梧桐树，并设有两个报栏，使得露天广场的面积稍显缩小。

在我中学时期，学校的校长（当时称为革命委员会主任）是一位名叫隋国昌的转业军人，来自山东。他个子不高，有些微胖，经常身着洗得发白的旧军装，走起路来雄赳赳、气昂昂，步伐矫健。他通常不戴帽子，梳着大背头，满头白发，脸上常带着一副军人特有的无所畏惧的神情。他性格刚毅果敢，做事雷厉风行，始终保持着军人的优良传统，总是严格执行上级的命令。在"文化大革命"左倾路线的影响下，他在学校掀起了一股教育革命的浪潮，实行军事化管理，加强军事训练和劳动锻炼。隋国昌校长要求我们积极参与政治活动，开展体育运动，参加学工、学农劳动，实行"开门办学"。每天早晨，他还要求全校学生出早操，并经常亲自带领我们进行队列训练，喊起口号时，声音洪亮，在全校师生中享有极高的威望。

2015 年 4 月 3 日，清明节期间我回到老家祭祖，顺便拜访了母校福鼎四中。那时的福鼎四中已经发生了翻天覆地的变化，校园面积、办学规模、教师数量都已不可同日而语，学校已经被确认为福建省二级达标学校。曾经熟悉的一切早已消失不见，取而代之的是一个崭新的校园，充满着现代教育的气息。

3.1 开门办学

我上中学时，正值"文化大革命"期间，当时有两段毛主席语录是全国教育系统的最高指示："我们的教育方针，应该使受教育者在德育、智育、体育几方面都得到发展，成为有社会主义觉悟的有文化的劳动者"。"学生也是这样，以学为主，兼学别样，即不但要学文，也要学工、学农、学军，也要批判资产阶级。学制要缩短，教育要革命，资产阶级知识分子统治我们学校的现象，再也不能继续下去了。"

这两段毛主席的指示，再清楚不过地指出了，我们要培养劳动者，学生要学工、学农、学军。在这种教育精神的指导下，福鼎四中师生执行"教育与生产劳动相结合"的方针，不但建起了农场，还办了校办工厂，养了 30 多头的猪，即所谓的"开门办学"。

由于实行了教育革命，所用教材理所当然需要改革，那时的物理叫《工业基础知识》（简称工基），内容是斜面和杠杆，省力不省功之类的知识。《农业基础知识》（简称农基）代替化学和生物，讲农业八字宪法，水稻夺高产之类的知识。政治课放在了重要的位置，数学和语文课程的名称不变，但教材的内容已大不一样，插入了许多毛主席语录，强调阶级斗争，真正的文化知识的介绍比"文革"前的教材要浅得多。

图 3.3 "文革"期间福建省初中教材

当时正值秦屿海堤刚刚建成，为了办农场，学校向秦屿公社申请了两块土地。一块是紧邻学校校园北面的滩涂，面积大约 3 亩，建成了菜地，我们经常在那里种菜、种瓜。

另一块位于靠近屯头大队的海边滩涂，面积约 25 亩，距离学校大约有 3 千米，学校将其开垦为水稻田。这两块土地在秦屿海堤建成前，都是海岸边的滩涂。

当时，受知识青年上山下乡的影响，在校学生人数逐渐减少。到 1969 年，全校教师仅剩下 15 名，加上我们刚入学的 3 个班级，全校总共大约只有 6 个班级，不足 200 人。大家就像民工一样，起早贪黑，一边学习，一边劳动。我们把校园北面的滩涂变成了菜地，把屯头的滩涂变成了良田。

屯头滩涂是一个斜坡地，西面有一条很宽的水沟。为了防止田地被洪水淹没，首先要建一条防洪堤。防洪堤建成后，我们按照规划修建田埂，将整个地块分成几个田块，然后再对各个田块进行平整。所有这些农活，都是全校师生齐心协力完成的。大家的手上磨出了茧，肩上磨出了包，但我们在这些劳动中体会到了集体的力量，也感受到了劳动的艰辛。

学校为了耕作农田，特意购买了一台拖拉机。然而，由于地块原先是海滩，泥层过厚，拖拉机一旦下地就陷入泥中，无法前进。尽管后来通过加宽轮子、用铁板改造，使拖拉机不再轻易陷入泥中，但大部分的田地仍然需要我们用锄头手动翻土。

最令人忍俊不禁的是插秧环节。我们几乎没有插秧的经验，老师们也不例外，结果大家把秧插得东倒西歪，根本无法对齐，更别提横竖都在一条线上了，看起来乱七八糟，非常难看。面对这个问题，大家开始动脑筋，想出了一个办法：用一根绳子，两名同学分别站在田埂的两边，拉紧绳子并放下，其他同学沿着绳子排成一排，每人负责插一段秧苗。这样至少可以保证秧苗在一个方向上比较直，虽然不能做到完美，但也算勉强过得去。

然而，新的问题又出现了：有些同学插秧速度快，而有些则动作拖拖拉拉，导致插秧时间不统一，效率低下，大半天过去，田地仍未插完。于是，大家再次集思广益，想出了一个更加高效的办法：给牵绳子的同学一支哨子，哨子一响，大家立刻开始插秧；再响一次，大家立即停止插秧，牵绳子的同学则移动绳子到下一个位置。如此循环往复，插秧的进度明显加快了。就这样，在阵阵哨声和同学们的欢声笑语中，我们顺利地完成了插秧任务，虽有曲折，但却充满了乐趣。

秧苗成长的过程中需要精心照顾，尤其是除草和防虫是非常关键的环节。特别是稗子，如果不及时拔除，它会与水稻争夺养分，严重影响水稻的产量。学校经常组织我们下田除草，不仅要拔掉杂草，还要用手指松土，让水稻的根系更好地生长。有时还需要使用农药来消灭害虫，身体健壮的同学就背上喷雾器，把农药均匀地喷洒在稻叶上。

有一次，我们遇到了蝗虫，这种虫子非常能吃，而且非常狡猾，常常把稻叶卷成一个窝，农药很难打到它们。我们的《农基》课老师林起德看到蝗虫后，紧张地说道："不得了了，解放前农民遇到这种害虫，都要烧香拜佛。如果不采取果断措施，不用几天水稻就会被蝗虫吃光。"于是，大家一起动手捉蝗虫，最终成功将它们消灭干净。

在秧苗抽高、长出第一节稻茎的分蘖期，为了让稻苗健壮成长，并促进日后结穗米质的饱满，我们还需要施肥。大家把学校厕所中的粪便挑到田间，均匀地撒到稻田中。当时，没有哪个同学抱怨粪便的臭味，大家都明白，认为粪便臭是没有无产阶级感情的表现。在那个年代，只要是无产阶级的东西，无论是什么，都是"香"的，连粪便也是如此。这被视为一种阶级感情，是革命立场的问题，不能含糊。所以，许多同学身上粘满了粪便，内心却感到无比光荣，认为自己克服了小资产阶级的作风，炼就了一颗无产阶级的红心。

放暑假了，在炎热的盛夏阳光下，田间的水分蒸发得特别快，而此时正值水稻的抽穗开花期，急需加强灌溉。班主任陈炎官老师在我们班挑了三个人，遗憾的是，我也在被选中的行列。我们的任务是为稻田车水灌溉。

那天天气极为酷热，我们三个同学在蒋尧老师的带领下，开始了这项艰苦的任务。我们使用的是人力木质水车，在水沟边搭建了 H 字形的木柱，连接着一个四五米长、形似长方体的水斗。水车的传动部分依靠人力踩踏蹬板旋转，水斗里的叶片便将水从低处汲上来，灌溉到稻田里。

图 3.4 人工水车车水作业

我们两个人一组轮流踩水车，三个人轮换着干了大半天，可田间的水位也只涨了那么一点点。20 多亩的田地，在烈日的曝晒下，我们辛苦汲来的水大多都被蒸发掉了。到了正午时分，大家又渴又饿，正难受时，学校食堂终于派人送来了大半桶"稀饭"。我们高兴极了，围上去一看，哪里是什么稀饭？简直就是一桶红糖水，水中只漂浮着几粒米花。

蒋尧老师一边用勺子搅拌着桶里的"稀饭"，一边兴高采烈地叫道："喝红糖水了，喝红糖水了！"老实说，我从来没见过这么稀的稀饭，许多年后，我在中国北方见过稀得像水一样的稀饭，但也不至于像这桶"红糖水"这么稀。不管怎样，有喝的总比没有好，不一会儿，我们几个人就把这大半桶"红糖水"喝了个精光。到了下午三四点钟，我们实在饿得不行了，这时学校管学农基地的王可凤老师来了，看了看田中的水位，虽然没涨多少，但也比早上高了一些，便让我们回家了。

这一天的辛苦劳动虽然让我们筋疲力尽，但在那时，这种经历对我们来说却成了一种难得的"革命锻炼",成为了童年记忆中挥之不去的一部分。

收获的季节到了,一串串金黄饱满的稻穗低垂着头,仿佛在向人们示意它们已经成熟。割稻子对我们来说是轻而易举的事,毕竟从小学起我们就开始帮农民干这活。

有一年秋收后,秦屿公社革委会掀起了一场积肥热潮,目的是让农闲时节不再空闲。福鼎四中的全体师生都积极响应,校长亲自开动员大会,号召大家"见黑就抓",意思是只要是黑色的东西,都可以作为肥料。任务被层层分派,每个人都必须完成积肥指标。

整个镇子的人都开始忙着积肥,然而要凑够这么多肥料,并非易事。多年未疏通的阴沟、垃圾堆、渔塘的污泥等,都被清理得干干净净,牛棚、猪圈更是重中之重。可即便如此,积肥任务还是难以完成。于是,我们班的卢振金同学灵机一动,想出了一个办法——烧稻草。

《农基》课上我们学过,草木灰是优质的钾肥,大家都认同这是个好主意。当时,建国渔业大队的农场就在学校边上,收割后的稻草留在田里晒干,本有其他用途。但为了完成积肥任务,卢振金带头到田里抱回一大捆稻草,在学校的菜地边上点火烧成灰,作为肥料上交。然而,一大捆稻草烧出的灰有限,远远不够完成任务,距离稻草的地方也越来越远。

看到这种情况,我意识到这种方法太费劲,得另想办法。于是,我模仿农民烧肥料的方法,把稻草铺在底下,上面盖一层泥土,再加上牛粪和污泥,然后点火烧。这样一来,同样的稻草烧出的肥料多了几倍,我们终于顺利完成了积肥任务。

《农基》课上提到过:"猪浑身都是宝。"可能受此影响,或者是老师们馋猪肉,我们学校开始养猪了。学校把临水宫前的一块空地利用起来,在通道北面用砖头盖起了一排猪圈,猪圈距离食堂很近,卫生条件不理想,但在那个年代,大家都被灌输无产阶级感情的观念,没有人对此提出异议。卫生问题和对猪粪的嫌弃被视为小资产阶级思想,是要被批判的,所以大家对此也习以为常。

猪需要饲料怎么办?平时学校旁边的菜地可以种些红薯,红薯叶是优质饲料,每天都可以采集。但到了冬天饲料匮乏时,学校采取了两个办法:一是动员大家采集红薯的干叶子储存起来,二是将红薯叶切成小块后堆起来,用脚捣实发酵保存,作为冬天的饲料。食堂后面堆积的大量发酵红薯叶,常常散发出刺鼻的气味,再加上前面的猪圈,使得当时的食堂空气充满了异味。

到了深秋,农民收完红薯后,田地上会留下大量的红薯干叶子。于是,学校组织我们每人挑着箩筐,在附近的山上四处搜集这些干叶子。我们跑遍了打水奥山、秋溪山等附近的山头,把所有能找到的红薯干叶子都捡回来,堆成了像小山一样的储备。

"开门办学"不仅要求我们学习农业，还要学习工业。为此，学校在临水宫通道的南面，也就是猪圈对面，建了一个校办工厂。其实，当时秦屿镇几乎没有什么像样的工厂，唯一有规模的就是秦屿五金厂，生产学生用的圆规、办公用的文件夹和居民用的锁。我们的校办工厂仿照五金厂，生产一些简单的产品，如圆规和文件夹等，学生们轮流到工厂实习。我被派到秦屿五金厂学习，但遗憾的是，厂里的领导并没有让我接触钳工技术，而是安排我在组装文件夹的车间做简单的工作，和一群小姑娘和老太太们一起组装铁片，毫无技术含量。我对这工作不感兴趣，很快又被安排到卷弹簧的车间，工作内容仍然很单调乏味。

不过，值得一提的是，有一次我们学校请来秦屿铁器社的一位师傅教我们机械制图，他教我们如何绘制机械零件的三视图，这对我来说是一次非常有益的学习经历。

由于我们校长是军人出身，所以学校实行了严格的军事化管理。每天早晨，无论天气多冷，我们都必须早起赶到学校参加早操，结束后再回家吃早餐，然后去上课。晚上还得去学校参加晚自习、班会或政治学习，每天的生活都非常紧张。

每次早操时，校长总是身先士卒，经常亲自喊口令或者带领队伍跑步。有一次，校长还邀请了驻军来校进行正规的军训。军训的前几天我们主要是站队列、站军姿，之后是走齐步、踢正步、跑步、喊口号，甚至进行匍匐前进和拉歌。到了后半夜还要进行拉练，一个简单的动作要反复练习几百次，最后我们还学习了刺杀、瞄准和实弹射击。

据王传枝同学回忆，那次打靶，他打出了三发 27 环的好成绩。我不记得我的成绩，但肯定也是三发都命中。打靶是在一个山坳里进行的，我们坐在山坡上，靶子在另一边，距离大约 100 米。有个从屯头大队小学来的同学坐在我旁边，问我打靶怕不怕。我当时觉得奇怪，为什么会怕？结果轮到他打靶时，他的脸色苍白，双手颤抖，居然三枪都脱靶，我才知道原来真有人会这么紧张。

为了学习军队的纪律性，我们学校还组织了一次长途拉练，历时十几天。我们从秦屿镇出发，背着背包步行经过白琳公社、点头公社、福鼎城关、前歧公社，最终到达浙江矾山。然后再步行回到福鼎沙程公社，最后乘轮渡到达店下公社，再步行回到秦屿镇。每天都要行走至少 30 公里的山路。

记得我们拉练到达福鼎城关后，中午在城关中学吃饭，每人分到两个馒头和一杯水。平时很少有馒头吃，那天吃得特别香。然而，走到半路上，我的肚子突然痛得厉害，痛得满头大汗，脸色苍白。我只能咬牙坚持，一步步挪动，直到疼痛逐渐往下移，最终找到了一个农村厕所解了急。没想到，上完厕所后肚子立刻不疼了，我精神大振，不一会儿就赶上了大部队。

那时，"忆苦思甜"是一项常见的政治活动，旨在通过回忆旧社会的苦难与新社会的幸福对比，来提高人们的思想觉悟。记得有一次，学校组织我们到大姥山脚下的羊里大队进行"忆苦思甜"活动，请当地的贫下中农讲述解放前的艰苦生活，然后让大家感受今天生活的美好。那天中午，我们先吃了一碗野菜，味道很苦，这让我回想起"三年困难时期"的苦难。忆苦思甜活动结束后，学校还组织大家在清澈的羊里溪游泳，大家玩得十分尽兴。

1972 年 7 月 16 日，秦屿公社为纪念毛主席横渡长江 6 周年举行了一场活动，我们福鼎四中的师生也积极参与其中。活动地点选择在萨公堤与内堤之间的避风港，这里水浅风平，是一个安全的游泳场地。活动开始后，要求大家从内堤游向萨公堤，四周插满了红旗，气氛热烈。每个单位都制作了浮在海面上的宣传架，宣传架上插满了红旗，写着标语，由几个人推着游向目的地。

图 3.5 忆苦思甜大会

我们学校的宣传架吸引了许多学生的注意，一些学生甚至试图爬上宣传架玩耍。然而，由于人数过多，宣传架被按入水中，几位不会游泳的女生被困，险些发生溺水事故。幸运的是，林起德等几位老师及时发现，迅速将她们救起，避免了严重后果。

我当时已经游到了萨公堤，坐在堤上看着这场面，觉得既紧张又有些好笑。尽管水不深，但由于女生们被倾斜的宣传架带入水中，才造成了险情。这件事至今令我印象深刻。

在漫长的人类文明史上，直至约 200 年前，人类主要依赖传统药物（其中 90%以上为植物药）与疾病作斗争。各大文明古国及有一定文明程度的民族几乎都形成了自己的医药体系，而中国的中医药体系尤为完整，成就卓著。可以说，中医药体系是古代医药科学的最高表现之一。

在我们学习《农业基础知识》课程时，教材中也涉及了草药的内容。当时，农村缺医少药，治病主要依赖中草药。教我们这门课程的林起德老师，为了贯彻"开门办学"的方针，带领全班到太姥山采集草药，这次经历至今仍让我记忆犹新。

那天，我们携带干粮，一边采集草药，一边欣赏太姥山的美景，最终登上了太姥山的顶峰。太姥山被誉为植物的宝库，蕴藏着许多珍贵的中草药资源，如"七叶一支花""百合""鱼腥草""迷迭香""金银花""益母草"等等。林起德老师一边教我们如何识别这些草药，一边详细讲解它们的功效。我深感受益匪浅，那天学到的知识至今让我受益无穷。

这次采药经历不仅加深了我对中草药的认识，也让我更深刻地体会到中国中医药文化的博大精深。

在中学时期，我们不仅要在学校的学农基地劳动，还必须参加各种社会劳动。为了解决秦屿镇的用电和用水问题，秦屿公社革委会决定修建长章溪水库。长章溪水库位于秦屿镇太姥洋水尾村，其上游流域面积为 3.92 平方公里，总库容为 153 万立方米，有效库容为 124 万立方米，土石方工程量达 19.3 万立方米。工程于 1971 年 3 月动工，1974年 3 月完工，这座综合型水库集灌溉、发电和自来水供应等功能于一体。为了完成这一重要工程，秦屿公社革委会先后动员了建国渔业大队、农业大队以及各机关、学校、工厂、商店和企事业单位，轮流派遣义务工，累计投入劳动力达 32.3 万工日。

我印象最深的，是 1972 年夏天。当时，我刚上初中二年级，秦屿公社派我们挑砂子到长章溪水库工地支援建设。

那个时候，秦屿镇还没有通公路，更不用说通往长章溪水库的路了。水库工地位于太姥山的半山腰，通往工地的全是陡峭的山路，没有任何公路可以通行。水库建设离不开混凝土，而混凝土是由水泥、石子和砂子混合搅拌而成。石子可以用锤子在山上敲出来，但水泥和砂子却必须从秦屿镇用人工挑到山上。当时，我们被派去的任务就是挑砂子到长章溪水库工地。

从秦屿镇到长章溪水库工地，首先要走一段平路到达洋里，距离大约 2 至 3 公里，这段路相对轻松。然而，从洋里开始就进入了爬山的阶段，一段漫长而崎岖的山路长达十余公里。我们要先爬到半岭，然后再爬到岭头，最后才能到达长章溪水库工地。

我经常和金宗龙等几个同学一起挑砂子，每个人都用两个布袋装好砂子，再用一根扁担挑着。我们通常天刚亮就出发，上山大约需要三个小时，下山则快一些，只需一个小时左右。这样来回一趟大概需要四个小时。当时，我们出门时都没有带水和食物的习惯，渴了就会在半岭或岭头找水喝。当地的百姓非常善良，有的还会在门口放一壶泡好的茶供路人饮用。

挑砂子是有任务指标的，每到达工地，我们的砂子都要过秤，然后工地会给我们一张写有重量的收条，交给学校作为任务完成的凭证。金宗龙是我很要好的同学，他的父亲是从浙江迁徙到秦屿镇的木工，专门做家具。那时候，秦屿镇几乎所有的手工业者都是从浙江过来的。金宗龙学习成绩很好，1977 年恢复高考后，他考取了厦门集美航海学校。他身体比我壮实，每次挑的砂子也比我多。虽然学校没有硬性规定每个人要挑多少，但大家都尽力而为，生怕挑少了被别人取笑。

从洋里到长章溪水库工地，十几公里的山路，几千级陡峭的台阶，即便空手攀登也非常吃力，何况我们肩上还挑着几十斤重的砂子。只有亲身经历过的人，才能体会其中的艰辛。我们每人肩上搭着一根光滑的扁担，两端垂下几根绳子，挂着沉重的砂子。随着步伐的起伏，扁担有节奏地上下晃动。上山的路上，大家都默默无言，只是低头一步步地往上爬。还没到半岭，前胸和后背的衣服已经被汗水湿透，豆大的汗珠从脸颊滑落，我喘着气，两条小腿也在不停地颤抖。实在累了，我们就停下来休息片刻，积蓄力量，然后继续往上爬。

终于到达长章溪水库工地，大家的脸上露出了喜悦的神情。我们小心翼翼地把装砂子的布袋抖了又抖，不放过一粒砂子。只有经历过挑砂子上山的人，才会明白山上每一粒砂子的珍贵，那真是一粒砂子一滴汗啊。现在回想起来，依然觉得心酸。一天的劳作下来，整条腿疼得僵硬，躺在床上翻身都疼，可第二天我们还是得继续上山，重复这份艰苦的劳动。

有一年冬天，秦屿海堤刚完工不久，为了将新围垦起来的滩涂变成良田，必须挖几条排水渠。于是，秦屿公社革委会将挖水渠的任务分配给了我们学校。

秦屿镇位于福建省东北部，虽然没有北方地区那样严寒，但那年对我们秦屿来说却是一个异常寒冷的冬天。数九寒天，寒风刺骨，寒气逼人。那天，狂风呼啸，卷着冰冷的空气，像针一样刺入我们的肌肤。据气象台报道，当天的最低气温竟然达到了零下四摄氏度。寒风"呼呼"作响，像一双粗暴的手，无情地乱抓我们的头发。我们无奈之下，只能把衣服扣得紧紧的，把手揣进衣兜里，缩着脖子，快步前行。寒风呼啸着打在我们身上，我的鼻涕不自觉地流了出来，双手被冻得麻木，脚也冻得僵硬。

到达工地后，四周一片寂静，只有一只海鸥"扑棱"着翅膀从滩涂中飞出，向天空发出长鸣，仿佛在抱怨什么。真的好冷啊！我耸着肩膀，拼命想让自己暖和一点。未完工的水渠底部坑坑洼洼，有水的地方已经结了一层薄薄的冰，拿在手里就像握着一块不规则的玻璃。

随着一声"开工了"的令下，我极不情愿地脱下了解放鞋，挽起裤腿，赤脚踏进了没过小腿的泥层，拿起铁锹开始将渠底的泥巴往渠上面运。那寒冷真是刺骨，把我冻得鼻酸头疼，双脚像两块冰块一样僵硬。为了不被冻僵，大家拼命地挥动铁锹，像旋风般地铲着泥土，随着时间的推移，冰冷的脚板才渐渐恢复了一些知觉。

这个经历让我至今难忘，那刺骨的寒冷和艰苦的劳动，至今想起仍然历历在目。

在人民公社时期，那是一个集体化生产的时代，也是计划经济的年代。当时，还没有农业税的概念，国家根据当年的产量和生产队的田亩数，规定每年要向国家上交多少粮食。因为习惯上把国家称为"公家"，所以这种行为被称为"交公粮"。其实，在中国历史上，交公粮的制度至少延续了两千三百年以上，直到2006年才正式结束。

过去，农民种地的负担非常重，他们必须每年定期向国家交纳粮食。当时，秦屿公社的交通极为不便，不是崎岖的山路，就是蜿蜒曲折的小道，大车走不了，连板车也无法通行。因此，农民们交公粮都是靠肩挑。

交公粮时，农民们心中多少有些怨气，觉得这些粮食是白白送给城镇里的人吃的。小时候，我家住在街边，每当到了交公粮的季节，经常可以看到成群结队的农民，挑着粮食在街上横冲直闯。我家的长辈总是反复交代我们，遇到这些挑粮食的农民要躲着走，让他们先过去。

交公粮的季节，秦屿粮库是最热闹的地方，整个公社所有生产队的"公粮"都要送到这里。每天，各大队的社员络绎不绝地挑着粮食，从四面八方向这里汇集。箩筐、麻袋、扁担和社员挤满了秦屿镇的几座粮库，加上喧哗的人声，有时候甚至挑灯夜战，那场面确实相当壮观。

记得有一年夏天，为了减轻农民的负担，秦屿公社革委会分配给我们学校任务，让我们帮斗门大队挑公粮。斗门大队离秦屿镇不算远，大约几公里的路程，平时步行大约一个多小时就能到。那段路没有崎岖的山路，相对平坦，可能是公社照顾我们学生，派了相对较轻的活儿。

那时我因为营养不良，个子长得特别矮小，看起来就像个小学生。我自己带了一根扁担，跟大家一起到了斗门大队的仓库。农民们早已准备好了绳子和麻袋，看到我个子矮小，就给我选了一担最小的粮食，可对于我来说，那已经是相当沉重的了，几乎和我的体重差不多。

挑着那担粮食，走这么远的路，我感到非常吃力，不停地歇脚，走走停停，两脚像灌了铅一样沉重，却总是跟不上大伙儿的步伐。那时正值盛夏，我戴着斗笠，太阳炙烤着大地，仿佛要将我们烧焦，空气中没有一丝风，只有路边树上的知了在不停地嘶叫，热得我感觉脑袋要炸开了。

经过一个多小时的跋涉，我终于挑着沉甸甸的担子走到了秦屿镇粮库附近。这时，我已经筋疲力尽，直接瘫倒在地上。谁知，我们要交粮的那个粮库竟然位于秦屿后岐山的半山腰，还有二十多个台阶要爬，这简直是要了我的命！无奈之下，我休息了很长时间，终于鼓足了劲，咬紧牙关，拼尽全力，一步一叩首地把粮食送到了粮库。汗水不停地往下流，刺得眼睛生疼，我分不清那是汗水还是泪水。

这段经历至今让我难以忘怀，它不仅让我体会到了生活的艰辛，也让我明白了责任与担当的重要性。

在我们中学时代，国民经济贯彻"以农业为基础、工业为主导"的总方针，强调"农业学大寨"，并要求"各行各业都要支援农业"。因此，每年七八月份的"双抢"（即

105

"抢收抢种")时节,学校都会按照上级的统一部署,组织全校师生奔赴农村,支援农业生产。

那个时代,农业生产力水平很低,尤其是在我们福建这个丘陵地带,农业机械化尚未起步。犁田、耙田全靠耕牛,插秧、中耕、施肥、灌溉、除草、杀虫、收割、田间运输等全部依赖人力完成。我们在中学的四年半时间里(初中2年,高中2年,加上从春节招生改为秋季招生而延长的半年),仅有四个暑假,而我们支援农业、到农村吃住的次数就有三次。此外,我们还要接受秦屿公社分配的各种任务,参加附近的支农活动,几乎每个暑假都是在支援农业中度过的。

记得有一年夏天,我们接到通知,要到虎头岗孔坪大队支援农民的"双抢"工作。虎头岗孔坪大队离秦屿镇约有10公里,都是崎岖的山路,还要爬一个很高的山坡。那时没有通行的公路,同学们提着装有简单换洗衣物和洗漱用品的网兜,徒步前往虎头岗孔坪大队,进行为期十几天的"双抢"支农活动。

支农活动在当时被视为一种政治任务,无论当地生产队是否愿意,都必须接受。虎头岗孔坪大队的村民非常善良,热情地接待了我们,我们与当地农民"同吃、同住、同劳动",并与淳朴的乡亲们建立了真挚的情谊。我们班由政治课老师彭宝恒带队,分成几个小组,我所在的小组有七八位同学,由我负责,住在一位叫陈先杯的村民家中。陈先杯那时正在当地一所初中上学,后来上了高中,与我们成了同班同学。他矮矮胖胖,国字脸,经常眯着一只眼睛笑,一看就是个非常善良和热情的人。他们家把最好的房间、床铺和被褥都腾出来给我们住,还拿出平时舍不得吃的鸡蛋、肉类和新鲜蔬菜款待我们。

"双抢"生产劳动对我们这些中学生来说,无疑是非常艰苦的,这不仅是对意志的考验,也是对体力的挑战。虎头岗属于山区,尽管也种水稻,但都是梯田,而且梯田面积都不大,分布在一小块一小块的土地上。与平原地区不同,山区无法使用半自动的脱谷机,水稻收割后,需要捆成小捆,然后挑到一个集中地点,用人工进行脱粒。再加上山间小路崎岖陡峭,"双抢"的工作量显得尤为巨大。

稻子割完后,还要重新犁田才能插秧。由于梯田太小,牛拉犁在田里都转不过身,很多时候只能靠人工用锄头翻田。他们的锄头特别轻,薄薄的一块铁片,使用起来倒是很省力。十几天的"双抢"劳动,让我至今记忆犹新。

还记得有一次暑假,我们接到通知要去屯头里奥生产队支农,大家也是背起背包,与农民同吃同住。在稻田里,炙热的水温烫得小腿生疼,蚂蟥不时冷不防地叮在腿上吸血,又痛又痒。用手指抠蚂蟥,根本抠不掉,后来农民们教了我们一个妙招:用手沾水连续拍击蚂蟥,它就掉下来了。同学们的腿上满是泥水和渗出的血,但仍然坚持劳作。

还有一次暑假,我们接到命令要到巨口大队支援"双抢"。任务下得很急,要马上出发，同样要带上行李，与农民同吃同住。我当时没时间回家收拾行李，于是决定先赶到学校，再从那里直接去巨口大队。结果到了巨口大队部后才发现任务地点不在巨口大队，而是在打水澳生产队。我又一路打听，终于找到了打水澳生产队。班主任陈炎官老师看到我到来后，非常高兴，说："你真机灵，我就知道你能找到的。"那几天天空湛蓝，骄阳似火，我们同学们整天弯着腰割稻，累得身子都直不起来。

现在回想起来，"开门办学"并非毫无价值，关键在于学什么、怎么学。从实践出发，在实践中学习，的确有其好处。然而，我们那四年半的"开门办学"经历，显然并没有让我们掌握什么实际技术。除了每天的劳动、受苦受累，以及在这个过程中锻炼了身体和意志之外，几乎没有学到什么真正有用的知识。相反，文化知识的学习却受到了严重影响。除了上课，大家平时很少看书复习，更多的时间都在打牌或聊天。反正学好学坏一个样，从来没有因为学习不好而被留级的。回顾那段时光，我感到虚度了年华，浪费了本应珍惜的青春岁月。

3.2 批林批孔

在我中学期间，发生了一起震惊中外的"九·一三"事件——林彪叛逃事件。1971年，林彪在企图叛逃苏联时，在蒙古境内坠机身亡。这一事件引发了全国范围的"批林批孔"运动，深刻影响了当时的社会氛围。

林彪是著名的军事家，中华人民共和国元帅，新中国成立后，担任了中南军政委员会主席、中南军区司令员、国防部部长、中央军委副主席等职务。在战争中，林彪展现了卓越的军事才能，几乎没有败绩，指挥并参与了解放战争中的多次关键战役，"从东北的黑土地一直打到海南岛"。

1971年之前，林彪被视为毛泽东的"好学生"。他率先在《解放军报》上天天刊登"毛主席语录"，在军队中开展学习毛主席著作的运动，提出"三忠于、四无限"，并进一步号召全国人民"读毛主席的书，听毛主席的话，照毛主席指示办，做毛主席的好战士"。在"文化大革命"期间，林彪积极推动个人崇拜，手举"红宝书"，毕恭毕敬，跟随毛泽东身后，亦步亦趋，给人们造成了两位领袖珠联璧合的印象。

林彪在这一时期把他的造神天才发挥得淋漓尽致，提出了"四个第一"（人的因素第一，政治工作第一，思想工作第一，活的思想第一）、四个念念不忘（念念不忘阶级斗争，念念不忘无产阶级专政，念念不忘突出政治，念念不忘高举毛泽东思想伟大红旗）、"四个伟大"（"伟大导师""伟大领袖""伟大统帅""伟大舵手"）等口号。

虽然林彪喊毛主席万岁时不惜力竭声嘶，然而最突出、最具创造性的是他炮制了《毛主席语录》。如果不问动机，那林彪确实是造神运动的首功之臣。1969年4月，在中共第九次全国代表大会上，确认林彪是毛泽东的接班人，并写进了党章，这在当时是顺理成章的事。

在1970年8月23日至9月6日，中共九届二中全会在庐山举行。这次会议上，林彪发表了一番称赞毛泽东天才的讲话，并反对所谓否认毛泽东天才的言论。林彪还在小组会议上宣讲由陈伯达编选并经过他审定的"天才"材料。然而，毛泽东迅速识破了林彪的野心，决定对陈伯达开刀，开启了批陈整风运动，实则是针对林彪。毛泽东甚至在会议期间对陈伯达进行了严厉批评，称其为"变色龙"，从而开始瓦解林彪集团。林彪则决心与毛泽东对抗，两人从此决裂。毛泽东为了让林彪下台，秘密南巡，在地方上散布对林彪的不满言论，为林彪的倒台制造舆论。

1971年3月21日，林立果、周宇驰、于新野、李伟信在上海密谋。他们分析了形势，认为在全国范围内，"首长"（指林彪）的权力目前占绝对优势，但可能逐渐削弱。他们观察到"文人力量"（指张春桥、姚文元等）正在发展，并认为张春桥取代林彪的可能性最大。他们对林彪的"接班"问题进行了研究，提出三种可能性：

（1）林彪"和平接班"。周宇驰认为，五六年内可能完成，甚至可能更短。林立果则认为，即使五六年内也未必能顺利完成，形势变化较大，很难确保"首长"的地位不变。和平过渡是最理想的办法。

（2）林彪"被人抢班"。周宇驰认为这不可能立即发生，至少要三年以后。林立果则认为，由于主席威信高，"首长"随时可能被赶下台。

（3）林彪"提前抢班"。这可以通过两个办法实现：一是搞掉张春桥一伙，保持"首长"地位不变，再和平过渡；二是直接谋害毛泽东，但毛泽东影响力大、威信高，政治后果难以预料，因此尽量避免此办法。

他们决定争取"和平过渡"，同时准备"武装起义"。首先要做两件事：制定计划和组建一个"教导队"。林立果确定了计划名称为"571工程"，其中"571"是"武装起义"的谐音。

"571工程纪要"充满了怨气、戾气和杀气，对毛泽东及其领导下的中国进行了前所未有的恶毒攻击。即使在今天，阅读这份纪要仍令人毛骨悚然。在那一片"红天红地红海洋"的环境下，人们读到这篇纪要，震惊、骇异和恐惧的情感难以用语言描述。纪要中写道："十多年来，国民经济停滞不前，群众和基层干部的不满情绪日益增长，敢怒不敢言，甚至不敢怒不敢言。""统治集团内部上层腐败、昏庸无能，众叛亲离。""国内政治矛盾激化，危机四伏，独裁者越来越不得人心。""农民生活缺吃少穿。""知识青年上山下乡,等于变相劳改。""机关干部被精简,上五七干校等于变相失业。""工人工资冻结,等于变相受剥削。"纪要称毛泽东"已成了当代的秦始皇,不是一个真正的马克思主义者,而是一个借马克思主义之名、行秦始皇之法的中国历史上最大的封建暴君。"

1971 年 8 月,毛泽东在南巡的时侯,将林彪问题提高到了类似于刘少奇的路线斗争的程度,而这些话很快就传到了林彪的耳朵里,林彪逐渐感到他的权力集团有覆灭的危险,于是便决定孤注一掷。

1971 年 9 月 8 日,林彪下达了反革命武装政变手令,企图谋害毛泽东,另立中央。阴谋败露后,于 1971 年 9 月 13 日零时与妻子叶群、儿子林立果等从山海关机场强行乘飞机外逃,凌晨 3 时在蒙古人民共和国温都尔汗肯特省贝尔赫矿区南 10 公里处机毁人亡。1973 年 8 月 20 日,中共中央决定开除其中国共产党党籍。1981 年 1 月 25 日,中华人民共和国最高人民法院特别法庭对其作出判决,被确认为反革命集团案主犯。

1971 年 9 月,我正在上初中一年级的下学期。林彪事件败露后,按照中共中央的部署,进行了层层传达。这次传达包括了中共中央关于林彪叛国出逃的通知及其反党集团的罪行材料。当时,传达是严格保密的,不允许做笔记,也不允许录音(我们当时也没有录音机),中途也不允许上厕所,只能专心听。为了保密,福鼎四中还将临水宫最上一层的上殿清理出来,作为传达中央文件的会场。传达持续了整整两个小时,包括了"五七一工程纪要"等内容,详尽无遗。由于我们只是学生,传达顺序较晚,而在听这次传达之前,我们实际上已经通过小道消息得知了这些事情,所以当时并不感到惊讶。

图3.6 林彪座机坠毁(摘自百度图片)

但是,当我们通过小道消息刚得知林彪叛逃事件时,仿佛听到了晴天霹雳,简直是目瞪口呆,难以相信自己的耳朵,怀疑是否搞错了。整天心神不宁,反复念叨着:"怎么办?怎么办?"感觉就像天要塌下来一样,好长时间都难以缓过劲来。尽管年纪尚小,却也感到忧天下之事。我怎么也想不明白,林彪怎么会出现这样的问题?他怎么会谋反?现在回想起来,觉得真的很可笑,"文化大革命"竟然能把人弄成那样,个人崇拜的宣传居然有如此大的威力。看来,策划个人崇拜的人,必定居心不良,一定有其不可告人的目的。

随着大量林彪罪行材料的揭露,林彪一伙大搞两面派、口是心非、阳奉阴违、策划谋害毛泽东的种种罪行，激起了广大干部群众的极大愤慨。人民群众对林彪作为反革命两面派深感愤怒，同时也对自己被愚弄感到愤懑——"文化大革命"的神圣性被亵渎了。林彪的叛逃对正在进行的"文革"是前所未有的打击，革命的崇高理想主义被破坏殆尽，几乎变成了碎片，"文革"的理论体系从此不能自圆其说，一代人开始从迷梦中惊醒。人们正是怀着这种复杂的心情，投入到了"批林批孔"的运动中。

"批林批孔"中的"林"指的是林彪，"孔"则指孔子。这种将林彪与孔子相提并论进行批判的做法，形成了一次席卷全中国的"批林批孔"运动，这一现象颇为令人费解。

1971年9月13日事件之后，专案组在林彪住处查获了一些肯定孔子、孟子的材料，并将这些发现报告给毛泽东。此后，毛泽东在多个场合提出批孔问题，试图论证林彪集团的实质是极右。真正开展"批林批孔"运动的时间是从1974年1月开始的。1月12日，王洪文和江青联名向毛泽东建议，将北京大学、清华大学大批判组汇编的《林彪与孔孟之道》转发全国。1月18日，毛泽东批准通过中央一号文件转发了这份材料，并附上按语指出，这份材料对于继续深入批判林彪路线的极右实质、批判尊孔反法（法家）思想、加强思想和政治路线教育将有很大帮助。

中央一号文件下发后，江青借机发挥，个人名义向许多单位发送"批林批孔"材料，强调所谓的"反复辟"问题，鼓吹"修正主义仍然是当前的主要危险"。她还于1974年11月24日和25日，分别在中央军委机关、驻军部队、中央和国家直属机关的"批林批孔"动员大会上发表讲话。在江青等人的操控下，"批林批孔"进一步演变为"评法批儒"活动，并借机对周恩来在1972年前后恢复"文化大革命"之前的某些正确政策、重新安排老干部工作、整顿和发展经济等做法进行影射攻击。这场运动在全国政治、思想、理论上造成了严重混乱，刚刚趋于稳定的政治形势再度遭到破坏，许多地区和部门出现了新的动乱，生产大幅下降，全国经济严重滑坡。毛泽东最初支持"批林批孔"运动，但当他发现江青等人借机搞乱全国的图谋后，便果断制止，并对他们进行了严厉批评。1975年初，尽管报刊上还提及继续"批林批孔"运动，但已不再是突出的重点。

记得有一次，在福鼎四中的操场上，召开了全校师生的"批林批孔"大会。我在大会上作了发言，内容包括林彪怀疑井冈山的红旗到底能维持多久、在东北战场上徘徊不前，以及不能紧跟伟大领袖毛主席等，得到了校革委会隋国昌主任（校长）的表扬，称赞我讲得很好。然而，实际上我自己非常清楚，我的发言稿完全是抄袭报纸上的内容，根本没有自己真实的观点。那时，个人观点是不被允许的，如果与上级的意见不一致，可能会被当作反革命分子处理。谁也不敢随意发表自己的看法。

有一天,我们班主任陈炎官老师带来了一本画报,内容是批判孔子周游列国的故事。画报描述了孔子从 55 岁到 68 岁,带着若干亲近的弟子,历时十余年,舟车劳顿几万里,寻求一个理想国,推行他的周礼,重建秩序,结束天下纷争,回归尧舜之道。尽管经历了种种艰难险阻,孔子却四处碰壁,如丧家之犬。

这本画报采用了连环画的形式,配以简单的文字,共有几十幅漫画。陈老师要求我们将画报放大制作成墙报,供大家学习批判。

图 3.7 批林批孔漫画

那时,我们学写字没有字帖,只能模仿老师的板书。大家公认生物课的林起德老师和政治课的彭宝恒老师字写得最好。林起德老师的字写得一手好字,漂亮得像行草;彭宝恒老师的字则像魏碑,字形端正有力。我性子急,笔还没写完就想写下一笔,所以总是写不好字。

班里有个同学叫周孝津,学习成绩优异,多才多艺,长得很健壮。中学毕业后,我们一起去了斗门知青点上山下乡。1977 年恢复高考后,他考取了福建宁德师范学校,毕业后被分配到秦屿中小学任教。他的字学的是彭宝恒老师的风格,像魏碑一样漂亮,他也负责写字。

我们班里没有擅长绘画的人,陈炎官老师就让我和刘兆华同学负责画报的绘画。虽然我们俩都不会绘画,但我们是对活宝,整天在一起做这做那,什么事都难不倒我们。于是,我们在画报上打上格子,然后把画纸也折成相应的格子。所谓绘画,其实就是将画报上的每根线条转到画纸上的相应位置而已。我们几个整整忙了好几天才完成任务,结果画报非常受大家欢迎。

通过"批林批孔"运动,我们在查阅报纸、研究资料、撰写批评文章和制作墙报的过程中,不经意间接受了一次中国传统文化的教育。这些活动使我们了解到孔子、孟子、克己复礼、论语等许多传统文化的内容,虽然这是意想不到的收获,但却是这场运动的一部分。

总之,林彪的形象复杂而矛盾。尽管他在战争时期展现了卓越的军事才能,但在"文化大革命"初期,他的角色却充满了负面因素。作为毛泽东主席指定的接班人,林彪的出逃和坠机事件对全党和全社会造成了巨大震动。这一事件不仅动摇了党内外的信心,也催生了深刻的反思,标志着"文革"的由盛转衰。许多历史学者认为,林彪事件是"文革"的转折点和分水岭。

这一事件揭示了个人崇拜的深刻危害。个人崇拜将领导者的绝对权威置于理性和实际之上,导致政治决策的盲目和极端。个人崇拜的鼓吹者往往隐藏着不可告人的阴谋,他们利用对个人的盲目崇拜来掩盖真正的问题和危机。当最优秀的学生竟然阴谋谋害自己的导师，法定的接班人选择叛逃，这本身对"文化大革命"构成了尖锐的讽刺。个人崇拜不仅扭曲了政治理想，还掩盖了体制内的真实问题。

个人崇拜的危害在于，它不仅抹杀了政治理性的声音，还滋生了虚伪和专制。运动所声称的巩固无产阶级专政，实际上只是为了满足少数个人的野心，而非真正服务于人民。这些问题揭示了个人崇拜的深层阴谋和破坏性，使整个社会陷入了盲目和混乱，暴露出其伪善和灾难性的后果。

3.3 修正主义回潮

在"文革"期间，知识分子被列为改造的对象，排在"地、富、反、坏、右、叛徒、特务、走资派"之后的第九位，被称为"臭老九"。在"以阶级斗争为纲"的社会背景下，"知识越多越反动"成为当时的流行语，知识分子被视为资产阶级的代表，受到了极大的政治压力和社会歧视。

在这种环境中，许多领导干部以缺乏知识为荣，强调自己"没有知识"以显示革命性。在这种政治氛围下，不少教师噤若寒蝉，教学态度敷衍了事。然而，社会上也有不少有识之士和学校的许多教师，顽强抵制这种左倾错误，坚守职业道德，严格要求学生，认真备课和授课。他们的坚持展现了令人钦佩的勇气和职业精神。

特别是在我记忆中，黄润生老师和林松羲老师给我留下了深刻的印象。他们不畏艰难，坚定地捍卫了教师的职责，表现出对教育事业的无私奉献。这种精神不仅在那个动荡的年代中显得尤为珍贵，也成为后人铭记的榜样。他们的言行让我们明白，真正的知识和教育力量，不仅仅在于课堂上的传授，更在于面对政治压力时的坚持与抵抗。

黄润生老师是我们的语文老师，他有着古铜色的脸庞和一双铜铃般的眼睛，戴着深度近视镜，走路时步伐缓慢，仿佛在酝酿一篇大作。他说话时满口"之乎者也"，语言幽默风趣，给人一种老夫子的感觉。虽然他外表悠然，但上课时却表现得非常生动，尤其是讲"谁是最可爱的人"一课时，那眉飞色舞的表情至今让人难忘。

黄老师的面容总是带着慈祥的微笑，圆圆的脑袋，胖胖的脸庞，再加上嘴边两个小酒窝，颇有几分弥勒佛的模样。尽管我一直觉得自己的语文水平不好，但在黄润生老师的指导下，我逐渐找到了写作的窍门。有一次，我写了一篇夹叙夹议、采用小标题形式的作文，黄老师用红笔在精彩之处打上了许多圈，并在班上表扬了我，这极大地提升了我的写作水平。

如今，黄老师已经离世，但他对我的教诲和影响却永远留在我的记忆中。我们将永远缅怀他。

林松羲老师是我们敬爱的物理老师，他高大魁梧，肩膀宽阔，说话声音如洪钟般雄浑有力，走路时步伐稳健有力，连年轻小伙子们也追不上。他的长方脸庞、浓眉大眼和黑发无不彰显着他的威严与智慧，尤其在课堂上，他充满激情地讲授物理知识，抑扬顿挫、滔滔不绝，常常让我们不由自主地专注聆听。

1984 年秋，林松羲老师晋升为福鼎四中的副校长，1988 年秋再度晋升为校长。在他担任校长的 11 年间，他以高尚的品德、廉洁的作风和卓越的管理能力，为福鼎四中的建设和发展做出了重要贡献，并多次获得福建省的荣誉称号。

我的物理成绩一直名列前茅，林松羲老师经常点名让我回答课堂上的难题，这种肯定和关注让我在学习上更为自信。正是因为有像林松羲和黄润生这样的好老师，我们才能在那个极左路线盛行的年代依然保持学业的进步，沐浴在知识的阳光下。

同学们在回忆中学时光时，总是异口同声地称赞林松羲和黄润生两位老师。陈鼎金同学回忆道："林松羲老师仪表堂堂，颇具仙风道骨，每次遇到他，都会肃然起敬。"张桂香同学回忆说："林松羲老师讲课抑扬顿挫，掷地有声，条理清楚，重点突出，我爱听他的课。"郑家福同学则提到："林松羲老师和蔼可亲，严格要求学生，我上中学时经常在他课上偷看小说，被他没收好几次，他的爱人小学教过我，悄悄还给我，并叮嘱我上课不要再看小说。"

图 3.8 林松羲老师

2022 年 2 月 13 日，张彼德同学在中学同学群中发布了林松羲老师于 2 月 12 日晚逝世的消息，享年 84 岁。消息如晴天霹雳，群内一片哀悼。我因身在武汉，且疫情阻隔，无法回秦屿亲自悼念，便通过同学群发出了唁电，沉痛悼念林松羲老师，并委托张彼德同学代为送到林老师家中，表达我深切的哀思与怀念。愿林松羲老师一路走好，他的教诲将永远铭刻在我们的心中。

1971 年 9 月 13 日，林彪事件发生后，引发了对"文化大革命"的广泛反思，导致运动的影响逐渐减弱。中国政府开始调整政策，特别是在农业和工业领域，减少了极端政策的实施。教育系统也开始反思之前的错误，尤其是过度政治化和个人崇拜的问题。学校逐步恢复正常教学秩序，减少极端政治活动的干扰，重视教育质量和学生的全面发展。

邓小平在林彪事件后，敏锐地意识到中国需要变化。1972 年，他借批判林彪的机会向毛泽东表达愿为党和人民继续工作的意愿。毛泽东对此表示认可，指出邓小平虽有过错，但应与刘少奇区分开来，并强调邓小平在历史上有功劳。1973 年 4 月，邓小平复出，协助周恩来工作,这标志着中国政治局势的转变,教育和经济政策也随之逐渐恢复正常。我们也迎来了中学时期难得的一段学习文化知识的好时光。

从 1972 年下学期开始,学校对文化课的学习格外重视。校长隋国昌在各种会议上反复强调提高文化课教学质量的重要性,鼓励学生自主学习,加强管理。他还要求学生晚上必须参加晚自习,并完善了考勤制度,经常检查课堂纪律和教师的教学情况。为了提高学生的学习兴趣,学校举办了各种学习竞赛。作为班里的学习委员,我也被要求参加学生干部会议,但由于年纪小,会议时间长,我常常忍不住打瞌睡,因此被隋国昌校长批评了好几次。

当时,秦屿水电站尚未投产,也没有外来电力供应,秦屿镇的用电全靠城隍庙的一台柴油发电机。由于发电设备简陋,采用三相四线制直接输电,电压不稳定,特别是我们学校地处偏远,经常因电压不足导致日光灯无法正常照明,影响晚自习。为了保证学生的晚自习,学校自行购置了发电设备,在校门旁建了一个小发电室,每到晚自习时间就启动发电机,保障学生用电。

为了激励学生的学习积极性,在班主任陈炎官老师的带领下,我们在教室墙上贴了一张考勤表,由我负责记录每位同学的晚自习出勤情况,并对全勤的同学进行表扬。我通常出勤率很高,但有一次因为去表叔家参加婚宴,返回途中遇到雷阵雨,独自一人在海堤上艰难前行,最终因为全身湿透、沾满泥巴,才不得不缺席了晚自习。这次经历让我记忆犹新,也更珍惜晚自习的学习机会。

为了激发大家的学习热情,我们在班主任陈炎官老师的带领下,在教室的墙上贴了一张考勤表,由我负责记录每位同学的晚自习出勤情况,并对每月全勤的同学进行表扬。

图 3.9 陈炎官老师（1975）

当时我的出勤率一直很高,几乎全勤。只有一次因特殊情况缺席了晚自习。

那天,我表叔家女儿结婚,邀请我和母亲赴宴。巨口大队没有公路,从秦屿镇到巨口只能沿着一条羊肠小道,正常步行需一个多小时。晚饭后,他们希望我们留宿,次日再走,但我想着要参加晚自习,便执意要赶回家,母亲也同意了。

没想到回程途中遇到雷阵雨,我没有带伞,全身湿透,还不止于此。当时,秦屿小东门海堤还未修建,从八都桥到秋溪大队有一条 200 至 300 米长的海泥堆砌的海堤,是秦屿镇通往巨口大队的捷径。晴天时,海泥干硬,走得很好,但一下雨,泥土变得非常光滑,无法站稳,必须改道从山脚的小路绕行。

由于没有经验，我直接上了这条海堤，天色已黑，头顶雷声滚滚，手里提着两只鞋，赤脚行走。结果一路跌跌撞撞，摔倒了爬起来，爬起来又摔倒，终于连滚带爬地回到了家，浑身上下沾满泥巴，只能洗澡换衣，最终也没赶上那天的晚自习。

那段时间，同学们的学习热情都很高。有一次，我遇到了一道数学难题，解不出来就不甘心，于是反复演算，居然忘了回家吃午饭。当时教我们数学的是郑芬亭老师，他瘦瘦的个子，戴着高度近视的眼镜。那天他吃完饭，路过我们教室，看到我一个人低头埋在书本里，忍不住进来问我："这么早就来学校了？"我猛然惊觉，还没吃饭呢。于是抬起头告诉老师我被难题困住了。老师接过课本，看了看，简单指点了我几句，我立刻茅塞顿开，问题也就顺利解决了。老师看我这么投入，摸了摸我的头，和蔼地说："回家吃饭吧。"

在我的中学时期，邢世增老师是我的第二位数学教师。他高大英俊，一表人才，是学校篮球队的主力队员。当时我是数学课代表，邢老师经常让我帮他改作业，这让我从中学到了许多知识。邢老师不仅在教学上严谨认真，还在篮球场上展现出色的表现。每年春节，秦屿镇都会举行篮球比赛，我们学校的代表队由几位老师和学生组成，几乎每次都能赢得第一名。

我记得有一次，我们学校和当地驻军队进行决赛，比赛异常激烈。张登杰老师在比赛临近结束时，果断投出一个远投，球在终场哨响后进了篮。这场比赛结果充满悬念，如果这个球算分，我们学校就赢 1 分，不算分就输 1 分。双方在"友谊第一，比赛第二"的精神下互相谦让，最终我们学校获得了第一名。这场比赛给我留下了深刻的印象，也让我感受到团队精神和竞技体育的魅力。

图 3.10 邢世增老师（1975）

我记得有一次学校举办了学习竞赛，进行数学考试，我不小心在一小题上出了错，最后得了 95 分，成绩贴在学校墙板上，尽管我得了第一名，但我却为没能考到 100 分而感到非常难过，责备自己不够认真。第二天正好是劳动课，大家挑着肥料到屯头学农基地，回来的路上，同学们纷纷称赞我的成绩，可我仍然闷闷不乐。班主任问我为何不高兴，我如实回答说："我没考到 100 分，没达到自己的要求。"班主任听后，多次表扬我说："这话有水平。"

数学和物理双满分是我的目标，我记得中学时期，期终考试中这两门课我都考了满分。

有一次，我和班长王上秀同学一起，在语文老师的指导下，组织了一次全班的语文考试。我们自己出题、刻蜡纸、印刷，整个过程井然有序，像模像样。通过这次考试，我学会了制版印刷的技术，这为我的学习经历增添了一份特别的回忆。

1972年底，我们初中毕业了，除了几个家庭成分不好的同学无法继续上学，其余的都顺利升入了高中。刚上高中的那段时间，学校非常重视教学质量，并鼓励学生们制作各种教具。这正是我特别喜欢做的事。我与几位同学合作，用从秦岭医院挖井时取出的细腻泥巴，制作了各种形状的教学模型，如球体、锥体、柱体等。这种泥巴经过长时间的压实，具有极高的韧性和塑性，干燥后强度很高。我们还在这些模型上涂上油漆，使它们看起来更加精致。此外，我还发挥了自己的木工技能，用木头制作了许多教学用具。学校后来举办了一次学生自制教学模具的展览，展览中将近一半的教具都是我或与刘兆华同学合作的作品。这段经历不仅锻炼了我们的动手能力，也让我们对学习产生了更多的兴趣。

图3.11 初中毕业照（1972）

1973年底的期终考试，学校非常重视。为了巩固大家的学习成果，隋国昌校长亲自主持召开了动员大会，要求每位学生认真复习。学校还特意安排了18天的复习时间，这是以前从未有过的。在那段时间里，冬日的阳光斜照在教室外的走廊上，我和赵和平、陈艺强、陈宏发、李桂祖、卢振金、刘兆华、王传枝等几位平时经常一起学习的同学，把课桌椅搬到走廊上，大家在阳光下认真复习。陈宏发同学那时拿着课本死记硬背的样子，至今让我记忆犹新。

可好景不长，1973年底，黄帅事件爆发了。黄帅是北京市海淀区中关村第一小学五年级的学生。班主任要求学生写日记，鼓励他们表达心里的想法。黄帅在日记中提出了对老师的意见，却因此受到老师的批评和孤立。她感到委屈，便给《北京日报》写信，表达了自己的困惑和不安。黄帅在信中提到，她并非反对老师，而是希望能够解决与老师的矛盾，继续安心学习。

她说："我是红小兵，热爱党和毛主席，只不过把自己的心里话写在日记上，可是近两个月老师一直抓住不放。最近许多天，我吃不下饭，晚上做梦惊哭，但是，我没有被压服，一次又一次地提出意见。究竟我犯了啥严重错误?难道还要我们毛泽东时代的青少年再做旧教育制度师道尊严奴役下的奴隶吗?"

恰恰在这时，江青等人正急需在教育界树立一个"横扫资产阶级复辟势力"和"批判修正主义教育路线回潮"的典型，黄帅的信恰好成为了突破口。江青的亲信谢静宜回复称，这不是简单的师生矛盾，而是关乎两个阶级、两条路线的重大问题。于是，《北京日报》在 1973 年 12 月 12 日公开发表了黄帅的日记，并加了编者按语。几天后，《人民日报》也在头版头条转载。短短几天内，黄帅被塑造成全国闻名的"敢于反潮流的革命小闯将"。

中央"文革"领导小组让黄帅四处演讲，在教育战线上大肆宣传，推动了全国中小学"破师道尊严""横扫资产阶级复辟势力""批判修正主义教育路线回潮"的运动。许多地方树立了类似黄帅的反潮流人物，导致学校管理混乱，教师教学困难，学生学习受到严重影响。一些极左派人士趁机批判邓小平等人的政策，指责他们推动"修正主义回潮"，背离了毛泽东的"革命路线"。

我们学校也没能例外。黄帅"反潮流"之前，也就是在"修正主义回潮"时期（1972年～1973年），学校三天两头地进行测验，严格抓教学质量。然而，黄帅事件后，情况急转直下，学习不再被强调，甚至禁止考试和课堂练习。有一次，黄润生老师在课堂上布置了几道练习题，恰巧被校长发现，随即遭到严厉批评。我看到黄润生老师脸色涨红，像是犯了大错一般，低声辩解："只是做几道练习，不是考试，不是考试……"

此外，学校团委不断组织大家学习所谓的"反潮流"，批判什么"师道尊严"，反击什么"修正主义回潮"等等。然而，不准给学生考试，又如何填写学生的成绩呢？不知是我们学校老师的发明？还是上级的指示，出现了让学生自己出题自己考的荒唐现象。于是大家就把课本上的例题，修改几个数据，就相当于自己出了考题，然后照着课本的例题修改几个数据后，就作为考卷上交了，老师们也正儿八经地进行了批改，然后给出成绩，于是大家都得了好成绩，皆大欢喜。寻遍古今中外，也没见过如此的荒唐考试，这种自欺欺人的做法居然被称为"教育革命"，实在令人啼笑皆非。

现在，社会上许多知名人士经常读错字，把"造诣"读成"造纸(zhi)"，把"棘手"读成"辣（La）手"，影响最大的是北京大学建校 120 周年纪念大会，校长林建华在大会致辞中把"鸿鹄（hú）志"念成了"鸿浩（hào）志"。"人非圣贤，孰能无过"，读错字本也难免，那么，北大校长林建华为什么会读错字？他本人是这样解释的："上中小学时，正赶上"文革"，教育几乎停滞了。开始的几年没有课本，后来有了课本，也非常简单。我接受的基础教育既不完整、也不系统。文化大革命开始时，我小学五年级，几年都没有课本，老师只是让我们背语录和老三篇。十几岁时是求知欲最强的时候，没有其他的书，反复读《毛选》和当时一本干部培训用的苏联社会主义教程。我的中国近现代史知识，最初都是通过读《毛选》和后面的注释得到的。《矛盾论》和《实践论》当时都读过，中学政治课又学了一遍。一分为二、对立统一、主要矛盾和次要矛盾等等，这些概念都滚瓜烂熟，也深深影响了我们这一代人的思想观念。"

我也深有体会，我们这一代人文化素养的欠缺，确实是"文化大革命"所带来的深远影响。"文革"期间，"智育第一"和"分数挂帅"等理念遭到猛烈批判，大量文化课程被取消，基础知识和技能训练被劳动实践和政治教化取代。在课程设置上，思想课和生产劳动实践被突出，专业课被削减甚至取消。教材方面，非专业人员编写的革命著作和大批判文章替代了语文、历史等学科的教材，强调直接经验的学习而忽视书本知识。教师在教学中的作用被否定，革命小将和工农兵上讲台，规范化的考试被取消，学制被严重缩短，教学内容稀疏且残缺，导致人们不再重视教育的重要性。尤其让我遗憾的是，中学时期学校没有开设英语课程，尽管有英语老师，但课程却被取消了。这对我日后的发展造成了很大影响，使我在大学期间不得不花费大量时间和精力学习外语，严重影响了其他知识的学习。

总之，"批判修正主义教育路线回潮"对我们的影响是深远且复杂的。它代表了一种极左思潮的回归，使得原本逐步回归正常的教育和社会秩序再度被打乱。教育系统再次被政治化，教师和学生的角色发生了扭曲，课堂教学质量下降，正常的教学秩序被破坏。长期来看，这一时期的教育政策导致了整整一代人在文化和知识上的断层，对他们的个人发展和社会整体进步造成了巨大的负面影响。

3.4 读书无用论

从 70 年代初恢复大学招生到 1977 年恢复高考，我国实施了一种以贫下中农推荐为标志的招生制度。这一制度过分强调政治表现，忽视文化知识，导致了大量营私舞弊行为的出现。许多品学兼优的学生在推荐过程中被排挤，升学机会被关系和后门所左右，导致传统的"读书做官""读书跳农门"的期望破灭。这种现象达到了高潮，以张铁生交白卷上大学为标志，"文革"时期的"读书无用论"思想得以盛行，严重挫伤了人们对教育和知识的信心，对社会风气产生了极为不利的影响。

上山下乡运动始于 20 世纪 50 年代，但真正的大规模行动是在"文革"期间。为了安置因"文革"导致的近 2000 万中学毕业生，毛泽东在 1968 年底提出"知识青年到农村去，接受贫下中农再教育"的指示，这一政策使得大量青年被迫前往农村。当时，所有中学报过名的学生，无论是否上过学，都必须上山下乡。我意识到这是我唯一的出路，不存在任何选择的余地。

我们的高中语文教材中有一篇课文，讲述了一位上山下乡的知识青年。他精通多种技能，既会木工、修农具，又会裁剪衣服，经常帮助贫下中农修修补补，深受大家的喜爱。读完这篇课文，我感触颇深，想道：既然上山下乡是我的宿命，为何不效仿这位知青，多学些本领呢？

从此，我一有空就会跑到秦屿的铁器社、木器社，以及离家不远的五金修理店，观察他们的工作。甚至路过的个体手工艺者，如修鞋、补锅、配钥匙等，我也会在他们的小摊边上看个不停。同时，我还购买并自制了不少工具。在父亲的支持下，我配齐了全套木工工具，并制作了一个五金工具箱。化学老师方茂发见到这些工具时感慨地对我母亲说："这孩子心真大。"后来，在我上山下乡后，这些工具果然派上了大用场。

通过自学，我掌握了木工、配钥匙、修锁、补鞋、补轮胎、卷铁皮、锡焊等手艺。有一次，我向建国渔业大队的一位渔民朋友要了一个废旧的柏油筒，并结合几个装饼干的铁皮盒，制作了 8 个煤油炉。虽然外观不如市面上的美观，但火焰效果却毫不逊色。我们家用了好几年，直到我上大学期间回家，我妈还用这个煤油炉为我煮东西吃。

回想起来，这件事还颇有些趣味。我们的班主任陈炎官老师家里没有碗柜，平时碗和饭菜都没地方放。我就从我爸的医院找来几个木质包装箱，拆了之后得到了几块木板。因为这些木板比较短，我便用胶水和铁钉将它们拼接起来，做成了一个碗柜。虽然外观有些粗糙，但功能一点也不差。蒋尧老师看到后还开玩笑说："一个小碗柜，铁钉用了几十斤"。我当然明白，真正的木工是不该用铁钉的，但当时没有更好的木料，只能这样解决了。

有一段时间，同学们都热衷于制作手枪玩具，我也非常感兴趣。一开始，我用泥巴做手枪，做完后晾干，再涂上墨水，看起来黑黑的，外观还挺像回事，但因为完全没有功能，也吓不到人，感觉不好玩。于是，我改用木头制作。最初的木头手枪在枪管处装了一个小竹筒，里面放了一个像活塞一样的小木栓，加上橡皮筋和扳机后，可以将小石子打出去。不过，由于橡皮筋和木栓明显可见，外形不太像真正的手枪。我于是进一步改进，用全木头制作手枪的形状，在枪管处钻了一个洞，将橡皮筋隐藏在洞里，外形更逼真，也能够发射小石子，效果更好。

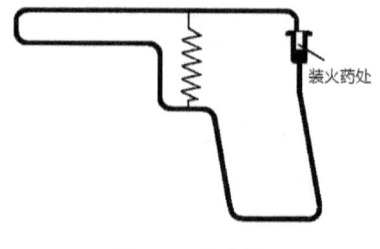

图 3.11 发令枪

可这些手枪没有响声，玩起来不过瘾，我决定制作一把发令枪。我使用了人力板车轮上的辐条，制成手枪形状，并装上弹簧。然后，我将鞭炮中的火药拆出，装到手枪的火药槽内。开枪时，只需扣动扳机，在弹簧的作用下，辐条的另一端会迅速插入槽中，撞击火药，从而引发爆炸，发出很大的响声。这大大增加了玩耍的乐趣。

玩了一段时间发令枪后，我仍觉得不过瘾。虽然有了响声，但没有子弹飞出，无法用来打鸟等目标。于是，我决定仿造猎枪，用子弹壳制作了一把小土枪。我们那儿的驻军经常打靶，打完靶后，我就去捡子弹壳，经常能捡到很多。我选择一个子弹壳，在靠近底部的侧面钻了个小孔，然后把它固定在木制的手枪上。使用时，先将鞭炮的火药和引绳装入子弹壳，再放入几粒铁粒子。开枪时，用火柴点燃引绳，引发火药爆炸，铁粒子便被发射出去。这样，既有响声，又有子弹飞出，玩起来更加有趣了。

但是，由于子弹壳太短，火药爆炸后的行程不够长，所以铁粒子发射的距离有限，无法真正用来打鸟。为了让铁粒子飞得更远，我意识到需要加长枪管的长度，而子弹壳显然不适合这个需求。于是，我从在铁器社工作的姑丈那里，通过表哥得到了直径约 2 厘米、长度约 20 厘米的一根无缝钢管。我将钢管一头用锡熔化封死，并在靠近封口的侧面钻了一个小孔，用这根钢管代替子弹壳，制作成了一把新的土手枪。

这把枪的威力比之前的土手枪大得多。那天晚上晚自习时，我和刘兆华跑到教室北边的跳远跑道旁，准备试枪。刘兆华胆子特别大，他自告奋勇要试枪。我们装好火药和铁粒子后，他瞄准了一棵梧桐树干开了一枪。声音巨大，结果把隋国昌校长吸引了过来。我们立刻溜走，但当天晚上就有同学通知我，要求我第二天上课时把枪上缴。我不舍得交出这把精心制作的枪，于是决定交出之前用子弹壳做的那把。第二天我将子弹壳手枪交给校长，他看了看，笑着摸了摸我的头，什么也没说。我心想，校长是从枪林弹雨中走过来的，或许这点小事在他眼里不算什么。中午下课后，我和刘兆华去查看那棵梧桐树，发现树干上布满了深深的小坑，铁粒子已经嵌入了树干中，威力还真不小。

有了枪，我还想要一把匕首。为了让所制作的匕首能锋利一些，我用了一把半弧形的废弃锉刀，用砂轮机把它打磨成了匕首的样子。秦屿建国渔业大队小东门机修站，有台砂轮机是装在机修大厅外面的一个小房间里，我经常偷偷地跑进去，打磨我的匕首。我小心翼翼慢慢地打磨，边磨边用水冷却，生怕影响了匕首的钢性，打磨了好几天才打磨成功。然后，再用我家里做木工用的磨刀石将匕首磨得锋利无比。接着，我找了一块坚硬的木头做了刀柄，还得做一个刀鞘。我就将竹片用刨刀刨平后，用我磨制的匕首作样板，在竹片中间刻出一个槽，槽的深度正好能放入匕首的一半高度。在另一块竹片上也同样刻出一个槽，然后在槽的边缘上各留有半厘米左右的边，其余全部削掉，用木工胶将两片竹片紧紧地黏接在一起，打磨后再漆上油漆，就制成了一个很漂亮的刀鞘了。这把匕首使用了很长的时间，经常拿出来割羊肉、牛肉什么的，挺好用的。

在那个时候，学习上老师实际上是无法管太多的，课虽然照常上，但进度非常缓慢，学生们学得如何，只有天知道，反正也没有考试。我因为记性好、理解能力强，所以老师讲完的内容基本上都能掌握并记住。但绝大多数同学并不一样，他们实际上并没有学到什么，一天到晚只顾着玩耍，游泳、打牌、下象棋、唱歌、吹笛子、吹口琴、打篮球等课余活动充斥着他们的时间。

我们班有个同学叫王建辉，长得白白净净的，说起话来细声细气，脾气特别好。他喜欢研究棋谱，而我那时特别顽皮，总是在他下象棋快要输的时候，故意在旁边说："赶快打开棋谱，翻到××页。"这样来激他。其实我说的页数完全是瞎编的，根本不知道有没有这页。令人惊讶的是，王建辉脾气真好，居然从不生气，依然专注地继续下他的象棋。

我们那时没有正式的音乐课，偶尔才会有一个像小女孩一样的音乐老师来教我们唱歌。然而，她从不教我们乐理知识，甚至连五线谱都不教，直接就是让我们唱歌。因此，我们的音乐素养相当有限。尽管如此，班上不少同学都学会了吹笛子或口琴，其中韦小鸣同学的笛子吹得特别好。我小学时特别想学笛子，但因为没钱买乐器，直到中学时，我用自己做的玩具手枪和邻居小伙伴换了一把口琴，从此开始练习口琴，逐渐放弃了学笛子的念头。后来，我的口琴吹得还是不错的。

有一次，我和戴建华、刘兆华等同学一起去秦屿海堤闸门处游泳。我为了测试自己的耐力，从海堤的一头游向另一头，相当于横渡那个海峡，但为了安全，我决定平行于海堤保持约 20 米的距离向屯头方向游。刘兆华担心我出事，一直在海堤上跟随并不断喊我上岸。我心里有数，知道即使抽筋也能游回去。最终，我成功游完 1.7 公里，但上岸后没走多远，脚还是抽筋了。戴建华曾担任我们高中时的班长，1977 年恢复高考后考取了宁德师范学校。

课余时间，我们班的同学经常打牌，但我对打牌兴趣不大，懒得去算牌。不过，偶尔我也会和陈艺强、陈宏发、李桂祖等人玩几局。这几个人都很擅长打牌，算牌算得非常精细，结果我经常是输多赢少。

虽然我喜欢打篮球，但由于身材瘦小，无法和其他同学相比。相比之下，张彼德同学身材高大健壮，篮球打得特别好，是学校篮球队的主力。中学毕业后，我们一起去了斗门知青点上山下乡。1978 年，张彼德考取了宁德师范学校，毕业后回到母校福鼎四中任教，并曾担任副校长。

到高中毕业时，我们班只剩下了 31 位同学。恢复高考后，共有 12 位同学先后考取了各类大中专学校，在 1977 年高考录取率仅为 4.7 的情况下，我们班的录取率高达 38.7，远远超过其他班级。其中，

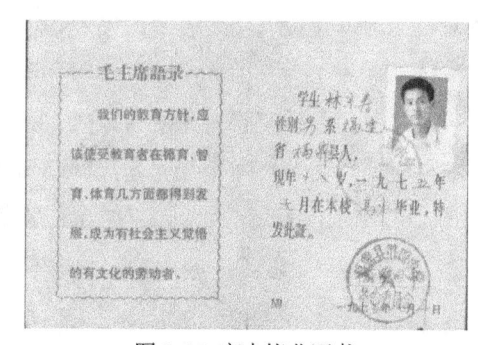

图 3.12 高中毕业证书

何陈生同学在 1978 年考取了宁德师范专科学校，毕业后回到母校任教，并曾担任福鼎四中的校长兼党支部书记。那时，中专生也很难考取，同样属于国家干部编制，且包分配工作。图 3.12 为我的高中毕业证书，图 3.13 为我们班高中毕业时在秦屿海堤闸门处的

合影，这个地方也是我中学时期经常游泳的地方。

　　在那十年动乱的年代，在一个轻视知识的时代，我完成了中学的学业。那四年半的时光，虽然充满了激情与理想，但我们却错失了许多宝贵的学习机会。我们没有系统地学习英语、地理、历史，也未能掌握天文、唐诗宋词等文化知识，甚至连唱歌跳舞的基本技能都未能掌握，留下了无数的遗憾和悔恨。这段经历让我深刻体会到知识和教育的重要性，提醒我们，时代的变革不应以牺牲教育和文化为代价。未来，我们必须确保年轻人能够在一个尊重知识、崇尚学习的环境中茁壮成长。

图 3.13　福鼎四中 75 届 2 班高中毕业合影

1975 年 7 月 15 日，我们各自奔赴农村，上山下乡去了。

第4章 上山下乡

"告别了妈妈，再见了家乡，金色的学生时代已载入了青春的史册一去不复返。啊……未来的道路多么艰难，多么漫长，生活的脚步深浅在偏僻的异乡……"。南京任毅创作的这首《知青之歌》，以忧伤的曲调诉说了身处那个特殊年代、遭逢特殊际遇的知青们迷惘、无奈、伤感的情怀。往事在熟悉的旋律中无序地飘忽出许多忧伤的片断，剪不断，理却乱。

上世纪60～70年代，在"知识青年到农村去，接受贫下中农的再教育，很有必要"的号召下，城市初中、高中毕业生无可选择地离开了亲人、离开了家乡、离开了城市，来到陌生的乡村或边陲。用稚嫩的肩膀去承担沉重的政治使命，用青春的岁月去书写一页页充满辛酸、充满赤诚的人生篇章。

那是一段用真情、用眼泪、用汗水书写出来的经历。

4.1 落户斗门知青点

知识青年上山下乡运动最早可以追溯到 1955 年。当年，以杨华为首的六十名北京青年组成了青年志愿垦荒队，远赴北大荒垦荒。这一行动受到了高度重视，共青团中央于 8 月 30 日为他们举行了盛大的欢送会，团中央书记胡耀邦亲自授予他们队旗。随后，其他地区的青年也纷纷响应，前往黑龙江、淮北、新疆、海南等地垦荒。这一时期的青年志愿垦荒队伍拉开了城市青年上山下乡运动的序幕。

1955 年 8 月 11 日，《人民日报》发表社论指出，由于新中国成立时间较短，城市就业问题尚未完全解决，部分中小学毕业生在就业上面临困难。社论强调，农业生产对于中小学毕业生的吸纳能力非常巨大，当前和未来都有很大的需求。毛泽东在同年 12 月提出，中学生和高小毕业生应积极参与农业合作化工作，并指出"农村是一个广阔天地，在那里是可以大有作为的"。这句话后来在文化大革命时期被广泛引用。

1957 年 4 月 8 日，刘少奇主持撰写的《人民日报》社论《中、小学毕业生参加农业生产问题》指出，农村是最能容纳人的地方，而农业是能够容纳最多人的行业。因此，从事农业被视为未来中学毕业生安置的主要方向，也是他们就业的主要途径。这一观点强调了农业在解决中小学毕业生就业问题中的重要性，并为当时的青年上山下乡运动提供了理论依据。

1964 年 1 月 16 日，中共中央发布了《中共中央、国务院关于动员和组织城市知识青年参加农村社会主义建设的决定（草案）》，并成立了由国务院副总理谭震林担任组长的中央安置城市上山下乡青年领导小组。根据周恩来总理的指示，谭震林在1965年提出了一个15年计划，目标是在1965年至1980年间，将1100万至1200万知识青年下放到农村，参与社会主义建设。

以上事实表明，早在文化大革命之前，知识青年上山下乡已经成为新中国政府缓解城市人口就业压力的既定经济政策。然而，真正有组织、大规模地将大批城镇青年送往农村，则是在文化大革命后期。由于文化大革命导致中学生滞留学校，至1968年，中国迎来了六届初、高中生（1966、1967、1968年三届学生，后来被称为"老三届"）一起毕业的现象，人数多达2000多万。再加上文革对我国经济造成了极大破坏，许多工厂停工，城市无法安置这三届毕业生的就业。

如果让这些学生继续滞留城市，无法继续学业，后果将不堪设想。为了解决2000多万毕业生的就业问题，把他们分散到农村的"广阔天地"中，既消除了红卫兵的破坏力，又解决了城市人口就业不足的问题，可谓一箭双雕。

1968年12月23日，《人民日报》在一篇报道的编者按语中传达了毛泽东的最高指示："知识青年到农村去接受贫下中农的再教育，很有必要。"这句话将原本为解决经济问题的政策高度政治化，正式开启了知识青年上山下乡的大规模政治运动。此举不仅解决了城市的就业压力，还将数百万青年送到农村，以完成所谓的"再教育"，这不仅具有经济意义，更是政治权力运作的一部分。

毛泽东的"最高指示"迅速在全国范围内引发了热烈的响应，从1968年12月起，知识青年上山下乡运动进入高潮。据统计，从1968年到1978年的十年间，共有约1700万知识青年被下放到农村，接受贫下中农的再教育。当时，几乎所有适龄青年除了参军外，基本都被征召参加这场运动。这个规模庞大的人口迁移几乎涉及到每一个城市家庭，动员力度之强、影响之深在国内外都是空前绝后的。

在文化大革命极左路线的影响下，中国官方没有继续强调知识青年上山下乡是"参加农村社会主义建设"，而是赋予了其更浓厚的政治色彩，称这是一场"伟大的社会主义革命"，旨在"培养无产阶级革命事业接班人，巩固无产阶级专政，防止资本主义复辟"。当时，随着对毛泽东个人崇拜的狂热达到顶峰，这种盲目崇拜被官方巧妙利用，用来推动知识青年上山下乡的运动，使其成为一种被广泛接受的政治任务。

实事求是地说，文化大革命之前的知识青年上山下乡，大多数人确实是自愿参与的。然而，在文革之后，绝大多数知识青年上山下乡并非出于自愿，而是被逼无奈。在当时，官方动用了各种社会力量，大力宣传并推动这项运动，甚至采用了注销粮油关系、注销城镇户口、停发父母工资等手段，迫使年轻人不得不前往农村。但同时，也规定每个家庭可以留一个子女在城镇，无需上山下乡。

我们家里有四个兄弟姐妹，我的哥哥、姐姐和我都去了农村，只有我弟弟可以留在城镇。然而，留在家中的弟弟也无事可做，没有任何工作安排。幸运的是，后来他参军，复员后考上了卫生学校，最终找到了自己的出路。

此外，还有一类人可以免去上山下乡，那就是那些有残疾或严重疾病的人。为此，不少人想尽办法获得了"严重疾病"的证明，以此避免上山下乡。虽然这种情况并不多见，但我确实认识几个这样的人。从表面上看，他们似乎没有任何疾病，但因为有证明在手，他们成功地留在了城镇。然而，留在城里的人也并没有得到好的安置，最终随着知青返城并获得工作，这些人却因未参加上山下乡而感到后悔。

知识青年上山下乡的早期，主要有两种模式：一是前往农场，包括建设兵团和干校，二是"插队"。所谓"插队"，就是将知识青年安插到农村生产队，与普通社员一样，靠挣工分、分红和分口粮维持生计。在 1968 年以前，农场模式是上山下乡的主要形式。然而，从 1968 年冬季开始，插队模式逐渐成为上山下乡的主要方式。这一转变标志着知青运动进入了一个新的阶段。

上山下乡运动对大多数知青而言，确实是一段严酷的考验。许多知青在农村的基本生活条件难以得到保障，常常面临着缺乏基本的食物、医疗条件和住所等问题。同时，由于文革期间法制受到严重践踏，不少知青的人身权利得不到有效保护。在农村的恶劣环境下，一些女知青遭遇了性侵害事件，这些问题进一步加剧了知青在农村生活的艰难与不公。

1972 年 12 月 20 日，福建省莆田县城郊公社下林小学教师李庆霖冒险写信给毛泽东"告御状"，信中说：我有个孩子，叫李良模，是一个一九六八年的初中毕业生，一九六九年，他听从您老人家关于"知识青年到农村去，接受贫下中农的再教育，很有必要"的教导，毅然报名上山下乡。经政府分配在莆田县

图 4.1 福建莆田下林小学教师李庆霖（中）

山区——荻芦公社水办大队插队户务农。在孩子上山下乡后的头十一个月里，他的口粮是由国家供应的（每个月定量三十七斤），生活费是由国家发给的（每个月八块钱），除了医药费和日常生活中下饭需要的菜金是由知青家长掏腰包外，这个生活待遇在当时，对维持个人在山区最低限度的生活费用，是可以过得去的。当国家对上山下乡知识青年的口粮供应和生活费发给断绝，孩子在山区劳动，和贫下中农一起

分粮后，一连串的困难问题便产生了。首先是分得的口粮年年不够吃，每一个年头里都要有半年或更多一些日子要跑回家吃黑市粮过日子。在最好的年景里，一年早晚两季总共能分到湿杂稻谷两百来斤，外加两三百斤鲜地瓜和十斤左右的小麦，除此之外，就别无他粮了，那两百来斤的湿杂稻谷，经晒干扬净后，只能有一百多斤。这么少的口粮要孩子在重体力劳动中细水长流地过日子，无论如何是无法办到的。况且孩子在年轻力壮时期，更是能吃饭的。在山区，孩子终年参加农业劳动，不但口粮不够吃，而且从未见分红，没有一分钱的劳动收入。下饭的菜吃光了，没有钱去再买；衣裤在劳动中磨破了，也没有钱去添制新的。病倒了，连个钱请医生看病都没有。其它如日常生活需用的开销，更是没钱支付。从一九六九年起直迄于今，孩子在山区务农以来，他的生活一切花费都得依靠家里支持。说来见笑，他风里来，雨里去辛劳种地，头发长了，连个理发的钱都挣不到。信中还反映了上山下乡知识青年招工、招生、招干工作中存在的拉关系、走后门情况。

毛泽东对李庆霖的来信非常重视，并亲自回信表示关切："寄上 300 元，聊补无米之炊。全国此类事甚多，容当统筹解决。"这封信成为中央高层调整知识青年政策的重要契机。随后，各地纷纷建立知青点，对知青进行集中管理，改善他们的生活条件。这一举措大大改善了知青的生存环境，使得知青上山下乡逐渐集中于知青点，为他们提供了更好的生活保障和管理。

1975 年 7 月 15 日，这个日子深深铭刻在我的心中，是一段艰难曲折人生历程的起点。那天，天气阴沉，天空被厚厚的灰黄色浊云覆盖，显得低沉压抑。空气闷热得让人喘不过气，仿佛整个世界都被凝固在一个巨大的蒸笼里。这样的闷热让人头痛，似乎在无形中压迫着人的心灵，缠绕着每一个念头。这一切，成为了我接下来人生旅途的背景。

在秦屿公社革委会召开欢送知识青年上山下乡大会之后，我们一行人手拎着各自父母单位赠送的脸盆、茶杯、毛毯等日用品，胸前佩戴着一朵大红花。绕秦屿镇的主要街道行走了一圈，锣鼓喧天，街道两旁挤满了送行和看热闹的人群。我们的行李已经由各自知青点派来的拖拉机提前运走了。离开秦屿集镇后，大家便各自奔向自己的知青点，正式开始了这段特殊的人生历程。

那年我 18 岁，正值人生的黄金时光，意味着我已经长大成人。18 岁，本该是展翅高飞、追逐梦想的年纪，是用智慧与汗水点亮

图 4.2 福建省福鼎县秦屿斗门知青点

青春风采、用激情和梦想铸就辉煌人生的时刻。然而，我却只能发出满含沧桑的人生感叹。在通往斗门知青点那条坎坷不平的小道上，我看着黑沉沉的天空，心中充满了迷茫和无助。尽管前路漫漫，我深知必须勇敢面对，因为这就是我的宿命，我的道路。于是，我学会了坚定地走好脚下的路，迎接未来的一切挑战，独自开创属于自己的人生。

斗门知青点位于秦屿公社屯头大队的斗门村，地处秦屿镇东北方向，距离集镇约 5 公里。当时，这里还没有通公路，只有一条羊肠小道可通行。村庄东面靠山，北面与店下镇的三佛塔村接壤，西面与店下镇的海田、岚亭村相连，南面则与屯头村毗邻。

村口矗立着两棵约有 500 年树龄的参天古榕树，为斗门村增添了独特的风景。穿过古榕树，沿着一条古老的石板路，走到村东边的尽头，就能到达斗门知青点。

知青点的建筑是一栋用石头砌成的两层小楼，大门正对着通往二楼的楼梯。楼房中间有一个过道，两侧是知青们的住房，整个楼房共有 26 间房间。右侧配楼为厨房，左下侧远离主楼处建有一个厕所。楼前还有一个与篮球场大小相当的活动空地。那时，这栋楼房堪称当地最好的建筑。

我哥比我早两年上山下乡，当时被安置在位于太姥山半山腰的排堂岭知青点。排堂岭知青点在福鼎县名气很大，被誉为先进知青点，经常有领导和外地知青前来参观学习。我们斗门知青点是 1974 年才建成的，刚建成时，我哥就被从排堂岭知青点调到这里，担任团支部书记。我姐姐比我早一年上山下乡，也被分配到斗门知青点，我到斗门知青点后，她就调到秦屿才堡大队小学当民办教师去了。

我们斗门知青点大约有 20 多人，由一名带队干部和一名老农民负责管理。知青点有 30 多亩田地，主要种植水稻，此外，东边山上还有十来亩山地，用来种植马铃薯和红薯。我刚到知青点的第二天，正值"双抢"季节，就立即下地干活了。

负锄种田的日子在一片惘然中开始了，这是一种完全出乎意料的人生转变。花季少年突然间变成了田园农夫，"锄禾日当午，汗滴禾下土"的艰辛逐渐融入到每天的劳作中。超负荷的体力劳动不仅带来了身体的疲惫，更在精神上产生了迷茫，留下了深深的心理阴影。那段日子中，身体的劳累和心灵的困惑相互交织，构成了我们生活的主旋律。

7 月，正值夏收秋种，是农事中最紧张、最艰难的时期。割稻、插秧、耘田等劳动强度极大的农活接踵而至。8 月的烈日像针刺般灼烧着皮肤，炙烤得双腿、双手起泡、脱皮。割稻和耘田需要长时间弯腰操作，每天劳动后，腰酸得直不起来，眼前还时常冒着金星。这样的日子不仅考验着体力，也带来了无尽的疲惫与艰辛。

耘田就是用双手的十根手指在水田中的稻丛根部来回"耙动"，将稻根周围的杂草清理掉，并松动土壤。这是一项极其辛苦的工作，田里淤泥深浅不一，隐藏着各种水生动物，如蚂蟥、蛤蟆、泥鳅、田螺、黄鳝，甚至还有剧毒的蝮蛇等。此外，水田中也存在

127

不少对人体有害的害虫。那时化肥紧缺且昂贵，大量使用人粪尿作为肥料，因此耘田时手触到粪便是常有的事。这些都增加了劳动的艰辛和不适。

不知道为什么，斗门这个地方，蝮蛇还特别多，都长得很粗、很长。体长通常在80～120厘米，有的还长达2米，头略呈三角形，背面浅褐色到红褐色，腹面灰白，密布棕褐色或黑褐色细点。常栖于稻田、田野溪沟、草丛、水沟、灌木丛中，弯曲成盘状或波状。一般情况下，它不会主动攻击人，但一旦人碰到它或赶它走时，它就会昂起高高的头，吐着长长的信，前后摇摆，然后把身子卷曲，以便更好地集聚能量。当它向你发起攻击时，身体就会像弹簧一样射将出去，同时张大嘴巴，两颗硕大的毒牙借着冲力扎进你的肉体之中，将它巨毒的毒液注射到你的体内。蝮蛇毒性相当剧烈，被蝮蛇咬伤，如果不及时有效的治疗，死亡率不会低于80%。

蛇在晚上经常出现在小路上，有时甚至会爬进房间里。曾经有一条蛇竟然爬到了我们知青点的二楼房间。有一天晚上，我在回知青点的路上，月光不太明亮，只能勉强看清路的轮廓。当我走到临近村口时，突然感觉脚下踩到了一个软软的东西。我立刻意识到可能踩到了蛇，飞快地跑了几步，身后传来"沙沙"的声音，接着感觉鞋后跟被什么东西重重碰了一下。我的心脏扑通扑通地跳着，幸运的是没有被蛇咬到。从那以后，我晚上出门再也不敢不带手电筒，以防再次遇到蛇。

有一次我们在插秧时，发现田里盘着一条足有两米多长的蝮蛇，阻碍了我们的工作。大家齐心协力，用扁担和锄头将它打死。回到知青点后，我们兴高采烈地将蛇挂在厨房门口的树上，从脖子处割开一刀，轻松地剥下整张蛇皮，清理干净肠胃后，得到了一条七八斤重的白花花的大蛇。放在案板上剁成段，那剁开的蛇段还在一动一动的，看着还真有点瘆人。我们知青中没有人会做蛇肉，大家便想当然地像平常做大肉一样，把蛇肉放进油锅里，随着锅里发出"滋滋滋"的响声，用锅铲翻来复去地炒，然后再加上水，盖上锅盖使劲地炖熟。蛇肉真的是鲜美可口，非常有弹性，而且香气四溢，大骨头上有许多细小骨头。不一会儿，一条大蛇就被我们大家吃了个干干净净。

"双抢"结束后，农活减少了许多，但我们知青点的生活条件却急剧恶化，特别是食品供应方面出现了严重问题。起初，由于秦屿公社和各父母单位的领导送来不少礼物，我们的伙食还算不错，每天有鱼有肉。但随着时间的推移，外界的支持逐渐减少，我们知青点又没有足够的菜地或养猪的资源，导致蔬菜供

图 4.3 魏朝胜（1973）

应短缺。最终，大家只好吃一口饭，喝一口茶，以茶代菜。由于肚里没有油水，饭量还变得特别大，一餐吃一斤大米，都是经常的事。

面对这种困境，分管秦屿公社知青工作的魏朝胜同志给我们提出了一个解决方案。魏同志是一位非常负责且勤奋的干部，对秦屿公社所有知青点的情况都了如指掌。知青们有任何问题，通常都会去找他寻求帮助。他建议我们通过搞副业来增加收入，具体包括两项内容：一是种植蘑菇进行销售，二是利用福鼎县知青办给的木头指标制作家具出售。我们在知青点的一楼腾出了两间房间，一间用来种蘑菇，另一间则作为木工房来制作家具。

种蘑菇卖没有太大问题，因为这是集体的活动，不涉及搞资本主义，而且秦屿镇有专门的收购站，按国家定价进行收购，许多生产队也都在种蘑菇。虽然我们规模较小，赚不了大钱，但风险也很小。然而，将国家分配的木材指标制成家具出售则存在较大的政治风险。好在魏朝胜同志务实且不畏风险，知青点地处偏远，只要不张扬也不会引起关注。而且由于木材指标有限，我们也无法大规模制作家具，所以最终也没发生什么问题。

我们知青点有个叫蒋幼实的知青，平时大家都叫他"阿实"。他只是在福鼎四中报了个名，但没上几天学就辍学去学木工了。由于当时的政策规定，只要在中学报过名的都必须上山下乡，所以他也来到了我们的知青点。阿实可是个真正的木工师傅，人非常聪明，尤其擅长做细木工，也就是制作家具的师傅。他甚至还掌握了一些雕刻技术，手艺十分了得。

中国有着几千年的文明史，在这漫长的历史进程中，中国人总结出了一套科学的生活方式，其中包括一些实用性极强的家具设计。比如，古老的架子床就是一项非常科学的发明。架子床不仅具有结构稳定、通风良好的特点，还能通过设计满足不同的生活需求。在当时的秦屿镇，有钱人结婚时往往会添置一张架子床，这种床作为大型中式家具，不仅实用，更象征着财富和地位，因此其价值和市场是显而易见的。

蒋幼实师傅看到我对木工有一定的兴趣和基础，便邀请我成为他的助手。我欣然答应，并回家取来我的木工工具和小五金工具，带到了斗门知青点。从此，我的知青生活中便多了一项新的内容——木工制作。这段木工生涯不仅让我学到了许多实用的手艺，也让我感受到了劳动的价值和成就感，丰富了我在知青点的生活经历。

图4.4照片是当时秦屿公社宣传知青生活的记者拍摄的老照片。照片中的左下角那个人就是蒋幼实师傅，右边那个人就是本人，中间那个人名叫周友楠，是我中学时期同年级的同学，也是我们知青点的知青。他是一点也不会木工，拍照片时他感觉好玩，硬凑进来的。

我虽然在中学时期学了一点木工技术，但没有真正拜过师。我爸虽然也会一点木工技术，但也是自学的，所以，当时我实际上没有真正掌握木工技术的精髓。

传统木工一般分为三个种类，有造房子的粗木工，也叫大木匠；有做家具的细木工，也叫小木匠；还有箍桶做盆的叫桶匠，也叫圆木匠。大木匠需要把圆木砍平，斧子及运斧的技能最重要。小木匠作的是门窗、家具，讲究榫卯正确、拼缝严密，这不仅仅影响外观，而且关系到内在的使用寿命和质量。通常用榫卯、拼缝的质量高低来评价小木匠的手艺的高低。

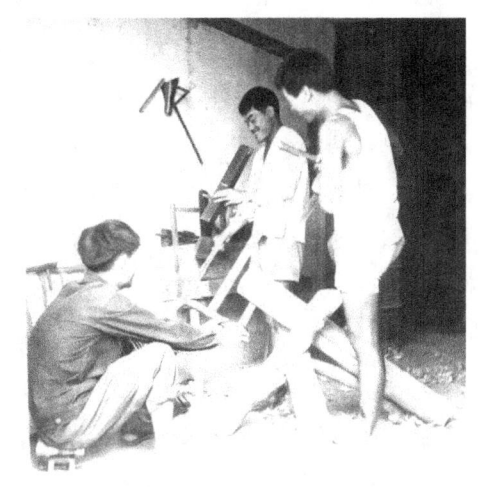

图 4.4 在斗门知青点做木工时的照片（1975）

我当了蒋幼实师傅助手后，他对我严格要求，从开料、选料、开榫做卯以及组装等从头学起。斧、锯、刨、凿看似简单，其实是简练而不简单，上手不易，得心应手却更难，必须反复练习。刨刀的安装，锯齿的锉磨，家具做榫等木工的基本功的训练更不能马虎。要求刨料平整、光滑、方正，画线要准确、正确，打榫眼要方正、垂直。经过一段时间的训练和蒋幼实师傅的精心指点，我的木工技术突飞猛进，真正掌握了木工技术的精髓，开始可以自己制作木工用的工具了，算是出师了。

我除了做木工外，知青点的农具坏了也经常叫我来修理，比如喷雾器、打谷机、谷风机等等。在平时闲暇之余，我还制作了一个煤油炉，如图4.5所示。照片中的右下角就是我亲自制作的煤油炉，左下角是制作煤油炉所用的材料，一个废弃的柏油筒顶盖。

图 4.5 在斗门知青点制作煤油炉（1975）

中间的木箱子是我中学时期做的五金工具箱，木箱上面是一把大锉刀。

平心而论，即便在最艰苦的时刻，我们这一批知青在生活上并不能算得上悲惨，否则，又该如何形容身边那些农民的生活呢？虽然我们经常没有菜吃，鱼肉难得一见，年终结算不仅分不到一分钱，反而还欠下知青点的伙食费，但至少我们不用挨饿。真正的悲情并非源于物质的匮乏，而是因为失去城镇户口后的背井离乡，是因身边的知青一个个离去后留下的孤独和凄凉，以及在枯坐床头时对未来无望的绝望。

1971 年以后，特别是在林彪事件之后，大批干部逐渐恢复了原职，知青政策也开始有所松动，升学、招干、招工等机会逐渐出现。其中，一部分有家庭背景的知青率先脱离了农村。这些曾经坚定支持扎根农村的先锋们的离开，极大地动摇了那些抱有意识形态初衷的人们信念。政治动员口号的神圣性在他们内心逐渐消散，意识形态动员的魅力开始瓦解。然而，扎根农村一辈子的宣传依然铺天盖地地继续进行。

有段时间，知青点每晚都要进行政治学习，积极宣传"扎根农村干一辈子革命"的口号，号召大家以邢燕子、侯隽、董加耕等人为榜样，甘心成为社会主义新农民，把一生奉献给广阔天地。然而，实际上大多数人心里却在日思夜想着如何尽早摆脱这个困境。虽然宣传要求大家扎根农村一辈子，但没有一个人愿意真正响应这个号召，甚至连表面上表示态度的人都寥寥无几。可见，对知青而言，回城的渴望有多么强烈。

有一天，不知从哪里调来了一对知青夫妇，两人年纪都已过三十，因时间拖得太久，才在农村结了婚。知青点把他们视为"宝贝"，安排女方到斗门小学当民办教师，还特意腾出一间大房间给他们住。据说国家有政策，结婚后就不能再被招工调走，只能在农村扎根一辈子。因此，虽然知青中有不少谈恋爱的，但没人敢结婚。无论年龄再大，感情再深，也只能耗着不敢迈出结婚这一步。

李春波在 1993 年作词、作曲并演唱的《小芳》是一首感人至深的民谣情歌。歌曲以知青上山下乡的背景为基础，描绘了男知青与农村姑娘小芳之间的短暂而深情的爱情故事。在歌词中，男知青回忆起在回城的那天晚上与小芳在小河旁度过的美好时光，并表达了对她的感激与怀念。这首歌通过男知青在离别时的内心独白，反映了知青在那个特殊年代面对的两难抉择：一方面是对回城的强烈渴望，另一方面是对爱情的难以割舍。质朴的歌词、清新的旋律，仿佛一股甘洌的清泉，将这种复杂的情感深深唱进了人们的心中，触动了无数人的共鸣。歌曲发布后迅速获得全国排行榜冠军，并为李春波赢得了1993 年度全国十大最受欢迎男歌手奖。

在实际情况中，知青几乎不会与当地的农村姑娘谈恋爱，至少在我所知的范围内没有发生过这种情况。这主要是因为当时在城镇户口与农村户口之间存在着难以跨越的鸿沟。当时国家规定，夫妻双方只要有一方是农村户口，他们的子女就全是农村户口。粮食的购买受到严格限制，只有持有城镇户口才能获得粮票，并在城镇生活。因此，知青与农村姑娘谈恋爱通常没有好结果，也被视为不负责任的行为。

在男女知青之间，恋爱是比较常见的，但由于希望尽早离开农村，许多人不敢结婚。在我们知青点，有一对情侣感情深厚，每天形影不离，但女方意外怀孕后，这段恋情引发了一场轩然大波。未婚先孕在当时被视为丑事，本应幸福的事却变得满城风雨。尽管男方家长准备为他们举办婚礼,但女方家长担心婚后无法调回城镇,只能选择人工流产,最终葬送了这段美好的姻缘。

这件事对男方打击极大,他觉得自己犯了大错,两年多不敢在秦屿镇露面,连脚趾发炎都不敢去医院治疗,只有半夜才敢回家拿东西。因为这段经历,他错失了招工、招生的机会,最后只能选择参军。女方也因此调离了知青点,去了其他公社。这段经历不仅让他们身心受创,也反映了当时知青们所面临的巨大压力和无奈。

了尽早脱离农村,一些知青竭尽全力巴结公社领导和带队干部,希望能够早日获得招工或招生的指标。一些知青家长也积极动用人脉关系,走后门的风气逐渐盛行。实际上,许多早走的知青表现良好,有些甚至非常优秀,他们获得上调机会是合理的。然而,能离开农村的人必须具备一个基本条件:出身"红五类"或家庭政历清白。在当时,家庭出身成为决定招工、升学的重要标准,文化程度反而被忽视。这导致了许多小学文化程度的知青直接上大学的现象。

知青点的生活中,勾心斗角和暗中较劲的现象随处可见。经常有人拿着小笔记本,记录着诸如某人假装生病不出工、某人干活不卖力、某人说了什么话、某人拿了公家一根葱等琐碎的事情。这些无聊的记录最终成为在推荐回城指标时攻击对手的"黑材料"。看到这些现象,我感到无比厌恶——厌恶这日益残酷冷漠的环境,厌恶这种丑恶荒唐的生活,也厌恶知青点中的勾心斗角。

在知青点的日子里,一些丑陋的行为也时有发生。由于长期的劳累和营养不良,再加上缺少新鲜食物,知青们常常忍不住到附近农民的果园里偷摘桃子、李子、柚子等水果。虽说这看似是无伤大雅的小偷小摸,但实际上,这些行为不仅损害了农民的利益,也使得知青与当地村民的关系更加紧张。偷盗行为背后的尴尬和不安,反映了知青在那段时期所经历的艰难与无奈,也进一步加深了我对知青生活的厌恶感。我盼望着能早日脱离这苦海,早日离开这个知青点。

1975 年 10 月,秦屿小东门围垦工程正式开工。同年 11 月,秦屿公社革委会调我到小东门围垦指挥部工作,负责安装板车轮和制作板车架。虽然这意味着我暂时离开了斗门知青点,但我的知青身份并没有因此改变,我的命运也依然被牢牢锁在知青的生活轨迹中。

4.2 小东门围垦工程

1975 年 10 月,秦屿小东门围垦工程正式动工。该工程是在秦屿后岙与打水岙之间建一条海堤,挡住海水,围垦海滩面积 6840 亩,可耕面积 5200 亩,保护土地面积 22600

亩。该工程竣工后可保护秦屿镇及屯头、斗门、茶塘、巨口、樟岐、东埕等 10 个村和国营秦屿农场 4.1 万多人口的安全。项目总投资 148.9 万元，完成土石方 49.18 万立方米，总投工 109.06 万工日。

我是 1975 年 11 月调到秦屿小东门围垦指挥部的，当时没有什么施工机械，拉石头、拖土等搬运东西都是靠人力板车。我的任务就是负责板车轮的组装、车架的制作和维修等。虽说是知青，但实际上与民工也差不多，在经济收入上还不如民工，被当做一个廉价劳动力使用。

在我调入小东门围垦指挥部不久，全国范围内又掀起了一场声势浩大的"反击右倾翻案风"运动。

邓小平重掌大权之后，在周恩来等人的支持下，对文化大革命发动以来造成的各种问题进行调查解决。1975 年 7 月 4 日，他提出"三项指示为纲"，把发展经济放在首要的战略地位，力图将全国的政治经济生活重新纳回到

图 4.6 小东门围垦工程用的人力板车

正常轨道中来。但是，他的做法引起了毛泽东的不满。毛泽东将文化大革命视作自己晚年的重要功绩之一，认为文化大革命是"三七开，七分成绩、三分错误"，"基本正确，有所不足"。

1975 年 11 月 20 日，中共中央政治局召开会议，讨论对"文化大革命"的评价。毛泽东提议由邓小平主持会议并形成肯定文化大革命的文件，但是邓小平没有接受毛泽东之建议，邓小平说由他主持这个决议不适宜，他是桃花源中人，"不知有汉，何论魏晋"。邓小平技巧性地以陶渊明的话回应，婉拒了毛泽东。随后，邓小平的职务被调整为"专管外事"，不再全面统管工作。11 月 24 日，中共中央召开"打招呼会议"，正式定性为"右倾翻案风"。随后，毛泽东决定在全国范围内发动反击运动，11 月 26 日，《打招呼的讲话要点》下发全国，各地开始学习，标志着"反击右倾翻案风"运动的正式开始。

1976 年 1 月 8 日上午 9 时 57 分，周恩来去世。1 月 15 日下午 3 时起，在天安门广场人民大会堂准备举行追悼会。第一副总理邓小平致悼词。在追悼会闭幕后，毛泽东保镖汪东兴率领"八三四一"部队拘留邓小平，软禁在中南海住宅里。

1976 年 2 月左右，各地散发大字报反对江青，拥护周恩来、邓小平。2 月 2 日，中共中央发出通知：经毛主席提议，中央政治局一致通过，由华国锋任国务院代总理，在叶剑英生病期间由陈锡联负责主持中央军委之工作。2 月 2 日，邓小平提出辞职两周后，党中央向中国高层干部宣布：经政治局一致同意，任命华国锋为代总理。中央政治局通过毛泽东的提议，华国锋任国务院代总理并主持中央日常工作。此后，全国各家媒体纷

纷发表社论和文章，全面否定邓小平1975年以来实行的各项措施，将邓小平定为"不肯改悔的党内最大的走资派"。反击右倾翻案风发展到批邓、反击右倾翻案风。

1976年4月4日，是中国人民传统"扫墓"的日子"清明节"，有200万以上群众到天安门广场，以北京天安门广场为中心，市民自发聚集在人民英雄纪念碑周围，献上大量花圈、花篮、条幅、挽联和祭文，四五运动爆发。4月5日毛新远给毛泽东写报告

图4.7 天安门广场悼念周总理

称："这样大量的在天安门前集中那么多群众场合下，公开发表反革命的演说，直接攻击毛主席，是建国以来没有的。"政治局会议指控邓是幕后指挥者，并决定强行清除人民英雄纪念碑周围花圈。毛泽东当天圈阅报告，认为四五运动是邓小平从1974年至1975年长期准备的结果。晚上大批民兵、公安人员和部队包围天安门广场，对滞留群众殴打和逮捕。4月6日，《人民日报》发表社论《牢牢掌握斗争大方向》，坚持"批邓"运动，并再一次将毛泽东不久前说的话"翻案不得人心"以黑体字标出。

1976年4月7日，在没有邓小平参加的情况下，毛泽东肯定中共中央政治局对天安门广场事件所采取之措施，提议由政治局作出两项决议：一、任命华国锋为党中央第一副主席、国务院总理；二、撤销邓小平党内外一切职务，保留党籍，以观后效。邓小平再一次被撤销党内外一切职务，这是他第三次被打倒。

但两年后的1978年11月14日，随着四人帮的垮台和文化大革命的结束，经中共中央政治局常委会批准，中共北京市委宣布四五天安门事件是革命行动，受迫害及被捕入狱者获得平反。11月25日，中央工作会议召开全体会议，中共中央政治局在会上正式宣布："天安门事件"完全是革命的群众运动，为"天安门事件"公开彻底平反。

天安门事件发生后，我们免不了每天晚上要学习人民日报的相关内容。但由于秦屿这地方太偏僻，许多消息不太灵通，因此也没有发生什么动乱，大家都还是一心忙于生产，我还是安心地在小东门围垦指挥部做板车。

图4.8 秦屿小东门围垦工程（1976）

小东门围垦指挥部位于秦屿积石路上靠近工地的一栋面向大海的老房子里。这栋老房子可能是过去哪家大户的住宅，进入大门后，就可见到一个很大的大厅，被当做仓库使用。大厅的左右两边各有一栋两层楼的配楼，指挥部就设在右配楼的二楼。大厅前面有个天井，由于当时我的工棚还没建，所以我的工作地点就暂时在这天井

里。

秦屿公社党委副书记兼革委会副主任林存端同志任指挥部总指挥，除了我之外，斗门知青点还来了两个人，一个是我中学的同学邱世焕，任工程施工员；另一个是江爱燕，任工地卫生员，负责工地突发工伤事故的应急处理；还请来了当时秦屿最有名的发动机维修技术人员陈恒钦，负责工地发电；从吉坑水库调来的朱品梅任技术员，从秦屿中心小学调来的庄友柱任宣传员，其他还有施工员丁邦熙，出纳员张一萍，会计是秦屿镇财政所的梁亦栋，从秦屿派出所调来一个民警担任保卫工作。此外，还有电工员、采购员、仓库管理员等。

江爱燕出生于医生世家，她父亲是秦屿医院的创始人。当时筹建秦屿小东门围垦工程指挥部时，要求秦屿各单位都抽调一个人参加。由于秦屿医院抽不出人，就出一份工资（每月18元）把她从斗门知青点调去。小东门围垦工程结束以后，她又到了平桥水库工地当卫生员，直至招工到福鼎县妇幼保健院工作。工作后，又被推荐到福建省闽东卫生学校学习，毕业以后，回到了秦屿医院，后又调到了福鼎桐城医院，现已退休。

由于小东门围垦工程刚开工不久，还用不上大量的民工，眼前的主要工作是填砂子和开挖闸门的基坑。每天涨潮时，就可见到大量的民船从潘歧头和蒙湾等处，运来了一船船的砂子，到达大坝的上方后倒入海中。每天退潮时，从浙江平阳请来的民工就开始爆破开挖基坑。

当时我的任务是为大量民工的到来组装人力板车轮。当时还没有工棚，晴天就在天井中干活，下雨就在台阶上。组装板车轮，照理说没有什么技术含量，就是将轮毂、幅条、轮胎、轴承等组装起来并上好润滑油，调正、拧紧就可以了。但，由于是全新的轮胎，很硬，不像旧轮胎那样用手一按就可以到位。我一个人，又没有其他人帮忙，新轮胎一捆一捆好几条叠在一起的，抽出一条翻个面都很费劲，更别谈安装到轮毂里面去了。

为了克服这个困难，我想出了一个办法：我用粗钢筋制作了几个撬棒，并用粗铁丝做成钩子。先将轮胎用撬棒撬进一部分，并用钩子固定住撬棒。接着，我用两根撬棒轮流将轮胎一点一点地往里撬，特别是收尾部分，必须十分小心，逐步移动，才能最终成功安装到位。经过这一番努力，不到很长时间，我就成功地将100多台板车轮全部组装完成，为接下来的施工做好了准备。

工棚建成后，我搬了进去，开始制作板车架。我的工棚位于秦屿镇后岙观音寺的北面，紧挨着秦屿建国渔业大队的油库，就在现在的林氏宗祠附近。工棚是用竹子和稻草搭建的，分成两大间，一间作为我的工作间，另一间作为发电机房。发电机是用上海产东方红35匹拖拉机带动的。由于当时秦屿镇电力供应紧张，我们从小东门建国大队修配站拉了两根电线来，供工棚照明使用。但工地上的用电只能依靠我们自己发电。

虽然知道油库旁边禁止搭建建筑物，尤其是草棚，而且里面还有一台发电机，这样的安排显然是不合规的，但在当时的情况下，也没有其他更好的选择。

由于我是知青身份，且负责具体的体力活，所以可以说是最累的。白天忙着干活，晚上还要参加指挥部的政治学习。指挥部的其他人却没什么事情做，一天到晚要么吹牛谈天，要么喝茶看报纸。而我在指挥部里连个办公桌都没有，还经常被安排晚上值班，不能回家。这种差别待遇真让人心里不平衡，感到非常气愤。

林存端是个土改时的老干部，农民出生，听说土改时曾三过家门而不入，算得上是个朴素的农民好干部。他长得不到 1.6m 的小矮个，相貌平平，脸儿黑生生的，眉毛很浓，留着小平头，大约四十来岁，太阳晒得墨黑的圆圆的脸上，有一对稍稍洼进去的大大的双眼皮儿眼睛。穿的衣服都很旧，脚上总拖着一双拖鞋，经常是挽着两支裤腿，走起路来风风火火。我看他认不了几个字，却每次开会前，总要装模作样让宣传员庄友柱念上一段报纸，然后才开始讲正题。他讲话时不停地吐口水，讲一句话吐一下口水，再讲一句话再吐一下口水，已经形成了习惯。其实也没吐出什么东西来，只不过是习惯而已。好像不吐一下，就不知道下句话该怎么说似的。

林存端还时刻不忘阶级斗争，警惕性很高，当时小东门海边位于闸门的基坑处有一块很大的石头，像个飞来石，立在海边，是个很有名的景点，是许多人照像取景的地方。由于占了闸门的位置，所以必须把它炸掉，这么美的景点要炸掉，有人说了几声可惜。本来是件很平常的事，在开会时却被那个宣传员搞得紧张兮兮的。他无中生有，硬是说有人在搞破坏，在传那个石头不能炸，说那块石头有神灵什么的。被他这么一鼓动，林存端认为这是阶级斗争的新动向，必须马上批判，立即指示那个宣传员马上写批判文章，第二天就贴到了门口的宣传栏上去了。

开挖基坑必须在退潮之后才能施工，每天的退潮时间都不一样，所以经常要晚上加班。加班就必须发电，负责发电的是陈恒钦，而负责接电线的电工员是两个退伍军人。可能在部队里学过一点电工知识，但我看他很多东西不懂，连两个电灯什么叫并连，什么叫串连都不知道。

有一个秦屿农业大队来的民工，正式名字叫什么我不知道，只知道大家叫他"阿班"。这家伙见面熟，很会交际，是个死皮赖脸的人，没上过学，从小就开始给生产队放牛。他一天到晚围着这两个电工转，那天晚上要加班，看到两个电工在牵电线，接电灯，他便自告奋勇地帮忙接电灯头。电线接完了，天也黑了，该亮灯了，谁知一合闸，就只听"啪、啪"几声，整条电线全部被烧毁了。这时，只见指挥长林存端："棺材、棺材，这个都做不好""棺材、棺材，这个都做不好"，一边口中骂着当地的土话，一边连连跺脚。大家吓得都不敢做声，连忙帮帮把电线和电灯全部拆下来，拿到我的工棚里，查找原因。

我拧开灯头一看，差点笑出声来，原来"阿班"这个家伙什么都不懂，他把火线和地线拧在一起，然后接到灯头里，不烧掉才怪。

烧掉了电线，那天没办法加班，这还算是小事，可不久就出了一件更大的事。

有天晚上刚好是涨潮，没有加班任务，我刚吃完饭，照例到指挥部来参加学习，大家刚坐下来没过多久，就听到建国大队维修站的人，在楼下大声喊："林主任、林主任，你们的工棚起火了。"说完就马上跑到秦屿派出所去推那个"水龙"去了。

当时，秦屿派出所门前有个人力消防车，当地人称它为"水龙"。水龙两旁有两根上下摆动的摇柄，当一边摇柄往下按时，另一边的摇柄就往上升，通过两边摇柄的上下摇动，水就可以从水龙头喷射出去。一旦失火，大家都知道到这里来推水龙去救火。

我们听到工棚失火了，大家都大吃一惊，赶快往工棚跑，随后很多老百姓也都往这边跑。我还没跑到工棚，就远远可以看见远处火光冲天，许多人拿着脸盆、水桶之类的东西，从海里舀水救火。不一会儿水龙也到了，那天是涨潮时间，台阶下面就有海水，取水倒是很方便。

我跑到我的工棚旁，差不多工棚都快烧塌了，我想冲进去把我的木工工具抢出来，可怎么也进不去。这时掌握水龙的人根本不理会你这个破工棚，他们在乎的是油库。这是秦屿建国渔业大队的油库，昨天晚上刚刚装满了一整库柴油。他们说一旦爆炸，整个秦屿镇可能都会被烧光，你说恐怖不？所以，他们几个人拿着水龙不断地往油库屋顶浇水，几个年轻人奋力摇动水龙，一股股海水喷向油库屋顶和围墙四周。我看着实在没办法，这时离工棚门口不远的地方，有一捆边角正在燃烧的轮胎，于是我就拎起来就跑，然后把它扔到施工基坑的海水里面了。

火灾发生后，虽然油库幸免于难，但我们的工棚却连同我的木工工具一起化为灰烬。损失最惨重的是上海产的 35 匹"东方红"拖拉机和发电机也在火灾中被毁。事后，林存端的第一反应是怀疑是否有阶级敌人在搞破坏。尽管派出所的民警进行了多方调查，最终却未找到任何证据表明是人为纵火。经过调查，确定火灾是由发电机房的电线引发的。当时发电机并未开启，也没有人值班，而是使用从修配站牵来的电源。最终，火灾的原因归咎于电线短路，但林存端对于防火安全的疏忽却是显而易见的。整天想着阶级斗争，却对最基本的安全防范毫不在意，结果造成了如此严重的后果，令人深思。

工棚烧没了，再也不敢在油库旁建工棚了，于是就在指挥部旁边租了一处民房做工棚。我的工具全部烧毁了，指挥部就给了一些钱让我重新买工具。刨刀、斧子、锯子、凿子等铁器，买起来倒是不难，最难的是用于刨床的木料，非常难得，不是用钱能买到的。用于刨床的木料，都是非常坚硬和耐磨的，一般都是用上等的楠木制作。当时我爸在秦屿医院，认识了很多秦屿造船厂的师傅，他们造的都是比较大的木船，其中舵使用的木料一般都是非常坚硬的楠木。我爸就向他们讨要到了几块，我那时木工技术水平已经很高，可以自己制作各种工具了。于是，我又重新制作了一整套工具。我上大学后，辗转多地，我的木工工具放在老家，被人拿走了一部分，剩余的部分被我带到了武汉，至今还珍藏在我的办公室，如图 4.9 所示，这些木工工具已经有 49 年的历史了。

图 4.9 重新制作的部分木工工具（1976）

上海产东方红 35 匹拖拉机被烧毁后，秦屿公社专门为陈恒钦申请了一个临时驾驶执照，他开车到上海拖拉机厂买来了配件，不久就把它全部修好了。我继续做着板车架，直到 1976 年 6 月，福鼎县知青办调我到福鼎县知青办，给全县知青做家具，我才离开了秦屿小东门围垦指挥部。我离开后，该工程于 1978 年 10 月竣工，至今还造福于秦屿人民。

林存端总指挥长后来退居二线，不久就荣归故里，我上大学后就再也没见到过他了。

1985 年 12 月 22 日早晨，就在这个小东门海堤附近发生了一件大事，名声远扬。那时正值涨潮，海浪翻滚，波涛汹涌，秦屿建国渔业大队的渔民正在海上作业捕鱼。突然，一头 10 米多长的抹香鲸闯入了捕鱼作业区，渔民们马上用大网将其团团围住。然而，这头海兽不肯束手就擒，拼命翻滚吼叫，企图挣脱逃跑，无奈被鱼网紧紧缠住，动弹不得。就在此刻，渔民们发现 2～3 海里外波涛翻滚，一群抹香鲸汹涌奔腾而来，然后在那头被捕的抹香鲸周围游戈，并用身体隔网摩擦被围的同伴，以示安慰，同时横冲直撞，攻击渔船，显得非常愤怒。渔船在鲸群的

图 4.10 抹香鲸秦屿小东门海堤旁遇难

攻击之下，上下颠簸，几乎翻覆，渔民们惊恐万状，奋力搏斗，相持 3～4 个小时，海水退落，鲸群全部搁浅，横卧于海滩，但全部还活着，奇怪的是，直到再次涨潮时，这鲸群仍然不离去，渔民们在当地水产部门的指示下，奋力驱赶鲸群返回大海，甚至动用机帆船拖曳，都未奏效，那些被拖下海的鲸，竟又冲上滩来，没有一头苟

且偷生，直到退潮，12 头 12～15 米长的抹香鲸全部毙命，陈尸于附近海滩，情景十分壮烈。如图 4.10 所示，抹香鲸背后的海堤即为秦屿小东门围垦工程所兴建起来的大坝，这是我国有记录的第一次抹香鲸集体"自杀"事件，在国际上也颇有影响。

4.3 县知青办制家具

1976 年 6 月，秦屿公社主管知青工作的魏朝胜同志通知我前往福鼎县知青办为全县知青制作家具。我一开始并不情愿，觉得反正都是做工，跑那么远没有太大意义，便推脱了几次。然而，县知青办的领导一再催促，我最终无法推脱，只好答应前往福鼎知青办制作家具。

当时，从秦屿镇到福鼎县城关尚未开通公路，也没有固定的水路客船。前往福鼎县城关的唯一途径是步行二十多公里的山路，翻越太姥山的半山腰，经过陡峭险峻的周公岭古道，抵达福鼎县白琳镇后，才能乘客车前往城关。中学时期，我曾在学军拉练时走过这条道，深知它的险峻和跋涉的艰辛。

我本打算挑着木工工具上路，但我母亲坚决反对。她非常了解这段山路的险峻，不愿让我承担这样的风险。最终，我只能妥协，只带了一把刨刀和一把锯子上路，其余的工具则委托秦屿长途运输社通过海运运送到福鼎县城关。

周公岭古道由不规则的石头铺就，左侧是险峻的石壁，右侧是幽深莫测的山涧，涧中流水飞瀑，声势如雷，令人心惊胆颤。古道上古木参天，荫蔽天日，石阶在风雨侵蚀下斑驳泛光。那天，我独自走在这狭窄的古道上，放眼望去，峰峦叠嶂，谷深云绕，景色壮丽。想起中学时代，羡慕科学家，理想是成为一名工程师，可中学毕业后，随着一声令下，到农村去，到边疆去，到祖国最需要的地方去，过去的梦想变成了泡影。望着远处腾起的一片片茫茫的云雾，我的内心一片彷徨。理想被命运所改写，前途未卜，内心充满了不确定和困惑。一路上，我哼着《知青之歌》，怀着复杂的心情，连走带跑地下了周公岭。

我走到了公路边，在一个挂着"白琳镇"牌子的地方等候客车。不久，一辆老旧的客车卷着尘土驶来。这辆车大约有 40 个座位，破旧不堪，但幸运的是尾部还有一个空位。我上车后，车继续向福鼎城关开去。那时没有高速公路，路面弯弯曲曲，满是砂石。车辆驶过，车后扬起阵阵灰尘。车内没有空调，只能开窗透气，但随之而来的黄烟很快就覆盖了我的头发、脸颊，甚至鼻孔。

白琳镇到福鼎城关只有 20 多公里的路程，以现在的标准来看并不远，但在当时却是一段艰难的旅程。福建是丘陵地带，道路蜿蜒曲折，客车开动时左右摇晃，我感到头昏脑胀，恶心欲吐，胃里翻江倒海，口水不断涌出，胸口像被什么压住，连呼吸都变得困难，这种感觉仿佛置身于地狱一般。后来我才知道这是晕车的症状。幸好路途不长，不到两小时客车便到达了福鼎汽车站。

我到福鼎县知青办报到后，发现秦屿公社已经派来了一个人，此人初中没读几天就辍学去学木工了，但木工技术一般。福鼎城关派来了四个人，都是建筑公司职工的子弟，虽然上过中学，但都被归为知青。前歧公社的两个来者年纪较大，似乎是"老三届"出身，是个做粗木工的，但没待几天就离开了。不久后，斗门知青点的蒋幼实师傅也被叫来了。最后到的是点头公社的一个人，性情暴躁，难以相处，所以我们之间几乎没有交往。

我们的工地被安排在县委大院内的东方红剧场，这座剧场当时已经被改为仓库，用于储存桐山溪水库的物资。起初只说将舞台留给我们使用，但随着时间的推移，我们知青逐渐占据了大部分空间。2018 年 8 月，我在哥哥的陪同下重返故地，想看看当年的东方红剧场，但发现它早已被拆除，取而代之的是一片绿地。

我们没有寝室，除了来自城关的 4 个知青回家住宿外，其他几位从外地来的知青都在舞台上打通铺。我们架起木板，铺上草席，就成了简陋的住处。我没有枕头，用砖头垫着睡觉有点硬，不太舒服，于是向知青办要了几本宣传册当枕头，竟然觉得这样睡还挺舒服的。

当时福鼎县知青办的主任是林开雍同志，虽然偶尔开会见过几次面，但平时基本没有来往。负责我们生活和工作的具体事务是陈亨裘同志，他是知青办的会计。我们的主要工作内容是制作供知青使用的 1.0 米×1.9 米的单人床板和支撑床板用的长凳，还有一些简单的方凳。这些家具相对来说都非常简单，没有太多技术含量，所以工作比较单调。

开始工作后，我们首先将原木拖到锯木社，将其锯成木板和方料，然后再将这些木板和方料拉回到东方红剧场。在剧场内，我们按照三角形的方式将这些木板堆叠起来，以防止它们在干燥过程中发生变形。木板的数量很多，几乎占据了半个剧场，每个木垛都堆得很高，几乎要接近剧场的天花板了。

每块床板都是由几块木板拼接而成，因此首先要将木板的边缘锯直，以便拼接。为了节省工时，城关来的几位小伙子想出了一个办法，他们去借用了福鼎县建筑公司的一台小型锯木机。由于这些人都是建筑公司的子弟，一提是知青办借用，建筑公司二话没说就同意了。不过，建筑公司也有自己的工作任务，所以他们只同意晚上借给我们使用，天亮后就必须归还。因此，我们只能在晚上加班锯木板，白天则用来休息。

图 4.11 小型锯木机

这台锯木机的噪音实在太大，尤其是在夜深人静时，那尖利刺耳的声音让人无法入睡。东方红剧场位于县委大院内，附近都是家属楼和宿舍，里面住着各部委和各局的领导。其中一栋家属楼就紧挨着我们的工地。噪音让住户们难以忍受，半夜有人来敲门投诉。我认出其中一位是福鼎县建委的领导，他要求我们停止工作，但得知我们是知青后，也只能无奈离开。

次日天亮时，我们收工准备归还锯木机，昨晚的那位领导气冲冲地指责我们："天一黑，你们就锯；天一亮，你们就不锯。"我们暗自偷笑，但其实那时并没有环保意识，现在想来，确实是不讲理，也没有考虑他人的感受。

连续几晚后，连县委书记李新文和他的夫人也被吵得无法入睡。夫妻俩半夜赶来询问我们的情况，得知我们是知青，为全县知青做家具，他立即指示我们继续工作，不必担心其他人的意见。第二天，他还在县常委会上强调要支持我们的工作，不准有人刁难我们。这也反映了当时对知青工作的高度重视，已经上升到了政治的层面，谁也不敢轻易为难我们。

刚到福鼎城关时，我的工具还在托运途中，身边只带了一把刨刀和一把锯子。幸运的是，这段时间主要任务是锯木板，所以暂时不需要其他工具。半个月后，终于收到了托运来的工具，我心里十分高兴，庆幸工作进度没有因此耽误。

木板锯完后，我们开始制作家具。起初，大家采取流水线作业的方式，每个人只负责一种工序，大家都以为这样能提高效率。但很快，埋怨声四起：有的说榫头没锯准，锯大了；有的又抱怨榫眼打得不方正。最终，我们决定各自负责整件家具的制作，各干各的，反而减少了矛盾，效率也提升了。我动作比较快，总是提前完成任务，有时还能帮帮别人，这样一来，大家相处得更和谐了。

我们在县委食堂吃饭，饭菜的质量比知青点的好得多，经常有油水和肉吃。记得有一次，我的碗上竟然沾了很多油，用水都冲洗不干净，这在过去是从未遇到过的情况。后来，一位厨房的老太太告诉我，用开水烫一下，果然把碗洗得干干净净。这种经历让我意识到生活条件的改善，甚至连碗都变得难以清洗，真是前所未有的体验。

我们当时没有工资，县知青办只发放饭菜票，所以吃饱饭不是问题，但手头没钱确实让人有些困扰。其实，这种情况在知青中很常见，大多数知青一年到头辛苦工作，结果年终结算时还倒欠知青点或生产队的钱。与他们相比，我们至少吃得好一些。不过，有时候想看电影却没钱怎么办？也有办法，我们会对食堂卖菜票的人说错过了饭点，在外面吃了一点饭，然后用菜票换得几毛钱，这样就能凑点钱看电影了。

后来我发现，并不是所有的知青生活都那么艰难。有关系的知青过得相对轻松滋润。县知青办里有几个领导的子弟，比如法院院长的儿子，虽然名义上是知青，但实际上在知青办帮忙打杂，领着工资。他们每天穿得整整齐齐，手里拿着纸扇到处游逛，还经常来我们的工地玩，甚至交流猜拳的经验。晚上没事时，他们还打电话消遣。当时，电话系统是人工交换的，这些公子哥们无聊时就打电话到隔壁房间闲聊，接线员听到他们聊天，还常常中断他们的通话。他们则不断打电话缠着接线员，最后还是让他们接通了电话。

我刚到福鼎城关不久，耳垂上不知为何长了一个小瘤子，摸起来硬硬的，圆圆的，还能转动。我担心它会长大，于是有一天晚上狠下心重重捏了一下，结果把瘤子捏破了。当时不觉得很痛，但几天后竟然发炎，肿得很大，脖子的淋巴结也跟着肿了起来，半边脸疼痛难忍。因为没钱，我也不敢去看医生，只能硬扛着，后来慢慢开始化脓。那天正巧是 1976 年 7 月 16 日，纪念毛主席横渡长江 10 周年，福鼎县体委还组织了横渡桐山溪的活动，我们一帮知青也去凑了热闹。

桐山溪离我们县委大院不远，我们常去那儿游泳。那天，我们正坐在溪水里，忽然看到对岸一队民兵背着半自动步枪，随着一声哨响开始横渡桐山溪。不久后，岸上传来呼喊声："有人落水了！"原来，几个民兵因枪的重量承受不住，被拖入水中，尽管大家慌忙施救，但最终还是有两人不幸溺亡。

那天我们游泳的时间有点长，我耳垂上的那个发脓小瘤子在溪水的长时间浸泡下，外皮变软了。我忍着疼痛，用力一捏，真的把它挤破了，流出了大量的脓血。桐山溪的水清澈见底，我一边挤一边用溪水冲洗，几天后，居然完全康复了。

在我们干活的时候，有时不小心也会受伤。有一次，我们一边干活一边聊天，正聊得起劲时，我的大拇指不小心被锤子砸中了。瞬间大拇指指甲下就一片乌黑，疼痛难忍，那种"十指连心"的感觉真是刻骨铭心。因为没钱去医院，我只能忍着痛继续工作，几天后，指甲竟然自己脱落了，接着又慢慢地重新长出来了。

在县知青办做家具时，虽然大部分都是简单的床板和凳子，但偶尔知青办领导会让我们帮忙制作一些更复杂的家具，如碗柜、五斗柜、沙发等。这些都是免费帮忙的。有一次，一位领导要求制作一个五斗柜，并特别设计了左上角的空间用于放置茶杯和茶具。通常这种五斗柜采用对开玻璃门设计，制作较为简单，但只能打开一半，放置大件物品时不方便。而福鼎一户人家的五斗柜设计得很巧妙：他们在这个位置安装了一块可以从下往上翻的玻璃门，当需要放置大件物品时，可以将玻璃门收起，贴在柜面底下，既美观又实用。虽然这种结构复杂，但我仔细研究后顺利完成了制作。这次挑战让我深感自豪。

有一次，县委食堂的一位老师傅从福建顺昌带回了一批珍贵的木料，打算制作一套独特的木质沙发。他还带来了一张沙发的草图。这种沙发的样式我们从未见过，当地也没有类似的设计。沙发的两边由木材制成两个椭圆形框架，座垫和靠背安装在椭圆内，底部则安装沙发的脚，整体结构相对复杂。于是，负责我们的领导指派蒋幼实师傅按照草图制作这套沙发。

蒋幼实师傅接受了这个任务后，准备开始制作时，发生了一件事。那天大家做工做烦了，想找个乐趣，福鼎城关来的那几个小伙子就带头爬到剧院大厅的天花板上面去玩，蒋幼实师傅也跟着爬了上去。剧院大厅天花板高度相当于三层楼高，离地面是有一定高度的，爬上去容易，但下来却很困难。蒋幼实师傅有点害怕，不敢下来了。怎么办呢？总得要下来吧，他在天花板上面转了很长时间，发现舞台上幕布旁边有一根绳子，这根绳子一头接着幕布，另一头一直下垂到舞台上，其实就是拉幕布用的绳子，不是很粗，而且已多年不用了。蒋幼实师傅就两支手拉着这根绳子，两支脚蹬着墙壁，一步一步往下爬。我一看感觉有危险，就想去阻止，大声喊道："危险"，可已经来不及了。蒋幼实师傅已经向下爬了 2 米多了，还剩下 4 米来高，就在这时绳子突然断了，蒋幼实师傅就直接摔到了舞台上。还好他屁股着地，而且舞台上地板是木头做的，有点弹性，没伤着他，没造成多大事故大家也都放心了。

可不久就发现蒋幼实师傅好像出了什么毛病，神情焦虑，整晚睡不着觉，突然说要请假回家。知青办陈亨裘会计看到这情况，生怕出什么事，就同意他请假回家。第二天他就买了到白琳镇的汽车票，然后从白琳镇步行回秦屿镇。我们大家都以为他会在家里休息几天后才回来。可万万没想到他就在家里睡了一个晚上，第三天就又回到了我们的工地，大家都大吃一惊。要知道，当时福鼎到秦屿没有公路，交通十分不便，必须乘车到白琳镇，然后步行翻过险峻的周公岭，走 4 个多小时的山路才能到达秦屿镇。他回来后，尽说些奇怪的我们听不懂的话，病情好像变严重了。知青办陈亨裘会计害怕出事，就带他到福鼎县医院看病，也检查不出什么毛病，开了一些药。我照顾他吃药，还给他买来西瓜，说服他不要再往秦屿跑了，就在工地休息几天。看他根本无心做事的情况，知青办陈亨裘会计就把做木质沙发的任务，交给了我来做。

于是，我根据草图的外观，自己设计了内部榫卯结构，花了好几天的时间，把它做成了。从此，有什么麻烦和难做的活，陈亨裘会计都叫我来做。

蒋幼实师傅在生病期间，不用干活，觉得无聊，居然还用木头做了一把板胡玩。他做的板胡与二胡差不多，就是用很薄的木板代替蛇皮，其中除了琴弦和弓线外，其他都是他自己做的，板胡的声音还挺不错，他边拉边唱，过了几天他的病竟然神奇得好了。

1976 年是中国历史上极不平凡的一年，经历了几次重大事件。1 月 8 日，中共中央副主席、国务院总理周恩来在北京逝世，享年 78 岁。7 月 6 日，全国人大常委会委员长、解放军总司令朱德去世，享年 90 岁。7 月 28 日凌晨，中国河北省唐山发生里氏 7.8 级强烈地震，造成超过 24 万人死亡，16 万人受伤。9 月 9 日，中国共产党和中华人民共和国的主要缔造者毛泽东在北京逝世，标志着一个时代的结束。

1976 年 9 月 9 日下午 4 时，中央人民广播电台向全国和全世界发布了《告全党全军全国各族人民书》，正式宣布了毛泽东主席逝世的消息。这一消息震惊了全国，8 亿人民沉浸在巨大的悲痛之中。此刻，仿佛整个世界都为失去这位伟大的领袖而哀悼，江河呜咽，群山静默，万物共悲。

毛泽东逝世后，世界各地的哀悼和赞扬如潮水般涌来。在他逝世后的 10 天里，共有 123 个国家的政府和首脑向中国政府发来唁电或唁函，105 个国家的领导人或代表到中国使馆吊唁，53 个国家降半旗致哀，许多国际机构和国际会议也举行了悼念活动。

那天，我并没有在第一时间得知毛泽东主席逝世的消息。吃完晚饭后，我和蒋幼实准备去散步，走到县委大门口时，发现陈亨裘会计的儿子和一帮同学骑着自行车，手臂上都戴着黑纱。我们询问发生了什么事，才得知毛主席去世的消息。随后，县委大楼屋顶安装了高音喇叭，反复播送哀乐、《告全党全军全国各族人民书》及唁电等内容。大家自发聚集在广场前，心情沉重，很多人泣不成声。在接下来的 30 天里，所有娱乐活动都暂停，大家也自觉遵守，沉浸在悲痛之中。

1976 年 9 月 18 日，"伟大的领袖和导师毛泽东主席追悼大会"在天安门广场隆重举行。华国锋致悼词，城楼中央悬挂着毛泽东的巨幅遗像，遗像两侧和红色高台上摆放着各界敬献的花圈。天安门广场庄严肃穆，首都百万群众早早来到天安门广场及周边地区，臂戴黑纱，胸佩白花，列队肃立，以表达对毛泽东的深切哀悼和无尽敬意。这场景象令人感受到整个国家的沉痛与庄重。

图 4.12 毛泽东主席追掉大会

各省、市、自治区的政府所在地以及各城镇、公社被设为"分会场"，与北京同步收听追悼大会的实况广播。当哀乐响起，追悼会开始时，所有的汽车、轮船、火车都鸣笛志哀，会场上更是哭声一片。对毛泽东的悼念达到了前所未有的规模和深度：佩戴黑纱的人数之多、时间之长（长达一个月），灵堂数量众多，追悼大会规模空前，甚至全国范围内的工厂停工、学校停课、商店关门，举国哀悼。

那天，福鼎县城关有两个追悼大会会场，一个是在福鼎县剧场，另一个是在福鼎一中。我参加了福鼎一中举行的悼念毛泽东主席追悼大会，与县委里一大帮工作人员一齐排队进入会场。走到福鼎一中校门口时，突然听见值勤的民兵一声大吼："穿拖鞋的，出列！"随着这声命令，大家都转过头了用异样的眼睛看着我，这时，我才发现不能穿拖鞋进入会场。我那时，夏天穿拖鞋，冬天穿解放鞋，就两双鞋，没有其他的鞋。由于当时还没到冬天，所以一天到晚都是穿拖鞋，又没有什么人通知我说不能穿拖鞋，就习惯地穿着拖鞋去参加追悼会了。我看着吼我的值勤民兵凶巴巴的样子，就对他说，我没有其他鞋，打赤脚可以吗？他说上级没说禁止打赤脚入内，于是我就将拖鞋拿在手上打赤脚进去了。县委办公室的负责人听到这吼声后，赶快跑过来问我是哪个单位的？我说是知青，他就不作声走了。

经历了十年文化大革命，个人崇拜的观念早已深入人心，毛主席的去世对许多人来说比父母去世还要难受。进入会场后，大家的心情都异常沉重，现场回荡着压抑的呜咽声。在哀乐的感染下，许多人情绪失控，嚎啕大哭，甚至有人因悲伤过度而昏倒，医生们不得不迅速赶来急救。一位老婆婆边哭边喊："怎么办啊？毛主席不在了，天要变了，我们要吃二遍苦，受二茬罪啊！"

1976年10月6日晚，以华国锋、叶剑英、李先念等为首的党中央果断采取行动，对王洪文、张春桥、江青、姚文元及其在北京的帮派骨干实施隔离审查，结束了持续十年的"文化大革命"。华国锋被称为"英明领袖"，出任中共中央委员会主席、中共中央军委主席和中华人民共和国国务院总理。1976年10月21日，首都150万群众举行了盛大游行，热烈庆祝粉碎"四人帮"的伟大胜利。全国各地掀起了狂热的庆祝活动。人们自发走上街头，高举红旗，拉起横幅，敲锣打鼓，欢呼胜利。各地城市、乡村、工厂、学校都举行了盛大的庆祝游行和集会，表达对党中央决策的支持和对华国锋的拥戴。

时间飞逝，转眼间半年过去了，家具的制作也接近尾声。福鼎县知青办林开雍主任要求大家对这次工作进行总结，并写出总结报告。随后，知青办召开了一次总结会议，每个人都在会上作了发言。最后，林开雍主任将这次制作家具的活动定义为一次"木工培训班"，于是所有参与者都顺利结业了。

大家总结后都回家了，各自返回了原来的地方，只剩下我留下来做收尾工作。场地上散落着很多废木料，看起来很可惜，于是我决定利用这些边角料制作了一批小方凳。由于许多废料的长度较短，我将比例缩小，虽然尺寸变小了，但做出来的小方凳却小巧玲珑。陈亨裘会计看到后十分高兴，爱不释手，连连称赞这些凳子漂亮，并后悔当初没有专门多做一些。

没有不散的筵席，我也要回家了。临走之前，我向食堂的老师傅告别。没想到，这位老师傅非常重感情，一直记得我给他做沙发的事。由于我当时没收他的报酬，所以在我走的那天，他特意送来了几斤猪板油肉，也就是用来炼猪油的肥肉。在当时，这可是非常难得的物品。我把这些猪板油肉带回家后，我妈也开心了半天。

1977年1月，我把剩余的饭票换成钱后，买了一张前往白琳镇的车票。随后，我步行翻过周公岭，回到了家。我的木工工具则委托秦屿长途运输社通过海运送回。

回顾我在县知青办的这段经历，我意识到，即使我努力工作，学会了一门木匠手艺，仍然难以解决温饱问题，更别提养家糊口了。在当时的政治环境下，我深知自己无法获得上大学的机会，因为秦屿公社已经推荐我哥哥上大学，推荐我几乎是不可能的。甚至连招工的机会都很渺茫。就在那个冬天，正好赶上征兵，而且是海军，这让我萌生了去参军的念头。

当我正准备报名参军时，家里的土地被秦屿供销社征用，家里需要搬迁重建房屋，我只好放弃了参军的念头。我向魏朝胜同志请假回家帮忙，他很支持，不仅批准了假期，还派了屯头知青点的拖拉机帮我们运土填宅基地。当时水泥紧缺，除了二楼阳台，房子大部分用木头建造，阳台用的水泥还是陈亨裘会计特批的指标。房架子搭好后，剩下的墙板、楼板、门窗都是我亲手完成的。经过三个月的努力，房子终于建成了。我们家也从原来的古城北路288号搬迁到金灵路178号，那时这里还是一片农田和水沟，如今已经发展成了一条大街。借这次拆迁的机会，我们家房屋和土地面积都增加了一倍。

古人有言："家有万金，不如手艺在身。"我一直希望靠手艺养家糊口，然而现实却令我梦想破灭。尽管我有手艺，但知青的身份让我无法改变命运，仿佛被一张无形的网牢牢束缚，无法挣脱。1977年3月，魏朝胜同志没有让我回斗门知青点，而是调我到屯头知青点，为知青们盖房子，继续我的木工工作。

4.4 屯头知青点盖房

1977年3月，我被调到了屯头知青点。这个知青点的情况与斗门知青点相似，二者相距不远，步行大约需要40分钟。屯头知青点大约有二三十名知青，但他们的住房比较分散，分布在几栋小楼内。我在这里没有参与农活，主要任务是帮助建造一栋宿舍楼。这栋两层的小楼坐北朝南，四周为砖墙，屋顶以木梁为架，铺上瓦片。二楼走廊位于南边，用钢筋水泥建成，楼板、窗、门、天花板等部分由我来完成。当我到达时，秦屿建筑公司已经完成了房子的围墙和屋顶，剩下的工作由我接手。

屯头知青点的知青们大多是福鼎四中的毕业生，与我关系熟悉且热情友好。由于我的人事关系仍在斗门知青点，他们把我当作客人对待。我虽然和大家一起吃饭，但不用付饭菜票，也无需花钱，这样一来，过去用菜票换钱的方式行不通了，生活中需要的钱只能向父母要了。这种待遇虽然减轻了我的负担，但也让我在经济上更加依赖家人。

当我刚到屯头知青点时，遇到了一位叫"老伍"的当地农村木工，他年约五十，看起来像个老头子，身边带着一个十八岁左右的徒弟。老伍对他的徒弟非常严厉，动辄打骂，整天呼来喝去。他当时正在为二楼做楼板，但我注意到他的工具非常粗糙，按我们细木工的标准，这种工具根本无法做出精细的家具。即便是作为大木工，他也显得不够专业，因为他无法计算复杂的结构，甚至连最基本的斜度计算也搞不清楚。于是，他经常向我请教。

这些三角函数和勾股定理的知识对我来说十分简单，只需稍作解释，老伍便对我佩服得五体投地。他惊讶地说："你不仅会做，还会算，真是个大师傅，了不得。"为了给枯燥的生活增添乐趣，我开玩笑地答应了他的请求,结果我不仅成了他50多岁的师傅，还顺带收了一个18岁的徒孙，不知不觉中竟成了他们的"祖师爷"。这次经历让我更加深刻地体会到，知识在实际生活中是多么的重要，读书绝非无用。

其实，不是我有多厉害，而是老伍的基础实在太差了。他根本没上过学，所以我的讲解对他来说几乎是天书，完全听不懂。后来，我想到一个办法，就是教他放大样。放大样是木工中的一种常见技术,我在中学时学过《木工基础知识》，里面介绍过这种方法。有了放大样技术，他无需计算，直接在模型上测量就行了。可惜的是，没过几天，我的领导魏朝胜就让老伍离开了，我这个"祖师爷"还没当够就被迫收场了。剩下的活儿就全由我一个人完成了。如果他还在，至少有个伴，还能增添一些乐趣，这段经历让我至今难忘。

屯头知青点有个叫王世健的知青，个子不高，脸色较黑，待人诚恳，行事光明磊落，但性格非常急躁。他比我高一年级，中学毕业后先到斗门知青点开拖拉机，后来调到屯头知青点。王世健非常聪明、手巧，从小就对发动机感兴趣，在中学时常跟着学校的蒋尧师傅学习。我们在斗门知青点时是好朋友，我上大学时，他开拖拉机将我的工具和行李送回家，这份情谊我一直记在心里。可惜他学习成绩不好，未能考上大学或中专。知青回城后，他被招工到秦屿镇农机站工作，现已退休。

当时，秦屿建国渔业大队的民兵连驻扎在屯头知青点训练，由于大家年纪相仿，很快成了好朋友。知青点的伙食不好，大家肚里缺少油水。有天晚上，民兵们与王世健等人合谋杀一只狗来解馋。正好一只农民的狗经过知青点，这些民兵用半自动步枪对准狗开了一枪，狗惨叫几声便倒下。他们担心农民找麻烦，就把狗藏在我的木工间，并放到天花板上。果然，农民后来来找狗，我们假装配合四处找寻，但终究没找到。农民离开后，我们在木工间把狗皮剥了，并在厨房里烹煮，当晚便吃得干干净净。

小楼盖到一半时，木料用完了。购买木材需要指标，我们的领导魏朝胜很有办法，迅速拿到了指标。于是，他派我和屯头知青点的杜家练一起去福鼎县城采购木材。买回木材后,魏朝胜指示我们将木材送到锯木社加工,并要求将木板锯得薄一些以节省材料。后来,他突然要求我到福安县城去看一张办公桌的样式。我虽然心想给张草图就行,但还是去了,并按照测量的尺寸和样式制作了一张类似的办公桌。

木板运回来后,我把它做成了楼板,表面看起来还不错,没什么明显问题。但由于木板锯得太薄,当人站上去并稍微用力跳动时,就能感到楼板有些晃动。我对此感到非常后悔,认为自己不该听从魏朝胜的指挥,导致了这样的结果。这不仅影响了楼板的质量,还让人误以为是我木工技术不过关,影响了我的名声。

当时,我们需要安装二楼走廊的天花板,但遇到了一个困难。天花板高度超过 6 米,而且二楼走廊的栏杆还未安装,天花板的一部分还向外延伸了 1.5 米左右,这使得在二楼走廊上无论如何垫脚都无法够到,无法钉钉子,也无法安装天花板。虽然搭脚手架可以解决问题,但由于缺乏材料且工作量大,这个方法显得不切实际。

面对这个棘手的天花板安装问题,我仔细观

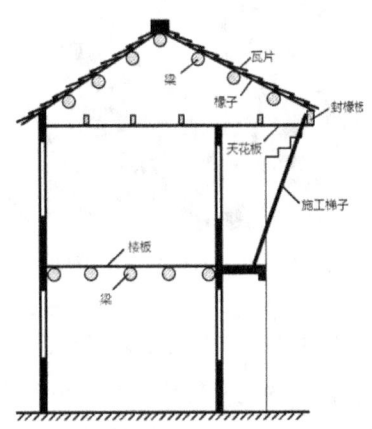

图 4.13 屯头知青点两层小楼示意图

察现场后,发现飞橼处有一块约 10 厘米高的封橼板,上面钉有橼条,支撑着瓦片。这让我判断封橼板能够承受一定的压力。我决定用木料做一个简易梯子,上端搁在封橼板上,下端放在二楼走廊。为了防止梯子滑动,我在梯子上端钉了两根钉子,使其牢牢嵌入封橼板中。尽管施工过程看似危险,但由于有了防滑钉的设计,我内心还是比较有信心的。施工进行到一半时,魏朝胜经过,看到我用这种方法施工,他吓了一跳,但也提不出更好的办法,于是叫来一个知青帮我扶梯子并递木板。这帮助我加快了进度,很快就顺利完成了天花板的安装。

完成门窗和防盗网的安装后,我感觉工作基本结束了,便想着回到斗门知青点。然而,魏朝胜并未批准我离开,而是要求我将屯头知青点所有损坏的桌椅和家具进行全面修复。虽然这些工作对我来说算不上难事,但他明显想让我继续留下,尽可能多做一些事情。于是,我留了下来,逐一检查并修复了所有需要维修的家具,为知青点的生活设施做了进一步的完善。

就在这时,传来了恢复高考的消息。

1977 年 10 月 21 日,中国各大媒体宣布恢复高考的消息,标志着国家开始恢复正常的教育选拔制度。这一消息如同一颗石子投进了平静的湖面,激起了中华民族奋斗和求知的热潮。我也在这历史性的时刻中,满怀着经历岁月磨砺后的成熟,准备迎接即将到来的高考挑战，迈入改革开放的新时代，投身到一场伟大的社会变革浪潮中去。

图 4.14 人民日报恢复高考消息

接到恢复高考通知后，秦屿公社革委会对这一消息非常重视，领导魏朝胜同志也认为这是一个难得的机会，积极支持我们这些知青参加高考。于是，在 1977 年 10 月 27 日前后，我们知青点的大部分知青都请假回家，投入到紧张的复习中，准备迎接即将到来的高考。这场突如其来的机会，使我们重新点燃了对未来的希望和梦想，大家都为之而努力奋斗。

尽管文化大革命已经结束，但 1977 年召开的中共第十一届全国代表大会仍强调要坚决贯彻执行知识青年上山下乡的政策。因此，1977 年和 1978 年，仍有大约 220 万知识青年被下放农村，中国政府计划在 1979 年再下放 80 万。然而，重新执政的老干部们逐渐意识到这一政策的问题。1978 年 3 月，邓小平在内部谈话时表示："国家花了大笔资金，却买了四个不满意，知青不满意，家长不满意，农民不满意，政府也不满意。"邓小平说："现在搞上山下乡，实际上形成同农民抢饭吃的局面，我们的第一步应做到城市青年不下乡。"1978 年 7 月 3 日，当时的中共中央组织部部长胡耀邦在和国务院知青办负责人谈话时说："上山下乡这条路走不通了。"

从 1978 年开始，中国一些地方出现了知青游行、请愿等活动，要求回城。

1978 年 10 月，云南几个农场的 5 万知青，发动请愿游行和罢工，近百人在昆明火车站集体卧轨抗议，中央上层感到震惊，随即派出调查组。云南孟岗农场上万知青罢工，发出"不回城，毋

图 4.15 三万多知青面对主席台跪地要求回家

宁死"的口号，上千名知青展开绝食抗争。中央调查组赶到那里，北京知青吴向东当众割腕自杀，三万多知青跪在地上，齐声高喊："我们要回家！"其场面震撼人心，连调查组组长和一些成员都不禁为之动容。

1978 年 10 月，全国知识青年上山下乡工作会议，决定停止知识青年上山下乡运动，并妥善安置知青的回城和就业问题，知识青年上山下乡运动正式结束。

1979 年 2 月，中国官方终于承认在云南的知青有资格回城，不到三个月十几万知青离开了云南，全国各地纷纷跟进，百分九十九的知青都回了城，并得到了妥善安置。

知识青年上山下乡运动在新中国历史上是前所未有的，六十多年过去了，其影响依

图 4.16 云南知青请愿团在天安门城楼前

然深远。这段历史是共和国无法忘却的一页。在那漫长的岁月中，数千万知识青年响应党和政府的号召，奔赴广阔的农村，与广大农民群众一起战斗。他们用青春和热血谱写了一曲曲动人的青春之歌，这一经历对他们个人及整个社会都产生了深远的影响。

知识青年上山下乡运动虽然在一定程度上缓解了城镇的就业压力并解散了红卫兵组织，但其代价巨大。几千万青年的青春在农村度过，本应深造的优秀青年被迫中断学业，家庭被拆散，社会因此陷入混乱。由于农村物质条件差、教育设施落后，这些青年无法继续学习科学文化知识，原有的知识也逐渐荒废。许多有潜力成为学者、专家的年轻人，最终只能长期务农，未能实现个人的职业抱负和学术追求。

知识青年上山下乡运动的后果是不幸的，它给国家、社会、农村、知青诸方面带来不满意。国务院 1981 年 10 月起草的《25 年来知青工作的回顾与总结》承认知识青年上山下乡，本来是解决就业问题的一次大试验，但在文化大革命中被当成政治运动去搞，

指导思想偏了，工作上有严重失误，造成了劳民伤财，人民不满意。然而在今天，有些人却在美化这场中国政府已经承认是重大失误的运动，甚至提出以新的形式重走当年知识青年上山下乡之路。我想提醒这些朋友们，无论是谁用什么方式对当年这场知识青年上山下乡运动进行怎样的美化，进行什么样的浪漫描述，如果你了解到真实的历史，看到真实的现象。你就会看到，大多数当年的知

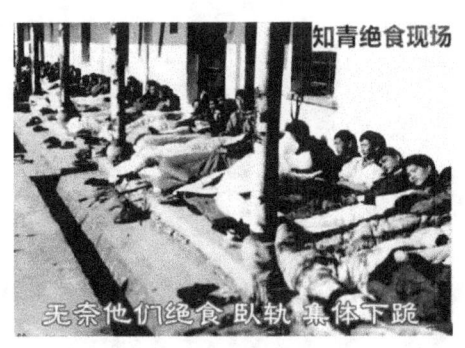

图 4.17 云南知青集体绝食要求回城

青家长，为了孩子前途操碎的心；你就会看到，大多数当年的知青，要么狂热、盲从和幻灭，要么被逼无奈，要么对前途悲观无望的担忧；你就会看到，被那场运动耽误的青春、学业、生活和前途。

上山下乡运动不仅给知青带来了伤害，给农村带来了负担，给知青家长带来了怨气，更严重的是使知识出现了断代，学术研究后继乏人，使中国错过了第三次科技革命，拉大了与先进国家的差距。

从最初的轰轰烈烈上山下乡，到最后百分之九十九以上的知青都返回了城市，他们用行动否定了这场运动,对这场运动的评价,有什么比这些亲历者的行动更有说服力呢？

第5章 我的大学

1977年10月21日，中央人民广播电台广播了恢复高考招生的新闻，如一声春雷，震撼了人们冰封已久的心，在全国掀起了惊天巨浪，人们闻讯奔走相告，学子们人人摩拳擦掌。她的影响远远超出高等教育本身的意义，也盖过了历届高考的风头。她吹响了进军现代化的号角，拉开了改革开放的序幕，决定了中华民族命运的走向，改变了几代人的命运，为我国国民经济的腾飞奠定了良好的基础，那春雷般的炸响至今仍余音绕梁。

5.1 恢复高考

我国近代第一所具备高等教育性质的学堂是1895年由盛宣怀先生在天津仿效西方模式创立的北洋大学堂（天津大学前身），它也标志着我国近现代高考制度的开端。民国时期，大部分省份建立了省立大学，至1936年全国共有国立、省立大学一百多所，当时招生规模较小。1937年抗战全面爆发前，全国高校招生人数约为3万人，招生方式灵活。1939年教育部统一命题、考试，然而，抗战后期因形势紧急，统一考试被迫中止，1945年抗战胜利后，因内战等原因，各大学恢复单独招考。

1949年新中国成立后，高校招生仍沿袭了单独招生的办法。1950年，实施了同一地区高校联合招生的政策，1951年则扩展到全国大行政区范围的统一招生。1952年6月，教育部发布《关于全国高等教育学校1952年暑期招收新生的规定》，成立了全国高等学校招生委员会。除经教育部批准的个别学校外，所有高校均参与统一招生，此模式在1965年之前基本上未发生变化。

1966年6月18日，《人民日报》发表了社论，主张"彻底搞好文化大革命，彻底改革教育制度"。社论指出："旧的招生考试制度"是"资产阶级政治挂帅，分数挂帅"，严重违背党的阶级路线，鼓励青年追逐个人名利，形成了资产阶级个人奋斗的"白专道路"。社论认为，改革招生制度是贯彻毛主席教育路线、铲除资产阶级教育路线的一个突破口，是"铲除资产阶级'苗圃'、挖掉修正主义毒根的革命"。因此，教育部决定在全国范围内取消高考，废止自1952年以来实行的招生考试办法。许多适龄学生被送上山下乡接受"贫下中农再教育"，导致我国高校招生停止长达六年，严重影响了人才培养和国家发展。

1968年，为了培养工程技术人员，上海机床厂举办了一次培训，引起了毛泽东的关注。1968年7月21日，根据毛泽东的指示，《人民日报》刊载了题为"从上海机床厂看培养工程技术人员的道路"的调查报告。毛泽东亲自撰写了一段编者按："大学还是要办的，我这里主要说的是理工科大学还要办，但学制要缩短，教育要革命，要无产阶级政治挂帅，走上海机床厂从工人中培养技术人员的道路。要从有实践经验的工人农民中间选拔学生，到学校学几年以后，又回到生产实践中去。"这段话后来被称为"七二一指示"。

1970 年，中共中央根据毛泽东的这一指示，批转了《北京大学、清华大学关于招生（试点）的请示报告》。当年，清华大学等极少数大学开始试点招收所谓"三来三去"（即社来社去、厂来厂去、哪来哪去）新生，实行"群众推荐、领导批准、学校复审"的招生办法，取消了入学考试，并将招生对象限定为政治思想好、具有 3 年以上实践经验和相当于初中毕业以上实际文化程度的工农兵。

1972 年，全国高校正式恢复招生工作，但取消了考试，采用了"自愿报名、群众推荐、领导批准、学校复审"的办法，即"推荐制"。这一制度将"政治表现、路线觉悟"置于招生条件的首位，文化条件只要求具有相当于初中毕业以上的文化程度。招生办法除了将要求的实践经验从 3 年以上改为 2 年以上外，其它方面基本沿袭了之前的模式。当年，全国共有 13.3 万工农兵被推荐入学，学制缩短为 2 至 3 年。同时，规定工农兵学员在学习期间的任务是"上大学、管大学、用毛泽东思想改造大学"。

这种推荐上大学的制度是文化大革命极左路线的产物。按照这一制度，那些所谓的政治思想好、身体健康、年龄在 20 岁左右的工人、贫下中农、解放军战士，只要通过当地"革命委员会"的推荐和政治审查，即可成为"工农兵大学生"。由于不需要考试，这一制度导致了"走后门"现象普遍，关系网盛行，严重影响了招生的公平性。

图 5.1 工农兵上大学

由于工农兵大学生的招生是通过各地"革命委员会"推荐的，因此他们的学历和素质参差不齐。据统计，工农兵大学生中，具有初中以上文化程度的学员不到 20%，大部分学员只有初中文化程度，其比例高达 60%，还有不少人只有初小文化，刚刚达到脱盲水平。北京大学第一届工农兵大学生开课后，知识水平低的问题很快显露出来。一些学生听不懂老师讲课内容，有些人不会做课堂笔记，还有些人上了几天课后便难以继续学习。此外，工农兵大学生的学习时间被大量的政治活动和课外劳动占据，学校经常组织大家学习"两报一刊"（《人民日报》、《解放军报》、《红旗》杂志），导致学习时间进一步减少。

招收工农兵大学生是从 1970 年开始，到 1976 年为止，那时正是我上中学和上山下乡时期，我的故乡也有几个工农兵大学生。我曾经有个邻居，初中只上过几天就辍学了，每天到太姥山砍柴，后来去上山下乡当了知青。但他很会干农活，很吃苦，又肯卖力，于是就被推荐到上海上大学，当了工农兵大学生，要说文化水平他大概就只有小学毕业。

不少工农兵大学生确实水平很差，但工农兵大学生也不是一无是处，他们普遍情商高，交际能力和组织能力都很强，能说会道，是当官的好材料，这些能力也正是中国社会所需要的，适应中国的国情。因此，在工农兵大学生中也不乏有一些优秀人才，特别是1976年入学的最后一届工农兵大学生，在1977年恢复高考后，所形成的全社会尊重知识、尊重人材的氛围下，他们的学习也是非常刻苦的，在许多重要岗位上也不乏他们的身影，后来也有不少工农兵大学生考取了研究生，改变了身份。

工农兵大学生是中国特定历史时期的产物。虽然他们因推荐入学的方式、参差不齐的文化基础、以及不规范的学制和教学大纲而受到了一些非议，并且在文化大革命结束后遭遇了社会的歧视，但这并非他们的过错。事实上，他们只是被迫适应了当时取消高考的特殊背景，在别无选择的情况下走上了这条道路。

1973年，中央提出高校招生要重视文化考查，要求全面了解学生的各方面能力和基础知识水平，确保新生具备初中以上的文化水平。此外，还规定新生必须参加政治、语文、数学、理化四科的书面文化考查。然而，这次考查由地方主持，并采用开卷形式。这是"文化大革命"期间高校招生中唯一一次要求进行的文化考查。

1973年上半年，我还是福鼎四中的高中一年级学生，在我的老家秦屿镇也进行了工农兵大学生入学考试，由秦屿镇革命委员会组织考试。有一天，在我们隔壁班的教室里，坐着一群知青，正在复习准备大学入学考试。我们的化学老师方茂发给他们复习化学课程，我感到很好奇，就在教室外看。只见方茂发老师给他们讲解如何写物质的化学分子式，方茂发老师在黑板上写下了氧气的分子式"O_2"，只见一个知青问道：这个零（0）表示什么意思？方茂发老师马上说：这不是0，而是英文字母"O"，代表氧元素。只听下面好几个知青纷纷议论说：都忘了，都忘了。方茂发老师没法继续教下去，只好从英文字母A、B、C教起。我当时在教室外看到这种情况，感觉像被淋了一盆冷水，心凉到了极点，学习再好也没有用呀，你看看都是什么样的人才能上大学。此前，我一直幻想着有朝一日能上大学，现在看来上大学得靠"革命委员会"推荐，并不是看学习成绩，这根本轮不上我。

那一年，我们秦屿镇的大学入学考试采用了开卷的形式，考试前还发放了一份复习资料，考试范围就限定在这份资料中。我曾看过他们的复习资料，现在还记得几道题目。其中一道题是问锄头的角度大约是多少，另一道题则是计算面积的，已知某块田的长度和宽度是多少米，请计算这块田有多少亩。即使是如此简单的考查，还是发生了张铁生交白卷的事件。

张铁生，1968年中学毕业后上山下乡，来到辽宁兴城白塔公社插队。凭借自己的努力，他成为了生产队长，不仅踏实肯干，还善于与人交往，具备一定的领导能力，因此被推荐参加1973年的高考。在文化课考查中，张铁生并没有真正交白卷，他的成绩分别是：数学61分，语文38分，理化6分，远非零分。而让他一举成名的，是他在考试时在卷子背面写的《给尊敬领导的一封信》。这封信改变了他的命运。如今再读这封信，其实内容很简单，主要是表达了自己考试成绩不理想的原因：他忙于集体生产，选择不躲进小屋复习功课，而是将更多精力投入到集体劳动中。

图5.2 1973年高考的"白卷英雄"张铁生

这起事件被时任辽宁省革命委员会副主任的毛远新和江青等人所利用。1973年7月19日，《辽宁日报》以《一份发人深省的答卷》为题刊登了张铁生的信。编者按中写道："张铁生在理化考试中，似乎交了白卷，然而在大学招生的路线问题上，他却交了一份颇有见解、发人深省的答卷。"不久之后，1973年8月20日，《人民日报》也转载了张铁生的信，并加上了编者按："这封信提出了教育战线上两条路线、两种思想斗争的一个重要问题，确实发人深思。"随后，全国各地的报刊纷纷转载这封信。

江青等人对张铁生交"白卷"的行为赞赏有加，称其为"反潮流"英雄。这不仅使张铁生顺利被铁岭农学院畜牧兽医系录取，还让他成为辽宁省朝阳农学院的领导，并担任全国人大常委会委员。张铁生因此被称为"白卷英雄"。

受此影响，1974年的高校招生取消了文化课考查，恢复了"群众推荐、领导批准、学校复审"的招生办法，这一制度一直延续到1976年"文化大革命"结束。

"文化大革命"期间，高考被取消，取而代之的是以"推荐"形式入学，强调出身成分而忽视文化水平。实践证明，这一做法是极其错误的，违背了高等教育的基本规律。这一政策导致我国高等教育长期停滞，直接造成了国家人才的断档，对社会和国家的发展产生了深远的负面影响。

1977年6月29日至7月15日，教育部在山西太原召开了全国高校招生工作座谈会，由教育部部长刘西尧和副部长李琦主持。刘西尧初上任时曾询问华国锋教育战线该如何开展工作，华国锋的回答是："毛主席怎么说的就怎么做。"他还曾对刘西尧表示："凡是毛主席说过的话，凡是毛主席定过的事，都不能动。"

在此次会议上，关于招生办法、文化程度要求和政审标准出现了争论，最终形成了1977年的高校招生方案。这个方案较以往有所突破：明确规定普通高校招生应具备高中毕业或相当于高中毕业的文化水平；决定试招4000至1万名高中应届毕业生，约占全国招生总数的2%至5%；强调重视文化程度，对考生进行文化考查。然而，招生方式依然沿袭了"文化大革命"期间的"自愿报名、群众推荐、领导批准、学校复查"的老办法，招生制度的总体框架并没有实质性的改变。

1977年8月4日，教育部向国务院提交了《关于1977年高等学校招生工作的意见》。

1977年7月17日，中国共产党第十届中央委员会第三次全体会议一致通过了《关于恢复邓小平同志职务的决议》，决定恢复邓小平同志的中共中央委员、中央政治局委员、中央政治局常委、中共中央副主席、中共中央军委副主席、国务院副总理、中国人民解放军总参谋长等职务。当时，邓小平主动请缨，郑重向中央提出分管科技和教育工作的请求。在此期间，邓小平对于教育工作，尤其是恢复高等学校招生制度，已经有了比较成熟的考虑。

在复职前后，邓小平多次谈及科技和教育问题，特别是关于恢复高等学校招生考试制度，他提出了两点重要意见：

第一，高等学校招生必须恢复文化考试制度。1977年7月23日，邓小平在与张文峰、高勇的谈话中明确指出："不管招多少大学生，一定要考试，考试不及格的不能要。"同年7月29日，他在听取方毅和刘西尧的汇报时再次强调："要坚持考试制度，尤其是重点学校一定要坚持，成绩不合格的要留级，对此要有鲜明的态度。"

第二，他提倡高校招生应"两条腿"走路，允许高中应届毕业生直接上大学。这一提议为恢复和完善高等教育招生制度奠定了重要基础。

邓小平在恢复高等学校招生考试制度的最初设想是：1977年用一年的时间做准备，1978年正式恢复高考，生源一半来自应届高中毕业生，另一半来自社会，随后再逐步走向正规。然而，形势的发展超出了预期，在邓小平复出工作后主持召开的"科学和教育工作座谈会"期间，恢复高考的决定被提前确定并迅速实施。这一决定标志着中国教育体系的一次重大转折，为国家培养和选拔人才提供了新的起点。

1977年8月4日，十年"文革"阴霾初散，科学和教育工作座谈会在北京召开。这次会议的召开，源于刚刚复出的邓小平的提议。来自全国各地的 33 位科教界专

图5.3 科学和教育工作座谈会

家学者齐聚一堂，其中既有物理学家周培源、数学家苏步青、生物学家童第周、光学家王大珩等著名学者，也有查全性等中青年代表。此次会议为中国科技和教育领域的振兴奠定了重要基础，标志着一个新时期的到来。

邓小平在会议一开始就开宗明义地说道："我们国家要实现四个现代化，必须从科技和教育入手。如果不从这两方面着手，所谓的赶超就只能是一句空话。今天的主题是什么？就是我们如何在科技上做得更好、更快；在教育方面，如何符合四个现代化的要求，实现赶超？这包括学制、教材、教师的来源、办学方针以及具体的措施。我想征求一下在座同志们的意见，大家可以畅所欲言。我们这里没有'棍子'公司，我们要消灭'棍子'。'帽子公司'、'棍子公司'、'鞋子公司'这三家公司，我们都要把它们除掉。"

在邓小平的引导下，与会专家迅速打破了会议开始时的拘谨，纷纷畅所欲言。如何提高教学质量、改革招生制度成为了主要讨论的热点话题之一。邓小平的讲话不仅打开了与会者的心扉，也为中国教育改革指明了方向。

中国科技大学的温元凯在会上发言说："我认为恢复高考非常重要，要把优秀的青少年吸纳进大学。"他向邓小平建议道："小平同志，我提出一个十六字方针，叫做'自愿报名，领导批准，严格考试，择优录取。'"邓小平听完后立即回应说："温元凯，你的建议至少有四分之三是可以采纳的。"接着，邓小平补充道："第二句话'领导批准'可以拿掉，考大学是每个人的权利，每个人都有权参加高考，不需要经过领导的批准。"

邓小平的这一回应，不仅明确了高考的公平性和普遍性原则，也为恢复高考制度奠定了更加公正的基础。

1977 年 8 月 6 日，时任清华大学党委副书记何东昌在会议上提到，大学新生的文化素质普遍偏低，许多学生的知识水平仅相当于小学程度，他对此感到十分痛心。这一发言如同"一石激起千层浪"。

一直沉默的武汉大学副教授查全性突然发声，将问题的矛头直指当时的高校招生制度。他强调，招生是保证大学教育质量的第一道关卡，并列举了现行招生制度的种种弊端，指出应该恢复以高中文化程度为基础的统一招生考试。查全性对邓小平说："小平同志，我有一个强烈的请求，也是大家最关心的问题，那就是立即恢复高考招生制度。"

查全性的发言引起了与会者的强烈共鸣，专家们纷纷建议党中央和国务院下决心，对现行招生制度进行大改革。专家们的一致意见给邓小平带来了很大的震动。他当即询问教育部部长刘西尧："今年恢复高考还来得及吗？"刘西尧回答："已经来不及了，报告已经送到国务院了。"邓小平当机立断地说："你赶快把报告追回来，今年就恢复高考。这是一个重大决策，我负责向中央报告，就这么定下来。"

1977年8月8日，科学和教育工作座谈会圆满结束。在总结发言中，邓小平再次明确宣布："今年就要下决心恢复从应届高中毕业生中直接招考学生，不再搞群众推荐。从高中直接招生，我认为这是早出人才、早出成果的一个好办法。"就这样，一个影响深远的重大决策正式确定下来。

图5.4 邓小平在科教座谈会上的讲话记录

根据邓小平的意见，教育部迅速向国务院报送了《关于推迟招生和新生开学时间的请示报告》。报告内容指出，原计划是高等学校和中等专业学校在八月开始招生，新生于十一月中旬开学。现根据邓副主席最近的指示，我们将对高等学校招生制度进行较大的改进，拟将招生时间推迟到第四季度，1977年的新生于明年二月前入学，推迟三个月（包括寒假）。如以上报告获批，我们将立即通知各省、市、自治区及中央各有关部委的教育部门，以便及时安排相关工作。

1977年8月18日，邓小平作出批示："这是经过深思熟虑，为了保证重点大学学生质量而商定的，拟同意。"同日，华国锋、叶剑英、李先念、汪东兴等领导人也纷纷圈阅同意。这标志着恢复高考取得了阶段性的重大胜利，迈出了关键的一步。

1977年8月13日，根据邓小平关于改革高等学校招生制度的指示精神，教育部迅速在北京再次召开了高等学校招生工作会议。然而，由于当时正在举行党的十一大，"两个凡是"思想（即"凡是毛主席作出的决定，我们都将坚决维护；凡是毛主席的指示，我们都将始终不渝地遵循。"）仍有相当大的影响。在是否废止群众推荐、恢复高等院校招生考试制度，以及如何看待文化大革命前17年的教育工作等问题上，与会人员意见分歧严重，争论不休。结果，会期一再拖延，招生文件经过五、六次修改，仍然维持了太原会议的旧模式，没有大的改动。邓小平在看到反映会议情况的内参后，感到非常愤怒。

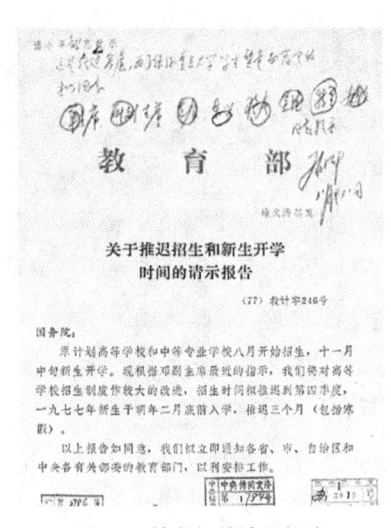

图5.5 教育部的请示报告

1977 年 9 月 19 日，邓小平召集教育部负责人刘西尧、雍文涛、李琦等人谈话，严重地指出："教育部要争取主动，你们还没有取得主动，至少说明你们胆子小，怕又跟着我犯错误。你们要放手去抓，大胆去抓，要独立思考，不要东看看，西看看，把问题弄清楚，该怎么办就怎么办，该自己解决的问题，自己解决，解决不了的，报告中央。教育方面的问题成堆，必须理出个头绪来，现在群众劲头起来了，教育部不要成为阻力。教育部首要的问题是要思想一致，赞成中央方针的，就干，不赞成的，就改行"。

邓小平批评了教育部起草的招生政审意见。他指出，"我们目前起草的招生文件，我相信大家都看过。我认为这个文件太繁琐，难以理解。招生的政治审查标准其实很简单：首先，个人表现良好，热爱我们的国家，热爱劳动，遵守纪律，决心好好学习，这几条就足够了。这个文件复杂、繁琐，违背了简单明了的原则。我一再强调，招生应遵循两条原则：第一，个人表现良好；第二，择优录取。"邓小平明确指示，招生会议应尽快结束，招生文件要继续修改，尽可能简化，并尽快完成。

1977 年 9 月 21 日，刘西尧向招生会议传达了邓小平的讲话，会场反响强烈，此后

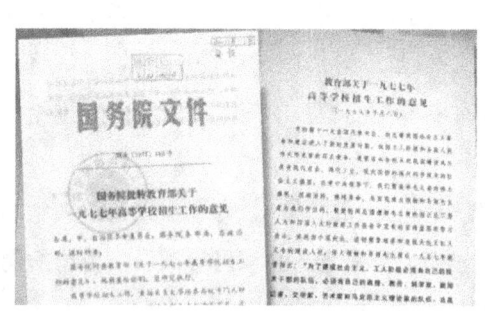

图 5.6 教育部关于 1977 年高校招生工作意见

形势急转直下，《一九七七年高等学校招生工作意见》也迅速达成了一致。《意见》在政审、报考标准和培养目标等重要问题上实现了突破，并制定了"自愿报名，统一考试，地市初选，学校录取。"的新高招方针。四天后，招生工作会议结束。

1977 年 10 月 3 日，邓小平将刘西尧提交的《教育部关于一九七七年高等学校招生工作意见》的请示报告和教育部拟定的《国务院批转教育部关于一九七七年高等学校招生工作意见》的批示稿等文件批送华国锋。邓小平在批示中写道："华主席，此事较急，请审阅后，批印政治局会议讨论批准。建议近日内开一次政治局会议，连同《红旗》杂志关于教育的评论员文章（前已送阅）一并讨论，为此，请拟定。"华国锋随后批示汪东兴，将上述文件印送中央政治局各同志。

1977 年 10 月 5 日，华国锋主持召开中央政治局会议，讨论并原则上通过了教育部《关于1977 年高等学校招生工作的意见》。1977 年 10 月 12 日，国务院正式批转了该意见，决定从 1977

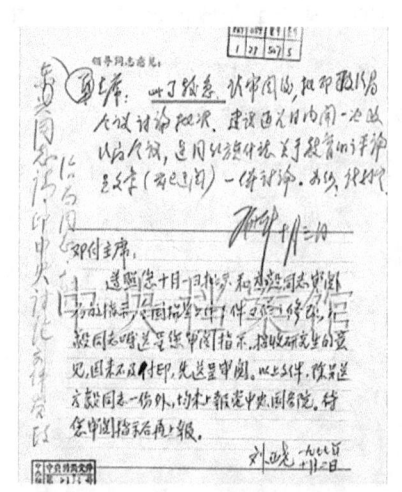

图 5.7 招生工作意见批送华国锋

年起对高等学校招生制度进行改革，恢复统一高考制度。根据新的规定，工人、农民、上山下乡和回乡的知识青年、复员军人、干部以及应届毕业生，符合条件者均可报考。统一考试将由省级命题，新生将于春季入学，招生考试将在冬季进行。

恢复高考的消息如春雷般震撼，迅速传遍整个神州大地，激起了无数青年的热情。上百万的青年如过江之鲫般踊跃报名，纷纷涌向高考。1977年12月11日到12日（福建省为16日到17日），全国共有570万青年参加考试，争夺仅有的27万个大学生名额。而在此之前，这种选拔人才的制度在中国已经消失了整整10年。

在中国当代历史中，1977年恢复高考无疑是一个具有深远意义的历史事件。这次高考凝聚了长期积压的希望，是无数人渴望已久的梦想得以实现，是压抑已久的信念终于得到释放。这不仅代表了一个民族对知识的强烈渴求，更标志着一个国家在重建社会公平与公正道路上的重要起点。恢复高考不仅仅是一个入学考试的回归，更是一个国家和时代的拐点，改变了许多人的命运。对我而言，这也是我一生中最为重要的事件，是我命运的转折点。

恢复高考不仅保障了高校生源的水平和高等教育的质量，还为社会带来了尊重知识、尊重人才的春天。它有力地推动了拨乱反正，重建了社会的公平与公正，为有志青年提供了平等竞争的机会，改变了几代人的命运。对于推进新时期中国现代化建设的发展，它具有深远的现实意义，是高等教育领域拨乱反正的重要标志，更是中国改革开放的伟大起点。其历史成就至今仍然熠熠生辉。

今天，当我们重温1977年那段激动人心、令人刻骨铭心的历史时，回顾邓小平以坚定意志力推动恢复高考的过程，心中不禁涌起深深的感激之情。邓小平不仅改变了无数个人的命运，更深远地影响了国家和民族的未来。当然，历史的车轮滚滚向前，顺应潮流者昌盛，逆之则衰败。恢复高考这一举措是历史发展的必然趋势，尽管它迟早会到来，但对于人的青春而言，时间是不可逆的。如果没有邓小平的果断决策，1977年显然无法恢复高考，许多人的青春将因此被耽误。

邓小平作为党的副主席，在教育领域大刀阔斧，破除重重障碍，拨乱反正，领导恢复高考的决策，这不仅是历史事实，更是他不可磨灭的历史功绩。这一重大决策也得到了华国锋等中央领导的全力赞同和支持，尤其是在恢复高考的问题上，华国锋没有坚持"两个凡是"，功不可没。然而，有些人仅根据领导架构和邓小平相关事宜的报送程序，便将恢复高考的决策归功于华国锋，这显然偏离了历史事实。现存的各种档案文献和回忆性史料，清晰地展示了恢复高考的决策是如何一步一步产生的。历史和人民将永远铭记邓小平在恢复高考这一关键决策中的卓越贡献。

5.2 走出太姥山

由于"文革"期间全国没有统一的教学大纲，中小学教育名存实亡，各省教育水平差异显著，加之准备时间有限，1977年的高考实行了各省自主命题。考试分为文科和理科两类。文科考试科目包括政治、语文、数学和历史地理；理科考试科目则为政治、语文、数学和理化，报考外语专业的考生需加试外语。考试命题由各省、市、自治区自行拟定，考试由县（区）统一组织。各省的考试时间也有所不同，全国大多数省份的考试时间为1977年12月11日至12日，而福建省的考试时间则为12月16日至17日。

电视连续剧《高考1977》生动形象地描写了这次高考的全过程，它讲述的是东北某农场内，生活着一群来自四面八方、身份各异的知青。他们将最好的年华献给了这片黑土地，却不知自己的未来在何方。恢复高考的消息传到这里，让这群年轻人的心再次躁动了起来，而农场负责人老迟怕影响生产，给他们设置了重重障碍，但知青们最终还是紧紧抓住这个难得的机遇。

相比于《高考1977》中的知青们，我们的处境要好得多。秦屿公社"革委会"不仅没有阻止我们参加高考，反而极力支持并动员大家积极报考，还为此提供了各种便利条件。大多数知青回到秦屿镇准备迎考后，各级领导都给予了极大的支持，为我们创造了许多有利的条件。

秦屿公社负责教育工作的江元昆主任和时任福鼎四中校长的陈世良，在秦屿建国渔业大队会堂召开了一场高考动员大会。那天，会场上座无虚席，知青、回乡青年、秦屿国营盐场的职工，以及应届高中毕业生们齐聚一堂。大家摩拳擦掌，满怀期待，脸上洋溢着喜悦的笑容。会上，江元昆主任要求大家积极备考，以"任祖国挑选，一颗红心，两种准备"的精神迎接高考。同时，还详细讲解了复习和填报志愿时需要注意的事项。令我印象最深的是，会上特别强调了色盲不能报考的专业，这也是我第一次知道世上还有色盲这种东西。

会上我们了解到，这次高考分为中专和大学两个层次，分别设立考场。中专考场设在秦屿中心小学，而大学考场则设在福鼎四中。大学考试分为文科和理科两个类别，无论文理科，都需参加政治、语文、数学三科考试（各100分）。此外，文科考生需额外参加历史和地理综合考试（满分100分），理科考生则需参加物理和化学综合考试（满分100分），均不考英语。

回到秦屿镇后，我翻出了尘封已久的高中课本，积极备战高考。这时，我哥给了我很大的帮助。他曾是个学霸，高中时总是班里的第一名。我还记得有一次，他的同班同学王智平来我家玩时，对我妈说："林宗善了不得，以后肯定是工程师。"然而，命运不济，他错过了这次高考。1975 年 7 月我上山下乡后，他在同年 9 月被推荐进入福建省宁德卫生防疫学校就读，并于 1977 年 6 月毕业后被分配到福鼎县卫生防疫站工作。不久之后，他便投入到一线参与"2 号病"（霍乱）的防治工作中去了。

得知恢复高考的消息后，我哥特地从他以前的班主任那里弄来了许多复习资料，有手抄的，也有油印的。尤其是一本由福州三中编写的复习提纲，这本铅印的小册子非常宝贵，里面涵盖了各种公式和主要章节内容的总结，简明扼要。其中，政治复习资料对我特别有帮助。比如生产资料、上层建筑、生产关系等政治经济学方面的内容，这些我们在中学时都没有学过。有了这些资料，我省去了不少时间，复习起来更加有条理和效率。

我的母校福鼎四中在恢复高考后，积极组织大家复习，这段经历给我留下了深刻的印象。特别是林松羲和陈明星两位老师，他们的积极性和敬业精神让我至今难忘。每天晚上，他们都会组织复习班，尽心尽力地为我们辅导。陈明星老师是我高中时的数学老师，他为人善良，和蔼可亲，责任心极强。陈老师是一位资深教师，在我母亲上小学时，他就是秦屿中心小学的教导主任。后来他调到了外地，在我上高中时又被调回了福鼎四中，成为学校的教学骨干。当时校长还在大会上专门介绍了他，称赞他业务水平很高。

我回到秦屿后参加了两次复习班。然而，由于老师们需要顾及大多数同学的学习水平，所讲内容大多比较基础，对我帮助不大，所以后来我就没有再去参加了。

我回到秦屿后，根据考试时间和自己的情况，制定了一个复习计划。1977 年高考的时间是 12 月 16 日至 17 日，而我在 10 月 27 日才开始复习，总共只有 49 天的时间。扣除开会、报名等事务，真正能够用来复习的有效时间实际上不到 40 天。在这种情况下，我决定放弃语文复习，因为

图 5.8 陈明星老师（1975）

时间实在不够。中学的政治课教材我也没有看，而是集中背诵我哥给的政治复习资料，并把这部分内容安排在接近考试的前几天再复习。我把主要精力放在了数学、物理和化学上，花了 20 多天的时间系统地复习了一遍。幸运的是，我原来的基础很好，一打开课本，之前学过的内容就很快回忆起来了。

在快速浏览完这三门课的教材后，我信心满满。然而，当福鼎四中为高考复习组织了一次模拟考试时，我的信心受到了重创。考试时，虽然感觉题目并不陌生，但一到动笔时却不知从何下手，结果手忙脚乱。这次模拟考试的成绩远不如预期，令我大为震惊。意识到问题后，我认真总结了经验，决定要多做练习题。此后，我不再一味地翻看课本，

而是专注于习题演练，每天都当作是模拟考试般进行练习。

那时的高考对我来说，是一场紧迫的战役，关乎我命运的重大抉择。我们都在等待那一天，盼望着凤凰涅槃，鲤鱼跃龙门的时刻。每天，我早上 6 点起床，直到晚上 11 点之后才休息。参考资料堆满了书桌，脑海里全是数学、化学、物理的公式和概念。

临近考试的最后几天，我专注于背诵政治复习资料和福州三中编写的复习提纲。现在回忆起来，对我高考起到关键作用的，莫过于我哥哥给我的复习资料和福鼎四中老师们组织的那次模拟考试。

1977 年 12 月 16 日清晨，晨曦姗姗来迟，繁星仍在天边闪烁。我早早起床，远处的太姥山还笼罩在轻纱般的薄雾之中。忽然间，太阳从东方冉冉升起，朝霞铺满天空，彩云在空中随风翩然起舞。随着云开雾散，天空瞬间被霞光点亮，金色的阳光洒遍了秦屿大地。冬日的阳光透过不甚明亮的玻璃窗，温柔地洒在我身上，顿时让我信心倍增。

我早早地吃完早饭，父亲从我姑姑的女儿那里借来了一块手表，以便让我在考试中

图 5.9 当时准考证上照片

更好地掌握时间。考试的前一天，我们已经去看过考场，这让我更加胸有成竹。那天，我自信满满地来到福鼎四中考场。只见福鼎四中的南北两排教室都被布置为考场，贯穿广场南北的小道旁拉起了警戒线，警戒区占据了广场的三分之二。剩下的三分之一广场上，人声鼎沸，几百名考生手持准考证，心神不定地等待着进入考场。

那个时候，没有送考的亲人陪伴，也没有拿着食物和饮料的陪考人员。考场外，除了考生，就只有监考老师、医生和警察在场。

公安警察身着白色警服，戴着白色大沿帽，腰间扎着皮带，皮带上挂着手枪，他们一个个英姿飒爽，表情严肃地站在警戒线两旁。医生们身穿白大褂，手提担架，时刻准备冲进去救人。那场景哪里像是在考试，更像是即将投入一场激烈的战斗。无形中，这种气氛为考试增添了一份紧张感，胆小的考生被吓得两腿发抖，刚进考场就晕倒了好几个，被早已准备好的医生抬了出去。据说，第二年高考时，警察就不再配枪了。

上午 7:45，随着一声钟声响起，考生们提前 15 分钟开始依次排队进入考场。我信心十足地走进考场，在靠近门口的座位上坐定，将准考证摆在桌子的左上角，并将手表放在准考证旁边，镇定自若地等待钟声的再一次响起。

图 5.10 是我当时贴在准考证上的照片，可惜后来只保留了这张照片，准考证本身没有保存下来。

改变命运的时刻终于到来了。上午 8:00，钟声敲响，紧接着一声急促的哨声响起，考试正式开始。考试时间是上午 8:00 到 10:30，共计 2.5 小时。

那天上午考的是语文，而语文恰恰是我相对薄弱的一门科目，是我最为担心的一场考试。打开试卷后，我发现只有两道题：第一题是默写毛主席的诗词《蝶恋花·答李淑一》，占 10 分；第二题是写一篇《大庆见闻一则》的读后感，占 90 分。

第一题要求默写《蝶恋花·答李淑一》，可我只写出了几个字，大部分内容都默写不出来。正当我拼命思考时，突然听到有人轻声哼唱起这首歌，但还没唱几句就被监考老师制止了。平日里在知青点，我们经常唱《知青之歌》、《让天下劳苦人民都解放》、《沂蒙颂》、《红河谷》等歌曲，但这首歌却从未唱过，所以我根本不会唱。无奈之下，我只好放弃了这道题，转而专注于第二题。

第二题要求我们读一篇短文，即《大庆见闻一则》。短文内容讲述了大庆油田的王进喜同志在不了解事情原委的情况下，批评了一位部下，后来他发现自己批评错了，便立即向这位部下道歉，并进行了自我批评。

这篇短文乍一看似乎是在批评铁人王进喜同志，提到他有官僚主义倾向，然而实质上是赞扬他知错能改、严以律己的优良作风。实际上，我一看到考题就明白，这篇文章的核心是赞扬铁人王进喜同志。你想啊，铁人王进喜同志是全国著名的劳动模范，怎么可能批评他呢？于是，我写了一篇题为《严以解剖自己》的读后感，大力赞扬了他的作风。虽然我没能默写出第一道题，但因为抓住了中心思想，最终顺利通过了这道最难的关卡。

下午考政治，具体的考题我已经记不清了，但印象中大部分内容都出现在我哥给我的复习资料上。由于考前临时背了几天，记忆还算清晰，所以大部分题目都能顺利作答，顺利通过了第二关。

12 月 17 日上午考的是数学，这是我的强项，考得相当顺利。试卷共有 19 道题，满分 100 分，还有两道附加题，总分 120 分。虽然题目相对今天的高考来说算简单，但在当时的"读书无用论"环境下，也算是有挑战性的。19 道题我都答了，但两道附加题，一道是求函数的导数，另一道是求定积分，都是大学数学微积分的内容，我没学过，不知道怎么做，就没作答。

12 月 17 日下午的理化考试结束后，我心中五味杂陈。理化一直是我喜欢的科目，平时成绩也不错，许多公式和定理都记得很清楚，这次考试前我也做了充分准备，所以大部分题目答得还算顺利。然而，在一道计算电路的大题上，我一开始就画错了电路图，使原本简单的题目变得复杂，花费了大量时间。尽管最后发现了错误，但已经没有时间修改，随着钟声和哨声的响起，我只能交卷。这场高考就这样结束了。

考试结束后，我回到家，感觉脑袋隐隐作痛，显然是用脑过度引起的。我妈关心地问我考得怎么样，我因为对理化考试中电路图的错误耿耿于怀，便回答说："有一道题不该错的，我搞错了。"我妈听了，以为我考得不好，心里着急，嘴里不停地念叨："叫你要全面复习，要认真考试，你不听。"我怕她担心，就安慰她说："别急，这只是一个题目，没什么大碍，总体还考得不错。"这才让她放心了许多。

考试结束后，虽然有些遗憾，因为一些不该错的题目出现了失误，但总体上我感觉考得还不错。我的中学物理老师林松羲当时担任监考，他也认为我考得很好。与我同场考试的还有一位福鼎一中毕业的学生，林起德老师对他的成绩很看好。我的数学老师陈明星特别关心我，便向林松羲老师询问我的表现如何。林松羲老师肯定地表示我考得比那位学生好，这让我吃了一颗定心丸，也让我隐隐觉得考上的可能性很大。

高考结束后的第二天，我便回到了屯头知青点，继续做收尾工作，修理了所有需要修的桌椅板凳，同时还给自己做了一个放衣服的木箱，以备上大学之用。当年高考的分数和录取线都不公开，大家都在煎熬中等待发榜。大约三周后，终于传来喜讯。1978年1月11日左右，我收到了去福鼎县医院体检的通知，这意味着我成功出线，喜悦之情难以言表。

当时，秦屿到福鼎的公路刚刚开通，接到体检通知的人不少，大家都乘坐客车提前一天抵达福鼎，在那儿住了一晚。我是在1978年1月13日上午前往体检的，由于体检人数较多，福鼎县医院专门在福鼎第一小学设立了一个体检点，方便大家集中进行体检。

这是我第一次参加体检，之前从未有过体检经验。拿着表格，我跟着别人一站一站地排队过关。当时营养不良，面黄肌瘦，显得弱不禁风。然而，体检过程出奇地顺利，没有发现任何问题。我注意到许多比我强壮的知青在量血压时血压偏高，他们纷纷坐在长椅上大口喝着盐水，体检医生非常体谅，允许他们反复检测。

检查嗅觉时，我经历了一次惊吓。医生拿出一个棕色瓶子让我闻，但我闻了半天也闻不出任何气味，我脑袋嗡地一响，难道我鼻子有毛病，我一边闻一边脑袋飞速地运转，突然想起了是水，我大叫一声："水"。看到我那个狼狈相和紧张的样子，那个医生面不改色，不露声色地又拿出了一瓶，这下吓不到我了，什么醋啦、酱油啦、煤油啦，我都能准确地报出来。最终，体检结果显示我一切正常。

一周后，体检通过的考生接到填报志愿的通知。那时候，我们对填报志愿毫无经验，不知道自己的成绩，完全是凭感觉在填，颇有赌博的性质。由于中学学的是语文、数学、物理和化学，许多人以为大学也是学这些科目。比如数学好的同学就报了应用数学，物理好的就报了理论物理。我是木工，喜欢盖房子，所以第一志愿报了福州大学的《工业与民用建筑》专业，第二志愿报了厦门大学的《应用数学》，第三志愿报了福建医学院的某专业，并注明了服从分配。

由于当时高考比较仓促，许多录取工作并未完全按照志愿进行，外省重点院校优先挑选了考分高的学生。1978年2月2日左右，春节前几天，我收到了上海同济大学的录取通知书。当时，我已经回家过年，并且一直在家中日夜期盼着这封通知书的到来，终于在春节前如愿以偿地收到了。这无疑为我迎来了一个充满希望的新年。

当时，我是秦屿公社第一个接到录取通知书的人。信封上只写了"福建省福鼎县秦屿公社林宗寿收"，而秦屿公社有数万人口，幸亏信封上印有同济大学的鲜红大字，才没有被邮局退回。这封信引起了大家的注意，因为秦屿镇从来没有收到过大学的信件，于是大家就判断是大学录取通知书。一提到大学录取通知书，就有人想到了我，邮递员迅速把信送到了我家。我打开一看，竟是上海同济大学建材系水泥专业的录取通知书。

当时，我对同济大学并不了解，也不清楚这个学校的名气，只是觉得去上海总比去福州好，所以心里挺高兴的。几天后，听说同济大学是名牌大学，是解放前被外国人承认的五所大学之一，这让我感到意外。虽然这话没错，但被承认的其实是同济大学的建筑系，而我被录取的却是建材系的水泥专业，这让我有些泄气。我爸的同事听说我是学水泥的，还说这种专业两年就能学完。可没想到，我学了一辈子水泥，至今还在继续学习和研究，也从未完全弄懂这个领域。

到学校后，我才发现我们班的大多数同学都没有选择同济大学，更不用说水泥专业了。

内蒙古的臧人立同学，第一志愿是内蒙古工学院的工民建专业，第二志愿是铸造专业，第三志愿是内蒙古农牧学院的兽医专业。

福建的陈联荣同学，第一志愿报考北京大学数理系数学专业，第二志愿是复旦大学数学系的计算数学专业，第三志愿是杭州大学的气象专业。

山东的陈增堂同学，第一志愿是山东大学，第二志愿是青岛海洋学院，第三志愿是山东农机学院。

山东的刘晓存、福建的林以乐、上海的胡士跃、西藏的张春萍同学虽然报考了同济大学，但都没有选择水泥专业。

然而，出乎大家意料的是，我们班最有成就的张传增同学，第一志愿竟然是同济大学建材系的水泥专业。他现任德国锡根大学教授，同时也是欧洲科学院院士、欧洲科学与艺术院院士、欧洲人文与自然科学院院士，是公认的世界一流学者。

随着改革开放的浪潮涌起，中国发生了翻天覆地的变化。水泥工业作为经济发展的先行官，为我们班的同学们提供了一个广阔的舞台，让大家得以充分施展才华，八仙过海，各显神通。我们这一代人将中国的水泥工业从近乎原始的生产状态，硬生生地提升到了世界一流水平。无论是水泥的总产量、水泥品种、水泥化学，还是水泥厂的设计建造、机械装备、自动化与智能化水平，都已经达到了或超越了世界先进水平。如今，我们班同学的足迹已经遍布世界各地。

同济大学随录取通知书一同寄来了几张行李标签，上面可以填写到站名、专业和姓名。同时，学校还详细说明了需要办理的手续，包括户口、粮油关系、党团关系等，报到日期定为1978年2月26日至27日。

过年时，我哥哥也回家了，这个春节全家人过得特别开心。春节过后，我哥哥带着我，很快就把所有该办的手续都办妥了。唯一剩下的一项是到福鼎县教委去登记，这项手续打算在出发经过福鼎时再办理。

后来，我路过福鼎时去教委办理登记手续，才得知我们秦屿考场的400多名考生中，只有我一个考上了本科。教委的领导对我说："你这次考得最好，是唯一一个考出省的本科生。"直到我到达上海并开学了很长时间后，我才知道我有几位高中同学考上了大专和中专。而我，一个曾经默默无闻的小木匠，就这样变成了一只众人瞩目的白天鹅。

1977年高考是历届高考中淘汰率最高、录取率最低的一次。全国共有573万人报名参加考试，最终录取人数仅为27万人，录取率只有4.7%。

1977年的高考，既是国家的大事，也是我人生的重要转折。转眼间，已经过去了46年。回顾我个人经历中的这段小波澜，却映照出一段历史的巨浪。如今再看当年的试题，显得非常简单，但在那个"不学无术"的年代，却已是巨大的拦路石，使近96%的考生被挡在了大学门外。那些有幸被录取的人，实在是时代的幸运儿。

那年的高考为我带来了里程碑式的命运转折。此后，我得以继续深造，读研、出国，进而从事创造发明、创业，并著书立说，这一切都得益于那次考试的成功。

1978年2月22日早晨，天还未亮，我便乘坐首班车，从秦屿车站出发前往福鼎。汽车很快爬上了太姥山的半山腰，途经周公岭。正当车子即将驶出太姥山，进入白琳镇境内时，我忽然回首东方，看到一个通红的小球升上了天空，在崇山峻岭之上散发着温暖的光芒。转眼之间，太阳的周围出现了几朵云彩，隐约遮住了它的光辉。然而，瞬息之间，太阳仿佛冲破了云彩，熠熠生辉。此时的太阳已脱去了红润的外壳，变成了金色。周围的云彩在这更加耀眼的光芒映照下，仿佛镶嵌上了一道金边，顿时光芒四射。

"啊！太阳出来了，太阳出来了！"那令人兴奋的光明终于来临。汽车在蜿蜒曲折的周公岭上疾驰，我轻声吟诵着周恩来东渡日本时写下的诗篇：

> 大江歌罢掉头东，邃密群科济世穷。
>
> 面壁十年图破壁，难酬蹈海亦英雄。

汽车很快驶入了白琳镇，离开了太姥山。在红日的照耀下，我走出了太姥山，踏上了实现理想、创建事业的征途。

5.3 走进同济

1978 年 2 月 26 日深夜，我跨进了上海同济大学的校门。

同济大学历史悠久、声誉卓著，是中国最早的国立大学之一。1907 年，德国医生埃里希·宝隆在中德两国支持下创办了同济德文医学堂，同济是由德语"Deutsch"（德意志）音译而名，后来与同济德文工学堂合并，逐步发展为同济大学。抗日战争期间，学校曾多次搬迁，最终在 1946 年回迁上海，发展成为以理、工、医、文、法五大学院著称的综合性大学。学校的历史不仅体现了其学术地位，也展现了在困境中的顽强精神。

在 1949 年开始的全国院系调整中，同济大学的文、法、医、理、机械、电机、造船、测绘等优势学科被调往其他高校或整体搬迁至内地。与此同时，全国十余所大学的土木建筑相关学科被汇聚到同济大学，使其成为国内土木建筑领域规模最大、学科最齐全的工科大学。这次调整奠定了同济大学在土木建筑领域的领先地位，推动其成为中国土木建筑学科的标杆。

1978 年 2 月 24 日早晨，我从福鼎出发，乘车前往福州，当天下午 3 点左右到达。到站后，我哥哥的同学郑瑞英迎接了我，她当时在福建师范大学政教系就读。当天晚上，她安排我在该系 75 级男生宿舍中过夜，让我提前体验了大学生活。宿舍里有五个学生，他们都十分刻苦学习，热衷讨论哲学问题。

第二天上午，郑瑞英带我去林明家拿火车票。林明是我哥在秦峪排堂岭知青点的朋友，他的父亲是福州银行的下放干部。林明已经回到福州，在福州银行工作。当时，由于我是大学新生，凭录取通知书可以购买半价火车票。然而，正值春运期间，火车票非常紧张。我们事先联系了林明，在我抵达福州后，他通过关系帮我购买火车票。

郑瑞英带我到林明家后，我把录取通知书交给他，他随即骑自行车出门，不久便将火车票带回。中午，林明热情地邀请我们在他家吃饭。林明是个音乐爱好者，他家有一套音响系统，低音炮震得整个房子"咚咚"作响，连他母亲也无奈地摇头。午饭后，我们聊了一会儿，下午 3 点左右便动身前往福州火车站。我穿着朴素的蓝色中山装，挑着两件行李，背着一个草绿色的军用挎包，挎包里装着煮熟的鸡蛋和面包，里层贴身的上衣口袋里放着钱和录取通知书，生怕弄丢，就像上世纪 80 年代初进城的农民一样。

郑瑞英送我到福州火车站后，我办理了行李托运，便早早进入候车室等待。火车在傍晚 6 点左右启程前往上海。直到我上车后，郑瑞英才安心返回学校。她大学毕业后，被分配到宁德师范专科学校工作，两年后调回福鼎市委宣传部，现已退休。对郑瑞英和林明的帮助，我心怀感激，在此表达由衷的谢意。

　　这趟列车是从福州开往北京，途经上海的 65 次火车。这是我人生中第一次坐火车，也是第一次见到火车。当时，国内的铁路系统还相当落后，使用的是烧煤的蒸汽机车。由于正值春运，车上人满为患。我虽然有靠窗的座位，面前还有一个小桌子，但车厢里的人实在太多了，行李架上、座椅下、甚至厕所里都挤满了人，连小桌子上也坐满了乘客，密集程度堪比沙丁鱼罐头。

　　在那种人满为患的情况下，去餐车吃饭或上厕所都极其困难。我随身携带了些食物，但鸡蛋有些变味，好在吃了之后肚子没痛。火车行驶了一天一夜后，终于看到上海的灯光。火车从徐家汇进入上海，沿途灯火辉煌，人潮涌动，果然是中国最繁华的城市。因为担心在上海北站挤不下车，我在火车进入市区不久就提前站到车门口等待，但列车一直不停地向前开，最终在晚上 9 点左右到达上海北站。

　　下了火车后，我终于松了一口气，走了不远就看到了同济大学的新生接待站。接站人员非常热情，工作井然有序。因为行李上贴有同济大学的标签，所以我不用再操心了，扁担也因此再无用武之地。

　　在接待站等了大约一个小时后，我乘坐同济大学的校车前往学校。到达同济大学时已是晚上 11 点多，校车直接开到了西南一楼。一位建材系的女老师在那负责接待，我拿出录取通知书办理了报到手续，并购买了 5 元的菜票和 10 斤的饭票，最后被安排在西南一楼的 3099 室。

　　由于已是深夜，行李还没到达，接待人员借了一条被子给我，并引导我前往宿舍。

　　西南一楼，亦称西南楼，因位于同济大学的西南角而得名。始建于 1954 年，建筑面积 11215 平方米，这栋三层楼的建筑采用了中国传统建筑风格，是同济大学的标志性建筑之一。

图 5.10 同济大学西南一楼

　　当时住在 3099 室的共有 8 位同学：顾卉生（山东）、陆洁（上海）、赵敏（江西）、郭宏基（江西）、陈联荣（福建）、林宗寿（福建）、杜逸平（上海）、裘璟（上海）。我到宿舍时，除了陈联荣，其他同学都已入睡。我简单收拾后准备休息，不料惊醒了赵敏同学。他探出一个圆圆的脸，笑眯眯地眯着眼，轻声问道："你不睡觉呀。"我答道："我刚到，马上睡。"

图 5.11 上海外滩（1978）

第二天上午我起得稍晚，买了一些日常用品。回到西南一楼接待站时，发现我的行李已经到了。我整理好床铺后，大家陆续到齐了，相互作了自我介绍。奇怪的是，虽然我们刚见面，却感觉像久别重逢的战友，一点生疏感都没有。晚饭后，我们决定领略一下大上海的美好风光，于是陆洁同学提议去上海外滩走走。

　　外滩位于上海市中心的黄浦江畔，是上海十里洋场的象征和近代城市发展的起点。自1844年起，这一带被划为英国租界，逐渐发展成为旧上海的标志性区域。外滩南起延安东路，北至外白渡桥，沿岸矗立着几十幢风格迥异的古典复兴大楼，这些建筑代表了上海的历史和文化，是上海市标志性建筑之一，象征着城市的辉煌与繁荣。

　　1978年2月28日上午8:30，我们全班同学到南楼的教室进行卫生打扫，下午整理了宿舍。1978年3月1日上午，建材系办公室的老师组织我们熟悉同济大学校园。大家排着长队从西南一楼出发，老师一边走一边介绍校内主要建筑的历史和功能。那天天气虽然阳光明媚，但依旧寒冷。北方同学穿着厚实的棉衣棉裤，而南方同学则穿得单薄，显得有些不适应寒冷的气候。相比之下，上海同学的穿着更加时尚，而北京的同学则显得朴素许多。

图 5.12 同济大学一二九大楼（1978）

　　领队老师首先详细介绍了"一·二九"大楼。这座大楼建于1942年，由日本建筑师石本久治设计，共三层，是当时同济大学的重要建筑。1948年1月29日，同济学生发动了著名的"反迫害，争民主"运动，之后将该建筑群命名为"一·二九"大楼，象征着同济学子关注政治和承担社会责任的传统。建材系的行政办公室就设在这里。

　　"一·二九"大楼内还有一个小礼堂，经常举办电影放映和话剧演出，我曾在此观看过越剧《红楼梦》电影、话剧《于无声处》等。我们系的一些大会也常在这里召开。大楼侧面还有一个排球馆，我曾在那里观看过一场上海市水平很高的男子排球比赛。

图 5.13 同济大学南楼（1979） 图 5.14 同济大学校门（1979）

同济大学的主要教学楼分为南楼和北楼，建筑布局对称，建于 20 世纪 50 年代，我们的教室位于南楼。学校的大门经历了多次变化，最初的校门正对着"一·二九"大楼。1952年院系调整后，校门迁至彰武路一侧。我入学时的大门建于 1972 年，右边是传达室和学生信件收发处，左边是警卫室和银行。大门上悬挂的"同济大学"四个字最初由康生题写，1979 年国庆节前换成了舒同题写的字体。进入校门后，映入眼帘的是毛泽东的高大塑像，这是许多高校的标志性景观。

同济大學 同濟大學

A. 康生题   B. 舒同题

图 5.15 同济大学校名题字书法

1907 年，同济大学建校后，相继设立了藏书楼、阅览室和图书室。1934 年，正式建立同济大学图书馆。我们入学时的图书馆建于 1965 年，总建筑面积为 6402 平方米，采用两层砖混结构。一楼设有大阅览室，二楼是半开敞式书库。该建筑由同济大学吴景祥等设计，上海市建二公司六队施工，外观富含中国传统建筑风格，采用清水红砖和白色线条，与南北教学楼共同构成了同济大学入口的整体场所感。

图 5.16 同济大学图书馆（1979） 图 5.17 图书馆一楼阅览室的夜读

同济大学图书馆拥有丰富的馆藏，是我经常光顾的地方，我们常在这里借书和自习。阅览室里排列整齐的书桌，每张桌子都配有带罩的荧光灯。每到晚上，阅览室座无虚席，整个空间却悄然无声。荧光灯下，一排排书桌映照着每个专心致志的面庞。每次走进图书馆，都会让人心境平和，全身心投入到读书和学习中，时间常在不经意间悄然流逝，然而总感到时间不够用，唯恐自己投入得不够。

文远楼得名于我国古代天文数学家祖冲之（字文远），建于 1953 年，是我国最早的典型德国包豪斯风格建筑。其三层不对称错层式的钢筋混凝土框架结构建筑，建筑面积达 5050 平方米。从建筑理念、空间和功能布局到细部设计，这栋建筑充分体现了现代建筑思想，至今仍被视为中国现代建筑的经典之作。我们当时的政治课经常在这里上。

图 5.18 同济大学文远楼（1980）　　　图 5.19 同济大学大礼堂（1980）

同济大学的大礼堂建于上世纪 50 年代，可容纳 3000 多人，采用拱形结构，跨度达 40 米。当时，它是东亚地区跨度最大的拱形建筑，被誉为"东亚第一拱"。其新颖别致的造型矗立在校园主干道上，成为大型集会和文艺演出的首选场地。在那个没有互联网、电视尚未普及的年代，大礼堂是校园文化生活的中心。每到周六晚上，大礼堂里通常会上映电影或举办音乐会，这里也成为文艺团体演出的重要舞台。电影如《追捕》《流浪者》，以及文艺演出启蒙了我们对艺术的认知。

在我们刚入校时，同济大学的校园里仍然保留着不少"文革"时期的痕迹。学校大门至毛泽东塑像之间的道路两旁，长着两排高大的梧桐树，树下还竖立着"文革"时期遗留下来的大字报栏。校园广播经常播放歌唱英明领袖华主席的歌曲，教室后墙上还设有学习园地，张贴着同学们的政治学习心得。那时，学校仍在深入揭批"四人帮"。我还记得刚入学不久，学校大礼堂召开了一次揭批"四人帮"的大会，批判了一位名叫陈敢峰的"学长"。他曾是同济大学城建系的学生，后来因在"文革"期间的行为而受到处罚，最终被开除党籍，并在 1978 年服刑。

在那次批判会上，揭批的主要内容是陈敢峰与"四人帮"的关系以及他在"文革"期间的行为。几位老师轮流上台，控诉他在"文革"中如何迫害他们。尽管陈敢峰被允许辩白，但他似乎心有不甘，声称自己只是"摆设"，并未深度参与，也没有强烈的主观意愿。这样的态度给人一种不服气和委屈的感觉。大会随即批判了他的"死不悔改"，并强调肃清"四人帮"影响的重

图 5.20 校门口道路两旁的大字报栏

要性，提醒大家积极参与斗争。然而，当时师生对于"文革"及其极左式斗争和批判，已经失去了兴趣，对"四人帮"的唾弃更多源自内心的反感。

我们在西南一楼住了一个学期后，搬到了西南二楼的 229 号房间，这是间朝北的宿舍。相比之下，西南一楼的木质地板和朝南的房间条件更好，而西南二楼是砖混结构和水泥地板，因此居住条件有所下降。搬到西南二楼后，顾卉生同学搬到了其他宿舍，李传柱同学则调入了我们的宿舍。毕业时，我们宿舍的同学们一起拍了一张合影，如图 5.22 所示，依次为林宗寿、杜逸平、陆洁、陈联荣、赵敏、李传柱和郭宏基。

图 5.21 同济大学西南二楼（1981）　　　图 5.22 大学毕业时同宿舍同学合影

同济大学有多个食堂，但我们通常在第二学生食堂用餐。这个食堂狭长而简朴，遗憾的是在建校 100 周年时已被拆除，没有留下影像。当时，大家的学习热情非常高，一下课就直奔食堂，吃完饭后直接回教室，中午和晚上都不回宿舍。为了方便，每个人用毛巾做了个碗袋，把碗和筷子装在里面，然后挂在食堂的墙上。进入食堂时，最先看到的就是一大排挂满碗袋的墙，非常显眼。

图 5.23 同济大学饭菜票

同济大学的食堂在上海高校中享有盛誉，尤其以四喜肉和大排骨为特色，吸引了许多外校的同学前来品尝。四喜肉是食堂特有的红烧五花肉，每片大小与巴掌相当，深受学生们的喜爱。我们刚入学时，每片四喜肉售价 0.12 元，后来涨至 0.15 元。搭配三分钱的汤，一片四喜肉就是一道美味。七分钱的"百叶包"也是一大特色，加上汤，一顿饭只需 0.17 元，物美价廉，成为学生们回味无穷的经典菜肴。虽然当时的饭菜种类不如今天丰富，但对我们而言，已相当满足。

在第二学生食堂的旁边有一个学生浴室，利用食堂锅炉的热能为浴室提供热水。冬天，学生们通常在这里洗澡，但因为人数众多，洗澡条件比较紧张，不能像现在一样每天都洗澡，通常每周洗一次。等天气稍微暖和些，学生们就可以在宿舍楼两端的浴室洗冷水澡，这样就不再受限，可以每天洗澡了。

1978 年 3 月 1 日晚上，系里组织了一次英语水平测试。当时，大家的外语水平参差不齐，尤其是来自大城市如上海的同学，他们的英语水平相对较好。而班上也有不少老三届高中毕业生，他们学过俄语。我由于中学时期没有学习过外语，在测试时只能交了白卷。最终，有英语基础的同学被分到英语班，学过俄语的分到俄语班，而外语水平差或没学过外语的同学，包括我在内，被分到日语班。这样，大家在日语班开始时都处于同样的起点，我这个没学过外语的人，到了毕业时，外语成绩竟然变成了优秀。

1978 年 3 月 2 日，学校党委召开了 77 年级的迎新大会。校党委书记黄耕夫发表了欢迎报告，副校长张某作了工作报告。迎新大会结束后，所有新生到校医院进行了抽血检查肝功能。下午 1:30，大家在南楼教室参加了讨论会，随后在下午 3 时再次前往校医院进行全身体检。当晚，学校为新生安排了电影《霓虹灯下的哨兵》和《难忘的一九一九》供大家观看。

第二天，身体检查结果出来后，我顺利通过了，但我们班有几位同学因肝功能不正常被隔离在校医院。他们被隔离了数天，有的甚至长达十几天，每天都要检查肝功能，直到恢复正常才获准出院。幸运的是，这些同学最终都康复了。当时，上海对肝炎特别警惕，只要确诊就会被隔离。我同寝室的裴璟同学因患肝炎未能康复，最终被迫退学。我们曾去医院探望他，但只能隔着栏杆远远地交谈，就像探望犯人一样。裴璟退学后，后来又考取了财经学校，毕业后成了一名会计。

1978 年 3 月 3 日上午，全校新生参加了一场由上海军政大学政委主讲的革命传统教育报告会，内容聚焦于革命历史和精神传承。下午，新生们围绕上午的内容进行学习和讨论，进一步深化理解和感悟。晚上，党团员们则单独召开了会议，可能涉及到对当前政治形势的讨论以及如何在新的学习环境中发挥先锋模范作用。这一整天的安排体现了当时高度重视思想政治教育的氛围。

1978 年 3 月 4 日上午，系里召开了迎新大会，详细介绍了各专业的情况，为新生们提供了更深入的了解和指导。下午，同学们继续进行学习讨论，进一步消化和理解所学内容。随后，学校发放了 4 本教科书，包括《高等数学》上、下册、《无机化学》和《辩证唯物主义》。这些教材为同学们的新学期学习奠定了基础，并预示着正式课程的开始。

在计划体制下，当年的大学生享有高度的经济保障，无需缴纳学费，符合条件的学生还能带薪入学，若有经济困难可申请助学金，此外还享受公费医疗。尤其是师范生，不论家庭情况，国家一律提供生活津贴。由于我入学前是知青，没有工资，加上来自偏远的小渔村，家境相对困难，所以我每月获得 23.5 元的一等助学金，教材费全免，生活基本得到保障，家庭仅需稍微补贴一点。这种保障对比当时的知青生活，可以说是"清苦"中带着极大的改善，几乎像"一步登天"般的生活转变。

上海的冬天比福建冷得多，顾卉生同学还特别帮我到系里申请了一床棉被。顾卉生是"老三届"高中毕业生，山东淄博人，比我大 10 岁，曾在福建当过兵，是共产党员，组织能力很强。在我们大学一年级时，他担任班长。毕业后，他在山东的几家水泥和陶瓷厂工作，最后去了北京，现已退休。在我担任全国人大代表和全国政协委员的 15 年间，每年 3 月初到北京开会，顾卉生和同学们都会设宴为我接风，有一次臧人立同学还从内蒙赶过来参加聚会。还有一次马勇、胡士跃和陆洁，不远千里从上海赶到北京一齐聚会，这浓浓的同学情谊真是令人难以忘怀。

那年夏天特别炎热，正值期终考试期间，为了帮助大家防暑降温，食堂每天熬制绿豆汤，免费供应给我们食用。回想起大学四年，学校对我们的照顾可以说是无微不至，这也是我对母校心怀感激的重要原因之一。

我们刚入学时，76 届工农兵大学生还未毕业，他们是最后一届工农兵大学生。前几届工农兵大学生都顺利毕业，但这一届对他们的要求特别严格，因为国家的政治氛围已发生变化，开始提倡真才实学。他们也因此努力学习，后来也涌现出不少人才。

然而，刚入学时，我感到他们对我们不太服气。77 级与 76 级的学生之间在食堂买饭时经常发生争执，甚至打架。不仅我们学校如此，上海交通大学等其他学校也发生了类似的群体冲突事件。当时学校要求大家团结，想想那时的情景，实在有些可笑。

在大学期间，我们也有班主任，但因为班干部比较能干，再加上大家都专注于学习，班级活动不多，所以班主任的印象在我脑海里并不深刻。我只记得水泥工艺课老师金容容曾经担任过我们的班主任。同学们后来回忆说，还有陈怀汉老师等几位老师也曾担任过我们的班主任，但无论如何，我已经记不起他们的样貌了。

与我们接触最多的指导员是刘汉庭老师，他给人感觉非常精干，年龄看起来与我们班长顾卉生差不多。虽然不确定他是否是转业军人，但他常穿着褪色的旧军装。他对工作十分负责，经常到宿舍关心同学们的生活，从不打官腔，是个非常实在的人。他的存在让我们感受到一份踏实与关怀，是我们大学生活中非常重要的一部分。

图 5.24 刘汉庭老师（1981）

1978 年 3 月 6 日星期一，我们正式开始上课。前三周的课程主要是复习中学的内容，之后的第四周和第五周我们进行了军训。军训期间，晚上还继续上课，复习高中课程。我们的班级编号是 7713。

军训期间，我们的教官是当地部队的官兵，刚开始时对我们的要求非常严格，一个简单的动作需要反复练习几十遍。教官对同学们不留情面，经常严厉训斥，甚至有时不分青红皂白。

随着军训的推进，教官的态度逐渐转变，开始变得友善。队列训练进行了一个多星期后，我们转入了瞄准射击的练习。射击训练极为辛苦，手持半自动步枪，匍匐在操场上，尽管艰苦，每个人都认真对待。实弹射击检验是在松江打靶场进行的，每人有 5 发子弹，进行百米瞄靶射击。

入学后的第一学期终于结束了，这学期时间比较长，直到 8 月初才放假，暑假只有 28 天。

个人的命运总是与国家的命运紧密相连。幸运的是，在我上大学期间，国家经历了一系列重大的政治事件，政治逐渐清明，法制不断完善，思想路线逐步拨乱反正，这些事件对我们这一代人产生了深远的影响。

1978 年 5 月，全国范围内展开了关于"实践是检验真理的唯一标准"的大讨论。这场讨论突破了"两个凡是"的严重束缚，推动了全国性的马克思主义思想解放运动，为中共十一届三中全会的召开奠定了重要的思想基础。

1978 年 12 月，中共十一届三中全会召开，标志着新中国成立以来党的历史上具有深远意义的伟大转折。全会彻底否定了"两个凡是"的方针，重新确立了解放思想、实事求是的思想路线，停止使用"以阶级斗争为纲"的口号，作出了将党和国家的工作重心转移到经济建设上，实行改革开放的历史性决策。

1980 年 2 月，中共十一届五中全会通过了《关于为刘少奇同志平反的决议》，彻底推翻了强加给刘少奇的种种罪名，全国大规模地进行平反冤假错案。到 1982 年底，共纠正了 300 多万名干部的冤假错案，47 万多名共产党员恢复了党籍，大批受迫害的干部和群众重新走上工作岗位或担任新的领导职务，他们心情舒畅地为国家的建设和发展贡献力量。

1980 年 11 月 20 日，中华人民共和国最高人民法院特别法庭公开开庭审判"四人帮"及其同伙。这场审判标志着中国彻底清算"文化大革命"极左路线的开始。江青、张春桥、王洪文、姚文元等"四人帮"成员在审判中被定罪，并分别被判处不同的刑罚。这次公开的审判表明，中国坚定地走向依法治国，结束了以人治为主导的政治模式。这一事件不仅进一步清除了"文革"的遗毒，也让我们看到了国家政治清明、社会正义逐步恢复的希望，使我们更加坚定了对未来的信心。

1981年6月，中共十一届六中全会通过了《关于建国以来党的若干历史问题的决议》，彻底否定了"文化大革命"，并且华国锋辞去中共中央主席和军委主席职务，胡耀邦当选为中共中央主席，邓小平当选为中央军委主席。这次领导班子调整进一步巩固了改革开放的路线，稳定了国家的领导层。

这些政治事件对我们这一代人的思想和人生观产生了深远的影响。"真理标准"的讨论促使我们重新审视和反思过去的思维模式，推动了个人的成长与觉醒。十一届三中全会坚定了我们对改革开放的信心，鼓励我们积极投身国家现代化建设。刘少奇的平反以及华国锋的辞职让我们看到了党内纠正错误、恢复正义的决心，增强了我们对党和国家未来的信心。这些事件让我们深刻认识到真理的力量和历史的公正，明确了个人在国家发展中的重要性，激励我们在新的历史时期贡献自己的力量。

5.4 疯狂学习

1978年，随着"文化大革命"的结束，高考的恢复和"科学技术是第一生产力"理念的提出，全社会迅速形成了尊重知识、尊重人才的浓厚氛围。各行各业的人们纷纷投入到科学知识的学习中，渴望通过知识改变命运。考不上大学并没有阻挡人们的上进心，夜大、电大、成人教育学院、函授学院等成为他们继续深造的主要途径。与此同时，电视上频繁播放的英语教学节目和各种科学知识普及节目，进一步激发了全民学习的热情和动力。大街小巷充满了朗朗的读书声，图书馆和自习室总是座无虚席，人们手不释卷，学习氛围空前高涨。

在这种积极向上的社会氛围中，知识分子和科技工作者重新得到了应有的尊重和重视，全国范围内掀起了一场前所未有的科技创新和岗位技术竞赛的热潮。年轻一代怀揣梦想，不断努力追求卓越，力求在各自的领域有所建树，使得中国迎来了久违的"科学的春天"。

与此同时，20世纪70年代全球新科技革命推动了世界经济的迅速发展，然而中国的经济和科技实力与国际先进水平之间的差距也日益凸显，国家面临着前所未有的国际竞争压力。在这种紧迫感和危机感的驱动下，中国社会以更大的决心和勇气投入到科技创新和人才培养之中。这一时期的努力和积累不仅为未来的发展奠定了坚实的基础，也为中国在全球科技领域的崛起打下了坚固的根基。人们在这场社会变革中展现出了前所未有的奋发图强的精神，处处洋溢着积极向上的力量。

正是在这种社会环境下，我们踏进了同济大学，肩负起振兴中华民族的伟大责任。我们这一代人，大多数曾被"文革"十年所耽误，来源多样，经历丰富，志趣广泛。无论是工农兵、学商，各种背景的人都有，年龄跨度也达十余岁。我们大多在社会上摸爬滚打多年，历经风雨、饱尝艰辛。正是时代的风云际会，将我们这批阅历各异、年龄不一的青年聚集到了一起。

骤然之间，从社会的底层变成了"时代骄子"，深知机会来之不易，因而晨曦诵读，挑灯夜战，是十分普遍的现象。我们非常珍惜这来之不易的学习机会，在学校如饥似渴地看书，从教室到图书馆，埋头苦读，夜以继日，可以说是空前绝后的用功。

那是一个读书极为疯狂的年代，同学们如饥似渴地汲取知识，正如高尔基所言，"我扑在书上，就像饥饿的人扑在面包上"。课堂上，老师激情洋溢地讲授，同学们全神贯注地聆听；每逢阶梯教室的大课，大家争先恐后地提前占位。晚自修时，尽管教室外寒风凛冽，但教室内灯火通明，同学们专心致志地看书、做作业，直到熄灯铃声响起，才依依不舍地离开教室。

在那个学习热情高涨的年代，同学们生怕自己少学了，别人多学了。每天早晨出门后，中午也不回宿舍，直接到教室继续学习，晚上很晚才回去休息。学校担心大家健康出问题，于是规定晚上 11 点宿舍关灯，但在南北教学楼留了几个阶梯教室通宵不关灯，这些教室每天都被挤得满满当当，座位一位难求。抢不到座位的同学们就另辟蹊径，利用路灯、手电筒，甚至宿舍走廊的灯继续学习。

当时，每个同学的床头几乎都有一盏床头灯，熄灯后继续在床上看书。学校发现许多宿舍整晚灯火通明，便在晚上 11 点后将所有开关全部切断，仅留走廊的路灯。然而，同学们很快就从走廊的路灯处引电线到房间内继续照明。这样一来，常常造成电力超载，导致整个走廊一片漆黑。最终，学校不得不多次派人到宿舍清理这些乱接的电线，经过几次反复检查，才将这种现象杜绝。

当时，学校并不是一味鼓励大家埋头苦读，而是想方设法让大家多休息，注重身体健康，要求大家积极参加体育锻炼。学校严格规定早上必须出早操，下午 4 点后必须到操场或其他室外场所进行体育活动。许多同学只想多读书，不愿出去锻炼，指导员刘汉庭老师就会一个教室一个教室地找人，催促大家去外面活动。

我还记得我们住在西南一楼时，班长顾卉生特别认真负责，每天一大早就把我们叫起来，排队在校园里跑步。我那时候总盼着下雨，这样就可以不用跑步。有一次，我脚崴了，下午下课后留在南楼教室看书，不参加活动。不久后，班干部李旭峰同学发现我没去活动，特意跑到教室找到我，仔细确认我受伤的情况，才批准我不用参加体育锻炼。

尽管学校采取了多种措施来限制大家的学习热情，但这并未能浇灭同学们对知识的渴求。文革前，同济大学就实行了考查课和考试课制度，考查课只分及格与不及格，而考试课则按百分制打分。刚入学时，学校没有严格区分考查课和考试课，所有课程都用百分制评分。

为了避免同学们过于追求分数，学校恢复了考查课与考试课的区分，这意味着考查课即使考得再好，最终也只会评为及格。然而，这一措施并没有改变大家刻苦学习的态度，因为大家的学习动力并非来自追求高分，而是真心想学到更多知识。考试成绩从未公布名次，所以我也不知道自己在班级中处于什么位置。恢复考查课和考试课制度后，许多本该评优的课程成绩单上突然变成了及格，让人难以解释这种变化。

大家的学习实在是太刻苦了，结果导致了不少同学出现了神经衰弱，甚至还出现了精神异常的情况。我那时候也经常耳鸣，睡眠质量很差。由于这些问题，我们班有两位同学因为健康原因不得不退学，还有两位同学休学半年后插班到了78级。这些情况反映了当时学习压力之大，以及大家对知识的渴望程度，也为后来学校加强学生心理健康教育敲响了警钟。

由于77级入学考试和录取过程都非常匆忙，学校也没有做好充分的准备，我们刚入学时并没有正式的教材，很多课程使用的是老师们临时编写的油印教材。我当时的教材费是全免的，所以开课时发了一套油印教材给我。等到正式教材出来后，学校又给我发了一套正式教材。这反映了当时教育系统在应对恢复高考后巨大的教材需求时所面临的困难和挑战。

1977年，同济大学建材系仅招收了两个班，一个是水泥班，另一个是制品班。除了少数几门专业课不同之外，其余课程几乎都是一样的，因此这两个班的同学平时大部分时间都在一起上大班课。这种安排既节省了教学资源，也让两个班的同学有了更多的交流和互动的机会，加强了他们之间的学术和社交联系。

我们入学后，为学校注入了一股清新的活力。经历了"文革"时期教育的严重破坏，老师们对通过高考进入校园的学生格外重视和关爱。他们痛心于过去的种种劫难，因而对我们这一代学生寄予厚望，倾心教导。如今，回忆起当年的教授们，无不让人心怀感念，师恩深重，铭刻于心。这种师生情谊成为我们大学时光中最珍贵的回忆之一，也激励着我们在未来的道路上不断前行。

王祖悦老师教我们数学时，年纪尚不到40岁，她是典型的大家闺秀，齐耳短发，不仅人美，而且动作优雅。一口标准的普通话，口齿清晰，板书也如她的讲话一般有条有理。每次上课的阶梯教室座无虚席，甚至有许多其他班级的同学也慕名来听她的课，给我们留下了非常深刻的印象。她的助教是一位30多岁的小伙子，负责习题课的教学。听说后来王祖悦老师去了香港。

图 5.25 胡宏淑教授（1981）

有一次数学期终考试前，我们班委为了帮助大家复习，出了一套模拟题并写在黑板上供大家练习。正当大家在做题时，王祖悦老师和她的助教进来了。她看了一眼黑板，显得非常吃惊，因为模拟题居然与她的考试题几乎一模一样。她笑着连声说："我不好发表意见，你们继续复习吧。"然后点点头，带着微笑离开了教室。这一幕让大家都印象深刻，既紧张又好笑。

胡宏淑教授教我们分析化学课时，总是像老妈妈一样慈祥亲切。每次一上完课，总有一大群学生围着她，她见到学生总是笑脸盈盈，不停地回答各种问题。有一次我也想问个问题，但张传增同学抢先一步，不断地向胡老师提问。胡老师耐心地回答了许多问题，直到有一个问题她也答不上来，只好笑着说："这个问题不在我们的教学大纲上，你不用担心。如果要学，那世界上的知识可太多了。"

张传增同学是一个非常勤奋好学的人，聪明绝顶。外表看似老实巴交，浓眉黑眼，戴着厚厚的眼镜，时常推一推眼镜片。1980 年，他被教育部选拔为留学生，公派留学德国，并在 1983 年和 1986 年分别获得德国达姆斯塔特工业大学的硕士和博士学位。随后，他在美国西北大学做博士后研究，与著名力学家 Achenbach 教授合作。此后，张传增在学术界取得了卓越成就，成为国际知名的力学专家。他曾在多所世界知名大学担任教授，并获得多项荣誉，包括欧洲科学院院士和多所大学的荣誉博士。作为我们班走出的国际一流学者，张传增同学的成就为我们树立了榜样。

《水泥工艺原理》是我们的专业课，由金容容老师授课。她不仅是这门课的老师，还著有《水泥厂设计概论》教材。我后来在武汉理工大学工作时，也用到了这本教材，每次看到它，我就会想起金容容老师，感到特别亲切。记得有一次，我和几位同学去她家里做客，当时正值上海电视台播放《大西洋来的客人》电视剧，大家边看电视，边讨论水泥技术，金容容老师给了我们很多宝贵的指导，至今难忘。

在金容容老师的课上，最让我印象深刻的是关于水泥石中水的存在形式的讲解。她详细对比了鲍维斯、弗尔德曼和大门正机等几大门派的观点。这部分内容并不在教材上，是她特别补充进来的。多年后，我在编写《水泥工艺学》教材时，也将金容容老师的这些讲课内容补充了进去，延续了她的教学精髓。

图 5.26 金容容老师（1983）　　　图 5.27 魏金照老师（1981）

魏金照老师是金容容老师的先生，有一次因为金容容老师因故不能来上课，魏金照老师就代替她来讲课。那天的内容是水泥水化的过程，这个过程非常复杂，难以记忆。然而，魏金照老师通过一张简明扼要的图表，将整个水泥水化的过程清晰地展示出来，使得大家很快就掌握了这个内容。我也因此对魏金照老师印象深刻，记住了他教学的独特方法。

沈威教授是我们《水泥化学》课程的老师，他在讲解水化硅酸盐结构时，引用了泰勒的观点，指出水化硅酸钙是一种无定型的凝胶，组成不定，结构表现为近程有序、远程无序。沈威教授在课堂上特别提到，泰勒最初认为水化硅酸钙的结构类似于莫来石，但后来发现不正确，并勇敢地承认了错误。他说："一个伟大的科学家能够勇敢承认自己的错误，值得我们学习。"

图 5.28 沈威教授（1981）　　　图 5.29 黄蕴元教授（1981）

沈威教授是中国著名的水泥化学专家,对中国水泥工业的发展作出了杰出贡献。1986年 7 月，他主编的《水泥工艺学》教材广泛使用，培养了一代又一代的水泥行业人才。直到 2012 年 12 月，这本教材的编写任务才交给了我，延续了这一学术传统。

我们当时的系主任是黄蕴元教授，他是国务院批准的国内第一批博士生导师，并培养了我国无机非金属材料专业的第一位博士，堪称教书育人的典范。黄蕴元教授是我国高等工科院校"混凝土与建筑制品"专业和"建筑材料性能学"专业的创办人之一，在中国材料科学界享有崇高威望。他编著的《预加应力混凝土原理》《混凝土制品工艺学》《表面物理化学》等专著和发表的学术论文，对业界产生了深远影响。

记得有一次在文远楼的阶梯教室开全系大会，邀请系主任黄蕴元教授给大家讲话。本来这次会议是以政治学习为主题，应该讲一些与政治相关的内容。然而，黄蕴元教授总是与他的专业领域紧密相连，讲话没多久就从一颗牙齿开始，延展到分子、原子和物质结构，最后竟然自然地过渡到了水泥混凝土的主题。原本的政治学习，变成了一场生动的专业技术讲座，令人印象深刻。

王朝亨老师是我们热工课的任课教师，福建德化人，曾担任教研室副主任和高等教育研究所副所长。他长期从事硅酸盐材料与工程的教学与科研工作，发表了十多篇论文，并出版了多部专著。王老师个子不高，戴着一副眼镜，操着福建普通话，总是带着一名年轻的助教。每次答疑时，他总是夹着一本教材，笑咪咪地走进教室，上课时常用纸张画图，挂在黑板上，以帮助大家更好地理解内容。

图 5.30 王朝亨老师（1981）　　图 5.31 冯铭芬老师（1981）

冯铭芬老师是我们《岩相学》课程的任课教师，她带领我们通过显微镜探索了水泥内部的奇妙世界。她撰写了《硅酸盐岩相学》一书，对硅酸盐岩相学有着深入的研究。我在撰写研究生论文时，曾写信向她索要一篇她的论文，内容涉及如何从熟料中分离出铝酸三钙和铁铝酸四钙这两种矿物。冯老师很快就将论文寄给了我，使我得以顺利完成硕士论文，这让我至今难以忘怀。

陆厚根老师是我们《水泥机械与设备》课程的任课教师，主要研究粉体力学，著有《粉体技术导论》，该书涵盖了颗粒性质与行为、颗粒形成与制备、以及颗粒处理技术的相关内容。当时没有电脑投影设备，他常使用幻灯机将水泥机械设备的结构图投影到屏幕上，助教负责放幻灯片，使得讲课效率大为提高。陆老师还带我们到江山水泥厂进行毕业实习，并亲自指导我们使用毕托管测定水泥磨出风管的风量。实习过程中，尽管水泥磨尾温度高、粉尘大，大家满头大汗、满身是灰，但在陆老师的带领下，我们收获了宝贵的实践经验。

在我们上大学的时候，计算机技术还相当落后，没有如今的台式机，更没有便携式电脑。同济大学计算中心拥有一台由上海计算机厂生产的 719 计算机，这台庞然大物占据了一间小房间。与现代的键盘输入不同，我们使用的是穿孔纸带来进行人机对话。我们学习的计算机课程是《719 算法语言》，课程结束时要求我们编写一个程序来解方程组。虽然程序编写不难，但将其转换为二进制并在纸带上穿孔则极为繁琐。为解一个简单的方程组，我们打了一整捆纸带，类似于一卷电影胶片。而且，程序极易出错，只要有一个孔打错，计算机就会显示错误。记得我与臧人立同学分在一组，一起完成上机任务。我们把打好的纸带装进计算机，一开机就显示错误，最终检查半天发现是一个孔打错了。为了完成这道方程组的计算，我们忙了好几天，回想起来还觉得有些好笑。

臧人立同学高大威猛，有点像蒙古摔跤手的形象，性格热情豪爽，心胸宽广，讲义气。他对同学特别亲切热情，喜欢盛情款待朋友，是我非常敬重的一位同学。

在我们学校西南一楼后面有几间校办工厂，主要用于学生的金工实习。我们就是在这些工厂里进行金工实习的。实习期间，工厂的师傅让我们按照图纸制作一把小锤子，使用的是 45 号钢，最后还要经过热处理以增加硬度。实习结束后，锤子需要通过验收才能算及格。师傅还说，想要留作纪念的同学可以交 4 角钱把锤子带走。大家基本上都要了自己的锤子，这段经历至今让我们记忆犹新。吴政同学甚至还说，他的那把小锤子至今还保存在福州老家，令大家感到特别亲切。

吴政同学是福州人，由于我会讲福州话，所以我们在大学期间经常在一起。那时候，吴政同学拥有一台计算器，这在当时非常罕见且昂贵。我曾在上海南京东路的一家商店看到过一台计算器，售价高达 600 元，而我的助学金每月只有 23.5 元，宿舍里工资最高的陆洁同学每月工资也只有 36 元。由于我们的作业计算量很大，我经常借用吴政同学的计算器来加快计算速度，节省了很多时间。

我记得那年学校开运动会，整个活动持续了 7 天。趁着这段时间，我和吴政同学，还有几个福建老乡一起去杭州、苏州、无锡游玩了一圈。当时，我负责拿着地图，他们几个都不怎么愿意动脑筋，就跟在我后面。我们一起坐公共汽车到处转悠，尽情领略这些城市的美景，玩得非常开心。这次旅行不仅让我们放松了心情，也加深了我们之间的友谊。

我特别喜欢力学，尤其擅长力的分析。上高中时，有一次我去秦屿木器社看他们盖房子，发现他们使用了不正确的三角架结构。正常的三角架底边应该有一根木头承受拉力，而他们的设计将底边放在两个斜边的中间，这样虽然增加了屋内空间高度，但将斜边的受力从抗压变成了抗折。我当时就判断这种结构承受不了重量，结果房子在上瓦片时果然坍塌了。

另一次是在 2003 年 12 月，我担任华新水泥股份有限公司独立董事时经历的。当时，我们要去新西兰开一个董事会会议，路过法国巴黎戴高乐机场。在候机时，我注意到机场候机室的屋顶结构很特别，是个拱形结构，有点像同济大学的大礼堂，但与同济大礼堂不同的是，这个拱形结构没有任何柱子支撑，也没有横梁拉住。我当时就觉得这个结构不合理，担心会坍塌。果然，2004 年 5 月 23 日，电视新闻报道了戴高乐机场候机室发生坍塌的事件。

还有一次是我公司的办公大楼，我们将一楼租给了邮政快递公司。他们在后门的停车场上搭建了一个遮雨帐篷。我一看就觉得左边的墙无法承受帐篷的拉力，特别是在下雪或大风天气下，可能会倾倒，造成安全隐患。于是，我立即指示办公室发出整改通知，要求邮政快递公司尽快采取安全措施。结果，还未等到他们整改，2020 年 11 月 2 日的一个夜晚，武汉突降大风和暴雨，左边的墙果然因承受不住拉力而倒塌。幸好当时是深夜，没有造成人员伤亡。

《材料力学》是我特别喜欢的一门课程。我花了大量时间自学，甚至包括老师课上没有讲到的内容。在期终考试时，虽然我没有使用计算器，而是用了计算尺，依然取得了满分。特别是最后一道题，我采用了一种老师没有教过的方法进行解答，并且成功地得出了正确的答案。

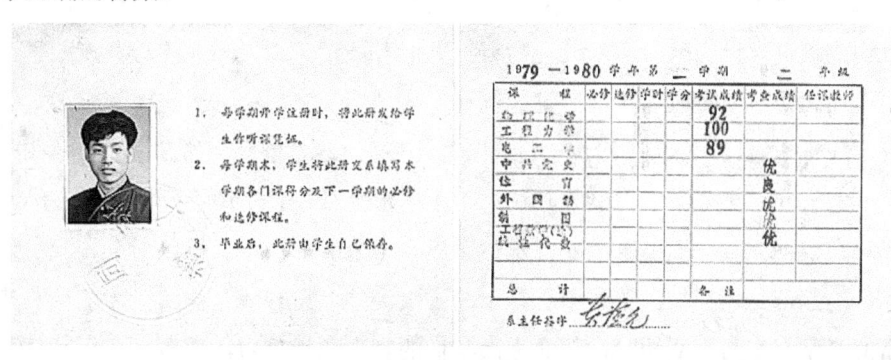

图 5.32 我的学分册

从大学二年级开始，我们的体育课根据兴趣和特长分成了不同的专业项目，如足球、篮球、排球等。我那时个子小，身体较为瘦弱，原本想加入足球队，但带队老师一看到我，就直接淘汰了，连试都不让我试。同样的情况在篮球组也发生了。最终，我被分到了排球组，从基本功开始训练。刚开始是一个人对着墙练习，后来就与孔凡营同学搭档，进行双人对练，逐步提高接球技巧。

虽然我看起来瘦弱，但其实体育并不差。从小就淘气惯了，与城市里的孩子相比也毫不逊色。当时，同济大学设有严格的体育锻炼标准，包括跳远、跑步、引体向上、单杠、双杠、鞍马等项目，我居然都达到了这些标准。课余时间，我还参加了太极拳医学实验班。太极拳作为上海市倡导的全民健身运动项目，风靡一时。傅钟文大师指导我们练习，我也认真投入，天天晨起打上一套 88 势杨氏太极拳。由于是医学实验班，练习前后都要测定血压、心跳等指标。虽然实验结果显示不少同学的身体状况有所改善，但对我来说，最大的收获是学会了打太极拳。

到了最后的毕业环节，有的同学选择做毕业论文，而我选择了跟随袁莹老师做毕业设计。我的设计项目是一条湿法回转窑的烧成车间，选用了 $\Phi 3.5 \times 145m$ 的华新窑。我很快就完成了图纸的绘制，还闲暇之余多画了一张鸟瞰图。

我们这一届大学生，因为在高考前经历了基层的磨砺，普遍怀有忧国忧民的使命感。我们正值改革开放的初期，面临着广阔的施展才华的舞台，因此大多数人成为了各行各业的中坚力量，甚至成为了国家栋梁。40 多年的实践证明，我们这一代人以实际行动回报了时代，我们既是改革开放的第一批受益者，又是奉献者和守护者，为国家和社会的发展做出了重要贡献。

5.5 博览群书

当年，同学们普遍有一种"知识饥渴症"，大家都抓住这难得的上大学机会，努力补充知识。恢复高考改变了过去许多人听天由命、前途由领导决定的观念，使广大知识青年意识到通过自己的努力可以改变命运。人们普遍带着积极向上的心态投入学习，感到前途充满希望，学习成为一种自觉的行动。

鲁迅先生说过："必须如蜜蜂一样，采过许多花，这才能酿出蜜来。倘若叮在一处，所得就非常有限，枯燥了。"秦牧则说："不广泛地吸收，是谈不到博大精深的。一条大河，总得容纳无数小溪、小涧的溪水；一座几千米的高山，总得以一个高度作为它的基座。"这些都是大师们在实践中总结出的宝贵经验。只有博览群书，才能从书籍中获取丰富的科学知识与生活经验，从而提高我们的智力和想象力。

至少对我来说，大量的知识来源于图书馆。当时，图书馆的资源也是需要"抢"的。每晚图书馆开门前，门口就已挤满了学生，大家都在等待入馆。门一开，便像百米冲刺般冲进去占座位、抢杂志。

在图书馆阅览室自习，效率非常高。这里寂静无声，只能听见笔尖在纸上"沙沙"地滑动，仿佛在低声交流着内心的思绪。日光灯下，宽敞的阅览室里，黑压压地坐满了专注的读者，有的伏案疾书，有的闭目沉思，还有的口中轻声默念。

当时，每位同学最多允许借 16 本书，必须看完归还后才能继续借阅。我还记得第一次拿到借书证时，大家都热情高涨，挤在图书馆柜台前，恨不得把图书馆都搬回家。然而，当我排队轮到自己时，我想要的书早已被借光了。由于入校匆忙，我们所学的几门课教材还没印出来，高等数学课用的还是工农兵大学生时期的教材，而老师讲的内容却是"文革"前樊映川编写的《高等数学讲义》。我试图在图书馆借几本"文革"前的高等数学教材，但都被借光了。最终，我找到一本上世纪 20 年代的《高等数学》教材，虽然工作人员劝我这本书太老没用，但我还是借了回去。可回宿舍一看，发现这本书是用文言文编写的，要理解它，得先把古文搞懂才行。

过了一段时间后，我们的教材才陆续印刷出来，图书馆的藏书也逐渐丰富，借书变得不再困难。那时，书店里的书也开始多了起来，只要有机会去街上，我一定会去福州路的新华书店转转，看看有没有与我们专业相关的书籍。

在图书馆二楼的阅览室大厅里，有一本特别厚重的大百科全书，我从来没有见过这么巨大的书。我注意到书的侧面挖有一排小孔，方便手指插入以翻动书页。我试着翻阅了几页，发现必须用两只手才能翻动它。这个设计虽然简单，却让我对这本百科全书产生了深刻的印象。

与我同宿舍的陈联荣同学，思维敏捷，绝顶聪明，学习成绩非常出色，但他并不满足于现有课程的学习内容，同时还广泛涉猎其他领域的知识。在学好老师要求的课程之外，他花费大量精力跨专业学习《弹性力学》等其他专业课程。我经常看到他到图书馆借阅大部头的书。有一次，他借了一本 A3 幅面、约 10 厘米厚的红皮精装书，到教室自习时，他除了背着一个圆鼓鼓的书包，还怀抱着那本沉甸甸的大书，一点也不嫌累。

我与陈联荣除了 4 年同济大学同学外，在武汉工业大学还有 3 年研究生同学的经历，这让我们之间建立了深厚的友谊。大学毕业后，他被分配到北京建材技术情报研究所，随后考取了武汉工业大学的研究生。1986 年 7 月，研究生毕业后，因要照顾家庭，他回到了厦门，筹建了厦门第一家商品混凝土公司。1989 年 9 月，他自费赴加拿大攻读博士学位，专攻高性能混凝土和纤维增强混凝土。1996 年 1 月，他全家前往马来西亚，受聘于 Hume Industries 混凝土及制品研究中心，负责混凝土性能和工艺的研发。四年后，因儿子升学需求，1999 年底全家搬回加拿大温哥华。

陈联荣同学由于在大学期间博览群书，知识面广泛，在攻读博士时就开发了一些工程应用小软件。在 Hume 工作期间，他进一步开发了实用软件、网站和混凝土专家系统等技术工具。回到温哥华后，他转入了 IT 行业，参与了全球首个语音识别应用商业系统的开发，并推出了语音识别查号台（411）。尽管这家公司因资金问题而关闭，但他凭借丰富的知识背景和多领域的技能，在 IT 领域取得了显著的发展。

1986 年 7 月，陈联荣同学研究生毕业后离开武汉前往厦门报到。他先乘客舱到九江，然后转乘火车经南昌到达厦门。我得知消息后，立刻赶往武汉 17 号码头为他送行。幸运的是，我在客舱内见到了陈联荣夫妇，我们在船上相处了约半小时。后来，直到 2012 年 5 月，毕业 30 周年同学会在母校举行时，我才再次见到他。时光荏苒，30 年如白驹过隙，弹指一挥间。

在大学期间，我也是喜欢博览群书，但与陈联荣不同，我更注重实际应用，只关注与水泥专业相关的资料，而对其他专业的书籍不太感兴趣。坦白说，我们班的大多数人对水泥这个专业并没有太大的兴趣，很多人是因为高考录取时志愿未被考虑而被分到这个专业的。毕业时，大部分同学都希望把水泥专业改为硅酸盐专业，并在毕业照上擅自标注为"同济大学建材系硅酸盐专业 81 届毕业留影"。

但我却有不同的想法。尽管当时我不能说自己一开始就喜欢水泥专业，但我认为在计划经济体制下，我们无法改变这种既定的现实——上什么学校、学什么专业、毕业后被分配到哪里，都是事先安排好的。因此，我决定不如脚踏实地地学习，因为每个专业都有值得深入研究的地方。抱着这种心态，我选择博览与水泥专业相关的书籍，如《水泥工艺学》《胶凝材料学》《水泥机械设备》《水泥》杂志和日本原版的《水泥和混凝土》杂志等等。这种实际和专注的学习方法，帮助我在专业领域积累了扎实的知识。

当时，我借了一本由台湾人出版的《水泥工艺学》，这本书的编写方式与我们的教材《水泥工艺原理》有很大的不同。我们的教材侧重于水泥化学和熟料化学方面的内容，很少涉及生产设备，而《水泥机械与设备》作为另一门课程，与工艺原理之间的联系也较少介绍。相比之下，台湾人编写的书将设备与工艺原理紧密结合，这给了我很大的启发。多年以后，在工厂搞技术服务时，我深刻体会到生产设备的重要性，因此在编写《水泥工艺学》和《无机非金属材料工学》教材时，我特意将设备内容纳入其中。

40 多年过去，我们班上真正留在水泥相关专业工作的同学，大约只有一半左右。许多同学因为各种原因离开了这个行业。有些同学在大学毕业后报考研究生时，就想改变专业，有的想学航空发动机，有的想学力学。

我们班有一位同学，名叫陈增堂。毕业后，他留校工作，担任了同济大学建材系团总支书记，展现出热情、踏实的工作态度和正派的作风。并迅速升任为建材系党总支副书记、同济大学学生处副处长、研究生院管理处处长、心理咨询中心主任以及上海市学生心理健康教育发展中心副主任等职务。

1989 年上半年，陈增堂同学在担任同济大学学生处副处长期间，创建了一个学生心理咨询室，这是上海乃至全国高校中最早的心理健康服务机构之一。为了更好地掌握心理咨询方面的专业知识，他选择报考了华东师范大学的心理学专业在职研究生。

1991 年上半年，陈增堂同学在攻读研究生的同时，与上海几位同行联合发起成立了上海市高校心理咨询研究会。经过两年半的筹备，1993 年 10 月，这一研究会终于在同济大学正式成立。作为研究会的主要负责人，陈增堂同学与同事们以此为平台积极推动上海高校心理健康服务的发展。此外，他在同济大学首次开设了大学生心理健康选修课，这门课程因其新颖性受到了学生们的热烈欢迎。

5.6 课堂之余

同济大学的校园生活丰富多彩，课余活动异常丰富。各种讲座、报告、文学欣赏、歌舞娱乐和社团活动充实了我们的大学时光。团结活跃的氛围，积极向上的精神风貌，是我们这一代大学生的真实写照。这些活动不仅让我们在学术上受益，还培养了我们多方面的兴趣和技能，使得我们的大学生活绚丽多姿、充满意义。

5.6.1 《同济歌声》

沿着校园熟悉的小路，清晨来到树下读书，初升的太阳照在脸上，也洒在身旁的小树上。亲爱的伙伴，亲爱的小树，我们一起共享阳光雨露，让这段美好时光铭刻在心，直到你我长成参天大树。

这首由高枫作词、谷建芬作曲的《校园的早晨》，曾在上世纪 80 年代风靡全国校园，并被收录在《同济歌声》中。每当听到这首歌，我总会情不自禁地回想起在学 5 楼做毕业设计的情景，那时录音机中正放着王洁实和谢丽丝的《校园的早晨》二重唱。我更不会忘记《同济歌声》及其创始人之一的姜继兴同学。

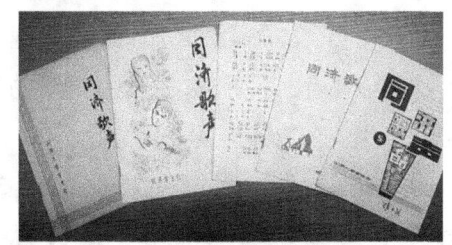

图 5.33 《同济歌声》杂志

一个时代有一个时代的符号，一个时代有一个时代的声音。当我们偶尔停下脚步，摒弃那些无谓纷乱与嘈杂，回首望去，是白茫茫一片的纯净，无边无际。在悠长的深夜里，点一盏灯，总能有一些最珍贵、最顽强的声音从心灵深处流淌出来。那就是我们的《同济歌声》，那歌声如此迷人，如此让人陶醉，它具有穿透时空的魔力，它铭记了一个伟大的时代，伴随着我们茁壮成长。任凭岁月更迭，沧海桑田，也不能磨灭我对它的记忆，反而愈加清晰。

同济大学学生会主办的《同济歌声》深受同学们的喜爱，许多同学将其作为礼品赠送给亲朋好友和兄弟单位，广为流传。《同济歌声》中刊载的歌谱都是当时最流行、最受同学们欢迎的歌曲。每当市面上出现好听的歌曲时，我班的姜继兴同学总会第一时间录下来，反复播放录音磁带，记下谱子和歌词，并及时刊载在《同济歌声》中，极大地丰富了大家的课余生活。即便许多同学毕业后，仍对《同济歌声》念念不忘，纷纷写信给留校的同学求购，并将《同济歌声》介绍到自己的工作单位。

同济大学城市规划专业的有位同学在怀念《同济歌声》时，这样写到："对同济歌声的兴趣是在和外校同学的交流中产生的，得知《同济歌声》已经跨出校门，得到了来自其他院校的赞誉。不起眼的《同济歌声》是在食堂里买的，五分钱一本，很薄，油印的，好像还是手写的，封面的绘画也较简单，谈不上装帧，但每册也有十首歌左右，引领了当时歌坛上的潮流，据说是同济有音乐才华的同学自己记谱编制的，小小的它为我打开了了解流行音乐的窗口。……什么时候可以再听《同济歌声》，再次传唱那首《难忘今宵》呢。"

姜继兴同学，上海人，1956 年生，是我们班公认的才子，他学识渊博、多才多艺；举止高雅、风度翩翩；与人为善、乐于助人；是我最敬佩的同学之一。想当年我大学毕业离校之际，姜继兴同学用三轮车把我的行李拖到上海火车站托运，我至今不曾忘记。姜继兴同学待人热情、真诚，与其交往，如沐三月春风。

姜继兴同学不仅创办了《同济歌声》，还担任我们班的文体委员，经常组织同学们参加歌咏比赛。1980 年 12 月 9 日，为纪念"一二·九"运动，学校学生会和团委举办了一次歌咏比赛。我们班在姜继兴同学的指挥下，合唱了一首闽南方言歌"天黑黑"，获得了班级集体三等奖。

姜继兴同学毕业后，分配在上海建筑科学研究院，后移民加拿大，为中国和加拿大两国人民的友好交往，作出了很大贡献。

5.6.2 《晨风》杂志

尽管同济大学没有文科专业，却有一群酷爱文学的学生。《晨风》是由同济大学学生会主办的一本文学杂志，而我们班的林以乐同学正是其创始人之一。《晨风》的创刊号上，第一篇文章便是林以乐同学撰写的短篇小说《小黑帮》，这是一篇典型的伤痕文学作品。林以乐同学通过《小黑帮》展现了他对社会的深刻思考和对文学的浓厚兴趣，这本杂志也为当时的校园注入了文学的气息。

伤痕文学是 20 世纪 70 年代末到 80 年代初，在中国大陆文坛占据主导地位的一种文学现象。它得名于卢新华以"文革"中知青生活为题材的短篇小说"伤痕"。它主要描述了知青、知识分子、受迫害官员及城乡普通民众在那个不堪回首的年代悲剧性的遭遇。这部小说以悲剧的艺术力量，震动了文坛，作品中对人性、人道主义的描写，突破了长期以来关于文艺的清规戒律，在当时引起了广泛的争论，而讨论最终得出的肯定性结论，又使这部作品成为我国文学界在政治上彻底否定"文革"的先声。到了这时，人们才真正理解到，他们确实经历了一场人为的灾难，他们以往忍受的一切是应该而且可以被打倒、唾弃的，于是他们压抑许久的愤懑便立时喷涌而出，当这种愤懑大量地以文学的形式表现出来的时候，便形成了新时期第一个文学思潮："伤痕文学"思潮。

伤痕文学可以说是中国当代文学史上的第一个悲剧高潮。在思想上，它对彻底否定文化大革命作出了历史性的贡献；在艺术上，它第一次给当代文坛带来悲剧意识。

林以乐同学的"小黑帮"，描写的是"文革"期间，一个小学刚毕业的英俊少年，父亲是具有二十多年教学生涯的人民教师，被造反派诬蔑为"反动学术权威"，受到拳打脚踢，游街批斗，最终被关进了牛棚。英俊少年自己也受到牵连，变成了"小黑帮"，失学在家。英俊少年的同班同学里，有个美丽善良的少女，名叫叶绿琳，她父亲很早就去世了，只有一个哥哥和母亲。但不久哥哥在阳台上被造反派的流弹打死了，她母亲是地区医院的副院长，妇产科专家，被造反派诬蔑为特务，也被关进了牛棚，美丽善良的少女也成了"小黑帮"。

相同的经历，使两位"小黑帮"走到了一起，相互爱慕，暂时忘记了眼前这个世界和遭到的不幸。可好景不长，英俊少年上山下乡去了，不得不与这美丽少女分别。可不久这位美丽少女的母亲由于受到逼、供、拷打、审问、剃光头、坐土飞机、不给水喝等非人的待遇，用小刀割断颈动脉，抛下唯一的女儿，自杀了。这位美丽少女知道消息后，当时就昏死过去，醒来后就一直神志不清，变成了精神病人。

在这悲欢离合、鲜血淋淋的故事里，林以乐同学对"文革"给中国人民造成的精神创伤予以了"字字血、声声泪"的强烈控诉，对肆虐横行的极左路线予以了强烈的谴责。

这篇短篇小说"小黑帮"，文采斐然，辞藻华美，情感丰富，情节跌宕起伏，引人入胜，寓意深刻，艺术感染力很强，深深地打动了同学们的心，引发了大家的共鸣，显示出了林以乐同学不凡的文学功底。

林以乐同学是福建漳州人，出生于书香门第，祖母解放前就是漳州养正小学校长，父亲 1943 年毕业于福建协和大学。林以乐同学多才多艺，聪明绝顶，反应极其灵敏，无论学什么上手都很快，琴棋书画样样精通。还是个游泳健将，他打破了同济大学保留了十几年的 200m 蛙泳记录，此记录一直保留了十几年后才被别人打破。大学毕业后，分配到龙岩地区水泥厂烧成车间任技术员。由于他聪明能干，不怕吃苦，很快就破格晋升高级工程师，升任副厂长，并得到了许多荣誉：福建省劳动模范、福建省五一劳动奖章、建材行业全国劳动模范、全国五一劳动奖章等。

5.6.3 直选代表

我们在校期间，参与的最大的一场政治活动是 1980 年直选上海市杨浦区人大代表。

1980 年起基层人大代表开始直选，允许自行提出候选人，30 人以上可以推选候选人。大学一般分为教师和学生两个选区，这样一来，学生里就有可能自己选出一个区县的人大代表。

图 5.34 选民证

这个改革在当时很被看重，学生们很真诚地相信这是民主改革的开端，很认真地参与了这场政治活动。我们建材系很快就推出了候选人 77 制品班的陈鹰同学，机械系也推出了一个候选人，名叫丁毅，数力系推出的候选人叫黄敬。几个候选人都成立了自己的竞选班子，制订了严密的辩论和宣传的计划，积极开展竞选活动，到处讲演，发表自己的见解和观点，还到各个宿舍拜票。

那段时间，每天中午或者晚上，都有各系上门到各宿舍"拉票"的人员，异常热闹。最后几个候选人在学校大礼堂进行了一次公开辩论。数力系的黄敬同学，山东梁山人，上学时他已娶妻生子，在大礼堂做竞选演讲时非常轰动。他有两句话让大家印象深刻，一句是"我不是共产党员"，另一句话是"糟糠之妻不下堂"。前一句话让人们觉得他很勇敢，后一句话让大家很感动！因为他的妻子在农村劳动，他不嫌弃。

黄敬同学的辩论获得了意料之中的胜利，顺利当选。不过一年后就毕业离校了，他后来被分配在山东矿业学院（山东科技大学）。那次的竞选演讲给他带来了不小的负面影响，一些思想传统保守的组织领导人，心底里或多或少视他为"难管人士"。其实他很内敛，对业务的专注远高于政治追求。他毕业以后，我们班陈增堂同学曾经路过泰安专门去看过他，但他已经不愿意再谈及这件事情了。

1980 年民主选举人大代表，是一次非常有意义的民主尝试，后来再也没有见到过如此的竞选方式了。

5.6.4 文化娱乐

我们大学四年，无疑学习是紧张的，但学校学生会和团委也经常组织各式各样的文化娱乐活动，经常开展各种讲座、音乐会、话剧、舞剧、舞会、班级文体活动等等。

校学生会和团委经常在学校大礼堂或"一二·九"礼堂，举办各种知识讲座，常常请校外的知名人士来校作报告。印象较深的一次是请上海电影制片厂的著名导演谢晋，来校作"电影艺术讲座"。他认为："文化大革命是场灾难，但对某些人而言，又是个难得的机会，有了丰富的文艺创作的素材"。

著名歌唱家朱逢博，是同济大学的校友，1960 年毕业于同济大学建筑系，即以特殊人材调入上海歌剧院，后入上海音乐学院进修，从此开始了她那灿烂无比的艺术生涯。国家一级演员，有中国夜莺的美誉，是中国现代流行音乐的开山鼻祖，是华语乐坛具有开创性和标志性的人物。她也经常到学校来演出，她的演唱真挚动人、情感强烈，极富表现力和感染力。

图 5.35 游上海长风公园

1978 年，上海当时有一个话剧叫《于无声处》，是描写"文化大革命"期间，一位老干部路过上海，来到昔日战友的家中。谁知这个昔日的战友为了个人的官禄不惜写假旁证，把这位老干部诬陷为叛徒的故事。该剧也在我们学校的"一二·九"礼堂上演了一场，由于该剧的内容深深打动了同学们的心，受到了大家的喜欢。由于《于无声处》的成功，连带把话剧都带红了，使得大学校园里开始流行演话剧。当时，我也去观看了，而且还是第一次看话剧，算是明白了什么是话剧。

记得有一次，建材系学生会在"一二·九"大楼开联欢会，77 制品班几个同学演奏的民族乐器，很有些水平，具体乐曲的名称忘了叫什么，有点江南小调的味道。同学们个个才华横溢，轮番上场表演，节目精彩绝伦。最后即兴表演，谁表演一个节目后，就有权指定下一个人表演。有个非洲留学生被指定表演，他就邀请了两个留学生一起表演了非洲传统歌曲。轮到了中国学生，可这个学生表演结束后，主持人问他指定下一个由谁来表演？他犹豫了一下，竟然又选择了非洲留学生，这下非洲留学生生气了，认为中国学生歧视他们，不肯罢休，当场就吵起来，搞得联欢会草草收场，很有意思。

我们班的班委会也经常组织大家外出活动，比如到上海长风公园划船、到上海和平公园溜旱冰、到上海虹口公园游园等等。

图 5.36 游上海虹口公园合影（1978 年）

由于"文革"期间受"深挖洞，广积粮，不称霸"的影响，学校在西南二楼前面大操场的地下，挖了一个很大的地下人防工程。我们刚入学时，西南二楼前面的操场还是坑坑洼洼，都没办法在那里跑步和活动。而地下防空洞却大得很，里面有好多房间，冬暖夏凉，通风设备齐全。当时，就被校学生会利用起来给同学们娱乐用。里面开设了期刊阅览室、康乐球室、舞厅等，可供班级集体活动。有段时间，校学生会就把这地下防空洞的管理权交给了我们班的几位同学，我们班就在地下防空洞中组织了好几次的班级活动。大家在里面打康乐球，还举行过音乐知识讲座，请我们班的大才子林以乐同学给大家讲了贝多芬的生平事迹等等。

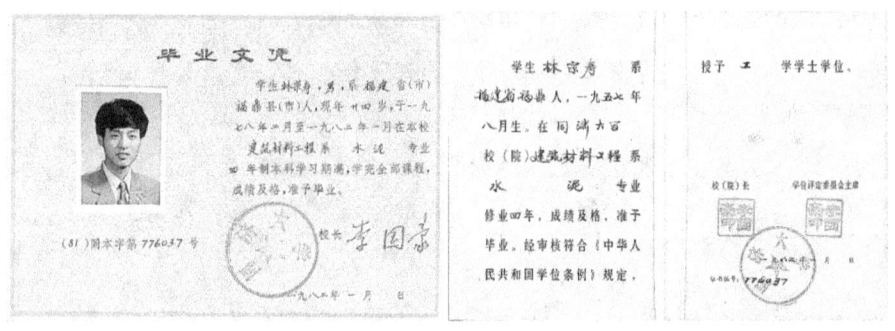

图 5.37 同济大学毕业文凭　　　　　　图 5.38 林宗寿学士学位证书

图 5.39 同济大学建材系 7713 班毕业照

　　终于大学毕业了,1982 年 1 月 11 日,我们建材系两个班级,77 水泥班和 77 制品班,在教学南楼三楼教室里举行了毕业典礼,系领导给我们每个学生颁发毕业证书,算是正式毕业了。同时,宣布了毕业分配方案,我被分配回福建省人事局。那天晚上,在学生第二食堂,举行了毕业庆祝晚餐,大家依依不舍,相互签名留念。我们 7713 水泥班入学时是 56 人,毕业时是 52 人,第二天大家就开始陆续各奔东西了。

　　我们这一届大学生,是一个多数人经历过上山下乡磨练的群体,是一个历经艰辛终于得到改变命运机会的幸运群体,是一个经历了最激烈的高考竞争后脱颖而出的群体,是一个大浪淘沙后特色鲜明的群体。

　　有人曾说:"不会再有哪一届学生像 77 级那样,年龄跨度极大,而且普遍具有底层生存经历;不会再有哪一届学生像 77 级那样,亲身经历天翻地覆的社会变革,并痛入骨髓地反思过那些曾经深信不疑的所谓神圣教条;不会再有哪一届学生像 77 级那样,以近乎自虐的方式来读书学习……"。

　　40 年后的今天,我们班现有院士 1 人,大学教授 5 人,有 14 人到国外留过学,有 19 人成为了企业的高管,大致有 29 人从事了与水泥相关的专业。我们或从商,或投资设厂,或兴业兴产,推动着大中华的经济腾飞;我们或著书立传,或开课授徒,传承千年文明，开创时代新学。

第6章 研究生岁月

6.1 曲折考研路

在大学四年级的第一学期，我下定决心报考研究生，并开始为迎考做准备。当时我选择的导师是沈威教授，他的研究方向是"混合水泥的水化与应用"，属于典型的水泥专业领域。考试科目：高等数学、物理化学、政治、外语和水泥工艺原理。那时同济大学对本校毕业生规定，外语科目可以自由选择，包括日语、俄语和德语在内的几种语言，我选择了日语作为我的外语考试科目。

当时我们已经开始了专业课程的学习，主要的课程包括金容容老师的《水泥工艺原理》、王朝亨老师的《水泥工业热工过程与设备》，以及陆厚根老师的《水泥机械设备》等。这些课程与《高等数学》和《物理化学》相比，有着显著的不同，尤其在学习方法上。前者更多的是记忆和论述的题型，较少涉及复杂的计算和解题练习。由于习惯的作用，我在复习这些专业课程时没有多做习题，这种复习方式对我后来的考研带来了一些不利影响。

我们 7713 水泥班大约有十几位同学决定参加研究生考试。在正式报名之前，我们需要先进行体检。我顺利通过了体检，但有几位同学因为血压高等健康问题而失去了报考资格。为了全力准备考试，那年暑假我没有回福建老家，而是留在学校复习。我的复习地点是同济大学西南二楼 229 房间，这是

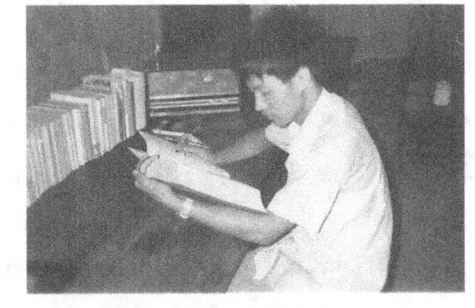

图 6.1 暑假在宿舍复习准备考研（1981）

一间座南朝北的房间，太阳直接照射进来，室内炎热异常。

研究生入学考试大约在 1981 年 10 月中旬进行，我们班最终有十几位同学参加了考试。考场设在南教学楼的三楼。为了更好地备考，大家在考试前都请了大约一个星期的假，专心准备研究生考试，不再上课。

那时正值秋冬交替，天气变化无常，忽冷忽热。在正式考试前的一两天，我就感觉身体有些不适，脑袋昏沉沉的，但我并没有在意，继续坚持复习备考。考试的第一天，虽然身体不太舒服，但我咬牙坚持了下来，没有出现什么大的问题。然而，第二天上午的考试却出了意外，头晕的感觉加重了，但更糟糕的是，考试才进行半小时左右，我的

鼻子突然大量出血。鲜血滴在考卷上，我下意识地用手去擦拭，结果整张考卷上全是血，两只手也沾满了鲜血，看起来非常恐怖。

监考老师是一位三十多岁的年轻人，我并不认识他。他看到我的情况后，立刻跑过来，关切地问我要不要去医院，我表示不用。他马上递给我一叠草稿纸，这些纸薄薄的，颜色发黄，有点像手纸。我过去也曾有过鼻子出血的情况，但从未像这次这么严重。通常情况下，我只需用沾水的纸塞住鼻子一会儿，血就会止住。但这次不同，我将一张草稿纸撕碎后嚼了一下，捏成团塞进鼻子里，然而血依旧止不住。虽然血不再外流，但却往鼻腔内倒流，我只能把这些血吞进肚子里。

在这种情况下，我一边吞血一边坚持考试，但由于时间被耽误了，考题还没有全部完成就到了交卷的时间。最终，考研成绩公布时，我没能达到录取分数线，考研失败了。令人奇怪的是，那一年我们班的十几位同学参加了考试，居然没有一人达到录取分数线。当时的考研政策是"宁缺毋滥"，所以同济大学没有录取我们班的任何一位学生。最终，只有盛其中同学转到了浙江大学，被楼宗汉教授录取，总算有一个人考上了研究生。

总结这次考研失败，我认为主要有两个原因。首先，是习题做得太少了。考试时，虽然看题目觉得都懂，但一旦动手做题，就感到手忙脚乱，不知道从哪里下手，也就是缺乏足够的熟练度。其次，正巧那几天身体不好，鼻子大出血的突发状况严重影响了我的正常发挥。

在总结了经验教训后，我立刻决定来年再战。由于我选择了日语作为外语科目，很多学校都不接受日语考生，而同济大学水泥和混凝土方向的导师招收的都是英语考生。我在招生简章上查找了很久，终于发现武汉建材学院的童大懋教授不限语种，可以接受日语考生。童教授的研究方向是水泥化学与工艺过程，正好符合我的报考需求。考试科目与上次相同，依然是《高等数学》《物理化学》《政治》《外语》（任选）和《水泥工艺原理》。

1982年1月11日同济大学毕业后，我被分配回福建省人事局，由他们进行二次分配。那年的春节是在1月25日，我在1月15日前后离开了上海，回福建老家过春节。春节过后，大约在1982年2月20日左右，我前往福州到福建省人事局报到。然而，福建省人事局的分配方案还未最终确定，要求我们再等待几天。

一同被分配到福建的同学共有六人：我、聂秋林、张京葛、林以乐、潘光华和吴政。聂秋林和张京葛不是福建人，他们是一对新人，毕业后立刻结婚了。潘光华和吴政是福州人，而林以乐来自福建漳州。当时，正巧吴政搬家，于是我和聂秋林、张京葛三人暂时住在吴政的旧居。没过几天，林以乐也加入了我们。大约在2月底，我们几个人一起前往福建省人事局询问分配结果。最终，我被分配到福建永安水泥厂，林以乐被分配到龙岩地区水泥厂,潘光华被分配到福建顺昌水泥厂,而聂秋林和张京葛则被分配到福建省建材工业学校。

福建永安水泥厂(现已更名为福建水泥股份有限公司)是福建省最大的水泥厂,直属福建省建筑材料工业局管辖。因此,我首先需要到福建省建筑材料工业局人事处报到。当我抵达人事处并出示派遣证时,他们显得有些惊讶,对我说道:"我们原本要求省人事局把你分配到我们局,然后再由我们决定具体去向,没想到他们直接把你分配到水泥厂去了。我们现在的技工学校正缺老师,都快没法正常上课了。"接着,他们又问我:"你愿意到福建省建材工业技工学校工作吗?"

当时,我正下定决心报考研究生,而在技工学校工作显得非常合适,这样不仅工作相对轻松,也能更方便地备考。于是我回答道:"我愿意去。"就这样,我被调配到福建省建材工业技工学校,并在那里报到,开始了新的工作。

福建省建材工业技工学校位于福州市闽侯县桐口,属于福州市的郊区,周边居住的居民不多,当时这个地方相对比较偏僻。学校坐落在闽江边上,隔壁是福建省硅酸盐制品厂。通往福州的交通方式主要有两种:可以乘坐公共汽车或骑自行车往返。这所学校是在 1979 年经省委批准成立的,旨在培养技术工人。现如今,这所学校已更名为福建技师学院。

图 6.2 福建省建材工业技工学校(1982)

我大致是在 1982 年 3 月初到福建省建材工业技工学校报到的。当时,学校里有一位同济大学 76 级毕业的老师,名叫汪兆海,他在学校担任《水泥工艺原理》课的教师。由于他的爱人在湖北省黄石市工作,他即将调到黄石市建筑材料研究所工作,但因为一直没有人接替他的课程,他暂时无法离开。我的到来对他而言就像是救星,他立刻将教学任务交给了我,随即调走。因此,我一到学校便开始给学生讲授《水泥工艺原理》课。

《水泥工艺原理》是我的专业课,也是考研究生时的必考科目,因此我对书本上的内容非常熟悉。虽然当时我还缺乏水泥厂的生产实践经验,但根据书本内容进行授课并没有太大问题。不久之后,从全省各地的水泥厂又来了一批工人,他们需要接受培训,我也被安排给他们讲授《水泥工艺原理》课程。在福建省建材工业技工学校,我的主要任务就是为这两个班级讲授《水泥工艺原理》课。

我到福建省建材工业技工学校后不久,全国各高校的研究生招生工作就开始报名了。由于我是"文革"后第一届正规的大学毕业生,学校的领导和同事们普遍认为我水平较高,因此对我非常友好。其实,我刚到学校,对领导和同事们还不是很了解,而报名研究生考试需要单位盖章同意。我知道，学校花了很大力气才把我调过来，不会轻易放我走，所以我心里有些忐忑。

可能是我的运气好，或者说命中注定要遇到贵人。就在这时，学校的一把手董金明校长正好出差不在，有位叫季吕太的副校长在值班。当时，他坐在椅子上，忙于处理各种事务，来找他的人很多，各种事让他有些应接不暇。我趁这个机会，拿着研究生报名登记表走过去，对他说："我马上要去体检了，您帮我盖个章吧。"我估计他可能没有完全明白我是要报考研究生的事，因为自到校以来，我从未提及过这个计划。他随手一指，对办公室主任说道："给他盖个章吧。"就这样，我顺利地盖上了公章，真的感到非常幸运。后来我了解到，我们那届毕业的许多学生想考研究生，但他们的单位都不同意放行。

第二天，我立刻赶到福州的研究生报考点，顺利报了名。填写单位时，我写的是"福建省建材工业技工学校"。几个福州大学的学生见状，还以为我是技工学校毕业的，调侃道："技工生也想考研究生？"报名点的工作人员则回应道："这个不管，只要能考上就行。"听到这里，我心里暗暗发笑，懒得理他们便离开了。接着进行体检，我也顺利通过了。

直到快考试的时候，学校才发现我已经报名考研究生，这可是一件大事。如果我考上了，下学期的课程由谁来负责呢？董金明校长得知此事后，对季吕太副校长大发雷霆，狠狠地训斥了他一顿。季吕太副校长也知道自己在这件事上搞错了，但他拒不承认错误，辩解道："人家要考研究生，这不是好事吗？怎么能不让他考呢？"董金明校长对此也感到无奈。

图 6.3 福建省建材局首期技工培训班结业留影

此时，福建省建材局人事处处长也得知了这个消息，立刻赶到学校来了解情况。那时，具有研究生招生权的学校不多，研究生导师也很少，招生规模非常有限。为了让处长放心，我对他说："您别担心，考研究生哪有那么容易？一个专业只招一两个人，我只是试一试，看看我的水平到底有多高。我自己也觉得不太可能考上。"处长听了，想了一会儿，自言自语地说道："对，对，山外有山，人外有人，考不上的，考不上的。"这样自我安慰了一番，他摇摇头，最后也只能离开了。

研究生入学考试的时间定在4月中旬左右，留给我复习的时间只剩下一个月左右。好在我刚刚参加过一次考试，很多内容还记得清楚。这次我吸取了上次考研的教训，复习时主要专注于做习题。复习的重点放在了《物理化学》和《高等数学》这两门课上，一边给学生上课，一边做练习题，基本上不再看书了。

考试前一天，我请了四天假，住在福州吴政同学家里。考场离他家不远，具体位置我已经记得不太清楚了，似乎是设在福州科学技术协会。我提前去看了考场，找到了自己的座位，做好了准备。第二天上午，我在吴政同学家吃过早饭后准备出发。那天天气有些阴沉，像是要下雨又不下的样子。这时，吴政同学的妈妈递给我一把雨伞，让我带着。这并不是一把普通的雨伞，对我来说，它象征着一位慈祥母亲的关怀和保护，给了我极大的信心。

带着这把"保护伞"，考试进行得异常顺利。再也没有发生像上次那样的意外，鼻子也没有出血。我不仅完成了所有的考题，而且对自己的表现充满信心。

最后一门考试结束后，我隐隐觉得这次有希望考上研究生。回到吴政同学家时，他正坐在那儿玩扑克牌接龙。看到我进来，他笑着对我说："我给你接一把龙，看看能不能考上？"接着又问我："你想要接龙成功算考上，还是接龙不成功算考上？"

大家都知道，接龙成功的概率很低，大部分时候接龙都会失败。我想了想，决定冒险一试，便对吴政说："接龙成功就算我能考上，否则就算考不上。"吴政同学开始接龙，结果竟然接龙成功了。后来证明，他的这次接龙预测竟然真的应验了，我成功考上了研究生。

回到学校后，我继续认真做好教学本职工作。大约两个月后，也就是1982年6月中旬前后，我收到了录取通知书，得知自己被武汉建材学院童大懋教授录取为研究生。这次考上研究生，虽然不如当初考上大学那样意义重大，但它对我人生道路的选择起到了关键性的作用。

在这个过程中，我心中充满了感激。首先要感谢吴政的妈妈，她给我的那把"保护伞"不仅是在雨天的庇护，更是让我充满信心、顺利通过考试的象征。此外，还要感谢季吕太副校长，他在一贯与人为善的习惯中无意中帮了我一大忙，让我能够顺利报考研究生。她们都是我人生旅途中的贵人，我永远心怀感激。

我收到录取通知书后，学生们的课程也接近尾声。到了6月下旬，学生们的课程结束，我开始办理离校手续准备离开。然而，就在这时，闽江发大水了。眼看洪水即将漫过江堤，学校决定让住在一楼的人员全部搬到二楼。我也住在一楼，只得暂时搬到了二楼。一楼的房间里，我只留下了床架和一张办公桌，还有一双旧皮鞋，懒得搬动，就随手放在了办公桌上。安置好这些后，我便出去巡堤查看情况。

到了下午5点左右，防洪指挥部的人员找上门来，通知我们学校必须用泥土和麻袋将校门堵死，以防止江堤一旦溃堤，洪水涌入校园，淹没铁路线。原来，我们学校和隔壁的硅酸盐制品厂都建在闽江江滩上，外面有一条江堤保护着校园。但这条江堤的结构并不牢固，存在溃堤的可能，因此防洪措施显得尤为紧迫。

遵照防洪指挥部的指示，我们连夜用泥土和麻袋将校门堵死。那天晚上，我负责值班，一直在江堤上来回巡视，确保没有出现危险的情况。然而，到了晚上11点左右，突然有个隔壁硅酸盐制品厂的工人匆忙跑来报警，说他们那边的江堤已经崩溃，洪水马上就要淹过来，叫我们赶快撤离。

我听到消息后，立即打开广播，紧急通知全校人员迅速转移。然后，我立刻去叫醒学生们，准备撤离。这时，董金明校长和张连鑫书记也已经起床，迅速组织大家转移到安全的高处。没过多久，洪水果然涌了过来。幸好我们事先堵住了学校的大门，才避免了洪水淹没背后的铁路线，确保了关键设施的安全。

我们在高处站了一整夜后，第二天天刚亮，省建材局的领导们就赶到了现场，并决定将学生全部临时安置在省建材局的会议室，由我带队。我带领学生们在省建材局暂住了几天。期间，学生们得知我已经考上了研究生，对我非常佩服，也都很听我的话，因此管理起来相对比较容易。这段时间虽然艰难，但也让我和学生们之间建立了更加紧密的关系。

几天后，洪水逐渐退去，我们搬回了学校。幸运的是，二楼没有被淹，而一楼却被洪水淹到了2米多高。我之前随手放在办公桌上的那双旧皮鞋，随着桌子浮在水面上，居然也没有被水浸湿。正当我感叹这小小的奇迹时，我的同学张京葛特意派聂秋林同学来看望我，表示慰问。

我和聂秋林站在学生宿舍二楼的走廊上，俯瞰着滔滔闽江水，奔腾呼啸，浩浩荡荡，在眼前奔流而过。江水一浪接一浪，不断地冲刷着江岸边的岩石。宽阔的江面上，波光粼粼，不时飘来一阵阵的细雨，如烟似雾。阵阵凉风吹来，风景更加宜人，仿佛一幅自然的画卷在我们眼前展开。

我即将离开技工学校，最后一道手续就是办理户口迁移。我的户口是集体户，登记在闽侯县。当时，正值全国第三次人口普查，普查时间定在1982年7月1日凌晨0时。为了确保人口普查数据的准确性，半个月前已经冻结了户口迁移。然而，由于抗洪耽误了时间,我不得不向闽侯县的相关部门说明情况,表明我的特殊情况。令人意外的是,他们非常理解,特事特办,破例为我办理了户口迁移手续。

办完手续后,我回到了学校,向董金明校长、季吕太副校长以及同事们道别。这是我在学校的最后一天,算是站完了最后一班岗。之后,我启程回到福鼎秦屿的老家,开始了新的生活阶段。

6.2 研究生生活

1982年9月1日,我从福州乘坐火车,经株洲转车,最终抵达武汉武昌火车站。随后,我搭乘接待新生的校车前往武汉建筑材料工业学院报到。

武汉建筑材料工业学院的前身是1958年9月由建工部在北京组建的北京建筑工业学院。该校最初位于北京,在"文化大革命"期间被南迁至湖南常德。1971年7月,学校再次搬迁至武汉,并更名为湖北建筑工业学院。1978年2月,学校更名为武汉建筑材料工业学院,并被列为新增的全国重点大学,成为当时建材部直属的大学。1985年8月,武汉建筑材料工业学院更名为武汉工业大学。1997年9月,武汉工业大学成为首批"211工程"重点建设大学。1998年,学校由国家建材总局划归为教育部直属,成为教育部直属的重点大学。2000年5月27日,原武汉工业大学、武汉交通科技大学、武汉汽车工业大学合并组建为武汉理工大学。

图6.4 校门(1983)

无论从招生规模、学科门类还是校园建设等方面,当时的武汉建筑材料工业学院都无法与同济大学相提并论。然而,武汉建筑材料工业学院在建筑材料领域却有着独特的优势,被誉为建材部的"长子"。学校的专业设置非常齐全,涵盖了水泥、制品、玻璃、陶瓷、玻璃钢、材料科学等多个领域,师资力量也相当雄厚,甚至在这些专业领域远超同济大学。

其中,水泥专业在当时的武汉建筑材料工业学院被视为龙头专业,得到了极大的重视。学院在材料科学领域的教学与研究实力非常突出,是国内首批获得博士学位授权点的高校之一。这一切都使得武汉建筑材料工业学院在建筑材料领域的专业地位不容忽视,也为我选择在这里继续深造提供了强大的支持。

我到武汉建筑材料工业学院报到时,学校的许多设施仍在建设中。机电大楼还未竣工，主楼前的飞马广场依然坑坑洼洼，学校的大门也尚未建设，暂时使用的是原湖北建筑工业学院的校门，只是换了一个新的招牌。不过，主要的教学楼、图书馆和实验大楼已经建成并投入使用。

图 6.5 东教学楼（1983）　　　　　　图 6.6 飞马广场（1985）

虽然校园的部分建设还在进行中，但施工速度非常快。没过几年，校门和其他大楼便相继完工，校园的整体面貌得到了极大的提升，为师生们提供了更加完善的学习和生活环境。

我的导师是童大懋，1929 年生于湖南汉寿。他于 1952 年毕业于浙江大学化工系，1955 年 4 月至 1956 年 10 月期间，在南京工学院化工系接受前苏联专家 A. M. 库兹涅佐夫的指导，攻读研究生。童大懋先后在沈阳建筑材料工业学院、北京建筑工业学院、武汉工业大学任教，是我国最早从事水泥专业研究的专家教授之一。

图 6.7 董大懋教授（1985）

童大懋教授不仅学术造诣深厚，他还是 1980 年版《水泥工艺原理》教材的主编，为我国水泥专业的发展做出了重要贡献。然而，他为人特别老实，从不与别人争利益，性格善良、待人诚恳，少言寡语，不喜欢出风头。正因为这些品质，他在生活和工作中常常受到不公正的待遇，但他始终保持平和的心态，默默地为学术和学生奉献着自己的一切。

图 6.8 武汉工业大学校门（1985）

当时，各高校的研究生招生规模都很小，许多高校甚至没有博士和硕士的招生权，能够带研究生的导师也非常少。我们这一届研究生，全校总共才招了三十个人左右。我们所在的系是学校最大的系，名为硅酸盐材料科学与工程系，也就是现在武汉理工大学材料科学与工程学院的前身。

在 1985 届的研究生毕业合影中，硅酸盐材料科学与工程系共有 14 人，加上因故未能参加拍照的雷正玺同学，总共 15 人。这些同学分布在水泥、玻璃、制品、陶瓷、硅物化、热工、玻璃钢等专业方向。其中，水泥专业方向只有 2 个人，一个是我，另一个是胡元同学。胡元同学本科也是在本校就读，研究生毕业后被分配到云南建筑材料科学研究所工作。

图 6.9 图书馆（1983）

报到后，我住在学生 2 号楼，同宿舍共有 4 个人：向亚峰、胡元、王新荣和雷正玺。

研究生的学制是三年，前一年的主要任务是上基础课。到了第三学期，我们仍然有一些课程需要完成，但这时的重心逐渐转向选定研究课题和外出调研。最后一年半的时间则主要用于做实验和准备论文答辩。

图 6.10 武汉建材学院硅酸盐材料科学与工程系 1985 届研究生毕业留念

我们的基础课程设置相对较多，涵盖了广泛的领域，主要课程包括："日语"和"英语"（作为二外）"线性代数""数理统计""数学物理方程""概率论""复变函数""结构化学""固体物理""近代测试方法""流变学""自然辩证法""传递工程""水泥化学"和"教学实践"等。这些课程为我们后续的研究和专业发展打下了坚实的理论基础。

要在一年多的时间内学完这么多的课程，确实相当紧张。上基础课时，比如数学和自然辩证法等课程，全校的研究生都在一起上课，大概有 30 个人左右。而在上专业课时，如《水泥化学》这种课程，就只有一个老师对两三个学生授课。这种小班教学方式让学习更加密集和个性化。

我感到，研究生同学们的智力都非常高，个个都是学霸，学习氛围非常浓厚。老师们上课的进度很快，要求也很高。特别是在必修课上，学校对分数有明确的规定，必须达到 80 分以上才能获得学位。这个严格的要求使得毕业时，如果有同学拿不到学位，多半是因为课程没过关。因此，大家的学习压力都很大，每个人都非常紧张地应对每一门课程，力求达到要求。

图 6.11 研究生时期在宿舍看书学习（1982）

1981 年 11 月 16 日，中国女排在世界锦标赛中首次夺得冠军，这标志着她们辉煌五连冠历程的开始。这一历史性的胜利不仅振奋了全国人民的士气，也在社会各界掀起了学习中国女排拼搏精神的热潮。那段时间，无论是在城市还是乡村，从学校到工厂，女排的拼搏精神成为了激励人心的强大动力，激发了人们在各自领域中追求卓越的决心。

在我们学校，袁润章系主任多次在会议和课堂上强调，要学习中国女排那种不畏艰难、顽强拼搏的精神，勇攀科学高峰。他用女排的奋斗故事鼓励我们，要在学术研究中不畏困难，勇敢面对挑战，始终保持高度的热情和坚定的信念。这种精神不仅在课堂上得到了弘扬，也在我们的日常学习和生活中生根发芽。

我们这一代学子深受这种精神的影响，面对紧张的课程安排和高标准的学术要求，女排的拼搏精神成为我们心中的灯塔，指引我们在压力面前不退缩，在困难面前不屈服。无论是在繁重的学业中，还是在科研的探索中，我们始终保持着积极向上的态度，努力做到最好，力求在各自的领域中取得突破和进步。中国女排的精神不仅激励着我们当时的学习，更塑造了我们应对未来挑战的勇气和毅力。

通常，学校都会选择最好的教师来给研究生授课。给我们上课的老师各具特色，给我们留下了深刻的印象。崔万秋教授是教我们《固体物理》课程的老师，他的教学风格尤为独特，总是充满了幽默和轻松的氛围。

崔教授上课时有个特别的习惯，就是喜欢"吹牛"。每次两节课的时间，他通常会花半节课的时间来"吹牛"。一上课，他总会先谈论一下校内的新闻，接着从东西南北到天上地下，天文地理、社会趣闻，他似乎无所不知、无所不晓。一阵天马行空的闲聊之后，他才会进入正题。

尽管如此，他在教学上却极具技巧。每次课，他总能精确地掌握时间，在"吹牛"之后还能刚好把该讲的课程内容全部讲完，从不拖堂，也不会漏掉重点。同学们不仅没有因为他的"吹牛"而感到不满，反而特别喜欢听他的课。因为他的课堂既充满了趣味，又充实了知识，是我们研究生时期一段愉快而难忘的回忆。

下课后，崔教授也喜欢到我们研究生宿舍串门，与我们继续"吹牛"。这种课上课下的交流，不仅拉近了我们与老师之间的距离，也让我们在轻松的氛围中受益匪浅。

李应开教授是教我们"传递工程"课程的老师，他的教学风格非常鲜明，给我们留下了深刻的印象。李教授说话声音特别雄浑有力，讲课时滔滔不绝，声音异常洪亮，还特别注意抑扬顿挫。每当讲到激动处，他的脸上常常会放出红光，瞪着那双铜铃般的眼睛，挥舞着手臂，在讲台上跳上跳下。这样充满激情的讲课方式，总能让我们不知不觉地被他吸引住，注意力完全集中在他的讲解上。

图 6.12 李应开教授（1990）

李应开教授对我的印象一直很好，他曾经说我是个人才，具有创新精神。后来我毕业留校，取得了一些成绩，他常常逢人便说："你看，我早就知道林宗寿是个人才……"他对我的认可和鼓励，成为我在学术道路上不断前进的重要动力。李教授那种充满活力和激情的教学风格，以及他对学生的关爱和肯定，始终激励着我不断追求卓越。

教我们《数理统计》的老师是刘朝荣教授。他个子不高，头发稀疏，平时不太注重外表的整洁，显得有些不修边幅。上课时，他总是用一口浓重的四川话讲课，这让我们不少同学，特别是我，时常难以听懂他在讲些什么。不过，尽管语言上有些障碍，刘教授的学术水平却非常高。

刘教授讲课时使用的是他自己编写的教材，这本教材与众不同，尤其是在数理统计的应用方面，介绍了许多其他教材中没有的内容，特别是二次回归正交设计的方法。这些方法在我的科研工作中发挥了重要作用，我经常采用这些数学方法来进行科研分析。

令人自豪的是，我曾经有一篇论文中的研究内容，被刘教授选作教材中的例题，用来为我的师弟们授课。这不仅让我感到荣幸，也证明了刘教授对我工作的认可和支持。他的教学和指导对我的科研之路产生了深远的影响。

当时，研究生的待遇相当高，规定是按讲师的待遇发放工资。我在入学前已经参加了工作，因此是有工资的。不过，国家规定上研究生期间只能拿到原工资的 90%。尽管如此，这样的收入对于一个人生活来说还是绰绰有余的。

那时候，三峡工程还未开建，武汉被称为我国四大"火炉"城市之首，夏天的天气酷热难耐，尤其是湿热的环境让人感到非常闷。那时没有空调，夏天特别难熬。一到晚上，武汉人常常在马路边放一张竹床睡觉，学校里的很多同学也跟着学，有的干脆跑到屋顶上去睡觉，以求凉快。

我们福建人没有这种习惯，还是坚持在宿舍睡觉。然而，我的宿舍正好在顶层，白天经过太阳暴晒后，宿舍里热得像个蒸笼。夏天最热的时候，几乎无处可逃，碰到哪里哪里就发烫，坐在椅子上只能勉强坐边上一点点，否则屁股都烫得受不了。实在热得难以忍受时，我就跑到洗脸间冲一下冷水，虽然自来水也是热的，但至少能稍微缓解一下燥热。这样的日子里，我每天要冲好几次冷水，才能勉强度过这炎热的夏天。

从武汉回福建福鼎非常不方便，需要经过几段辗转的旅途。首先要坐客船到九江，然后换乘火车前往南昌，再从南昌坐火车到福州，最后从福州再坐汽车到达福鼎。由于路途遥远，第一年的春节我就没回家，而是在武汉过年。

学校在春节期间给每位教师分了两斤猪肉馅，用于包饺子，研究生也有同样的待遇。我拿到肉馅后，却发现没有地方可以煮，也没有任何工具来处理，最后肉馅放臭了，只好扔掉。

问题随之而来。武汉的过年习惯与上海不同，除夕晚上和初一当天，学校食堂关门，街上的商店也都关了门。不仅没有小餐馆营业，就连买一包方便面的地方都没有。这时候，我才意识到自己面临着没有地方吃饭的窘境。在大学期间，我也经常在上海过年，从来没有遇到过这种情况。幸好前几天我买了一盒饼干放在宿舍，这成了当时唯一的救命粮，勉强能充饥度日。

这个经历让我深刻体会到武汉与上海过年习俗的不同，也让我在以后更加注重在类似情况下提前做好准备。

在研究生的课程中，有一门课叫做《教学实践》，这门课的主要目的是培养研究生的教学能力，因为当时大多数研究生毕业后都会留校任教。1983 年 9 月，按照研究生培养计划，我的导师童大懋教授安排我和胡元同学一起到 1984 届水泥班助课。

这个班级当时正处于大学四年级的第一学期，由沈洪法老师主讲《水泥工艺原理》

课程，我们两个研究生主要负责协助他的教学工作。具体来说，我们的职责包括学生的答疑和批改作业。每当沈洪法老师上课时，我们两个研究生也需要与学生一起听课，以深入了解课程内容和教学方法。此外，每周有两个晚上，我们还会到学生班级中为他们解答疑问。这段助课经历不仅提升了我的教学能力，也让我深刻理解了如何将理论知识有效地传授给学生，为我未来的职业发展打下了坚实的基础。

"水泥工艺原理"这门课对我来说再熟悉不过了。我曾在两次考研究生时都考过这门课，书中的内容几乎能倒背如流。实际上，我对这门课的熟悉程度甚至比主讲的沈洪法老师还要深。因此，无论学生们怎么提问，我都能轻松应对。

当时，这个班级里有一位名叫刘顺妮的女同学，她的学习成绩非常优秀，是名副其实的学霸。在全年级的学习总成绩中，她一直稳居第一。起初，我并不知道她的学习成绩如此出色，但在助课期间，许多同学都提到她的优异成绩。不仅同学们对她赞不绝口，水泥教研室的蒋永惠和郭恩凯两位老师也曾带过她的课，纷纷表示她在各个方面的表现都非常突出。

虽然在助课期间我与刘顺妮没有太多的交流，但她的优秀让我印象深刻。作为助课的研究生，能够接触到这样一位学霸，对我来说既是一种挑战，也是一种激励。通过与她以及其他学生的互动，我不仅帮助他们解答了疑问，也从他们的学习态度和努力中受益匪浅。

命运有时就是如此奇妙，似乎冥冥中注定，我在那时遇见了刘顺妮，遇见了我的人生伴侣。第二年，刘顺妮考上了研究生，并选择了报考童大懋教授，成了我的师妹。

在她进行研究生论文期间，我们经常一起讨论学术问题。这些交流不仅加深了我们的学术理解，也逐渐拉近了我们的关系。通过这些探讨，我们共同取得了重要的学术成果，提出了硅酸盐水泥熟料烧成范围理论，成功揭开了矿化剂的作用机理。这一理论为提高我国水泥的产量和质量奠定了坚实的理论基础，也为我日后在全国范围内开展大规模的技术服务提供了强有力的支持。

最终，我们在毕业后双双留校工作，并于1987年登记结婚，携手共进，走上了人生的新旅程。

6.3 初露锋芒

水泥工业是国民经济发展的先行官，国民经济的高速发展需要大量水泥来保证。自1982年以后，随着国民经济的快速发展，水泥需求量急剧增加，一时间水泥供应紧张，市场价格也随之猛涨。然而，当时中国的经济实力还不强，生产力水平较低，国家在水泥工业方面的投资有限。在这种背景下，立窑水泥因其单线规模小、投资少、建设周期短、技术要求相对简单，迅速适应了当时的经济形势，并在全国范围内得到了快速发展。

从1983年到2003年的20年间，立窑水泥一直占据着我国水泥总产量的80%左右。特别是在一些水泥生产大省，如山东省，立窑水泥的占比更是高达90%左右。在1990年前后，立窑水泥在山东省的产量甚至占到了全省水泥总产量的94%。立窑水泥因此成为了我国水泥工业的主力军，为中国在改革开放之后的国民经济高速发展提供了坚实的物质基础。

然而，尽管立窑水泥在产量上占据了主导地位，其质量却存在很大不稳定性。各地立窑水泥厂的技术水平参差不齐，有些立窑水泥厂生产的水泥质量非常好，与回转窑水泥不相上下，如当时的广西北流水泥厂和广东顺德水泥厂；但也有些立窑水泥厂的产品质量很差，严重影响了建筑物的安全和使用寿命。

由于立窑水泥的广泛应用和其质量问题对建筑安全的影响，当时许多高校将主要精力放在了如何提高立窑水泥质量的研究上。立窑水泥因此成为了那个时代水泥科研的热点。研究人员纷纷致力于寻找解决方案，以提升立窑水泥的质量，确保其在满足市场需求的同时，也能为国民经济的可持续发展提供更加可靠的支持。

为了提高立窑水泥的产量和质量，当时许多立窑水泥厂普遍采用石膏和萤石作为复合矿化剂。我的研究生论文正是顺应这一需求，试图找到一种矿化效果更好的新型矿化剂。论文的题目定为《新型矿化剂的开发研究》。

论文题目确定后，我便开始了广泛的调研工作。为获取更多的信息和见解，我北上北京，到国家建筑材料工业局技术情报标准化研究所查找相关资料；南下广州，专程拜访华南理工学院的王天頫和杨家智两位教授，亲自聆听他们在矿化剂研究方面的经验，并了解他们之间的不同学术观点。这些调研为我的研究奠定了坚实的基础。

在分析了大量资料后，我想到可以尝试用硫铁矿替代石膏和萤石作为矿化剂。硫铁矿在高于400℃时会分解并释放出二氧化硫，具有较高的活性，因此我推测其矿化效果可能会更好。于是，我决定采用硫铁矿与萤石作为复合矿化剂进行研究。

为此，我前往湖北省矿物局咨询硫铁矿的分布情况，他们建议我去湖北大冶有色金属公司寻求帮助。于是，我动身前往湖北大冶有色金属公司，经过一番交谈，他们建议我前往龙角山硫铁矿取样。在那里，当地工人非常热情，听说我的研究需要硫铁矿后，他们用一个麻袋帮我装了40多斤的矿石。由于路途遥远，我不敢多要，但考虑到硫铁矿的用量较少，这些矿石已经足够我的实验需求。我把这袋硫铁矿一路背回了学校，开始了我的实验研究。

黄石的石灰石以质量优良著称，因此在从龙角山取回硫铁矿的第二天，我又前往黄石取石灰石。顺便我还去看望了曾在福建建材技工学校共事的汪兆海同事。他非常热情，带我到黄石石料山取了200多斤的石灰石。因为石灰石在实验中的用量大，我担心如果不够用再来取时，成分可能会有差异，从而影响实验结果，所以就多取了一些。

为了将这批石灰石带回学校，我用板车将它们拉到了火车站。在火车站，我找了两个搬运工，他们帮我把石灰石背上了火车。到达武昌站后，他们又帮我将石灰石背出了火车站。我随后雇了一辆三轮车，将这200多斤的石灰石顺利运回了学校。

在准备好石灰石后，我还需要其他原料。水泥教研室的沈洪法老师告诉我，他有个学生在汉阳水泥厂工作。我便骑自行车前往该厂，最终将实验所需的剩余粘土、铁粉、萤石等原料全部取齐。至此，我为实验准备的所有关键原料都已到位，为接下来的研究打下了坚实的基础。

经过一段时间的紧张实验，我的研究结果证明，硫铁矿与萤石复合矿化剂的矿化效果优于传统的石膏与萤石复合矿化剂。然而，在深入研究矿化剂的作用机理时，我发现现有的过渡相理论存在着严重的问题。

过渡相理论的核心观点是：矿化剂之所以能够促进水泥熟料的烧成，是因为在煅烧过程中，矿化剂在约1130℃的温度下与硅酸二钙形成了一种过渡相。这种过渡相在温度升高至1170℃以上时会分解，并生成硅酸三钙。由于硅酸三钙是水泥熟料的主要组成成分，其在较低温度下的形成被认为是加速水泥熟料烧成的关键。

从表面上看，过渡相理论似乎能够圆满解释硅酸三钙的低温形成机理，但仔细分析后却不难发现其中存在许多矛盾之处。

首先，根据过渡相的形成温度为1130℃，并在1170℃分解。由于熟料煅烧过程中的温度是不断上升的，因此氟化钙在反应中的循环利用几乎是不可能的，或者可以说根本不存在循环利用的可能性。氟化钙的掺量通常非常少，约为0.8%左右，即使氟化钙全部参与形成了过渡相，通过分解所生成的硅酸三钙的含量也只有 7.02%。然而，熟料中硅酸三钙的实际含量通常高达60%以上，仅凭这7%左右的生成量显然无法解释硅酸三钙的大量存在，这种推论显然是不科学的。

此外，过渡相只在1130℃到1170℃之间稳定，低于1130℃无法形成，而高于1170℃则会分解，过渡相稳定的温度范围只有40℃。然而，在水泥熟料的实际煅烧过程中，这40℃的温度区间很快就会被跨越，停留时间极为短暂，这意味着反应形成过渡相的时间也是极为短暂的。

为进一步验证这一理论，我按照过渡相的组分比例配制了一个试样，并在1150℃的温度下保温24小时。结果发现，过渡相仅仅形成了约3%，说明过渡相的反应形成速度非常缓慢。此外，通过高温X射线监测水泥熟料煅烧过程，我根本没有发现过渡相的存在。这一系列实验结果使我有充分的理由否定过渡相理论的作用，进而推翻了矿化剂通过过渡相促进水泥熟料烧成的传统观点。

为了寻找新的解释，我进一步深入研究，通过差热分析、液相黏度对比实验和出现液相的最低温度检测，发现矿化剂能够使水泥熟料煅烧时的液相提前出现，并显著降低液相的黏度。因此，我最终得出结论：矿化剂促进水泥熟料烧成的原因在于液相的助熔作用，而非过渡相的作用。

当时，过渡相理论是被广泛接受并几乎无人质疑的，所有的论文、教材都依此为基础。然而，我初生牛犊不怕虎，坚定地将我的研究结果写进了硕士论文中，并且明确否定了过渡相理论。这一勇敢的举动不仅挑战了传统观念，也为矿化剂研究开辟了新的思路。

我完成了硕士论文，原本这篇论文应该算是取得了重大研究成果，是一篇优秀的学位论文。然而，在进入论文答辩阶段时，却意外地遇到了问题。

根据规定，论文答辩前需要两名论文评阅人提出评阅意见，只有在他们认可的情况下，才能顺利进入答辩程序。我请了两位资深的评阅人，一位是冯修吉教授，另一位是同济大学的沈威教授。他们的意见对我能否顺利通过答辩至关重要。

本以为一切顺利，但在评阅过程中，事情并没有按预期发展。

冯修吉教授是我国著名的水泥化学和热工专家，也是中国水泥科技事业的奠基人之一。正是因为冯修吉教授的卓越贡献，1981 年我们学校才能够获得无机非金属材料学科博士学位授予权，成为全国首批获得博士学位授予权的高校之一。可以说，冯修吉教授是当时我们学校最具权威的学术领袖，他的学术地位在校内外都享有极高的声誉。

两个评阅教授很快给出了评阅意见。沈威教授支持我论文中的观点，认为我的研究成果具有创新性，并没有提出批评意见。然而，冯修吉教授却持有截然不同的看法。他强烈反对我在论文中否定过渡相理论的观点，认为过渡相理论是当时被广泛接受并得到大家认可的学术基础，不能轻易推翻。他要求我必须修改论文中的观点，按照传统理论来阐述矿化剂的作用。

同时，冯修吉教授对我的导师童大懋教授表达了他的强烈不满，他说："林宗寿怎么敢把过渡相理论给否定了，那还得了！你得马上让他把论文改过来，否则不能进行答辩。"冯教授的态度非常坚决，认为这样的学术挑战在当时是难以接受的。

当时，我有一个师兄弟叫胡元，他的论文也是研究矿化剂的，题目是"用氟硫复合矿化剂煅烧白水泥的研究"。胡元在论文中支持过渡相理论，认为过渡相理论是正确的，他的论文也交给了冯修吉教授评阅。冯修吉教授对比了我们两人的论文，严厉批评了我的导师童大懋教授："一个导师带两个学生，一个学生说过渡相理论是正确的，另一个学生说过渡相理论是错误的，你这个老师是怎么带学生的？"

面对冯教授的批评，我的导师也很为难，但他解释说："他们两个研究生，各做各的论文，观点不一致是很正常的，我也不好干涉他们的研究。"然而，冯修吉教授坚持认为："那不行，林宗寿论文的观点必须改，否则不能答辩。"

那天，我的导师把我叫到办公室，对我说："你就按他的意思修改一下论文吧，答辩通过了再说。我活了这么大，见过不少事情，你如果不按他们的意思改，你就无法通过答辩。"这让我陷入了两难境地，但最终我还是决定妥协，只好将论文进行了修改，不再否定过渡相理论，按照胡元的思路，把矿化剂的作用机理也解释为过渡相作用的结果，就像当时大多数人一样，承认过渡相理论的正确性。

在修改后，我通知了沈威教授，说明论文的观点已经调整，不再否定过渡相理论。沈威教授收到信后，也没有反对，依然同意论文的观点。

1985 年 5 月 15 日，我和胡元同学一起进行了硕士论文答辩。答辩委员会由林云飞教授、冯修吉教授、崔万秋教授、童大懋教授和王善拔教授 5 人组成，冯修吉教授担任答辩委员会主席，答辩秘书由我的大师兄冯培植讲师担任。那时没有电脑和投影仪，我们就将重要的图表画在纸上，然后进行讲解。最终，我和胡元两人都顺利地通过了答辩。

答辩结束后，我们两位研究生与答辩委员会的老师们在学校的办公楼前（即现在的飞马广场前）合影留念，这一时刻成为了我们研究生生涯的重要纪念。

图 6.13 硕士论文答辩（1985）

图 6.14 答辩委员会合影（1985）

论文答辩通过后，1985 年 5 月 29 日，我顺利完成了研究生学业并毕业，同时被留校任教。几个月后的 1985 年 11 月 23 日，经过学校学位委员会的表决，我正式获得了工学硕士学位。

毕业后，我被分配到水泥教研室工作，继续在我熟悉的领域中深耕研究与教学。而我的师兄弟胡元同学，由于女朋友在昆明，他自己主动要求到云南省水泥科学研究院工作，最终选择了到云南发展。我们各自开启了新的职业生涯，踏上了不同的工作旅程。

毕业后，我虽然拿到了毕业证书，但心中一直耿耿于怀，始终不服气。明明过渡相理论是错误的，为什么还要我在论文中修改这个观点？答辩一通过，我立马将论文改回了原来的内容，并把硕士论文中关于矿化剂作用机理的关键部分摘取出来，撰写成了一篇题为"关于矿化剂作用的研究"的学术论文，并投给了《武汉工业大学学报》。

图 6.15 研究生毕业文凭　　　　　　　　　图 6.16 硕士学位证书

学报经过审稿后，认为我的研究非常有意义，决定全文刊登在 1986 年第一期的《武汉工业大学学报》上。论文发表后，引起了许多同行的广泛关注。教材和学术论文中长期被认为是正确的过渡相理论，原来竟然是错误的，这一发现是重大的理论突破。在一次学术会议的休息时间，湖北省建材科学研究院的一位校友还特意向他们的院长介绍我时说道："这位就是否定过渡相理论的人。"

图 6.18 毕业时水泥教研室老师及研究生们合影（1985 年 5 月）

随着影响的扩大，1986 年 9 月，这篇论文还被翻译成英文，作为主报告，收录到《第八届国际水泥化学会议论文集》中。至此，矿化剂作用机理的过渡相理论终于被我彻底否定，这一突破不仅为矿化剂的研究开辟了新的方向，也在学术界引发了深远的影响。

然而，这一举动也让我付出了代价。我似乎因此得罪了冯修吉教授，这也是我初露锋芒的代价，直接影响了我日后考博的进程。尽管如此，我始终坚信，坚持真理和科学探索是值得的，这段经历也让我更加坚定了在学术道路上前行的决心。

6.4 留校任教

1985 年 5 月 29 日，我研究生毕业并留校任教后，就萌生了继续报考博士研究生的想法。当时，武汉建材学院仅有冯修吉教授一人具备指导博士研究生的资格。我前往学校研究生处查阅招生简章，了解到考试科目包括《外语》（任选）、《固体力学》和《水泥化学》。

于是，那年暑假我没有回家，而是留在学校专心复习，准备迎接考试。当时，我有些天真，以为只要考试成绩优秀，自然就能被录取。因此，我没有去拜访冯修吉教授，也没有询问考试范围或参考书的相关信息，而是直接在宿舍里开始了复习。外语方面，我选择了《日语》；《固体力学》是崔万秋教授讲授的课程，有教材，也无需考虑额外的参考书。唯一需要认真准备的就是《水泥化学》。除了《水泥工艺原理》教材外，当时只有 F.M. 李的经典著作《水泥与混凝土化学》可供参考，因此我将学习重点放在了这本译著上。在三个多月的时间里，我潜心读书，获益良多，水泥化学的理论水平也有了显著提升。

当时，我们学校水泥专业方向的研究生毕业生只有两位，一个是我，另一个是胡元同学。冯修吉教授那年并没有指导的研究生毕业。胡元同学因为其爱人在昆明工作，他一心只想回昆明，不再考虑继续攻读博士研究生。因此，只有我一个人具备报考条件，最终也只有我一个人报名参加了博士研究生考试。

考试时间定在 1985 年 10 月，具体日期已经记不清了。那天，学校研究生处专门安排了一位老师监考，并在学校非金属矿系大楼三楼的一间办公室设置了考场。上午的考试是《日语》，当我打开试卷时，才发现是华中理工学院（现为华中科技大学）的博士研究生入学考试试卷。下午考的是《固体力学》，题目由崔万秋教授命题，内容并未超出我们平时上课的范围。这两门考试，我都顺利通过了。

第二天上午，进行的是《水泥化学》考试，试卷上以论述题为主，计算题较少，我顺利完成了所有题目。下午，在东教学楼的一间教室进行外语听力考试。原本应该是听录音，但由于缺乏录音设备，便由两位日语教研室的老师当场朗读，我根据听到的内容在试卷上选择打勾。

没过几天，考试成绩出来了。我日语笔试和听力考试得了 96 分，满分为 100 分，仅扣了 4 分。《固体力学》的成绩是 87 分，同样是 100 分满分，这两门课的分数都算得上是高分。然而，《水泥化学》的考试则是由冯修吉教授自己命题并评分，他决定给我不及格的成绩。当时博士研究生的录取并没有规定固定的分数线，全凭冯修吉教授个人决定，但他最终选择不录取我。

报考博士研究生失败后，我不禁思考，冯修吉教授为什么不录取我？难道是因为我的成绩不够好？显然不是。华中理工学院是武汉最好的大学之一，用他们的试卷，我依然考到了 96 分。当时，我们研究生处的处长对我的成绩也感到非常惊讶，他甚至自言自语道："看来华中理工学院也不过如此。"

当我从学校研究生处得知考博失败的消息后，立刻前往我导师童大懋教授的家中，把这个消息告诉了他。令我惊讶的是，童大懋教授似乎早已得知此事，他气呼呼地说道："不录取就不录取，没什么了不起，不上也没关系。"童大懋教授当时是水泥教研室的主任，他接着对我说："你就先担任一段时间水泥实验室的副主任吧，我会让郭恩凯老师担任主任，你协助他，至于以后的事情，我们再另作打算。"

水泥实验室位于东实验楼的一楼，我在攻读研究生期间完成论文时，正是在这个实验室工作，所以对实验室的情况非常熟悉。实验室副主任的职务并不算什么官职，工作内容也不繁重，主要职责是维护实验室设备，确保本科生能顺利进行实验课，同时为研究生完成毕业论文提供支持。当时我刚刚研究生毕业不久，我在实验室的办公桌和实验所需的原料、药品等都还留在原处，因此继续做实验非常方便。

1985 年 11 月开始，我全身心投入到新产品和新技术的研发工作中，并很快取得了一些成果。

我研发成功的第一个新产品是彩色水泥。

有了彩色水泥后，我进一步将其配制成了耐风化的无机水性涂料，进一步研发成功了第二个产品。

在住宅、交通要道或设备附近，如果有个岩石或混凝土构造物需要解体，应该怎么办呢？过去我们都是使用炸药将它炸毁，这样做必然会产生巨大的震动、噪声和飞石，造成安全隐患。为此，我开发了一种膨胀量极大的膨胀水泥（硬化后体积是原来的 3 倍）来替代炸药，我把它称为静态爆破剂，从而从根本上消除了这些危险因素。这是我研发的第三个产品。

1987 年 9 月，汉口有一栋大楼的混凝土基础桩需要切割，由于无法使用炸药且人工开凿耗时过长，施工承包方决定请我采用静态爆破剂进行处理。首先，我在混凝土桩上钻了一个小孔，然后将静态爆破剂装入布袋中，浸水 1 分钟后将其塞入混凝土桩的小孔内，并用钢钎将其捣实。经过几个小时，由于静态爆破剂与水反应产生了膨胀，使混凝土桩在预先设定的位置顺利开裂。最后，用吊车将上方多余的混凝土桩吊走，任务顺利完成。

图 6.19 静态爆破剂施工（1987）

1986 年下半年，刘顺妮也进入了做研究生论文阶段，选择什么课题？我们俩经常在一起讨论。当时，立窑水泥是我国水泥工业的主力军，占水泥总产量的 80%以上，许多立窑水泥厂都在使用矿化剂，但不是所有水泥厂使用矿化剂后，产量和质量都得到了提高。有许多立窑水泥厂使用矿化剂后，产量和质量照样很差，这严重影响了建筑物的安全和我国国民经济的发展。许多大学和科研院所均想解决此问题，进行了科研攻关，但都不能圆满地解决此问题。

我虽然成功地否定了矿化剂的过渡相理论，主张液相助熔理论，但并不能圆满解释为什么许多水泥厂加了矿化剂后，并没有提高立窑的产量和质量。当然，过渡相理论也解释不了这个问题。

当时，水泥界有两个学派，一个是以华南理工学院王天颐教授为代表的低温煅烧派，认为加入矿化剂后，应该低温煅烧，有利于早期强度。另一个是以华南理工学院杨家智教授为代表的高温煅烧派，他强调加入矿化剂后应该高温煅烧，有利于水泥质量。我到过华南理工学院，当面聆听过两位教授截然相反的观点。

一天我与刘顺妮准备上街买东西，边走边讨论，当走到武汉建材学院北门下坡处时，我突然豁然开朗，立窑中既有高温，又有低温。立窑在煅烧时，由于卸料运动，边部物料与窑体之间存在间隙，通风阻力小，边风大，边风带走的热量也多，再由于窑壁散热比较大，因此立窑窑内煅烧温度场不均匀，中心温度较高，边缘温度较低。

由于立窑内中心温度比较高，为了不引起结大块，配煤量就不能太高，但从边部看，温度较低，为了不引起熟料生烧，应该多加煤，这是一对矛盾。如果，能找到一种生料，这种生料在高温下不结大块，但在低温下也能烧成，那么这种生料就最适应于立窑煅烧。

这实际上就是硅酸盐水泥熟料烧成范围的概念，我立即将刘顺妮的研究生论文题目定为：硅酸盐水泥熟料烧成范围研究。

通过大量实验，我们确定了烧成范围上限温度和下限温度的定义和检测方法，烧成范围被定义为上限温度与下限温度之差，烧成范围越大，立窑就越好烧，产量和质量就越高。

烧成范围概念建立起来后，我们通过大量实验推导出了上下限温度的回归计算公式，从而得到了硅酸盐水泥熟料烧成范围的计算公式。根据对不同加矿化剂的配料方案的烧成范围计算结果分析，发现加矿化剂后，如果配料方案不合适，其烧成范围是降低了，而不是提高。从而成功解释了为什么加矿化剂后，有的立窑厂产量和质量没有提高的原因。

我们根据这硅酸盐水泥熟料烧成范围理论，又成功推导出了最佳配料方案，与实际生产情况相一致。圆满地解释了为什么加了矿化剂，有的立窑产量和质量提高了，有的立窑相反却降低了的问题。

硅酸盐水泥熟料烧成范围理论的建立，为我日后的技术服务，提高立窑水泥厂的产量和质量提供了可靠的理论依据。

在 1986 年前后，中国乡镇企业迎来发展的"黄金时期"，这一时期不仅见证了乡镇企业数量的激增，也标志着它们在国家经济结构中的重要地位的确立。当时，乡镇企业的快速发展极大地促进了农村的经济多样化，改变了传统以农业为主的产业结构，有效地吸纳了大量农村剩余劳动力。

乡镇企业的蓬勃发展与邓小平的改革开放政策密切相关。尤其是邓小平的"白猫黑猫论"（不管黑猫白猫，抓住老鼠就是好猫），强调实用主义，鼓励各种形式的企业发展以促进经济效益。这一理念为乡镇企业的创新和灵活性提供了理论支持，许多乡镇企业开始从事除农业之外的制造业和服务业，如加工、制造、小规模的工业生产等。

此外，国家也出台了一系列政策支持乡镇企业的发展，如税收减免、贷款支持和市场准入便利等，这些都极大地激发了乡村地区的经济活力。到了 1980 年代中期，乡镇企业已成为推动中国农村经济现代化的关键力量，它们不仅为农村带来了经济上的繁荣，也促进了社会结构和生活方式的变革。

乡镇企业的这一发展阶段，不仅是中国农村经济史上的一个重要篇章，也是整个国家现代化进程中不可或缺的一部分。通过这种草根层面的企业发展，中国有效地实现了社会资源的优化配置，加快了城乡一体化进程。

但，乡镇企业在技术力量上的薄弱是一个不容忽视的问题。由于多数乡镇企业规模较小，资金有限，缺乏足够的研发投入，技术创新和升级成为了发展过程中的一大难题。

为了解决这一技术障碍，乡镇企业积极与高校合作，寻求技术支持和人才培养。这种合作通常包括邀请高校的专家学者到企业进行技术指导，共同开发新产品，或者派遣企业技术人员到高校进行学习和培训。高校不仅为乡镇企业提供最新的科研成果和技术解决方案，还通过短期培训班、研讨会和实地教学，帮助企业员工掌握先进的技术和管理知识。此外，一些高校还通过技术转让和孵化新的科技企业来促进科研成果的商业化，积极参与国家的经济建设，这为乡镇企业的技术升级提供了重要支持。

地方的科学技术委员会（科委）和科技局在此过程中也发挥了重要作用。这些机构不仅负责协调和推动地区内的科技发展，还经常组织专家团队到高校和科研机构"传经送宝"，即介绍和推广新技术、新产品。这种方式有效地促进了科技成果的地方化应用，加速了乡镇企业的技术进步和产业升级。

因此，尽管乡镇企业在技术方面存在不足，但通过与高校及地方科技部门的紧密合作，很多企业成功地突破了技术瓶颈，提升了生产效率和产品质量，从而在竞争激烈的市场中占据了一席之地。这种模式不仅为乡镇企业带来了新的发展机遇，也推动了地方经济的整体提升。

在一次由宜都县科技局主办的招商引资会议上，我应邀前往湖北宜都参会。会议期间，宜都县科技局展示了一种当地新发现的红土矿，这种矿石颜色鲜红，块状，质地虽似石头却不及其坚硬。局方提出了一个问题：这种矿石能用来生产什么新产品？会后，我跟随参观了采矿现场，并带回了一块矿石样品进行分析。经过仔细分析，确定其主要成分为氧化铁，具有极强的着色力，是一种天然的氧化铁红。

鉴于我之前已研发成功彩色水泥，并熟悉其生产工艺，我立即想到可以利用这种红土矿来生产红色水泥。我使用带回的样品进行了一系列实验，结果令人满意：这种以红土矿为原料的红色水泥不仅颜色鲜艳，而且在各项性能测试中都达到了预定的标准要求。这一发现不仅为彩色水泥市场带来了新的材料选择，也预示着这种矿石在建材行业中的潜在应用价值。

不久之后，湖北省松木坪水泥厂，一家位于宜都县且距离红土矿山不远的乡镇企业，接触到了我关于红色水泥的提议。他们对这个想法非常感兴趣，迅速邀请我前往厂内进行实验。

1986 年 7 月，我利用暑假的机会前往湖北省松木坪水泥厂，并很快成功实验制作出红色水泥。暑假结束时，我返回学校，而松木坪水泥厂给予了我 5000 元现金作为报酬。

在当时，5000 元是一笔相当可观的金额，足以让人成为所谓的"万元户"。尽管这笔钱很诱人，我却毫不犹豫地将其全部投入到科研经费中，用以继续我的新产品和新技术研发。

看到松木坪水泥厂厂长徐绍元如此豪爽且重信用，我便向他们推荐了我的静态爆破剂技术。他们对此同样表现出浓厚的兴趣。1986 年下半年，我为松木坪水泥厂试制了静态爆破剂，并在厂区内搭建了一个小土立窑进行煅烧。随后，我使用实验室的小磨机进行粉磨，最终在厂的矿山中选了一块大岩石进行了爆破实验，一切都取得了成功。

1987 年 7 月 9 日，我与位于山东省莱芜市的一家水泥厂签订了红色硅酸盐水泥生产技术转让合同。该合作成功后，我们继续扩展合作领域，于同年 8 月 15 日签订了另一份协议，我将指导他们生产绿色硅酸盐水泥。这两项技术的成功转让和应用，不仅推动了该厂技术的升级和产品线的多样化，也标志着我们在水泥新产品领域迈出了重要步伐。

1988 年 3 月 8 日，我与湖北省江陵县水泥厂签署了耐风化无机水性涂料的技术服务合同。紧随其后，同年 5 月 8 日，我们又达成了 CAF 水泥超快速硬化剂技术服务合同。到了 1989 年 3 月，我们进一步扩展合作，签订了生产火山灰水泥的技术服务合同，主要目的是协助他们寻找新的火山灰质混合材料以扩大水泥生产规模。除了这些合同外，我还指导他们开发了静态爆破剂、红色硅酸盐水泥等多种产品。为此，江陵县特别成立了一个专门的特种水泥厂来生产这些产品。

江陵县特种水泥厂实际上是一个以磨机为主的粉磨站，缺少窑炉，所有熟料都需要从总厂运输过来。因此，他们要求我尽可能减少熟料的使用，即增加混合材的掺入。我采取的策略是提高水泥的粉磨细度并适当增加石膏的掺量，这使得混合材的掺量提高了大约 10%。

在这个过程中，我观察到随着粉磨细度的提高，矿渣水泥的强度显著增强，其增幅远大于粉煤灰水泥和火山灰水泥。这让我意识到，细磨矿渣可以显著提高水泥的强度。由于矿渣水泥采用混合粉磨，矿渣磨不细，我意识到矿渣和熟料应分别粉磨，这样就可以提高矿渣的活性和其掺量。

矿渣作为钢铁厂的工业废渣，通常被水泥厂用作生产矿渣水泥的混合材。当时，矿渣水泥的矿渣掺量通常约为 30%，石膏占 5%，而熟料则占 65%，每吨熟料能生产 1.54 吨水泥。如果将矿渣掺量提高到 65%，同时将熟料掺量降至 30%，则每吨熟料能生产高达 3.33 吨水泥，水泥产量就可以翻一番，这一想法不仅大胆，前景也非常诱人。这种将矿渣和熟料分别粉磨的方法，能有效地翻倍提升水泥产量，将具有极高的经济价值和市场潜力。

1987 年我 31 岁，站在人生的十字路口，面对多条可能的道路，需要做出决定。一方面是出国留学的诱惑，许多研究生都在努力通过各种途径赴海外深造，无论是公派还是自费。另一方面，我考虑继续在国内深造，甚至联系过上海同济大学的黄蕴元教授，探询是否有机会继续攻读博士学位。同时，申请国家科研项目也是一个提升职业发展的重要选择，但我太年轻且缺乏必要的人脉和职称，使得申请过程充满不确定性。

与此同时，产学研结合的道路同样摆在眼前，这条路虽然充满挑战，但它提供了一个直接将研发成果转化为实际应用的机会，能够实现技术的推广与经济的自给自足。

经过深思熟虑，考虑到与刘顺妮的共同情况，包括语言学习的差异和海外关系的缺乏，以及国内攻读博士对家庭的潜在影响，我们决定放弃出国和继续攻读博士学位的计划。最终，我选择了产学研相结合的道路，虽然这是一条艰难的路，但我决心坚持走下去，不断推动技术的发展与应用，为自己的职业生涯和家庭的未来打造坚实的基础。

"塞翁失马，焉知非福。"未能成为冯修吉教授的博士研究生，我被迫选择了一条极其艰难的产学研结合之路。这是祸还是福？历史无法假设，我也无法揣测如果选择了不同的道路会有何种结果。然而，一件事让我确信我的选择并没有错。

到了 1994 年前后，年事已高的冯修吉教授，因未留下什么著作，就计划出版一本论文集。当时负责科研的副校长欧阳世翕找到我，希望我能资助这项出版计划。他请求我提供 5000 元作为出版经费。虽然当时的 5000 元不算小数目，但 1992 年以来我的矿渣活化技术的大面积推广，已为学校带来了 1000 多万元的技术转让费，这笔钱相对于我的收入而言微不足道。尽管我对冯修吉教授的某些决定仍有保留意见，心中对他当年不录取我仍有芥蒂，但出于对欧阳世翕副校长的尊重，我最终同意并提供了赞助。

1995 年 5 月，冯修吉教授的论文集成功出版，并在学校主楼的会议室举办了首发式，我也受邀参加了这一活动。因为我对出版提供了资助，我的名字被列入了论文集的编委会名单中。然而，出版社在印刷时将我的名字"林宗寿"误写为"林中寿"，把"宗"字错误地写成了"中"。

尽管我在这本论文集的编纂工作中并未直接参与，实际的编辑工作全由冯修吉教授的研究生们完成，我只是提供了资金支持。在首发式上，冯修吉教授亲自送给我一本签名的论文集。

然而，在 2010 年 12 月 18 日，即冯修吉教授百年诞辰之际，他的学生们为其塑造了一座塑像，并特别邀请我参加纪念活动。出于对冯修吉教授学术成就的个人看法，我认为他一生的学术成果并不足以让我觉得有必要参与塑像的纪念活动，因此我选择了不参加。这一决定反映了我的个人原则与对学术成就的评价标准。

第 7 章 东渡扶桑

7.1 女儿降生

在 1987 年上半年，学校启动了住房分配计划，明确规定只有已婚的教职工才有资格获得房屋。为了不错失这次分房的机会，我和刘顺妮于 1987 年 2 月领取了结婚证，并随后加入了学校的住房排队序列。

学校的住房分配是根据工龄、职称等因素进行评分的。所有待分配的房源会被公开展示，以便按分数高低顺序选择。被选中的教职工将搬入新房，并将他们原先的旧房释放回房源池，供后续人员选择。这一过程一轮接一轮地进行，直至所有房屋分配完毕。

1987 年 7 月，我们分到了化专南楼的 91-2139 室。由于需要等待前一批获得新房的人搬迁，我们实际上直到 1987 年 11 月才正式拿到房钥匙。回想起来颇为有趣，每当学校有新房竣工，整个校园便掀起一阵大迁移。在我留校的头几年里，似乎总是忙于搬家，幸运的是，每次搬家都换到了更好的住处。

拿到房子后，我们便前往学校房产科了解何时可以搬入。房产科的科长告诉我们："马上就可以搬了。"我们信以为真，便开始着手准备家具。

1987 年春节晚会上，费翔演唱了《冬天里的一把火》，而巧合的是，不久后东北大兴安岭发生了大火，导致大片森林被烧毁。这一事件引发了对木材价格可能上涨的担忧。当时，在机电大楼后面，现为学生食堂所在地，有一个木工房对外制作家具。考虑到木材价格可能的上涨，我们决定尽早制作家具。

虽然我本人擅长木工，但我的工具还留在老家，我也没有木料，所以我设计了家具样式并请木工房制作。如果不是房产科科长告诉我们"快了快了"，我们可能也不会那么早开始制作家具。

家具完成后，房子却迟迟未能交付给我们，而木工房又不允许我们在那儿存放家具。最终，我们不得不将家具暂时搬到刘顺妮所住的学生 015 栋宿舍楼。幸运的是，那时刘顺妮刚留校不久，她原先的室友已经毕业离开，新的住户还未搬进来，我们便抓住这个机会将家具搬了进去。

不过，房产科很快发现了我们的行为，要求我们搬走家具。但我们实在无处安放，这导致了一场激烈的争吵。最终，由于是他们不断告诉我们"快了快了"，促使我们开始制作家具，房产科也无法提供更好的解决方案，此事最终不了了之。

在 1987 年 11 月前后，我们终于拿到了化专南楼 91-1239 室的钥匙，并进行了一些简单装修后搬了进去。

化专楼原本是化工专业的学生教室，由两栋楼组成，一栋被称为"化专北楼"，另一栋则是"化专南楼"。我们的新住所实际上是由教室改建而成的简易房间，每间大约 18 平方米，房间之间用木板隔开，隔音效果相当差。楼道宽约 1.8 米，各户都在这里做饭，走廊便充当了厨房的角色。每层楼设有一个公共厕所，并在其中隔出了一个洗澡间。尽管条件简陋，但基本生活功能还算齐全，颇有电视剧《筒子楼》中的情景。

搬入时，我们发现居住环境破旧不堪，走廊的灯光不再亮起，厕所的门也损坏了。是我们家动手进行了一番修复，这不仅改善了居住条件，也让我们与邻居建立良好的关系。

在那时候，尽管中国已经解决了温饱问题，并且乡镇企业蓬勃发展，国营企业的承包制也取得了重大突破，民众的改革期望和消费欲望日益上升。然而，社会体制相对落后，国家的宏观治理能力未能及时跟上产业形势的快速变化。物价实行双轨制，一个商品既有计划内价格也有市场价格。总体来看，国家仍处于相对贫困的状态，许多物资仍需凭票供应。

在这样的背景下，我们学校也正处在发展过程中，住房条件相当紧张。许多年轻教师留校后，还无法分配到像我们这样的住房。由于我的工龄从 1975 年的上山下乡开始计算，在同龄人中算是较长的，因此我能分到稍好一些的住房。与此同时，许多年轻教师只能分到临时搭建的简易房屋，这些房屋与工棚相差无几。有人礼貌地将这种住所称为"鸳鸯楼"，而有些人则不那么客气，直称其为"交配楼"。

1988 年 2 月，在春节前几天，我们回到福建老家举办了婚礼。春节假期刚过，我们便启程返回武汉。那时的交通条件非常不便利。从福州坐火车到南昌后，由于未能购买到直达武汉的火车票，我们不得不购买了前往武汉的汽车票。旅途中，汽车频繁出现故障，导致一路上走走停停，经过了六个多小时才艰难抵达武昌的付家坡。到达后我们没有在武汉停留，而是直接在付家坡汽车站购买了前往麻城市宋埠镇的汽车票，立即继续我们的旅程。

当汽车到达宋埠镇时，天色已暗，细雨蒙蒙，我们只好雇一辆三轮车继续前行。临近村口时，由于道路状况恶劣，三轮车难以行驶，我们不得不下车，跌跌撞撞地步行到刘顺妮的家中。尽管旅途充满了挑战，但我们第二天中午顺利地在我岳母家举办了婚礼庆宴。家人和朋友的脸上洋溢着喜悦，庆祝活动非常热闹，使我们感到所有的努力和坎坷都是值得的。

那一年，我们学校老师要评职称的人太多，大家都想多上几门课，好评职称，也就没安排我的课，我乘此机会一边在实验室奋力研发新产品，一边下厂搞技术服务。

1988 年 5 月，正当我全身心投入科研工作之际，水泥教研室的副主任王善拔教授突然找到我，递给我一份表格。一看之下，原来是推荐出国访问学者的申请表。在当时，到国外留学被视为个人获得更好职业发展、提升社会地位的一个重要途径。国内许多年轻人希望通过留学提升自己的学历、学术水平，拓宽国际视野，以在未来的职业生涯中获得更多的机会。我们留校的研究生们大多数都在积极准备出国深造，人人都在想方设法抓住出国的机会。

王善拔教授直截了当地告诉我："这是唯一的机会，如果这次考不上，以后我们不会再推荐你了。考虑一下你是否有把握，要去还是不去？"

虽然我原本并无出国的计划，但这次机会似乎天赐，于是我毅然决然地回答："去，如果考不上，我就不再考虑出国了。"

出国考试就只考外语，我选择日语，考场设在武汉大学，考试时间是在 1988 年 6 月前后，还有一个月不到的时间。考试当天，武汉遭受了一场罕见的暴雨。我居住的化专南楼到武汉大学的必经之路——街道口，那时还未建设高架桥、地铁和排水函洞，是一个低洼地带。随着周围的雨水汇聚，这个区域积水异常严重。我身穿雨衣，原本

图 7.1 王善拔教授（1985）

是骑自行车出发的，但由于水位过高，我不得不下车，推着自行车艰难地蹚过积水。

到达武汉大学的考场时，我的裤子已经完全湿透。考试时间迫在眉睫，我无暇更换衣物，只能湿漉漉地坐下开始答题。尽管环境极为不利，我还是尽力集中精神，完成了考试。

考试结束后，我对结果感觉还算满意，但并没有过多期待，因此也就没有再特别关注。然而，意外的好消息很快就来了。没过多久，我收到了通知，不仅顺利通过了考试，而且分数还高出录取线几分，成功获得了出国访问学者的资格。

随后，我又接到另一则通知，指示我于 1988 年 9 月 1 日前往大连外国语学院报到，参加为出国留学预备的人员设置的培训班。这个机会不仅标志着我学术生涯的一个新阶段，也预示着即将开始的新挑战和经历。

1988 年上半年，我的时间主要集中在工作上，除了因出国考试耽误了大约 20 天外，我几乎全力以赴地协助江陵县水泥厂开发耐风化无机水性涂料、静态爆破剂和 CAF 水泥超快速硬化剂等新产品。

考试结束后，我立即返回江陵县水泥厂继续我的研发工作。那时，我的夫人已怀孕，预产期是在 1988 年 9 月下旬。出于对她安全的担忧，我让她暂时搬到了位于汉口的堂姐家中。她的堂姐夫是一名武汉汽车维修厂的工人。

她堂姐的家虽然不大，仅有一室一厅、一个厨房、一个厕所和一个阳台，但空间被充分利用。堂姐家已经有五口人居住，连阳台也被改造成了一个小房间。幸运的是夏天到了，大厅还能作为临时的居住空间。我夫人在那里住了超过一个月，每天都在盼望着我能早日回家。这段时间对我们来说充满了期待与不易，尤其是考虑到家庭即将迎来新成员的重要时刻。

1988 年 8 月 20 日，我终于完成了江陵县水泥厂的项目任务，回到武汉，并将我的夫人从她堂姐家接回到我们自己的家中。然而，仅仅过了几天，我便需要前往大连外国语学院参加出国预备人员培训班。

那时，我夫人的孕期已进入后期，她的肚子已经相当大，行动变得十分不便。尽管如此，她非常理解和支持我的学术追求，坚持要我不要耽误培训和学习的机会。因此，她要我按计划在 9 月 1 日准时到大连外国语学院报到。

这段时间对我们两人来说充满了挑战，但也展现了夫妻间的相互理解和支持。我深知她在这关键时刻给予的牺牲和鼓励，这让我对即将开始的培训和未来的机遇感到既期待又责任重大。

那天早晨，我和夫人先是一同前往她堂姐家。之后，她陪我到附近的公共汽车站，我从那里乘坐汽车前往机场，飞往大连。到了大连外国语学院报到后，我整日心绪不宁，因为当时并无电话，更不用说微信之类的即时通讯工具，所以我无法即时了解家里的情况。尽管内心充满忧虑和期待，我也只能默默祈祷一切顺利。

终于在 1988 年 9 月 22 日，我收到了一个激动人心的消息：我的女儿在同济医院顺利出生了。当我在 10 月才收到这个消息时，虽然来得有些晚，但依然是振奋人心的好消息。这让我长时间悬着的心终于得以放下，尽管身在异地，但知道家人平安无事，心中的重担也随之减轻。

在我女儿出生后，我夫人的二哥刘大评，当时在武汉汽车修配厂做泥工活。得知妹妹生产的消息后，他从武汉回到麻城县铁门乡的老家，接我岳母到武汉，先在堂姐家暂住了一天。随后，岳母陪同我夫人一起从同济医院回到了我们位于化专南楼的小家。

由于我夫人顺产，她在同济医院仅住院五天。回到家后，尽管身体尚未完全恢复，她就开始忙碌起来。她巧妙地利用有限的空间，将那 18 平方米的房间用家具隔成了两个区域，厨房依然安排在走廊中。由于岳母刚到武汉，身体较弱，加之不熟悉环境，许多家务和照顾新生儿的重担都落在了我夫人身上。尽管才刚产后五天，她因身体年轻而强健，便承担了清理房间和搬动家具等体力活，没有寻求外援。然而，这种过度劳累最终导致她患上了腰痛的毛病。这种坚强与付出，虽体现了她的责任感和爱心，但也给她的健康带来了不小的影响。

我岳母出生于一个殷实的家庭，她的父亲是一位成功的木材商人。在这样的环境中长大，她被视为大家闺秀，并接受了私塾教育，从小阅读了众多书籍。然而，为了躲避战乱，她嫁到了麻城县铁门乡的一个农村，没想到解放后她的婆家被划为富农，这使得她的生活变得充满坎坷，经历了许多苦难。

自从岳母搬来与我们同住之后，她就承担了家中绝大部分的家务活，包括购买食材、烹饪以及照顾我的新生女儿。她每天起得最早，睡得最晚，总是忙碌不停。尽管生活环境和条件艰苦，她从未抱怨，始终以坚强和乐观的态度面对生活的每一天，全力以赴地支持和帮助我们这个年轻的家庭。她的坚韧和无私，是我们全家都深深敬佩和感激的。

图 7.2 学校门口附近的樱花树下（1995）

岳母一生为人慈祥而厚道，她本分行事，善于结交朋友，与邻里和睦相处，无论老少都给予她深厚的尊敬。她情感丰富而和谐，深受儿女的爱戴和邻里的敬重。在我家中，她不仅任劳任怨，还如同对待亲生儿子一般对待我，为我们的小家庭撑起了一片蓝天。

岳母生活简朴，无贪无欲，却拥有深厚的内涵和涵养，堪称贤妻良母。尽管一生中多有艰辛，她从未有过怨言，始终默默承担，以大爱涵盖家庭与周边人。她从不埋怨生活中的艰苦，对不佳的生活条件报以平常心，展现出对生活的热爱，对社会的热忱，以及对劳动的尊重。

岳母的勤劳节俭、善良和蔼的品质，是我们全家乃至子孙后代都应当学习和传承的宝贵财富。她的生活态度和为人处世的智慧，不仅为我们的家庭带来和谐与幸福，也为社区带来了正面的影响。她的一生是对简朴生活和无私奉献的真实诠释，值得我们永远铭记和效仿。

岳母在我家生活了十年，期间她将我的女儿照顾得无微不至，一直到女儿十岁。这十年里，她对我们家的付出和奉献是无法用言语表达的。然而，岁月终究不饶人，后来她突然感到身体不适，虽经多家医院诊断治疗，病情始终未见好转。最终，她被送往湖北省肿瘤医院接受专业治疗，但当时她已经极为虚弱，医生们考虑到她的身体状况，决定不再进行手术。

在得知病情无法逆转后，岳母选择回到老家，希望在熟悉的环境中度过余生。仅仅过了几个月，1998 年 11 月 1 日，岳母在家人的陪伴下安详地离开了我们，享年 70 岁。

岳母的逝世给家里每一个人都带来了深深的悲痛，但她一生中的善良、坚韧和无私奉献，将永远留在我们的记忆中。她对家庭的爱和她的生活智慧将继续指导和激励着我们。她的离去，虽然使我们失去了一位亲人，但她的精神和美德将永远与我们同在。

再说当时，我岳母把我夫人和女儿接回到了化专南楼我们的小家后，由于做饭是在过道里做，而过道是敞开的，放在过道里的厨房用的东西经常会丢。丢一两瓶味精、醋什么的，问题不大，就担心煤气罐和煤气炉被人偷了。当时，煤气是很贵重的东西，需要凭证供应，煤气供应证是需要指标的，我们学校还没分给我们指标。我夫人有个老乡，叫刘应柏，此人非常善良，乐于助人，是个大好人。他在武汉铁路局当机要秘书，他给我们家帮了大忙。他不光帮我们买到了煤气，还亲自将煤气罐扛到了我们的家，对他的帮忙我们一直铭记在心。

当时，我岳母刚来，人地生疏，同事朱小英也经常帮我们家买肉呀菜呀什么的。那个时候通讯很不方便，家里没电话，通常都是靠写信传递信息，有急事时就发电报。住在我们家对面的姜洪义老师，是学生辅导员，在硅工系里工作，就经常帮我们把我寄到学校的信带回给我夫人。后来，朱小英到美国定居了，姜洪义晋升为教授、博士生导师，任武汉理工大学材料学院副院长、党总支书记。在此，对两位同事的帮忙表示衷心的感谢。

大连外国语学院出国留学预备人员来自全国各地，人数还不少，按入学成绩高低分为三个班，我被分在第二班。

我在大连外国语学院出国留学预备人员培训部学习了 4 个月时间，有三门课，一门是精读，另一门是会话，还有一门是听力。我比较讨厌学外语，都是死记硬背的东西，学习不是很刻苦，还经常想着家里还未见过面的女儿，成绩算不上好，但还是通过了结业考试，拿到了结业证书。

在大连外国语学院的培训期间，我们有三位教师指导我们，其中两位是中国人，另一位则是来自日本的小学教师。这位日本教师讲究师道尊严，表现得相当霸道，这让我们大多数学员都感到不太舒服。

培训期间的食堂饮食也是我们心中的一块石头。食堂里每天供应的都是清淡的青菜，几乎没有油水，更难得一见的是肉类。这种单调乏味的饮食让我们都渴望能吃到一些肥肉。我的宿舍里有一位同学叫董群，他来自大庆石油学院，比我年长几岁，而且他非常擅长烹饪。我们几个便经常溜出去到外面买肉，尤其是肥肉，以此来调剂枯燥的食谱。

图 7.3 大连外国语学院出国留学预备人员培训班（1988）

随着培训接近尾声，日子变得越来越难熬。最后一个月里，我们几乎每天都在倒计时，期盼着回家的那一天。与此同时，我们还得一边背诵那些枯燥的单词，生活充满了等待和希望。这段时间虽然充满了挑战，但也是一次宝贵的经历，让我们学到了如何在不完美的环境中找寻和创造生活的乐趣。

1989 年 1 月 20 日前后，培训班结束后，我终于回到了武汉，见到了我心爱的女儿。一进门，我岳母就将女儿递给了我。我那时完全不知如何抱婴儿，手忙脚乱的，只能毛手毛脚地尝试着。我的女儿已经三个月大了，她的脸蛋胖乎乎的，两条弯弯的眉毛下是一对炯炯有神的大眼睛。她有一个小巧的鼻子和微微下垂的菩萨耳，嘴巴小

图 7.4 出生 40 天的女儿

巧而肉嘟嘟的，下巴也圆鼓鼓的。她的小手胖乎乎的，看上去就像一个小天使，令人爱不释手。我抱着她，虽然心里充满了喜爱，但也小心翼翼地担心弄痛了她，不禁反复看着她。

转头望向我的夫人，发现她在这四个多月里变得更加成熟细致了。她刚刚成为妈妈的经历使她比过去更加温柔体贴，而这一切似乎都发生在昨天，让我感到既熟悉又陌生。

女人本弱，为母则刚。你看她一个人承受了独自分娩到打理家庭和照顾孩子的重任，真的难为她了。男人打拼成功的背后总有一个能干贤惠的女人，当时我就是这种感慨和

体会，为了让我安心完成学业，独自忍受着寂寞，听她在信中讲，她每天抱着女儿对她说："你要乖乖的，爸爸到大连学习去了，很快就回来了，爸爸可想你啦！"这份深情厚谊让我感动不已。

由于在我女儿出生前后那段时间里，我经常到厂里做技术服务，不时有一些厂家到我家来感谢，经常送些鱼、米、牛奶、婴儿米粉等等，还经常从学校提成一些技术服务费，不断有小钱进账，所以我岳母就给我女儿起名叫林小进。

我在大连学习期间，我们学校还分了一次房，是我夫人去选的。这次我们分到了教工宿舍29-1407室，位置在当时武汉汽车工业大学校门旁边的29号楼（现武汉理工大学马房山大厦）。有两室，一个小厅，一个厕所和一个厨房。虽然旧了点，但还是正规的住房，比原来好多了。我回来后，第二天我就和夫人俩人，去把房子简单装修了一下，换了纱窗，铺了地毯，墙上刷了涂料。1989年1月28日，我们搬进了新家。

7.2 八九民运

1986年夏天，天体物理学家方励之在中国各大学展开访谈之旅，探讨自由、人权和权力分立等议题。方励之的观点在学生中广泛传播，使他成为当时备受欢迎的社会人物，激发了学生的政治热情。同年12月，学生发起抗议，要求加快改革开放进程，并提出经济自由化、民主与法治等诉求。这场抗议最初在合肥附近开始，很快蔓延到北京等主要城市。

1987年1月16日，胡耀邦因被指对学生抗议过于宽容而引发社会动乱，被迫辞去了中国共产党中央委员会总书记职务，但保留了政治局委员身份。此后，保守派在邓小平支持下，发起"反对资产阶级自由化"运动，导致学生运动被遏制和政治环境的封闭。然而，这一运动遭到时任国务院总理赵紫阳的反对。赵紫阳最终说服了邓小平，导致该运动在1987年中期结束。

自1950年起，中国一直实行计划经济，商品价格由中央统一定价，长期维持在较低水平，但导致了商品短缺。改革开放初期，政府实行价格双轨制，部分商品价格固定，部分商品价格可波动，由于市场商品短缺，物价较高。这使得一些人利用职权低价购入商品后以市场价转卖，即"官倒"，引发公众强烈不满。为解决价格双轨制弊端，中共中央和国务院决定"价格闯关"。1988年7月28日，国务院放开13种名烟、名酒的价格，改为市场调节，此举在全国各大中城市引发了抢购潮。

1988年8月，随着传言称物价即将全面放开，中国各地爆发了抢购潮和大规模提现现象。杭州市民在酷暑中抢购毛衣毛裤；昆明人抢购通常滞销的电风扇；广州一女士囤积了 10 箱洗衣粉；南京一市民购得 500 盒火柴；武汉有人抢购了 200 公斤食盐。这场抢购狂潮使商品价格飙升。当时的国家物价局局长成致平提到，1 斤装的茅台酒价格从 20 元飙升至 300 多元，其他商品如汾酒、古井贡酒和中华烟也见证了价格的急剧上涨。猪肉和其他肉类价格上涨了约 70%，其他小商品也迅速跟进。价格失控的局面迅速恶化，全国物价如脱缰野马，无法控制。人们狂热购买，不分需求与质量，对任何商品如冰箱、电视机皆抢购殆尽。同时，银行挤兑严重，一些地区因银行无法及时支付而发生冲突，愤怒的群众甚至推翻柜台。

"物价闯关"是 1978 年改革开放以来最严重的经济失控事件，该政策于 1988 年 10 月宣布失败，此后中央政府调整策略，重提"宏观调控，治理整顿"的方针。尽管政策调整，但"价格闯关"引发的影响仍持续存在，社会面临急速的通货膨胀问题。官方消费者物价指数报告显示，1987 至 1988 年间，北京市物价上涨了 30%。此外，许多工薪阶层由于无法承担日益上涨的生活成本，感到极大的恐慌。在市场经济体制推进下，一些未能受益的国有企业被迫削减成本，过去享有的工作保障和社会福利逐渐消失，给普通工人带来了前所未有的生活压力。

与此同时，东欧各国也在经历改革浪潮。苏联在戈尔巴乔夫的领导下推行了经济和政治改革，并力促政治民主化。自 1989 年 2 月，波兰的团结工会在圆桌会议中获得合法地位并推动政治改革后，在一次半开放的选举中取得压倒性胜利，引发了东欧和中欧国家如匈牙利、东德、保加利亚、捷克斯洛伐克、罗马尼亚等社会主义国家的民主化浪潮，这些国家开始寻求结束独裁政体。在这样的国际背景下，崇尚西方思潮的知识分子、外国留学生和高校学生认为中国的政治改革步伐过缓，未能改变独裁制度，由此引发的官倒、腐败和通胀等社会问题，激发了对彻底政治改革的呼声。北京各大学校园中因而出现了以政治研究为主的小规模"民主沙龙"社团，逐步激发了学生参与政治的热情。

进入 1989 年，全国上下就笼罩在一片紧张的气氛中。1 月 1 日，一向严谨慎言的《人民日报》在《元旦献词》中罕见地提到："我们遇到了前所未有的严重问题。最突出的就是经济生活中明显的通货膨胀、物价上涨过快，以及党政机关和社会的某些消极腐败现象触目惊心。"尽管中央政府开始推行强硬的宏观紧缩政策，经济过热有所缓解，但通货膨胀和"价格闯关"失败带来的社会情绪失衡并未迅速消退。2 月，春节刚过，百万民工返城潮让各地政府手忙脚乱。自上年年底的治理整顿导致大批建设项目停工，约 500 万农民工被迫返乡，而乡村中大量乡镇企业因整顿而倒闭，民工们只好再次返回城市寻找工作。春节后，从河南、四川、湖北等人口大省出发的数百万民工涌入城市，全国铁路和车站人满为患，各大中城市的就业和治安压力骤增。

1989 年 4 月 15 日，胡耀邦因心脏病在北京逝世，随即引发学生群体的强烈反响和悼念，成为群众集会的最初动力。大学校园内陆续出现歌颂胡耀邦的宣传海报，呼吁政府重新审视他的主张。随着时间推移，许多海报开始涉及更广泛的政治议题，包括新闻自由、民主制度和官员贪污等问题。随后，一些悼念胡耀邦的民众自发在天安门广场人民英雄纪念碑附近集会。同一天，北京大学和清华大学也在校园内设立胡耀邦的灵堂，北京的学生逐渐聚集在天安门广场。

在部分大学生的推动下，原本单纯的悼念活动逐渐转向提出更广泛的政治和社会诉求，要求政府解决通货膨胀、失业、官员贪腐、新闻自由、民主制度及结社自由等问题。4 月 17 日，中国政法大学学生为纪念胡耀邦

图 7.5 "学生在天安门广场示威

制作了大型花圈，更多群众当天也集结在天安门广场。当日下午 5 点，500 名中国政法大学学生抵达人民大会堂东门，表达对胡耀邦的哀悼。不同背景的演讲者随后发表公开演说，讨论胡耀邦及社会问题。由于被认为影响人民大会堂的正常运作，警方迅速介入并劝导学生离开广场。

当晚，3000 多名北京大学学生发起游行，随后近千名清华大学学生加入。两队学生在天安门广场与先前聚集的群众汇合。随着活动规模扩大，悼念逐渐演变为示威抗议。学生们起草并向政府提出七项要求：

1. 重新评价胡耀邦功过，肯定其"民主、自由、宽松、和谐"理念。
2. 严惩殴打学生和群众的责任者，并要求道歉。
3. 尽快公布新闻法，保障新闻自由，允许民间创办媒体。
4. 领导干部公开其本人及家属的财产收入，严查官倒并公布详情。
5. 就教育政策失误向全国人民作出正式检讨，增加教育经费，提高知识分子的待遇。
6. 重新评价反资产阶级自由化运动，并为受冤者平反。
7. 强烈要求新闻机构公正、及时报道此次民主爱国运动。

4 月 18 日上午，王丹等人在人民大会堂前静坐，要求政府接受此前提出的七项要求。与此同时，一些群众聚集在人民英雄纪念碑周围吟唱爱国歌曲，学生们也在天安门广场上进行演讲活动。

由于胡耀邦曾任中共中央总书记，中央决定为其举行国葬，仪式定于 4 月 22 日举行。北京市政府为此下令封闭天安门广场。然而，约十万名学生无视禁令，前一天晚上游行进驻广场。各高校学生成立了"学生行动临时委员会"，向当局提出七项要求，并附加与胡耀邦相关的三点要求：让学生瞻仰胡耀邦遗体、学生代表参加追悼会、灵柩绕天安

门广场一圈，以便学生送行。然而，中国官方治丧委员会拒绝了这些请求，仅同意同步播放追悼会实况，并要求学生向东移动，腾出广场西侧给追悼会车辆通行，学生接受了这一安排。

4月22日上午10点，中央领导包括邓小平、赵紫阳、杨尚昆等人出席了人民大会堂的国葬仪式。尽管追悼会向学生同步播放，但40分钟后活动结束，学生们并未见到胡耀邦的灵车，这引发了广场上群众的不满情绪。随后，学生们越过广场西侧，涌向人民大会堂前静坐，提出三项要求：灵车绕天安门广场、与总理李鹏会面、官方媒体报道学生悼念活动。官方没有回应，亦未派官员与学生见面。

尽管人民大会堂东门被封锁，三名学生（北大的郭海峰、张志勇，政法大学的周勇军）跪在大会堂阶梯上，请求提交请愿书并要求李鹏接见，但跪了40多分钟后，仍无领导人出现，导致学生普遍失望和不满。最终，学生行动临时委员会决定撤离广场，准备以罢课方式抗议。

4月22日下午1点30分左右，学生们开始撤离，并在经过新华门时高呼"和平请愿，政府不理，通电全国，统一罢课。"

4月23日，"北京高校学生自治联合会"（高自联）的学生组织宣告成立，并选举中国政法大学学生周勇军为主席，北京大学的王丹和北京师范大学的吾尔开希·多莱特（简称"吾尔开希"）为各自学校的学生代表。然而，实际主持工作的是社科院研究生王超华、北大研究生封从德（第三任主席）和北大学生杨涛（第四任主席）。

高自联成立后，呼吁北京市所有大专院校全面无限期罢课，以表达抗议诉求。这个独立于政府管辖的组织的出现，直接挑战了中国政府对学生的管理权威。

4月24日，北京35所大学全面罢课，上海、天津、长沙、西安、南京、武汉等各大城市的高校纷纷响应。当时，报纸、电视等新闻媒体相对而言还比较开放，对学生运动以及天安门广场的实况都进行了跟踪报道。在我家的阳台上经常能看到成群的学生队伍走出校门游行示威。湖北电视台也经常播出省委书记关广富与学生代表谈判的画面。

5月4日，十万名学生走上北京街头游行，纪念"五四"运动，重申先前的示威要求。当日，新闻媒体工作者首次参与游行，打出"首都新闻工作者"等横幅，呼喊"新闻要说真话"。《人民日报》记者的队伍骑着单车前往广场，举着标语牌，上面写着"人民日报，属于人民"等口号，这成为当日最震撼的场景之一。与此同时，高自联发表《新五四宣言》，呼吁推广民主政体。上海、南京、广州等地的学生也举行游行，呼吁政府与学生对话。

正当学生自治会选出的正式对话代表团准备与中国政府展开对话时，北京高校学生自治联合会的领导层不愿由正式对话代表团单方面主导整个抗议活动。面对学生团体内部的分歧和参与群众逐渐减少的局面，王丹、吾尔开希等有影响力的学生领袖提出采取更为激进的措施以恢复抗议的势头。他们认为，中国政府提出的"对话"不过是诱骗学生妥协的手段。为此，从 5 月 11 日开始，学生领袖们动员学生准备绝食，意在改变《四二六社论》的定性。《四二六社论》将此前全国范围内悼念胡耀邦的活动及学生、市民的抗议定性为"打、砸、抢、烧"的严重事件，声称其为"极少数别有用心的人"利用学生和工人制造的动乱。学生领袖希望通过绝食施加更大的压力，推动政府改变这一定性。

在苏共中央总书记戈尔巴乔夫访问中国的前两天，学生们决定展开绝食抗议。5 月 13 日，柴玲宣读《绝食书》，正式启动绝食行动。学生领袖认为，由于欢迎戈尔巴乔夫的仪式必定在天安门广场举行，绝食抗议可以成为向政府施压的筹码，迫使其满足学生

图 7.6 "八九"民运期间学生绝食

的诉求。绝食行动迅速赢得了社会各界的广泛同情，学生运动因此被赋予了道德色彩，进一步受到群众的支持与追捧。

北京的抗议活动引发了全国范围内的响应，其他城市的大学也陆续组织了抗议和罢课行动，许多学生前往北京参加示威。5 月 13 日下午，天安门广场上已有约 30 万人聚集。尽管人数众多，广场上的示威活动整体上仍保持秩序。来自北京各个大学的学生每天组织游行，表达抗议要求，展现团结，并在行进中齐唱《国际歌》。

随着学生的绝食行动展开，全国范围内的抗议活动迅速扩散至中国各地，超过 400 个城市集结示威，公开表达对学生运动的支持。

绝食抗议迅速引发全国对学生的支持和同情，原本在四月底逐渐衰退的抗议活动重新获得声势。5 月 16 日至 5 月 18 日间，数百万北京市居民和各行各业人士共同发起了大规模示威游行，创下了中华人民共和国成立以来北京市最大规模的游行纪录。部分媒体称参加人数达 300 万，而中共北京市委办公厅对 5 月 17 日当天的初步统计则显示约有 120 万各界民众参与。北京市公安局对参与游行的机构也进行了不完全统计，涉及范围极广：包括北京高校 60 余所、中央和市级机关 46 个、科研单位 18 个、中小学和中专 60 余所、新闻出版单位 14 个、外地大学 22 所、工厂和公司 78 个、医院 9 个、文艺团体 6 个、体育界 3 个等。

参与者不仅限于普通市民，还包括解放军军人、警察、国务院和中央直属机关的工作人员、共产党党员及基层政府官员。许多中共基层组织、共青团和政府资助的工会也鼓励其成员公开参与游行活动，彰显了这场运动的广泛社会影响。

此外，一些中国民主党派党员致信李鹏表达意见，中国红十字会也专门发布通知，安排大量人员前往天安门广场为绝食的学生提供医疗服务。北京的1000多名知识分子联署发表了《五一六声明》，声援学生并批评政府将学运定性为"动乱"，签署者包括作家巴金、诗人艾青和学者季羡林等。

首都新闻界的游行人士开始举起本社（台）的横幅，人民日报的横幅上写着"旗帜鲜明地反对 4.26 社论"，新华社则打出"今日无新闻"的横幅，讽刺新闻审查制度。四个民主党派中央委员会主席费孝通（民盟）、孙起孟（民建）、雷洁琼（民进）、周培源（九三）致信赵紫阳，公开支持学生诉求，并呼吁中共中央、国务院领导人尽快与学生对话。民革中央主席朱学范和十二位人大常委也分别发出紧急呼吁，人民日报随后刊登了这些声明。

根据新华社报道，77 岁的著名学者季羡林亲自前往天安门广场探望绝食学生，在学生搀扶下步履蹒跚地走入绝食人群，抱着躺在地上的学生弟子，泪流满面。著名作家冰心的横幅上写着"学生爱国，我爱学生！"数学家陈景润和王元呼吁："学生们的负担太重了，让我们承担一些吧！"歌唱演员李谷一、舞蹈演员陈爱莲等人也来到纪念碑下的学生指挥中心，与 30 多位政协委员共同呼吁全国政协主席李先念敦促政府尽快与学生对话。

在天安门广场，中国革命博物馆的工作人员为了表明态度，在博物馆楼顶升起了象征运动的 V 字手势旗帜。故宫博物院的专家和工作人员也组成队伍，手持横幅走出故宫，表达对绝食学生的支持。此次游行罕见地吸引了往常不参与社会运动的宗教人士，佛教僧侣举起"金刚怒目，大雄无畏""弘法自由，广度众生"等标语，基督教神职人员与神学院教职人员举起十字架参加游行，伊斯兰教的少数民族穆斯林则举起阿拉伯文经文，表达对学生的支持并借此提出尊重穆斯林习俗的诉求。

北京市多家医院的医护人员穿着白大褂加入游行，自愿为绝食中身体不适的学生提供帮助，一些医生在劝导学生时甚至激动落泪。首钢、东风、吉普、铁道部等各大企业和组织的工人也参与了游行，部分工人乘坐重型汽车，而周边县区的农民则驾驶农耕载具组成车队前往市中心，导

图 7.7 天安门广场"民主之神"像

致交通一度中断。北京市的一些公安干警志愿向广场上的学生派发饮料，并有公安警察队伍沿途游行，向群众比出 V 字手势，赢得热烈掌声。

中国人民银行总行的游行队伍经过人民大会堂东门时,高呼"不给官倒贷款！""冻结官倒账户！"；海关总署的声援队伍则喊道："官倒走私,铁证如山！"人民法院的法官也到场声援。中国警官大学的700多名学生自发来到广场,协助学生维持秩序,保障了从广场东南口至前门之间的救护车道畅通。中小学生也参与了游行,身戴红领巾的小学生高喊"我和哥哥一条心"等口号。

图 7.8 赵紫阳到广场对绝食学生讲话

随着媒体报道限制的打破,广播、电视、报纸纷纷开始刊登社会各界声援学生的报道,5 月 17 日至 19 日被誉为"中国记者最自由的三天"。中国中央电视台首次在新闻中如实播报了天安门广场的情况,央视部分新闻工作者和职工也组成庞大的游行队伍前往长安街,拉起巨幅横幅,公开要求时任广播电视部部长兼央视台长艾知生辞职。

《人民日报》5 月 18 日头版刊登了题为《首都各界百余万人游行声援绝食请愿的大学生》的新闻,成为该报历史上最具政治开放性的版面之一。该报道以大量篇幅详细介绍了北京市各行各业人士在游行中的诉求和对绝食学生的同情,甚至直接引用了一些反政府标语,并列出了多个参与声援的工厂和医院等单位的名称。与此同时,人民日报社上千名职工也加入游行,许多资深编辑和记者也位列其中。

《工人日报》连续刊登了《北京电子管厂万名职工发出呼吁》等文章,报道工人阶级参与民运的情况,以及各总工会干部的积极回应。媒体的开放使全国人民能够及时了解事态进展,在客观上推动了"八九"民运的进一步发展,成为助燃这场运动的关键因素之一。

除了北京本地,来自全国各地的学生陆续涌入首都,参与学生运动。同时,中国各地的四百多个城市也爆发了规模不一的抗议活动,甚至中共福建省委、中共湖北省委及中共新疆维吾尔自治区党委等地方机关也受到了学生示威的影响。然而,中央领导层迟迟没有对北京的示威活动作出明确的定位,导致地方当局无法判断如何处理当地的学生运动。

此外,示威活动涵盖了许多范围广泛且关注点各异的社会议题,使得中国政府难以明确哪些议题可以谈判,甚至不清楚示威者具体的诉求。绝食抗议的"牺牲"性质,进一步使得政府的权威性和合法性受到严重挑战,陷入两难境地。

在巨大的压力下,中国政府内部开始讨论将戒严作为应对示威活动的可能手段。

5 月 18 日,李鹏在人民大会堂首次与学生代表会面,试图安抚引发广泛关注的绝食行动。在会谈中，学生领袖再次要求政府撤销《四二六社论》，并将学生运动定性为"爱国举动"。然而，李鹏的回应集中在政府对因绝食送医患者的健康状况表示关切，未对学生的核心诉求作出正面回应。

尽管此次会谈未取得实质性成果，但学生领袖因此获得了在国家电视台重要节目上露面的机会，进一步提升了运动的公众关注度。

5月19日凌晨，赵紫阳在中共中央办公厅主任温家宝的陪同下前往天安门广场。与此同时，李鹏也听闻消息赶往广场，但抵达后很快离开。凌晨4时50分，赵紫阳通过扩音器向广场上的学生发表讲话，呼吁他们结束绝食行动。这次讲话成为赵紫阳最后一次公开露面。

随着示威活动不断升级和扩散，中央军委主席邓小平作为军方最高领导人，决定采取果断行动。经过一连串的游行后，以邓小平和李鹏为首的强硬派决定通过武力解决示威，陈云、杨尚昆、李先念等保守派领导人也支持出兵。5月17日，中共中央政治局常委在邓小平的住所召开会议，赵紫阳不断妥协的处理方针遭到批评。李鹏和邓小平表示，赵紫阳5月4日的和解讲话使得学生不再畏惧政府，形势更加恶化。

邓小平警告称，如果不迅速平息北京市的抗议活动，中国将面临内战或文化大革命重演的风险。这一警告得到了其他保守派领导人的支持。随后，邓小平主张宣布戒严，以表明政府对持续抗议的零容忍态度。同时，为了证明戒严的必要性，邓小平将示威者形容为"资产阶级自由化"的"打手"，并指责幕后策划者试图通过动乱打击现政府，以实现个人野心。

同日傍晚，中共中央政治局常委会在中南海召开会议，制定戒严计划。期间，赵紫阳表示，由于自己反对戒严且无法实施这一决定，他准备辞去职务。同时，赵紫阳也质疑由政治局常委投票通过的戒严决定是否具备法律效力。随后，胡启立也表达了他对戒严的不支持立场，但李鹏和姚依林则明确表示支持戒严的决定。

中共中央书记处书记乔石提到，虽然他反对政府再做出任何让步，但并不认为戒严是解决问题的有效手段。而杨尚昆和薄一波则强烈要求政治局常委遵循邓小平的指示。杨尚昆更进一步，动用其权限开始调动军队进入北京市，为实施戒严做准备。

5月19日，中共中央政治局常委与军方领导人及中共党内元老召开会议，由邓小平亲自主持。邓小平在会议上明确表示，实施戒严是唯一的选择，并承认自己"错误地"选择了胡耀邦和赵紫阳作为继任者。在会上，邓小平宣布将赵紫阳排除在高层领导会议之外，并誓言要强硬处理赵紫阳的支持者。此外，邓小平指示展开宣传工作，开始打压赵紫阳及其支持者的影响力。

5月20日，国务院正式宣布实施戒严，并从5个大军区中调动了至少30个师的兵力，其中中国人民解放军的 24 个集团军中有 14 个被要求部署到北京。最终，多达 25 万名士兵被派往首都，其中部分通过空运和铁路运输抵达目的地，广州民航甚至为部队运输提前准备了普通机票。当天下午，杨尚昆亲自任命北京军区司令员周衣冰为戒严行动的总指挥，全权负责指挥部队行动。然而，当解放军陆军部队进入城市后，立即遭到大量集结的群众拦阻。民众包围军车队伍，阻止其前进，使得部队在郊区无法继续推进。抗议者向士兵演讲，呼吁他们加入行动，并提供食物、饮用水和其他物资。

5 月 21 日，七位上将叶飞、张爱萍、萧克、杨得志、陈再道、李聚奎、宋时轮联名致函戒严部队指挥部和中央军委，呼吁军队不能镇压群众，建议不要让军队入京，并强调"人民解放军的枪口不能对着人民群众"。由于部队无法顺利进入城市，中央军委于 5 月 24 日下令所有军队撤退至城市外围基地暂时驻扎。

尽管示威群众成功逼退了军队，显示出抗议活动一时"扭转了颓势"，但中共中央和中央军委并未放弃，通过在全国各地调动部队，为后续行动做准备。

5 月 26 日，中央直属机关工委发布了《关于坚决执行中共中央和国务院迅速结束动乱的指示的紧急通知》，明确要求全体党员认清当前的严峻形势，严格遵守党的纪律，坚守工作岗位。同时，党员被要求协助行政领导做好相关工作，团结广大干部和群众，避免上街游行，或参与前往天安门广场的"声援活动"。这一通知旨在加强对党员和干部的控制，确保中共在动荡局势中的稳定应对。

5 月 27 日，香港约三十万人参与了在跑马地马场举办的《民主歌声献中华》活动，许多香港名人应邀演唱并表达对北京学生的支持。次日，在李柱铭、司徒华等领导人的组织下，150 万香港市民在香港岛发起大规模抗议游行。同一天，全球各地的华人社区也发起了支持北京学生的游行活动。此外，美国、日本等多个国家的政府在此期间针对中国局势发布了旅游警告，提醒本国公民注意安全。

6 月 2 日晚，一辆警方吉普车在行驶过程中不慎撞击了 4 名平民，造成 3 人死亡。这起事件引发了示威群众的担忧，认为军队和警察可能试图进驻天安门广场。对此，学生领袖紧急下令，在主要十字路口设置路障，防止部队进入市中心。

6 月 3 日上午，学生和居民发现一些便衣军人试图携带武器进入城市，学生团体将其抓获，并将武器移交给北京市警方。随后，学生在中南海门口外举行抗议，但被警方用催泪瓦斯驱散。同日，一批未携带武器的部队从人民大会堂出现，然而很快被抗议群众包围。混乱中有数人受伤，但不久双方在原地坐下，开始一起吟唱歌曲，最后部队撤回至人民大会堂大厅内。

6 月 3 日晚，各国营电视台陆续发出警告，要求北京市居民留在室内不要外出。然而，受到之前成功阻挡军队行动的鼓舞，大批市民仍走上街头，试图再次阻止部队进军。

中国人民解放军从四面推进天安门广场，西面由第38集团军、第63集团军和第28集团军负责，南面由空降兵第15军、第20集团军、第26集团军和第54集团军负责，东面由第39集团军和卫戍第1师负责，北面则由第40集团军和第64集团军负责。

当晚10时左右，第38集团军在长安街五棵松十字路口（距离广场西方约10公里）开始向示威群众开枪，实弹射击让群众大感震惊，随后愤怒的群众开始向军队丢掷物品。32岁的航天技术人员宋晓明成为当晚首位确认的死者。10时30分，群众推倒无轨电车并放火焚烧，阻挡了军队前进，使其暂时停在木樨地（距离天安门广场约5公里）。居民试图拦阻车队，但第38集团军再次开火，造成重大伤亡。

根据天安门母亲运动的调查，在木樨地共有36人被枪杀。军方还向附近公寓开火，导致多名观察事态的居民被击毙，其中包括几名中国高级官员。第38集团军最终通过装甲运兵车撞开电车路障，并在长安街沿途的南礼士路、复兴门、西单等地持续与群众对峙，造成进一步伤亡。

6月3日午夜，天安门广场的扩音器宣布一名学生在靠近中国人民革命军事博物馆的西长安街遭到杀害，消息让广场上的群众陷入悲伤和恐慌情绪。学生指挥部副总指挥李录随即呼吁学生保持团结，坚持以非暴力的方式继续占领天安门广场。凌晨0时30分，吾尔开希报告称，一名北京师范大学的女学生在离开校园后被杀害，

图 7.9 1989 年 6 月 4 日清晨的北京街头

随后吾尔开希因突发昏厥，被救护车送离广场。尽管局势紧张，仍有约7万至8万人继续留守在天安门广场，坚持抗议。

6月4日凌晨约1时30分，第38集团军和空降兵第15军的部队分别抵达天安门广场的南北两侧，开始封锁广场四周，并将广场内的示威学生与前来声援的居民隔离。同时，第27集团军与第65集团军从广场西侧的人民大会堂出现，第24集团军则在东侧的中国国家博物馆开始部署。被军队包围后，广场上数千名仍留守的示威学生和群众逐渐聚集到广场中央的人民英雄纪念碑旁。

凌晨2时过后，部队开始向纪念碑周围的示威人群施压。与此同时，学生广播不断呼吁军队放弃使用武力，传达出和平请愿的立场，呼吁道："我们是为了祖国的民主自由、中华民族的富强而和平请愿，请你们顺从人民的意愿，不要对和平请愿的学生采取武力……"。

之后，曾在木樨地目睹军队射杀民众的北京高校学生自治联合会常委邵江呼吁知识

分子带领示威学生和群众撤离广场，并表示已经有太多人失去了生命。刘晓波起初坚持不愿撤离，但最终被说服，与周舵、高新和侯德健一起与学生领袖讨论撤离事宜。然而，柴玲、李录和封从德等人对撤离的提议表示拒绝。

凌晨 3 时 30 分，在两名中国红十字会医生的建议下，侯德健和周舵决定尝试与士兵进行谈判。他们乘坐救护车前往天安门广场东北角，与第 38 集团军 336 团政治委员季新国会面。季新国随即将他们的请求转达给戒严部队指挥部，并获得批准，为学生开辟一条通往东南方的安全撤离通道。

凌晨 4 点，天安门广场的灯光突然熄灭，官方扩音器宣布："现在开始清场，同意同学们撤离广场的呼吁。"此时，学生们齐声高唱《国际歌》，许多人认为军队准备执行最终的清场行动。

在凌晨 4 点 30 分，天安门广场的照明重新点亮，并发射了一连串红色信号弹。同时，部队开始从各方向逼近人民英雄纪念碑，并在距离聚集的示威群众约 10 米处重新部署。侯德健回到现场后，尝试说服已有预知的学生领袖接受他与部队达成的协议。大约在 4 时 32 分，他通过学生广播宣布已与部队进行了谈判，但许多第一次得知此事的学生则愤怒地指责他过于胆怯。封从德随后在广播中解释，由于没有时间召开紧急会议，

图 7.10 纪念碑下的学生在撤离

决定将通过口头表决来决定学生的下一步行动。尽管支持"坚守"的声音较大，封从德还是表示"撤离"意见占多数，并决定带领群众撤离广场。但约在 4 时 40 分，穿着迷彩服的士兵冲向纪念碑，并破坏了学生的广播设备；其他部队则殴打了在纪念碑旁的数十名学生，并扣押或破坏他们的相机和录音设备。士兵随后开始强制驱散纪念碑附近的群众，一些学生和教授也试图说服仍坚持在纪念碑底部的学生离开。

大约在早晨 5 时 10 分，学生们开始从人民英雄纪念碑撤离。示威者手拉手向广场东南角的预设通道移动，但由于许多学生当时坐在广场北部，因此相当一部分学生从北侧离开。同时，军方要求那些拒绝离开天安门广场的学生必须加入撤离队伍。此外，军方不仅以向空中开枪的方式驱散剩余群众，还调动了 59 式战车部队封锁了前往广场的道路。

自 6 月 4 日军队控制天安门广场之后，北京市区的军民流血冲突持续了几天，随后逐渐恢复了稳定状态。然而，6 月 5 日，西方媒体拍摄并录制了一名男子在东长安街单

独阻挡一队行进中的坦克的影像,这一幕震惊了全球,成为六四事件的标志性照片之一。随后,香港和澳门爆发了大规模示威游行来声援北京示威群众,澳门的示威游行参与人数达到十多万至二十万,占到当时澳门人口的一半,成为澳门历史上规模最大的游行。此外,其他一些国家也对军队的行动发起了抗议活动。

在国内,曾参与天安门广场抗议的学生回到校园后,消息传开,多个城市包括成都、西安、武汉、南京、上海和广州也爆发了大规模的抗议行动,这些行动持续了数天。在广州,数万学生占领了主要干道海珠桥,持续四天,造成整个城市交通瘫痪。直到 6 月 8 日,随着军队准备进城,人潮才开始散去。

图 7.11 一男子只身阻挡坦克行进

据国际特赦组织调查,6 月 5 日在成都市至少有 300 人丧生。当地部队使用了震撼手榴弹、警棍、刺刀和电击棒攻击平民,并且警方当天晚上还刻意指示医院不得接收学生或提供救护车服务。在西安,6 月 5 日到 6 月 6 日间,当地学生发起了大规模的游行活动,并与参与罢工的工人一起设置路障。然而到了 6 月 8 日,陕西省人民政府宣布城市已经稳定下来,并提出了"先稳住动乱分子,尽量避免发生正面冲突、激化矛盾"的政策方针。

在 1989 年 6 月 5 日,上海市爆发了由学生领导的示威游行,随后工厂工人也加入,发起了大规模的罢工行动。这导致上海的工人缺勤率急剧上升,部分工厂因此停工,市工业用电量也相应下降。交通运输系统受到严重影响,铁路和道路交通瘫痪,许多公共交通工具无法正常运行。据英国广播公司报道,"数万名工作人士无法正常上下班。"次日,上海市人民政府派出 6500 人清理道路障碍以恢复交通。

然而,6 月 5 日晚 8 时 30 分,一起严重事故发生,161 次列车在光新路道口撞死了 6 名试图封锁铁路的群众,另有 6 人受伤。到了晚上 10 点,现场聚集了超过 30 万人,愤怒的群众开始殴打火车司机和工作人员,并焚烧数辆车厢以示抗议,其中包括邮政车辆在内的 9 节车厢被烧毁,沪宁、沪杭铁路因此中断。

6 月 7 日,同济大学、华东师范大学和上海理工大学的学生们纷纷占领各自学校的礼堂及教学大楼,将其改为灵堂,以悼念六四事件的伤亡者。随着越来越多的学生加入设置路障的行动,消息传出上海可能实施戒严,超过 3000 名学生决定暂时离开校园。当晚,上海市长朱镕基在电视讲话中声明:"作为市长,我在此郑重声明,市委、市政府从未考虑使用军队,也没有打算实行军管或戒严。我们的目标只是稳定上海、维护大局,保持生产和生活秩序。"

在 1989 年 6 月 5 日，武汉约有 20,000 名大学生决定游行至天安门广场表达不满，同时有示威群众封锁了长江大桥和集结在武汉站前广场。次日，学生继续街头游行，严重干扰了当地交通，大约 10,000 名学生在铁轨上静坐抗议，导致北京、武汉至广州的铁路线中断。学生们还鼓励当地企业工人罢工。到了 6 月 7 日凌晨，学生们开始使用公交车和路障阻碍交通，并设置灵堂纪念六四事件的伤亡者。一小部分激进学生尝试在一列货运列车上泼洒汽油并焚烧，但被警方及时阻止，这进一步加剧了警方与居民的紧张关系。

同一时期，南京的学生也发起了游行，并四处演讲，封锁交通并尝试与工人联合罢工。6 月 7 日早上 7 时，包括河海大学在内的几所大学的 400 多名学生使用四辆公交车封锁了南京长江大桥，持续到傍晚。南京大学的学生在中央门设置路障。直到当天下午4 时后，学生和群众才被说服撤离，交通逐渐恢复。然而到了 6 月 8 日，南京大学和河海大学的学生重新控制了南京站周围一公里的交通，并在南京长江大桥上静坐表达不满。面对学生的激烈反应，江苏省委认为局势已渐趋失控，开始向学生表示公安部将严惩行动的策划者。

在天安门广场被军队控制后，中国政府启动了针对示威抗议者的大规模逮捕行动，并撤职了支持抗议的党政官员。据《1989 北京制止动乱，平息反革命暴乱纪事》记载，北京市共逮捕了 1103 名涉嫌参与暴乱的疑犯。一些市民因捡走士兵遗留的军用包被以抢劫罪名判处七至十年监禁，还有人被判处立即执行的死刑。

许多"六四"事件的参与者后来选择流亡海外。通过香港组织的黄雀行动，学生领袖如柴玲和吾尔开希逃往美国、英国、法国等西方国家，并长期被禁止返回中国大陆。1989年年底，陈子明和王军涛在准备流亡时被捕，被指控为抗议活动的"幕后黑手"，并在 1990年被判处 13 年有期徒刑。

王丹，被列为学生领袖通缉名单首位的人物，最初被判处 4 年有期徒刑，并于 1993年提前获释。然而两年后，因他要求释放其他被监禁的参与者，他再次被捕，被判煽动颠覆国家政权罪，判刑 11 年。1998 年，在美国总统比尔·克林顿访华前夕，王丹以保外就医为由获释，并获准移民美国。赵常青在刑满释放后，因继续推动中国政治改革而再度被关押。

"六四"事件成为中国历史的一个关键转折点，象征着改革开放以来政治体制改革的失败。在事件之后，温和派的高层领导如赵紫阳、胡启立、鲍彤等人被撤职，标志着 1980年代推行的自由化改革的终止。自此之后，官方仅批准了极少数的游行活动。

此事件也引起了国际社会的广泛关注。天安门广场的清场行动遭到了欧美等西方国家的强烈谴责，并导致了对中国的制裁。与此同时，苏联及东欧国家对此事件的看法各异，而亚非拉等发展中国家多数对中国政府的镇压行为表达了同情或支持。这些国际反响进一步凸显了"六四"事件在全球政治舞台上的影响力和意义。

"六四"事件不仅导致中国政治环境的显著收紧，而且也对经济产生了深远影响，使得改革开放的进程显著放缓。这一状态持续到 1992 年，直到邓小平的南巡讲话才得以重拾改革开放的步伐，推动经济重新加速发展。

尽管"六四"事件后不久邓小平宣布退休，但他在任内推动的一项重要政策——废除干部领导职务终身制，却得到了持续的落实。这一制度的改变为后续的权力平稳过渡奠定了基础，中国政治结构中完成了三任领导人的顺利交接，直至 2018 年习近平时期的宪法修正，该政策才被废除。这些变化反映了"六四"事件对中国政治和经济格局长期影响的复杂性和深远性。

在"八九"民运期间，尽管我一直通过报纸和电视等媒体关注事件的进展，但由于工作的忙碌，我并未参与其中。1989 年春节后，我即前往江陵县的一家水泥厂，协助他们寻找天然火山灰并生产火山灰水泥。那时，国家的宏观调控政策已经实施，银行开始采取严厉的措施，不仅停止向企业提供贷款，还强制回收已发放的贷款，使得企业的资金链面临严重挑战。此外，由于宏观调控导致基础建设项目减少，原本供不应求的水泥市场突然出现滞销，水泥价格急剧下跌。许多水泥厂因此陷入了经营困境。我的主要任务是帮助江陵县水泥厂降低生产成本，以提升其产品的市场竞争力。

1989 年 5 月 24 日，湖北省江陵县水泥厂给出了项目验收证明，我的技术服务完美结束了。到了 1989 年 6 月 2 日，作为项目余款，水泥厂支付了我 3 万元现金，这些钱全部是面值 1 元的纸币，装满了一个破旧的旅行袋。当时我心急如焚，考虑到家中还有年幼的女儿，我急忙决定离开。我匆匆前往沙市机场，乘坐一架运七型小飞机，最终安全降落在武汉南湖机场（现南湖花园）。

到达南湖机场后，是晚上 7 到 8 点钟，正好赶上了学生示威游行，所有交通全部阻断了。没了公共汽车，这时过来了一辆人力三轮车，车夫问我："去哪里"？我回答说："去街道口"，"5 元钱。"车夫说道，我看没有公共汽车了，也只好同意，上了车。谁知，到了付家坡，这车夫就不走了，说先交了钱再走，这时从小巷里又出来了两个人，我就知道遇到坏人了。我给车夫 5 元钱，车夫说："每站 5 元，已经 3 站，还有 3 站。"我当时穿得破破烂烂的，那个装着巨款的旅行袋也是破破烂烂的，他们根本没想到里面全部是钱。1989 年中国职工的平均工资约 160 元/月左右，3 万元相当于 15～16 年的工资。那时，万元户就算是大富翁了，何况有 3 万元。我想还是尽快脱身好，就说："我只有15 元，没钱继续坐车了，给你吧。"车夫看看我，像是没钱的样子，就走了，我背着钱和行李就走路回了学校。

第二天，我将 3 万元现金交给了学校的财务处。当财务人员帮忙清点现金时，他们一边数钱一边抱怨这给她们增加了不少工作量，显然处理这么多的一元纸币是一项繁重的任务。

回到家中后，我终于见到了日思夜想的女儿，那份久别重逢的喜悦无法言喻。我的技术服务任务暂告一段落，这段时间我决定留在家中，准备赴海外担任访问学者的相关事宜。在此期间，虽然有几家公司邀请我帮助他们生产静态爆破剂，但我考虑到家庭的需要和即将出国的计划，便一一婉拒了这些合作邀请。我选择安心留在家中，陪伴我的小女儿，享受这难得的亲子时光，同时也让我能更好地履行作为父亲的责任和乐趣。

7.3 访问学者

由于"八九"民运的影响，我们那批公派出国访问学者计划被推迟，需要重新进行政审，以确保申请者未参与过任何游行活动。幸运的是，在那段动荡的时期，我一直忙于水泥厂的项目工作，没有参与任何游行，因此能够很顺利地通过政审。

这次重新政审过程非常严格，从我的所在单位的系党总支开始，经过多级审批，最终由国家建材局的局长王燕谋亲自签名批准。这一层层的审查确保了只有符合条件且政治立场清晰的人才能够出国访问，我能够顺利通过政审，不仅因为我的清白，也得益于单位和同事们的理解与支持。

当时，出国被视为一件重大而困难的事情，每一步都充满了挑战。政审通过之后，我开始了繁复的出国准备工作。这包括停止本地的粮油供应关系、注销户口、申请护照、进行身体检查，以及办理国际旅行健康证。同时，我还领到了出国服装补助，用于购买适合出国的衣服。

为了表达对即将在日本相遇的老师和同学们的敬意，我们还到了友谊商店购买了一些小礼品作为礼物。所有这些事情都完成后，出发前的一个星期，我们被集中到北京外国语学院，参加出国前的培训并办理签证等手续。

在北京外国语学院处理这些手续的经历并不愉快。那里的工作人员态度冷漠，甚至有些傲慢不耐烦，这让我们在遇到不明白的事项时往往不敢多问，只能相互之间打听、帮助。尽管过程复杂困难，我们最终还是好不容易完成了所有必需的手续。这个过程不仅是对耐心和坚持的考验，也深刻体现了那个时代出国的复杂性和重要性。

1989 年 10 月 17 日清晨，天还未亮，我们便早早集合，乘车前往首都机场办理出关手续。经过三个多小时的等待，飞机终于起飞，飞往日本东京成田机场。抵达后，中国大使馆人员组织车辆,将我们几十人一同接送到东京都代代木体育中心住宿一晚。当晚,中国驻日大使亲自到场,向大家介绍日本的情况和一些注意事项。同时,大家还预支了一部分生活费,并被告知到各自学校后,需前往附近银行开设账户,将账号通过信件通知大使馆。此后,每个月大使馆会按时将生活费汇入我们的账户。第二天,大家便各自踏上了前往学校的旅程,开始新的生活。

我去的学校是东京工业大学。在国内,我们这一批人的身份是出国访问学者,而在日本,他们称我们为研修生。我学的是水泥专业,而当时在日本开设水泥专业的大学很少。在寻找学校时,我费了很大劲才找到两所合适的学校,于是就写信联系。一所是京都大学,另一所是东京工业大学。当时信息传递不畅,无法及时了解情况。后来京都大学的教授夫人给我回信,告诉我她的丈夫已经去世。幸运的是,东京工业大学的大门正机教授回信,同意接收我。他在信中提到,他在我这个年纪时也曾赴美进修,因此非常欢迎我到他的研究室研修。

东京工业大学是日本顶尖的理工科大学,被誉为"亚洲的麻省理工"。校区分布在东京都目黑区和横滨市绿区,专注于工程技术与自然科学领域。作为世界一流的理工科大学,它在科研和教学方面享有盛誉,为全球培养了大量优秀的科技人才。

自建校以来,东京工业大学持续为日本和世界培养了众多杰出的工程师、研究者和企业家,包括 2000 年诺贝尔化学奖得主白川英树和 2016 年诺贝尔生理学或医学奖得主大隅良典。东京工业大学高度重视产学研结合,拥有大量专利技术。根据日本专利厅最新的统计数据,东京工业大学作为一所以理工科为主的高校(不设文学、法学、医学等学科),其专利注册数量在日本所有大学中排名第一,展现了其在科研创新领域的强大实力。

东京工业大学地处大冈山,学校依地形而建。乘地铁到大冈山站,出站后过个马路,就是东京工业大学的正门了,虽然校园面积挺大,可是校门却特别低调,特别是『東京工業大學』几个字已经被风吹日晒褪色得不行,但至今都不更换,仍然保持原样。

图 7.12 东京工业大学校门（1990）　　　　图 7.13 东京工业大学主楼（1990）

东京工业大学的主楼，据说原本并不在大冈山，而是在一个叫『浅草藏前』的地方。1923 年 9 月 1 日的关东大地震，使原有的东京工业大学校区几乎变成了一片废墟，主校区也不得不搬离浅草藏前，来到了现在的大冈山，同时东京工业大学的建筑学教授们也痛定思痛，一起合力设计了现在这座抗震能力极强的主楼。有多强呢？据说把这座楼 180 度倒过来，楼也不会塌。

东京工业大学主楼前面的主干道两侧都是樱花树，每到 3、4 月份樱花盛开的时候景色相当不错，同时也会有大量的附近居民、东京工业大学毕业的前辈们来学校赏花，好不热闹。

那天，东京工业大学中国留学生会负责人，开车把我们和行李一起拉到了位于横滨的留学生会馆。大庆石油学院的董群也和我一起到东京工业大学，他是学石油炼制专业的。我是住在横滨市青葉台的松风留学生会馆，而董群是住在横滨市的"市が尾"站附近的另一个留学生会馆，我们之间相距 2 个地铁站。

董群是我的好朋友，来自黑龙江，比我大四岁。他为人非常厚道，在我们于大连外国语学院培训时，便住在同一宿舍，那时我们关系就非常好。后来，我们在日本又进入了同一所学校，进一步加深了这段深厚的友谊。

董群主要从事轻烃加工与利用方向的研究。回国后，他成功开发了多项技术，包括油田轻烃生产汽油的新工艺、炼厂气湿式脱硫化氢工艺和天然气加工装置空冷器加湿技术，并成功实现了工业化。他先后主持或参与了二十多个科研项目，并担任黑龙江省炼油化工学会第五

图 7.14 董群同学（1990）

届理事会理事、黑龙江省石油学会第五届理事会理事。同时，董群还是《大庆石油学院学报》编委、《炼油与化工》编委会副主任、大庆石油学院教授及 A 类学科带头人。

图 7.15 与导师大門正機教授在一起（1990）

在日本期间，董群在东京工业大学国际交流中心，而我则在东京工业大学工学部的大门正机研究室。我们两个实验室距离不远，因而经常交流和往来。我刚到研究室时，研究室共有三位老师：大门正机教授、浅贺喜与志副教授和鹤见敬章助手。后来，浅贺喜与志副教授退休，又来了一名叫大场洋子的女老师。

大门正机研究室的研究领域不仅限于

水泥，还涉及混凝土外加剂和电子陶瓷等方向。研究室的实验条件非常优越，拥有多间实验室和齐全的实验设备，包括 X 射线衍射仪、水泥水化热自动测定仪等大型设备，学生们可以亲自操作，积累实验经验。除了实验室外，研究室还设有会议室、办公室和图书资料室，资料室中收藏了大量关于水泥和陶瓷的专业书籍。我曾在其中找到一本《满洲国矿物资源分布图》。当然，学校的图书馆藏书更加丰富，提供了广泛的研究资料。

当时在我们国家，个人计算机还非常罕见，而在他们的实验室里，几乎每个人都有一台电脑。其中一种型号叫 9801 的笔记本电脑，我非常想带回一台，但电脑上明确写着"禁止向共产党国家输出"，所以最终没能如愿，颇感遗憾。

实际上，我真正接触计算机就是从那时开始的。他们的电脑不仅有文字处理软件，还有一个类似 Excel 的办公软件。这些软件操作非常简单，我很快就学会了，还用它们编写了一个配料计算的小程序，大大提高了实验的效率。我深深体会到了计算机的便捷性。回国后，我立刻购买了一台台式计算机，在当时的学校里，我应该是第一个私人购买计算机的教师。这台计算机对我后来的科研工作发挥了巨大的作用。

我的导师大门正机教授，是已故的世界著名水泥化学专家近藤连一教授的得意门生。他不仅担任国际知名刊物《水泥和混凝土研究》（Cement and Concrete Research）杂志的编委，还在水泥化学领域取得了卓越的成就，学术造诣深厚，是一位备受尊敬的著名学者。此外，大门教授曾多次访问中国，进一步加深了他与我国在学术领域的交流与合作。

我们到日本之后，国家每月为我们每人提供 8 万日元的生活费，国内的工资也照常发放。当时按照汇率换算，8 万日元约为 5500 元人民币，这相当于我三年的工资。虽然 8 万日元在日本能够维持基本的生活，但最大的担忧还是生病，幸好那时我们年轻健康，没有太多的病痛。如果真的患上大病，恐怕只能选择回国了。

那个年代中国相对贫穷，8 万日元对我们来说已经算是一笔不小的数目了。然而，与日本文部科学省发给留学生的助学金相比，我们的生活费还是显得少了不少。他们的助学金每月高达 16 万日元。在我们居住的留学生会馆里，有几位来自北京大学和清华大学的留学生，他们成功申请到了日本文部省的助学金，生活条件自然要比我们宽裕得多。

图 7.16 大门正機研究室同学们（1989）

我记得刚到东京工业大学报到时，有位年纪较大的办事员接待了我，他的态度非常好。他担心我听不懂日语，所以把话说得特别慢，非常耐心，这与我们国内衙门的作风形成了鲜明的对比。很多去过国外的人都有类似的感受。那位办事员告诉我，学校有规定，凡是进入实验室的人都必须参加保险，保险费是一年一次交纳。我是在10月19日报到的，离年底只剩下两个多月，但还是得缴一整年的保险费。他特别提到，这对我来说确实有些不公平，但这是学校的规定，我们也没办法。于是，我只好多交了一年的保险费。

报到后，这位老先生带我去了工学部的大门正机研究室，我终于见到了我的导师大门正机教授。他看到我时，显得非常高兴，笑着对我说："欢迎，欢迎，等你很久了，办公桌都已经准备好了，为什么推迟了这么长时间？"我回答说："签证出了点问题，所以推迟了一个多月。"其实我们原本应该在9月1日报到，但我也不好意思向他提起是因为"六·四"事件导致需要重新进行政审的缘故。说来也奇怪，在国内时，我们对各种事情总是意见多多，这个不好，那个也不好。可到了国外，却忽然觉得不允许别人批评我们的国家，无论再怎么不好，也轮不到别人说三道四。

随后，大门正机教授立即招呼学生到学校的小卖部，买来了许多副食和啤酒，大家就在实验室为我接风，热情地欢迎我加入他们的团队。那场景让我感到十分温暖，仿佛一瞬间消除了初到异国的陌生感，大家的热情让我迅速融入了新的环境。

大门正机研究室的学生不少，除了博士生、硕士生、本科生之外，还有不少来自日本企业的研修生。除了我这个中国人，韩国学生占了相当大的比例。大家相处得非常融洽，时常开玩笑、谈天说地，实验室的氛围轻松愉快。每到吃饭时间，日本的学生总是会热情地喊我一起去用餐，彼此间的互动让我感到十分亲切，也很快适应了这里的生活。

当时，学校里有两个食堂，一个主要面向学生，另一个则是为教工提供服务的，但两个食堂都是可以通用的。我大多数时间是在学生食堂吃饭，食堂提供盘子，所以不需要自己带餐具。吃了几次之后，我发现日本人的食量很小，根本吃不饱，而且食物里油水也不多，吃了没多久就饿了。而日本的学生们却似乎毫不介意，每个人吃的分量都一样，看上去并不觉得饿。

后来，我注意到每次在食堂拿饭时，柜台旁边会放着一些切成一半的香蕉，学生们可以随便拿。我便问了一下日本学生，得知这些香蕉是专门为饭量大的人准备的，大家可以随便取用。知道这个之后，我每次拿饭时都会顺便拿一块香蕉，不过还是觉得不好意思，每次只拿半个香蕉。即便如此，我还是经常吃不饱，肚子经常感到空空的。

最后，我索性决定自己做饭。每天下班回到留学生会馆，我会多做一些饭，第二天带到学校，用微波炉加热后吃。这样一来，终于不再为饿肚子发愁了。日本学生看到我每次吃这么多饭，总是感慨地说："中国人的饭量真大呀。"

246

松风留学生会馆的设施应该说相当齐全，每个人都有一间小房间，房内配有一张单人床、一张桌子、一把椅子和一个洗脸池，每间房间还配备了冷热两用的空调，此外还有一个小阳台。会馆的公共设施也很完善，有一个公共厕所、一个公共洗澡间和一个公共厨房。我们中国人习惯晚上洗澡，而西方人通常早上洗，所以虽然共用洗澡间，但彼此时间错开，也并不觉得拥挤。每次我去洗澡时，通常都没人，非常方便。

图 7.17 松风留学生会馆中国学生

公共厨房几乎成了我们中国人的活动中心，韩国人由于大男子主义，基本不下厨，西方人也很少做饭。每到晚上，我们中国人就会聚在厨房，边做饭边聊天，谈天说地，气氛非常热闹。日本的鸡蛋价格便宜，有一个上海来的留学生特别爱吃鸡蛋，一次能吃十几个，大家经常打趣说他不怕生出小鸡来。

星期天，董群经常到我们会馆来玩。他是东北人，非常擅长包饺子。而我作为福建人，从没包过饺子，于是便跟他学了如何擀饺子皮、调饺子馅。经过一段时间的学习，我也把这些技巧都掌握了。

我到东京工业大学后不久，学校派了一位女工作人员来给我们做问卷调查。我并不清楚她们的真实目的，问了一些问题后，她一直围绕着一个问题反复询问：为什么选择到她们学校来？我如实回答说，因为我的专业是水泥工程，而日本其他大学没有这个专业，所以我选择了这里。她似乎对我的回答存疑，反复从不同角度提问。最后，我又补充道，贵校的声誉和条件也是我选择这里的原因。最终，她也没再继续追问，这件事就这么不了了之了。

日本人非常讲究礼节，见面时总是显得客客气气，但实际上心胸狭窄，心眼很小。很多我们认为无足轻重的小事，可能会让他们生气。在与日本人相处的过程中，很难交到真心朋友，因为他们从心底里看不起中国人，歧视中国人，这一点在日常交往中可以明显感受到。

在我所在的大门正机研究室，两位年长的老师相对还好，但有一位年轻的助手，明显对中国人存在歧视。总体上看，与日本人的交往中，我深刻体会到他们对中国人的普遍歧视。这也是我不喜欢日本人的原因之一。

尽管日本政府费尽心思想要改善日中关系，试图通过各种方式在中国留学生中培养亲日派，但由于日本民众普遍对中国人存在歧视，这让政府的所有努力都变得徒劳无功。

根据日本法律规定，外国人到日本后必须在三个月内到居住地的区役所（类似于我们的社区服务中心）进行登记，并留取指纹。按照规定，我去了青叶台附近的区役所。这个区役所规模不大，只是一栋小房子，和我们现在武汉市各区雄伟的政府大楼相比，显得十分小巧，但非常干净整洁。

进入区役所后，真正让我体会到了什么叫做"为人民服务"。前来办理事务的人不多，办事员也很少，但效率极高，服务态度也非常好。登记的流程很顺畅，最后一步是按手印。这一点我早就知道，因为这是日本法律的要求——所有外国人到日本后都必须按手印。

我曾在日本电视新闻中看到过相关报道，指出只有犯罪人员才会按手印，因此一些在日本的韩国人拒绝按手印，最终与警察发生了冲突。区役所的工作人员显然也意识到按手印对外国人来说可能不太礼貌，于是她小心翼翼地对我解释说："这是日本的法律规定。"随后，她拿出一盒无色的印泥，请我用手指轻轻沾一下，按在一张登记表上。令人惊奇的是，虽然印泥无色，但过了一会儿，我按下的手印逐渐变成了黑色，而我手指上却没有任何颜色的痕迹。

我到大门正机研究室后，大门正机教授并没有事先为我确定具体的研究课题，于是他问我有没有什么想做的方向。在出国之前，我曾在实验室做过水泥釉面材料的研究，也就是在硬化的水泥制品表面施加一层陶瓷釉，让它看起来像陶瓷一样光滑美观。我当时就在想，如果这个设想可行，能够在建筑物的表面施加这样一层釉，那建筑物的外观一定会非常漂亮，既提升了美观性，又可能增加耐久性。

要实现这一目标，需要克服许多技术和理论上的难题。首先是找到适合的低温釉配方，这可以参考陶瓷领域的相关知识。在实验中，我尝试了几种不同的釉配比，最终使施釉温度降到了约 900℃。然而，最关键的问题是水泥制品的耐热性能以及在高温受热后其水化能力的变化。

水泥制品内部有许多水泥水化产物，而这些产物在高温下可能会脱水、分解或发生相变。施釉完成后，水泥制品还需要重新进行加水养护，但加水养护后的水泥制品性能是否稳定，依然是个未知数。特别是那些已经脱水、分解或发生相变的水化产物，它们是否能够在重新加水后再次完成有效的水化反应？这些问题都涉及到水泥材料在高温下的反应机理，因此在实现这一设想的过程中，需要解决许多复杂的理论问题。

我把这些想法跟大门正机教授交流后，他也表现出很大的兴趣。不过，我们两个人的关注点有所不同。我更关注的是水泥制品的釉面材料能否满足性能要求，以及如何通过实验让它达到标准。而大门正机教授则更加关心水泥水化产物在受热后重新水化的机理，想探究它是如何再水化的，再水化后的产物又会发生什么变化。

尽管我们的关注点不同，但研究课题的总体方向是一致的。在明确课题后，我立即开始了实验。淺賀喜與志副教授耐心地向我介绍了研究室中的各种设备的使用方法。实验进行得相当顺利，在不到一年的时间里，我就向大门正机教授提交了三篇研究报告。

我们在日本期间，虽然大家都非常努力从事科学研究，但也并不是一天到晚都在实验室里，学校、研究室、中国大使馆和中国留学生会经常会组织各种活动。这些活动对我们了解日本，扩大知识面，具有深远的意义。

中国大使馆非常关心我们的生活，时常通过中国留学生会组织活动。有几次还专门送电影到学校播放，学生会就向学校借用教室，邀请大家一起看电影。大使馆的工作人员也时常到学校来，与大家聊天，聊聊比如春节晚会上的明星表现之类的话题，气氛非常融洽。

中国留学生会还组织了一次富士山旅游。富士山位于东京以西约 100 公里，坐落在静冈县和山梨县的交界处。我们从东京的新宿乘坐高速巴士出发，虽然这次一日游的时间有限，但我们依然游览了不少景点，甚至爬到了富士山的半山腰，离山顶只差一点。富士山上覆盖着火山喷发后留下的颗粒状物质，外观与水泥厂的熟料十分相似。半山腰处有一个停车场，旁边还有一间厕所。日本的厕所以干净整洁闻名，但让我意外的是，那间厕所却十分脏乱，这给我留下了深刻的印象。2024 年 6 月，我重游富士山，怀着一丝怀旧的心情，试图找到当年的那个停车场。然而，如今那里已经被房屋取代，人来人往，热闹非凡，而那间让我印象深刻的厕所再也找不到了。

还有一次，中国留学生会在星期天组织大家前往东京迪士尼乐园游玩。那次我因为感觉很累，懒得出门，选择留在宿舍休息，事后回想起来，还是觉得有些遗憾。

留学生会馆有时也会举办各国留学生联欢会。在一次联欢会上，一位德国留学生坐在我旁边，我们俩用日语交流。他问我："中国留学生一般喜欢去哪些国家留学？"我告诉他："大多数中国学生喜欢去美国、日本、英国、加拿大和澳大利亚留学。"当他听说到澳大利亚时，露出一副不可思议的表情，接着问我："为什么中国学生喜欢去澳大利亚？"我当时也不太好意思直接说是为了方便移民，就随口敷衍道："因为那里的留学费用较低。"接着，他非常自豪地告诉我，他有一个中国名字，叫"豆腐"，还特意用铅笔写下来给我看。我看了一眼，忍不住觉得好笑，心想这肯定是哪位中国朋友和他开了个玩笑。我对他说："'豆腐'其实是一种食物，用作名字并不合适。我给你换个名字吧，叫'德夫'，意思是有道德的人。"他听了之后显得很高兴，似乎很喜欢这个新名字。

1990 年 3 月，学校组织了各国留学生前往广岛、宫岛等地进行见学旅行。在广岛，我们参观了和平纪念公园，亲眼目睹了人类历史上首次使用核武器所带来的惨痛后果。这次参观不仅让我们深刻感受到战争的恐怖，也激发了大家对和平的强烈向往。

广岛和平纪念公园（原爆遗址），又称原子弹爆炸圆顶屋，位于日本广岛市中心的中岛町，坐落在元安川与本川的交汇处。1945 年 8 月 6 日，美军在广岛投下原子弹，爆炸瞬间，周围的建筑几乎被完全摧毁，唯有圆顶屋顽强屹立，成为爆炸中心区唯一幸存的建筑。屋顶的钢筋因高温而弯曲裸露，外墙大部分坍塌，这座半毁的建筑无声地诉说着当年灾难的惨烈与悲痛。

为了让后人铭记战争的罪恶与和平的珍贵，广岛市议会决定永久保留这座被原子弹摧毁的圆顶屋，并围绕它修建了广岛和平纪念公园。公园内除了设有众多塑像和纪念碑外，还建有和平纪念馆。纪念馆通过文字说明和影像资料，详细记录了广岛原子弹爆炸的场景，展示了日本人民在这场核打击中的惨痛经历。

纪念馆分为东馆和西馆。东馆通过模型、影像和照片展示了广岛在原子弹爆炸前后的城市变化，馆内还有市民绘制的以原子弹爆炸为题材的绘画作品。走廊通往西馆，展出的是更具冲击力的展品，如烧焦的饭盒、白色墙壁上被黑雨腐蚀的痕迹，以及被热辐射烧毁的死难者遗物。一位罹难者的双手因热辐射脱皮，皮肤垂下约一尺长，挂在指尖，场景令人毛骨悚然，仿佛置身于地狱。这些展示生动地呈现了人类历史上首次使用核武器带来的无尽恐怖，令人震撼。

图 7.18 东京工业大学留学生见学旅行合影（1990）

通过这些展览，广岛和平纪念公园向世人传递了全人类对和平的向往，呼吁废除核武器。这座公园不仅跨越时代，时刻提醒着人们珍惜和平，更深刻昭示了维护世界和平的迫切性与重要性。

在参观完广岛和平纪念公园后，我们又前往游览了宫岛。宫岛，又称"严岛"，位于日本广岛县西南部，是日本三大名胜之一。整个岛南北长约 10 公里，东西宽约 3.5 公里，总面积为 30 平方公里，岛上最高峰为海拔 530 米的弥山。宫岛气候温暖，植被茂密，拥有许多珍稀动植物。

1990 年 5 月，日本无机非金属材料年会在神户召开，大门正机教授对此次会议非常重视。在鹤见敬章老师的带领下，研究室的几位学生也参加了这次会议。我在会上发表了关于"硬化水泥浆体受热再水化时阿里特的反应"的研究成果，许多日本同行对此课题表现出浓厚兴趣，并纷纷提问。

他们提出的问题与大门正机教授当初对该课题的兴趣点几乎一致，主要集中在水化硅酸钙受热后再水化的变化过程，以及其水化机理的问题，比如："再水化后会形成什么产物？再水化的过程是如何进行的？"这些问题我在研究过程中都曾深入思考过，因此回答起来并不困难。

会议期间，日本正好在大阪市鹤见区绿地公园举办"1990 年日本国际花与绿博览会"。大门正机教授对我特别关照，特意叮嘱日本学生在学术会议结束后，带我游览京都、大阪和神户一带，并参观花博会，所有费用均由研究室经费支付。这次旅行不仅让我领略了日本的自然风光，还加深了我与研究室同学们的关系。

学术会议结束后，鹤见敬章老师回了东京，他嘱咐日本学生带我随意游玩。这次旅行我们走访了许多景点，神户、京都、大阪的名胜几乎都游遍了，尽情体验了日本的风土人情和文化魅力。

这些地方其实与我同行的日本学生也都是第一次去。我们拿着地图和广告，随意漫游。每到一个新地方，日本学生就根据广告四处打电话，寻找既便宜又有特色的餐馆和住宿，让我在旅途中也学到了不少实用的生活技巧。

一开始我注意到他们一直没向我收取任何费用，便主动问："需要我出多少钱？"没想到日本学生回答道："不要、不要，全部由税金支付。"这时我才意识到，所有的费用都是由大门正机研究室的经费支出，而日本人将公费称为"税金"。这个概念在当时对我来说是新的，后来我越想越觉得有道理——公务员花的每一分钱，实际上都是老百姓缴纳的税款，使用这些资金自然应当谨慎负责。

我在日本期间，大门正机教授还亲自带队两次带我们参观了日本的工厂。第一次是参观日本第一水泥厂。当时，日本的水泥需求高峰期已过，厂里有两台窑已经停工，只有三台窑还在生产。我向接待人员询问得知，水泥生产已经不再盈利，而在我们国家，那时的水泥还是供不应求的。按当时的技术水平，这家工厂算是比较先进的，但放到今天，就显得有些落后了，应该不如我们国家现在的水泥厂。

第二次参观的是一家泡沫混凝土制品厂，这是一个刚建成不久的现代化工厂，以矿渣为原料，专门生产泡沫混凝土板材。工厂的自动化水平非常高，配料、搅拌、起泡、养护、切割等工序全部由机器自动完成，甚至包括钢筋的焊接。我原本想拍几张照片留作资料，可是大门正机教授的助手鹤見敬章老师告诉我不允许拍照，我也只好作罢，最后只带了一些宣传广告和介绍资料回来。

刚到东京时，看到满城的摩天大楼和先进的轨道交通，我感到非常震撼，便想尽可能多地探索这座城市。每到星期天，我就和董群两个人带着简单的面包和水，在东京到处穷游。那时没有手机，更没有卫星导航，我们只凭一张地图，把东京的主要景点几乎都游览了一遍，眼界得到了极大开阔。

记得在中学时，曾学过一篇鲁迅先生的散文——《藤野先生》。"东京也无非是这样。上野的樱花烂漫的时节，望去确也像绯红的轻云，但花下也缺不了成群结队的'清国留学生'的速成班，头顶上盘着大辫子，顶得学生制帽的顶上高高耸起，形成一座富士山。也有解散辫子，盘得平的，除下帽来，油光可鉴，宛如小姑娘的发髻一般，还要将脖子扭几扭。实在标致极了。"这段描写讽刺了在樱花盛开的东京上野公园里，那些胸无救国之志，反以封建辫子

图 7.19 东京上野公园（1990）

为荣，浑浑噩噩的"大清"纨绔子弟的丑态。

然而，世事变迁，沧海桑田。1978 年改革开放后，邓小平做出了扩大派遣留学生的战略决策，开启了我国新时期的留学热潮，掀起了前所未有的"出国留学大潮"。如今的中国留学生，带着求知的渴望和肩负的使命，远渡重洋，告别故土，踏上求学之路。他们无不勤奋刻苦，深知自己肩负着国家和民族的希望与责任。

站在上野公园门口，回想起鲁迅先生笔下的情景，不禁感慨万千。曾经的樱花树下是懵懂的清国留学生，而如今，新时代赋予了留学生更加坚定的使命与担当，时代的变迁令人感慨，也让人对未来充满了期待。

我们到达日本后的半年里，一直埋头于实验室的实验工作，但要真正了解日本，还是需要深入社会。

当时，日本经济高速发展，正处于繁荣顶峰，劳动力极度短缺。地铁站出入口经常能看到公司人事部员工背着招工牌子四处拉人。由于工人紧缺，找工作非常容易。某个

星期天，一家人力公司到留学生会馆找人帮忙打扫朝日新闻社。

《朝日新闻》是日本三大报纸之一，与《读卖新闻》和《每日新闻》并驾齐驱。该报充满自由主义和新闻专业主义色彩，深受知识阶层欢迎，形成了稳定的读者群，尤其在日本知识界影响深远。

听说有机会去朝日新闻社打扫卫生，我立刻报名，和几位留学生一起去了。我们主要负责擦拭门窗和玻璃，虽然这些地方并不脏，但仍要求我们仔细清洁。这次打扫的机会让我无意间参观了日本最大的报社，特别是看到自动化报纸印刷设备让我印象深刻。那条印刷生产线飞速运转，纸张瞬间被印刷、切割、整齐打包，自动发往各地，整个过程高效流畅，令人叹为观止。

图 7.20 在富士见电子工业株式会社工作

通过这次打工，我们意识到应该到日本企业实践，学习管理经验并了解产业状况。

没过几天，董群联系了一家名为"富士见电子工业株式会社"的公司，邀请我一起去。这家公司生产硅晶片，也就是集成电路所用的晶圆。晶圆的原材料是硅，通过提炼、加工等多道工序最终形成高纯度的硅晶圆。我在工厂负责单晶硅片的抛光工序。由于单晶硅与我学的水泥都属于无机非金属材料，基本理论相通，所以我很快掌握了设备操作。

工厂的工人们知道我们来自东京工业大学，对我们很友好。有一位日本工人是 UFO 迷，一见我们就讲他看到 UFO 的经历，还邀请我们看他的录像。虽然其他工人对此笑话不断，但他认真地在星期天带着录像机和酒到我们的留学生会馆来。我们看了半天，感觉像一只鸟，但他坚信是 UFO。

工厂的管理非常严格，进入车间需要进行防尘处理，使用的水也经过严格过滤。工厂实行打卡计时、计件登记，质量考核，每天早上有简短的早会总结前一天的工作，并布置当天任务。中午午餐时间，社长常与工人见面，讨论工厂情况和要求。这些管理经验对我日后创办企业帮助很大。

我们利用早晨时间在工厂工作 3 小时，从 6 点到 9 点，然后赶到学校。晚上 8 点下班后回会馆做饭洗澡，生活非常紧张有序。有一次，工厂的循环水被污染，导致产品不合格，工厂赔了很多钱。副厂长请我们帮忙加班，我们连续加班三天三夜几乎没休息，清洗了所有管道和储存罐，才恢复正常生产。事后，他们为感谢我们，特意请我们吃了一顿韩国烧烤。

不知不觉中，我们在日本的时间快满一年了。出国前就约定，没有特殊情况必须按时回国，原计划都是两年，但从我们这一批开始改为一年。很多同学申请了延长学期，也有一些同学申请去了美国。

听说我们要回国，我所在的工厂极力挽留，因为他们很难找到像我们这样熟练的工人。车间主任多次请求我们让社长为我们做经济担保，希望我们再延长一年。

然而，我一直心系矿渣分别粉磨技术，憧憬着国内的广阔前景，不想在日本继续停留。和董群讨论后，我们决定按计划回国，并写信给中国大使馆，要求为我们预订 1990 年 10 月 17 日的回国机票。最终，我们一天不多、一天不少地如期回到了祖国，投身于祖国的经济建设，圆满结束了在日本的访问学者生活。

第 8 章 产学研相结合

8.1 矿渣活化技术

1990 年 10 月 17 日，我从日本回国后，学校立即将我列为重点培养对象。由于文革的影响，全国各地出现了人才断层，学校希望年轻学者能够迅速成长，尽早承担起重任。

我在 1985 年 5 月 29 日研究生毕业并留校任教，正好赶上国家整顿职称评定工作。1988 年上半年恢复职称评定后，我于同年 2 月 20 日受聘为讲师。根据规定，研究生毕业两年后即可定级为讲师，因此那次职称评定过程较为顺利，所有符合年限要求的留校老师都评上了讲师。

但要评上副教授却并非易事。副教授属于高级职称，取得讲师职称后需工作满 5 年才能申请评审，而且还要满足多项指标。对我而言，最主要的难题在于缺少教学经历。学校规定，至少要讲授过两门课程，并担任 1 年以上的学生班主任工作，才能具备副教授评审资格。至于论文和科研等其他要求，我都已经达标，唯独教学经验这一点让我需要更多的积累。

1991 年 2 月，我的女儿已经两岁半，学校幼儿园同意接收她入园。这个幼儿园非常优秀，提供科学、系统的教育，涵盖生活卫生习惯、体育活动、思想品德、语言、常识、计算、音乐和美术等多个方面。为了让女儿尽早接触老师和小朋友，培养良好的个性，促进身心健康，并为将来进入小学打下基础，我们决定送她去幼儿园。

刚开始的一个星期，女儿对幼儿园的环境不太适应，每天哭闹，令我夫人也焦虑不安。第一天还没到放学时间，我们就提前把她接回家。接下来的几天逐步延长在园时间，一个星期后，女儿终于适应了幼儿园生活，并且表现得十分出色。每逢儿童节或国庆节等节日，常常能看到她在学校大礼堂等场地表演节目。

图 8.1 女儿在幼儿园领唱（1992 年 10 月）

自留校后，我一直没有给本科生授课。为了评上高级职称，1991 至 1992 年间，我的主要精力放在了教学上。系领导和水泥教研室主任童大懋教授对我非常关照，安排了不少教学任务。1991 年 3 至 4 月，我带学生到江西水泥厂毕业实习；4 至 7 月，指导了 8 位学生的毕业设计和 1 位学生的毕业论文；9 月至 1992 年 2 月，主讲了《水泥厂工艺设计概论》和《硅酸盐工艺学》；1992 年 2 至 6 月，主讲了《水泥工程学》和《水泥科研初步》；9 至 10 月，我带学生到华新水泥厂认识实习。此外，1991 至 1992 年，我还担任了材工 8903 班的班主任。

说实话，这两年的教学工作主要是为了获得副教授职称，但在此期间，我始终没有放下对矿渣分别粉磨的研究。经研究证实矿渣水泥分别粉磨可显著提高水泥的早期和后期强度，还能改善水泥的一系列性能，为大幅度提高水泥产量找到了一条捷径。

1992 年 1 月 18 日至 2 月 21 日，邓小平先后赴武昌、深圳、珠海和上海等地视察，沿途发表了重要讲话，即"南方谈话"。这次谈话深刻回答了我国改革开放中的一些重大问题，明确了社会主义市场经济的方向，强调"发展才是硬道理"，并指出改革开放要坚持"大胆闯、大胆试"。南方谈话被称为新时期推进改革开放和现代化建设的又一个思想解放的"宣言书"，对我国解放思想、深化改革和促进经济建设起到了决定性作用。

在邓小平南巡讲话之后，随着我国经济建设的全面起飞，水泥作为基础建设的重要材料，需求量激增。水泥厂迫切需要能够显著提高水泥产量的实用技术，以满足国家大规模基础设施建设的需求，这也为水泥行业技术创新提供了良好的机遇和动力。

如何大幅度提高水泥产量呢？我们先了解一下水泥是如何生产出来的。水泥生产首先将石灰石、泥土和铁粉按一定比例粉磨成生料，然后入窑煅烧成熟料，最后再掺入少量矿渣和石膏粉磨成水泥。增加熟料产量当然可以提高水泥的产量，但需要投资建窑、磨机和厂房等，需要大量资金不说，还需要时间。一种简便的方法是增加矿渣的掺量，只需扩建磨机就可以了，无需建窑，投资省，见效快。

但通常多掺矿渣会导致水泥强度下降，而我研究发现：采用矿渣和熟料分别粉磨的工艺，就可以显著提升矿渣的活性，大幅度提高矿渣掺量。即使矿渣的掺量高达 60%～70%，仍能稳定生产 32.5 等级以上的矿渣水泥。水泥厂只需增加水泥磨和烘干设备，就能将水泥产量提高 1 至 2 倍，大幅降低生产成本，节省扩建投资，提高水泥的产量。我把这个技术称为矿渣活化技术。

1992 年 7 月 13 日，我利用暑假时间，独自从武汉汉口码头乘坐"东方红"客轮沿长江顺流而下，前往安徽庐江东顾山水泥厂。到达安庆市时已是半夜 3 点，原本与水泥厂约定派车到码头接我，但不知何故他们没有出现。由于当时交通和通讯不便，我只能在码头附近找了一家旅店暂时住下。天亮后，我赶到邮电局给水泥厂打电话，他们接到电话后才想起要接我，随即派车将我接到了厂里。

到达东顾山水泥厂后，厂方对矿渣掺量能达到 50%～70% 表示怀疑，认为这是不可能的，因为他们目前的矿渣掺量仅为 30%，水泥质量还不能保证。无论我如何解释和保证，他们仍然不相信，也不愿意在生产线上进行试验。最终，我们决定先在化验室的小磨上做试验，试验结果显示，所有技术指标均达到了要求，证明了我的方法是可行的。

1992 年 7 月 25 日，工厂决定进行试生产。此前，他们刚建了一台 ∅ 2.2×6.5m 的水泥磨，还有一台 ∅ 1.5×4.5m 的小磨一直闲置未用。于是，他们决定用这台小磨单独粉磨矿渣粉，然后通过螺旋输送机将矿渣粉直接掺入旁边水泥磨出磨口的水泥中。

这是有史以来首次使用球磨机单独粉磨矿渣粉，当时我也没有确切的经验。虽然在学校里学习过一些粉磨的基本知识，了解基本原理，但书本上并没有详细介绍如何粉磨矿渣粉，也没有相关资料可供参考，因此我们只能依靠试验来摸索粉磨方法。

经过几次试验和调整，矿渣单独粉磨成功。我们取样后，分别将矿渣粉按 50%、60% 和 70% 的掺量配制成水泥，检验结果显示水泥强度出奇地高，试生产取得了成功。

试生产刚有了一些成果，却发生了一件不幸的事情。由于我住在水泥厂，卫生条件较差，右手臂可能是被虫咬了，后来不幸发展成了一个痈，里面化脓，整条手臂痛得无法动弹，全身发烧，晚上根本无法入睡。情况紧急，必须马上就医，但水泥厂位于偏远山区，周围没有医院。厂领导劝我回武汉治疗，但此时正处于试生产的关键阶段，我一旦回武汉，意味着试生产将被迫中断，我坚决拒绝回武汉。

就在这时，厂里的工人提到附近有一家农村小诊所，我决定前往那家诊所治疗。水泥厂的员工带我去小诊所，医生为我进行了手术，挖出了大量脓血，并用纱布填充伤口。我强忍着剧痛，依然坚持完成了试验。

1992 年 8 月 5 日，看到试生产基本成功，我便向东顾山水泥厂的厂长提出回武汉的请求。厂长也认同，于是给了我 2 万元钱。当时人民币的最大面值是 10 元，所以 2 万元显得非常多，我用报纸包好，放在旅行袋里。

厂长担心我路上不安全，特意派化验室主任夏清龙护送我回武汉。我们当天下午 3 点左右乘坐拉水泥的货车到达合肥市，随后在下午 5 点左右乘坐长途汽车，西行经过河南信阳，再一路南下回武汉。

1992 年 8 月 5 日半夜，我终于回到了武汉。我夫人见到我平安归来，悬着的心终于放下，泪水瞬间涌了出来。自从我独自乘船前往安徽后杳无音信，她每天都在担忧和焦虑中度过，心神不宁。由于水泥厂地处偏僻，电话和电报联络极为不便，加上我忙于试验，没能抽空写信报平安，她对我的安全越来越不安，日复一日地担心我是否遇到意外。

为了弄清我的情况，她几次带着女儿跑到洪山邮电局，试图打长途电话，但每次都无法接通，电报也被退回。每一次失败，都让她的焦虑加剧，脑海中不断浮现各种不好的念头。夜晚更是无法安眠，辗转反侧，满脑子都是对我安全的担忧。她甚至一度害怕收到坏消息，却又不敢面对。看着女儿天真的笑脸，她的心里更是煎熬，不敢表露过多情绪，只能强装镇定。

当我终于平安归来时，她再也无法抑制积压已久的情感，泪如雨下。她紧紧抱住我，仿佛生怕再次失去似的。那一刻，所有的恐惧、焦虑和担忧都找到了宣泄口，压抑的情绪终于释放出来。她的泪水中，不仅有劫后余生的庆幸，也有多日承受的巨大压力。看到她这样的反应，我才深刻意识到，这段时间她的情感波动远比我想象的要复杂和深刻，我真后悔没有及时给她写信报平安。

我回到武汉的第二天，将两万元钱上交给学校后，便带夏清龙主任游览了黄鹤楼等武汉景点，两天后送他上车返回安徽。

1992年9月29日，我向中国专利局递交了"高强高掺量矿渣水泥制造方法"的发明专利申请书，经过审查，于1995年6月25日获得了发明专利授权。

由于我在教学和科研上取得了优异的成绩，1992年11月20日，经过激烈的竞争和评选，我被破格晋升为副教授，并从1993年起开始招收硕士研究生。这一晋升标志着我在学术生涯中的重要里程碑，为今后的教学和研究工作奠定了更高的平台。

1992年11月，我结束了本科生课程的教学工作后，除了指导研究生和本科生毕业论文外，我不再从事其他教学任务，也不再担任本科生班主任，开始专注于推广我的矿渣活化技术。

从1992年12月起，先后在湖北、湖南、辽宁、江苏、福建、陕西、吉林、北京、河南、云南、四川、安徽、内蒙古、河北、山东、山西等几十家水泥厂推广并应用。

我有一位学生名叫曾智，当时在湖南省水泥质检站工作，他邀请我到长沙，并带我去几家水泥厂推广矿渣活化技术。1992年12月22日凌晨，天还没亮，我乘火车到达长沙火车站。走出站台时，我没看到学生来接我。当时，长沙火车站正在装修，周围有许多脚手架，虽然脚手架下还能通行，但灯光非常昏暗。我想着去火车站另一头看看，于是从脚手架下穿过。突然，有个人撞了我一下，我没在意，继续向前走。这时，突然围上来七八个小伙子，把我团团围住。刚才撞我的那个人反而先开口："你干嘛撞我？"我感到奇怪，回答道："明明是你撞我，怎么会变成我撞你？"旁边的几个人立刻起哄，"赔点钱，算了。"还没等我反应过来，他们就动手搜我的口袋，把钱抢走后迅速逃跑。

当时我随身携带的物品中，有一个大门正机教授送我的电子笔记本，里面记录了许多重要的电话号码，幸好这个东西没有被抢走。过了一会儿，我的学生曾智终于到了。随后，我在长沙和株洲之间的几家水泥厂做了几个实验后便返回了武汉。

我夫人的姐夫冯其寿，当时是麻城白果一家乡镇企业的厂长，他们厂生产一些粗糙的牛皮制品。他特意给了我一条宽大的牛皮腰带，腰带背面用人造革缝制了一条长袋子，比腰带略窄，并且还装了一条拉链，面值 100 元的钞票一次能塞入上万元。为了防止再次在出差时遇到抢劫，从那以后，只要外出，我就系着这条牛皮腰带，把厂家支付的钱都藏在里面。就这样，我经常"腰缠万贯"，飞遍全国各地推广矿渣活化技术，再也没有遇到过被抢的情况。

1993 年 4 月，为了加快技术推广的速度，我非常希望家里能安装一部电话，方便与全国各地的水泥厂联系。然而，当时电话线路非常有限，中国电信刚开始发展，报装电话需要排队等待很长时间。我们找了很多人，希望能尽快安装，但始终没有进展，也不知道究竟何时才能装上电话。

无奈之下，我与夫人决定亲自去洪山广场旁边的电信大厅，找到负责派活安装电话的工作人员。我们说了不少好话，并在离开时给他送了一个小礼品，以示感谢。没想到，没过几天他们就给我们提前安装了电话。有了电话后，1993 年 6 月 28 日，武汉工业大学科技开发部为我出具了一份证明，证明我的矿渣活化技术已经在福建、安徽、江苏、河南、辽宁等地的多家水泥厂推广应用，并取得了显著的经济效益，技术可靠。凭此证明，我获准在《中国建材报》上刊登广告。

从 1993 年 7 月起，我连续在《中国建材报》上刊登了几次"水泥产量翻番轻而易举"的广告。当时，水泥市场供不应求，各家水泥厂都急于提高产量。我的"水泥产量翻番轻而易举"广告吸引了众多水泥厂的关注，来信如雪片般飞来，每天都能收到一大叠的信件，同时，电话也几乎没有停过。面对如此繁忙的局面，我和夫人进行了明确分工：她留在家中负责接待厂方代表，签订合同，而我则负责外出实施技术推广。我们每天都忙得不可开交，连 5 岁的小女儿也耳濡目染，学会了签订合同。一天，她突然拿出一张纸，认认真真地写上"甲方"、"乙方"，然后说要和她妈妈签订合同，让我们忍俊不禁。

1993 年 6 月前后，我在福建省三明水泥厂推广完技术后，路过福州，去同学聂秋林家做客。无意中，我看到他家有一台台湾产的简易电话无线发射器，这个设备可以接入电话线路，实现无线通话，功能类似于移动电话。我当时觉得这对我很有用，聂秋林见我有需要，就转卖给了我。我把它带回家安装，虽然覆盖范围不大，不能走太远，但足以覆盖整个学校。那段时间，这个无线发射器为我的工作带来了极大的便利，起到了非常重要的作用。

随着矿渣活化技术的推广，应用厂家越来越多，技术也日趋成熟。为此，学校向国家建材局申请组织专家对矿渣活化技术进行鉴定。我精心挑选了两家具有代表性的水泥厂作为试生产单位，分别是南方的福建三明水泥厂（立窑）和北方的吉林交通水泥厂（旋窑）。鉴定委员会的专家全部由国家建材局科技处指定。

1993 年 11 月 23 日，鉴定会由国家建筑材料工业局组织，在武汉工业大学举行。最终，鉴定委员会得出了结论："矿渣活化技术突破了活化矿渣的传统方式，具有明显的经济效益和社会效益，属国内首创，并具有国际先进水平。"

鉴定会一结束，我立刻坐飞机经温州回福建老家看望母亲。母亲当时住在福鼎县医院，早已下了病危通知，确诊为肝癌晚期，已经无药可救。图 8.2 是 1993 年 11 月 27 日母亲从福鼎县医院回家前的留影，也是她生前最后一张照片。看着母亲的身体日渐虚弱，我心里充满了无力感，明知道她的时间不多了，却无能为力。母亲回家后，虽然继续服药并寻求中医治疗，但这些实际上只是徒劳的安慰，根本无法挽回她的生命，只能稍微减轻她的痛苦。

没过几天，1993 年 12 月 8 日，母亲安静地与我们永别了。那一刻，仿佛全世界都陷入了沉寂，悲伤像巨浪一样涌上心头。全家人都沉浸在巨大的悲痛中，泪水几乎未曾停止流下。每当想起母亲的音容笑貌，心里就像被撕裂一般，难以平复。

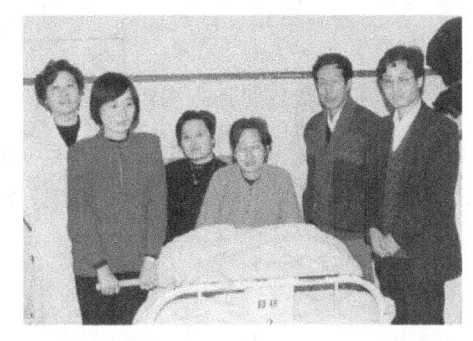

图 8.2 我母亲从福鼎县医院回家时的留影

最伤心的还是我的父亲。母亲去世后，他显得格外孤独，深夜里，亲友们都已离开，但父亲仍然坐在母亲的棺材旁，默默流泪，几乎整夜不眠。他一遍遍地抚摸着棺材，低声诉说着和母亲相守的那些回忆。他的眼里充满了无尽的悲伤，那是一种难以言喻的失落和绝望。看到父亲这样，我心里更加酸楚，但却不知如何安慰。

父亲当时也身患重病，母亲的离世对他来说是致命的打击。自从母亲去世后，父亲便彻底失去了继续治疗的意志，拒绝配合任何治疗，仿佛失去了生活的意义。眼看着他的身体一天比一天差，我们只能眼睁睁地看着他渐渐消沉，却无能为力，那种无助和心痛至今难以忘怀。

图 8.3 母亲去世

子欲孝亲不在，悲伤溢满怀。我母亲的离世让我深刻体会到生命的脆弱与亲情的珍贵，心中的悲伤难以言说。然而，科研的使命不允许我停下脚步。母亲的后事刚刚办妥，我便带着对父亲健康的忧虑，匆匆返回学校。我明白，除了尽孝，我还有更大的责任在肩——继续推广我多年钻研的矿渣活化技术。这不仅是我职业生涯的核心所在，更是造福社会、创造实际经济效益的重要成果。我怀抱着对未来的信念与期盼，希望通过这项技术的推广，帮助更多企业实现效益，也让母亲在天之灵得到些许安慰。

各地水泥厂纷纷前来咨询，我每天忙得应接不暇。矿渣活化技术凭借其操作简单、投资低、见效快的优势，迅速赢得了广泛好评。许多水泥厂在应用该技术后，取得了显著的经济效益。例如，吉林交通水泥厂作为一家新型干法窑水泥厂，之前由于窑产量不高、熟料供应不足，导致三台 $\phi 1.83 \times 6.4m$ 的水泥磨机长期闲置未用。引入矿渣活化技术后，这三台磨机全部用于粉磨矿渣粉，并掺入水泥生产中，成功将水泥产量翻了一番，为企业带来了巨大的经济效益。为了表彰我在此过程中作出的贡献，厂里特意授予我一等功的荣誉。

山西省交城县的卦山水泥厂是一家立窑水泥厂，曾经面临着水泥质量差、企业濒临倒闭的困境。然而，自从采用了矿渣活化技术后，水泥产量不仅实现了翻番，更为关键的是水泥的质量显著提升。通过这一技术的应用，水泥厂得以脱离困境，迅速恢复生机并步入快速发展的轨道。为了表达对我所作贡献的感谢，厂里特别奖励我一台小轿车，还为我办理了驾驶执照。

1993 年 8 月，我在吉林交通水泥厂推广矿渣活化技术时，厂里的办公室主任是交通学校毕业的，不仅会开车，还能修车。厂长孙国臣便让他教我开车。每当有空闲时间，我就去学习，前后学了十几天。让我特别感动的是邯郸市冀南水泥厂的武光玺厂长，他特意搬了一张小凳子，坐在练车场边，陪我学车。在此之后，我辗转到交城县水泥厂、福建三明水泥厂、昆明钢铁公司华云实业公司水泥厂等地推广技术，几乎从东北一路学到了西南，走到哪里学到哪里，渐渐掌握了开车的技巧。虽然没有经过驾校的正规培训，但由于师傅众多，各种车型都练习过，技术也渐渐过关。自 1994 年起，我就开始开上了小车，是我们学校最早拥有私家车的人。

由于我的科技成果在交城县成功应用并取得显著成效，交城县政府特地向我们学校赠送了一块题为"才育江汉，惠泽交城"的铜匾。全国各地的许多水泥厂在采用这项技术后，纷纷实现了可观的经济效益，许多厂方都前来学校表示感谢，并赠送了许多锦旗。

1993 年底，矿渣活化技术通过鉴定后，校长袁润章教授当面对我说，希望我能报考他的博士研究生，这让我再次陷入了是否考博的纠结中。那时我的工作实在是太忙，所有精力都集中在矿渣活化技术的推广上，设备改造、研磨体级配调整、生产控制方法等一系列生产问题亟待解决，几乎没有余力去攻读博士学位。正当我犹豫不决时，硅工系曲祖元主任也劝我不要报考，认为此时并不是合适的时机。

1994 年 6 月前后，袁润章校长认为我是个难得的人才，特意奖励了一套三室一厅的新房子给我。我心里非常高兴，便与夫人一起登门感谢。然而，袁润章校长见我还是没有考博士的打算，便语重心长地说："我看你是个人才，才建议你考博。你有很多优秀的成果，随便拿出一个都可以作为研究课题，为什么要拒绝这个机会呢？"

当时，我已经是副教授，还带了几个硕士研究生。我心里盘算，博士毕业至少需要两年时间，而我已经是副教授了，似乎没有再去攻读博士的必要。袁校长显然看出了我的顾虑，便进一步说道："我让你攻读博士，主要是为你以后的发展前景着想。"一旁的袁校长夫人高琼英老师也附和道："取得了一些成就后，回过头来再学习学习是有好处的。"

不得不承认，袁校长确实非常看重我，才一次次动员我攻读博士。我也明白，博士学位对于未来的发展确实有好处，关乎人生的职业路径。如果按照袁校长的设想，考上博士后，走上常规的学术道路，申请国家项目、发表论文、申报国家奖项，未来可能成为某个部门的领导，甚至有机会晋升为院士，事业发展的前景无疑会很光明。

然而，我心里非常清楚，攻读博士势必会影响矿渣活化技术的推广工作。而当时正值 1993 年至 1995 年水泥市场的黄金时期，全国各地对水泥的需求量极大，水泥厂急切需要能够快速提高水泥产量的技术。我深知，如果我放下眼前的工作，投入时间复习外语、考博士，只是为了获得一个学术头衔，可能会错失这一大好时机。同时，我的性格直率，不擅长交际，也不善于处理复杂的人际关系。我清楚自己并不适合当官。如果放下手头的重要项目，去追求一个虚名，反而可能得不偿失。

那段时间，我一边忙于推广矿渣活化技术，一边思考着考博士的问题。每当夜深人静时，我常常陷入深思，反复对比着未来的各种可能性，仔细权衡其中的利弊。考博士的好处和现实工作中的紧迫性交织在一起，让我始终无法下定决心，一直在犹豫徘徊。

1994 年 10 月，我父亲病危，不得不放下手头的一切，匆匆赶回老家。见到父亲时，他全身浮肿，病情十分严重，我心中五味杂陈，难以平静。姐姐告诉我，在秦屿礼岙北山有座寺庙，那里有个法师算命极准，建议让我去请教法师，看看父亲的命运能否有所化解。

于是，我和姐姐一同去了那座寺庙，找到了法师。法师查看了父亲的生辰八字，算了一会儿，还拿出了一本书进行对照，随后说道："你父亲的生辰八字不佳，农历 9 月 23 日是个生死关口。如果能挺过去，他可以活到 73 岁。"他停顿了一下，若有所思地自言自语道："我看这个关口恐怕难过，去世时身边会有三女一男。"

听了法师的话，我并没有太在意，心里半信半疑。接着，我让法师也帮我算一算。法师看了我的生辰八字后，说道："你是钱霸命，有两个职业。"我好奇地问："什么是钱霸？"法师答道："就是大财主。"

于是，我继续问他："我还能继续上学吗？"法师仔细算了算，断言道："没有了，你命中再没有上学的机会了。"接着，我又问道："我有机会当官吗？"法师思索片刻后说道："你不该去当官。即使当了官，也只会成为被别人利用的一块敲门砖。"

我和姐姐回到家后，看到父亲极度痛苦的样子，大家心中无比沉重。我的大姑姑信佛，她请了一群信众到家中为父亲诵经。姑姑说，诵经后，如果父亲的病情能够好转，那就尽快康复；如果实在无力回天，那也希望他能早点平静离世，不再受这种折磨。家里人都认同姑姑的说法，我却心里依然希望能尽力医治父亲。

父亲本身是秦屿医院的职工，我弟弟也是那里的业务骨干，他们的确已经尽了全力去治疗父亲的病情。然而，眼见父亲日复一日的痛苦折磨，内心仍然充满了无奈和无助。

到了 1994 年 10 月 26 日（农历 9 月 22 日）中午，也就是法师提到的那个关口的前一天，我和弟弟、二姑姑以及保姆四个人在楼上陪伴在父亲身边。这时，马路对面有人结婚，开始放鞭炮，声音非常响，持续了好一会儿。随着鞭炮声响起，我注意到父亲的呼吸变得急促，弟弟也察觉到情况不对，立刻跑下楼去拿氧气袋。

就在这个时候，多年没来过我家的舅妈，突然从楼梯上走了上来，来到父亲身边，正准备询问他的病情时，父亲的呼吸戛然而止，悄然离世。令人感慨的是，父亲去世时，身边正好是三女一男，正如法师所言。

图 8.4 父亲去世出殡（1994 年 10 月 29 日）

我至今不明白为什么那个法师能算得如此准确，他的话让我不得不信。自那以后，我再也没有提过考博士的事情。后来，硅工系主任曲祖元提议让我担任硅酸盐实验中心的总工程师，还特别强调是副处级职务，但我没有多想就推辞了。几年后，当我回老家想再去拜访那位法师时，却得知他已去世，年仅四十多岁。也许正如传言所说，泄露天机可能是他英年早逝的原因之一。

2000年武汉理工大学合并之际，张联盟院士曾打电话邀请我出任材料学院院长，我同样毫不犹豫地推辞了。虽然最终没能成为袁润章校长的博士生，但我至今感念他对我的赏识与提携，他是我这一生最尊敬的老师。

如今回望我走过的路，我确信当初的选择是正确的。这条路不仅与我的性格契合，也让我能够充分发挥自己的能力，取得了令人满意的成绩。

纵观古今，没有人能随随便便取得成功。不经历风雨，怎能见彩虹？从1993年到1996年，这四年是我事业的起步阶段，也是我人生中最为关键的中年时期。上有父母需要尽孝，下有子女需要照顾，家庭与社会的责任重重叠加，面临着多重任务和挑战。这四年间，我频繁出差，难以兼顾家里的事务。幸而，我的夫人堪称女中豪杰，毅然承担起了整个家庭的重担和后勤保障工作。

她负责接待前来洽谈合作的厂家，忙着迎来送往，安排住宿、签订合同，甚至还亲自到学校登记备案、管理项目经费等一系列繁杂事务。记得车学了没几天，她就勇敢地开车送客人去武昌火车站。那时候她开车胆大心细，三步一顿头，吓得车里的客人连连惊叫，幸亏那时马路上车少，避免了任何意外事故的发生。正是有了夫人的鼎力支持，我才能够放心地单枪匹马，走南闯北开展技术服务，顺利度过那段艰难的创业期。

与此同时，我的岳母身体不好，经常生病，需要悉心照料。那段日子，我女儿也时常发烧，我夫人半夜抱着她去医院急诊已成常事。有一次，她高烧不退，甚至开始说胡话，半夜指着门口问："妈妈，你看那是什么？"在那寂静的深夜，这一幕着实让人不寒而栗。回想那段日子，充满了艰辛和挑战，但也正是因为有我夫人无怨无悔的付出，才让我能够在事业上不断进步。

1994年10月，我被授予了湖北省劳动模范的荣誉称号。接着，1995年8月，矿渣活化技术荣获湖北省科技进步一等奖；同年9月，高强高掺量矿渣水泥技术在全国当代专利、科技成果转让博览会上获得了金奖。这一年10月，我获得了国务院特殊津贴，12月更是破格晋升为教授。1996年4月，我被授予了全国五一劳动奖章，7月被评为湖北省有突出贡献的中青年专家。2000年1月，我被评为博士生导师，并正式开始招收博士研究生。这一系列的荣誉与成就不仅是对我多年科研工作的肯定，也让我在事业上迈向了新的高度。

图8.5 《科技日报》报道

《中国建材报》于1994年10月26日、1995年1月和1995年8月9日，《湖北日报》于 1993 年 1 月 28 日，《长江日报》于 1995 年 1 月 29 日，《科技日报》于 1996 年 10 月 15 日，以及湖北电视台的《社会广角》节目、武汉电视台的新闻节目等多家媒体，纷纷报道了矿渣活化技术在全国推广应用所取得的巨大经济效益和社会影响。截止到 1996 年底，"高炉矿渣活化技术"已在全国几十家水泥厂得到推广应用，创造了显著的经济和社会效益，为学校带来了一千多万元的技术转让收入。

此后，分别粉磨矿渣水泥生产技术在全国得到了大面积的推广，成为矿渣水泥生产的首选工艺。这项技术进一步发展为将单独粉磨的矿渣粉直接应用于混凝土的技术，在全国逐步催生了一个矿渣粉生产产业。本是钢铁工业废渣的矿渣也身价倍增，逐渐变成了紧俏资源，价格也不断上涨。许多钢铁厂看到了其中的利润，纷纷建立矿渣粉磨车间，不再将矿渣对外销售。

然而，随着矿渣价格自 1997 年后大幅上涨且资源日渐紧张，采用矿渣活化技术的厂家逐渐减少。出乎意料的是，在推广矿渣活化技术的过程中，我无意间学到了许多粉磨知识，逐渐成为这一领域的专家，并取得了更多新的技术成果。

8.2 粉磨技术创新

我对粉磨技术的深入了解，得益于矿渣活化技术的推广应用。1992 年 7 月，我到安徽庐江东顾山水泥厂进行矿渣活化技术的试生产，当时对粉磨技术并不熟悉，实践经验也十分有限。关于球磨机的调整和改造，主要依赖厂方的建议。经过几次反复调整，我逐渐掌握了不少实际操作知识，积累了一些宝贵的实践经验。

1993 年 5 月，福建省三明水泥厂开始应用矿渣活化技术。我建议调整研磨体，改用小钢锻。但厂方怕麻烦，决定不作任何改动，直接投料粉磨矿渣粉。结果，不仅产量低，细度也达不到要求，最终没办法采用我的建议，采用小钢锻和小钢球。调整后开机投料，矿渣粉的细度全部达到了生产指标要求。这次生产调试让我积累了关于选粉机和磨机研磨体级配调整的宝贵经验。

1993 年 7 月，我在江苏金坛建材厂推广矿渣活化技术时，刚投产时各项指标都能到达指标要求，可随着时间推移，矿渣粉的细度逐渐下降。打开磨门检查时，发现第二仓的小钢锻大量窜到了第一仓，问题的根源很快找到，是由于隔仓板的算缝太大且不均匀，还有很多破洞，小钢锻通过这些破洞和较宽的算缝窜到了第一仓。

为了应对这个问题，我们最初尝试用钢筋将较宽的算缝焊小，但效果不佳，开机不久焊上的钢筋便脱落，导致再次窜仓。多次尝试仍未解决根本问题。随后，我们在 3cm 厚的钢板上用等离子切割机切割算缝，制成新的隔仓板。虽然窜仓问题得以解决，但由于切割出来的算缝是垂直孔，许多铁渣堵塞了算缝，导致隔仓板逐渐堵死，影响了正常生产。每隔一段时间就需要人工清理，极大地影响了生产效率。

为了彻底解决这一问题，我们进行了长时间的探索。最终我们采用圆钢并排焊接成隔仓板。由于这种结构的算缝是弧形的，不易卡住铁渣，成为了较为理想的隔仓板结构，解决了窜仓和堵塞问题，显著提升了生产效率。

1993年8月，我在吉林省交通水泥厂推广矿渣活化技术时，遇到了矿渣磨产量较低的问题。当时，该厂有一位精通粉磨技术的技术员张国泰，他向我分享了他的经验，说增加磨机研磨体的总装载量，可以显著提高磨机的产量。

听了他的建议，我觉得有道理。物料的粉磨依赖于研磨体，研磨体越多，理论上产量应该越高。因此，我们在熟料磨和矿渣磨中都增加了研磨体的装载量。结果，熟料磨的产量确实有了明显提高，但矿渣磨的产量却毫无改善，甚至还出现了其他问题。磨机的声音变得更大，磨温显著升高，出磨矿渣粉的温度也明显高于预期。当时，矿渣磨的衬板上有一根螺栓断了，导致漏灰，工人便用报纸暂时堵住孔洞继续生产。然而，由于磨机温度过高，报纸竟然被点燃了。这种现象闻所未闻，可见磨机内部温度有多高。我站在矿渣磨旁边，听着震耳的磨内声音，思考着问题的根源。突然，我意识到问题的所在：矿渣的流速过快，导致物料在磨内停留时间不足，磨内几乎没有足够的物料，研磨体之间空打，温度因此迅速升高。尽管增加了研磨体，但由于物料不足，增加的研磨体只是在空打，无法提升产量。

找到了问题的根源，解决方案也随之而来。我们采取了一系列措施：适当控制风速、缩小隔仓板的算缝、降低研磨体的平均直径，并在隔仓板靠近筒体的部分焊死几圈算缝，相当于强制提高磨机内物料的料位高度。这些调整之后，矿渣磨的产量显著提升，问题得到了有效解决。

1993年9月，北京特种水泥厂开始采用矿渣活化技术。我们将两台矿渣磨的第二仓研磨体全部更换成小钢锻，并将第一仓的大球换成小球。根据福建三明水泥厂的经验，我建议平均球径设为45.7mm左右，但厂方坚持认为矿渣颗粒小，应采用更小的研磨体，结果将最大球径从70mm改为60mm，最小球径从30mm改为20mm，平均球径降至35.7mm左右。

投产后，刚开始矿渣水分较小，没有问题发生。然而，在我离开后的一天，入磨矿渣的水分突然增大，导致一仓发生严重糊磨，工厂操作工未能及时发现，继续加料，最终一仓完全被堵死，料再也无法进入磨机。工人尝试打开磨门，却发现磨门已经无法开启。通过磨头的内螺旋往里看，发现磨内只剩下约30cm的小洞，工人甚至无法进入内部清理。

这时，有人建议往磨机中加煤，认为可以助磨和消除静电。然而，这是糊磨问题，加煤无法解决，反而出现了新的问题。煤在磨内不断摩擦升温，最后甚至燃烧起来，磨后排气管冒出了滚滚浓烟。最终，有人提出了一个有效的解决方案：从磨头加入十几个直径100mm的大钢球，通过研磨将堵塞的物料逐渐清理干净。整个过程持续了七天，才彻底解决了问题。

听到他们的事故介绍，我哭笑不得，也认识到了第一仓钢球的平均球径不能太小。同时，我开始设计并成功制造了磨音负荷控制系统，以防止类似事故的再次发生。

当时，为了获取第一手资料，每到一家水泥厂，我都会整天站在磨机旁边观察和分析。然而，那个年代磨机的防尘措施很差，车间内粉尘弥漫，每天我回到住处时，浑身上下都覆盖着一层灰尘。虽然北京特种水泥厂的粉尘相对较少，但我每天回到宾馆时，仍是一身灰。有一次，我在通县天宁宾馆听到服务员打扫卫生时自言自语道："这个客人每天洗澡，怎么还是这么脏。"直到今天，体检时我的肺部仍能看到一块已经纤维化的阴影，可能就是那时吸入了过多粉尘的缘故。

1994年1月，辽宁抚顺水泥厂开始采用矿渣活化技术，决定先在其下属劳动服务公司的一台小型磨机上进行试生产。然而，投产后矿渣的细度始终达不到要求。这直接影响了水泥中矿渣掺量，未能达到合同规定的要求。这时，工厂内部开始出现反对的声音，许多人持怀疑态度，有些人甚至冷嘲热讽地说："我早说了不行，矿渣怎么可能掺这么多，那还叫水泥吗？"更有甚者，有工人直接指责我是个骗子。

当时，劳动服务公司的经理杜士勇顶住了压力。他是一位善良、慈祥的老同志，虽然因股骨头坏死柱着拐杖，依然坚定支持我，但从他的脸上不难看出他心中的不快。面对这种情况，我的压力巨大。如果无法达到合同指标，这台为项目专门建设的磨机将面临巨大损失，责任该由谁承担？

那晚，我在抚顺宾馆彻夜难眠，心中如同压着一块巨石。半夜时，外面突然下起了大雪。工厂刚从总厂运来的一堆烘干过的矿渣堆在露天，被大雪覆盖。无奈之下，第二天只能使用这批被雪覆盖的矿渣。出人意料的是，经过磨机后，矿渣粉的细度竟然达到了要求，所有指标全都合格了。

我顿时恍然大悟，原来水分可以有效降低矿渣粉的流速，延长矿渣在磨内的停留时间，从而提高矿渣粉的细度。从那时起，我们对矿渣的入磨水分含量进行了严格控制，并在磨头安装了一个备用水龙头，在入磨矿渣过于干燥时，打开水龙头加水增湿，以确保出磨矿渣粉细度的合格。此后，我们进一步研发了磨内喷雾系统，彻底解决了磨内加水的问题。这一举措不仅稳定了生产，还确保了水泥厂的经济效益。

经过全国各地几十家水泥厂的反复实践和调整，我积累了丰富的粉磨经验，对磨机粉磨时的各种影响因素之间的相互关系以及磨机的粉磨机理有了深入的理解，并且粉磨技术也达到了相当高的水平。通过这些实践，我深刻体会到，要搞好磨机的研磨体级配，需要综合考虑多种因素。人工计算并进行精确调整需要较高的理论知识和丰富的实践经验，而一般工厂的技术员往往难以达到这个水平。

1995 年，我回访福建三明水泥厂时，发现由于研磨体的磨损，磨机产量显著下降，厂方需要重新进行研磨体的级配。然而，由于他们的技术水平有限，始终无法配出理想的研磨体级配。当时，个人计算机已经开始普及，计算机的应用逐渐渗透到各个行业，尤其是在工业领域，计算机在系统分析、控制和管理方面发挥了极其重要的作用。

为了提升水泥厂磨机工艺技术员的技术水平，并解决水泥厂粉磨工艺中普遍存在的问题，我结合多年来在粉磨领域的经验和心得，开始编制球磨机研磨体级配计算程序，这个程序后来被称为"水泥厂球磨机专家系统"。这一系统的开发不仅帮助了技术员快速、准确地完成研磨体的级配调整，还推动了水泥厂粉磨工艺的技术革新和效率提升。

刚开始编制水泥厂球磨机专家系统时，我并没有预想到它会成为一个产品，只是想为水泥厂提供一个方便的工具，让他们能够自行设计出理想的研磨体级配，而不需要我频繁前往各厂进行调整。编制成功后，我将其提供给水泥厂试用，没想到受到了厂方的热烈欢迎。

有一次，我回访中建八局水泥厂，发现他们的两台球磨机产量有所下降，研磨体级配需要调整。我对负责磨机的技术员说："我已经成功编制了水泥厂球磨机专家系统，可以用它来计算研磨体的级配。"他有些质疑地回答道："计算研磨体级配需要考虑很多因素，怎么可能这么简单？"

我笑着说："不如我们比赛试试，看看

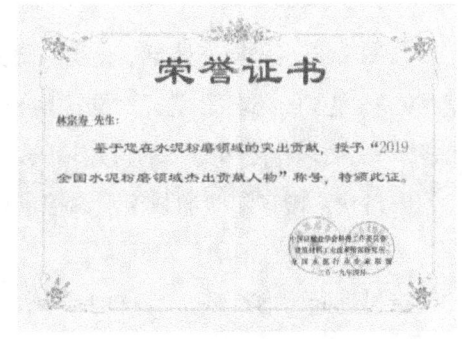

图 8.6 粉磨领域杰出贡献人物荣誉证书

谁设计得更好。"他却表示："我对矿渣磨不太熟悉。"我便提议："那我们就来设计熟料磨的研磨体级配，看看谁的设计更合理。"于是，他按照自己的经验设计了一个熟料磨的研磨体级配，而我则使用专家系统计算出了另一个方案。最终一对比，结果几乎一致。

从那以后，我下厂提供技术服务时，便一直使用水泥厂球磨机专家系统进行计算，不再依赖手工计算了。这不仅大大提高了工作效率，也给水泥厂提供一个有力的工具。后来，此系统经过多次升级，功能越来越完善。

2021 年 5 月，临近退休之际，我再次对水泥厂球磨机专家系统进行了升级改造。新增了许多功能，使软件能够适用于所有类型的球磨机。为了回馈社会，我将该软件挂在《新世纪水泥导报》网站的粉磨技术栏目上供大家免费下载，并在微信群中发布，让更多人可以免费使用。

图 8.6 与第六届粉磨技术研讨会部分代表交流（2021 年 5 月）

8.3 水泥厂化验室专家系统

1992 年邓小平南巡谈话后，我国国民经济进入高速发展阶段。1993 年，国内生产总值（GDP）达到 34634.4 亿元，同比增长 14.2%；工业总产值为 48402.0 亿元，同比增长 27.3%。然而，伴随着经济的快速增长，居民消费价格指数（CPI）也上涨了 14.7%，物价涨幅过快，国家随即加强宏观调控，重点控制固定资产投资的过度增长。

1994 年，GDP 年增长率回落至 11.8%；工业总产值的年增长率也回落至 18%。全年固定资产投资同比增长 28.5%，较上年增幅回落近 30 个百分点。新开工项目减少，在建规模有所压缩，投资增速明显放缓。与此同时，国有企业的效率普遍较低，三角债问题频发，企业间的资金链压力增大。在这一背景下，国有企业的重组势在必行，随之而来的大规模裁员引发了广泛的下岗潮。

1995 年，国家继续加强宏观调控措施，成功实现了经济的软着陆。当年，GDP 年增长率回落至约 10%，固定资产投资的增速也进一步放缓。随着投资增速的下降，全国对水泥的需求量逐步减少，许多水泥厂对快速提高产量的需求有所放缓，采用矿渣活化技术的厂家也随之减少。面对水泥市场需求的变化，我意识到必须提前进行技术研发，以适应未来水泥行业行情的转变，确保能够为企业提供更具竞争力的技术方案和服务。这一挑战促使我加快创新步伐，积极探索新的技术方向，以保持在行业中的领先地位。

在推广矿渣活化技术的过程中，为了更好地掌握出厂水泥的质量，我经常亲自到化验室查看生产数据。通过这一过程，我不仅实时跟踪水泥质量，还主动帮助水泥厂解决水泥生产过程中的各种技术问题。与此同时，我也逐步深入了解了水泥厂化验室的各项工作流程和技术细节。这些经验不仅丰富了我对水泥生产过程的认识，也为技术推广和解决生产实际中的问题提供了更加全面的支持。

水泥厂化验室是指挥水泥生产的核心部门，它汇集了生产过程中所有的关键数据，是水泥质量控制和生产效率提升的关键所在。如果能够充分利用这些数据，建立起各种数学模型，进行分析与统计，就能找到适合该厂的最佳配料方案和最优工艺参数，以更科学、更精准地指导生产。在长期观察和实践中，我逐渐萌发了编写水泥厂化验室专家系统的想法。这一系统可以通过数据分析为生产提供决策支持，优化流程，提升生产效率，实现智能化管理。

1995年3月，我在完成1.0版水泥厂球磨机专家系统的编写后，便着手开始水泥厂化验室专家系统的研发工作。同年年底，第一版水泥厂化验室专家系统顺利编制完成。

1996年4月，水泥厂化验室专家系统由武汉工业大学出版社正式出版发行，出版号为：ISBN 7-900605-06-1/TQ.1。此后，又进行了多次升级和修改，功能不断完善。

虽然水泥厂化验室专家系统成功编写出来了，但推广应用却面临诸多困难。当时，许多水泥厂的员工对计算机还很陌生，连基本的计算机知识都不具备，更不用说无纸化办公和水泥厂的数字化、信息化进程了。为了解决这一问题，我们只能邀请水泥厂的员工到学校学习，从最基础的操作开始，如开关机、文字输入，再逐步教他们掌握水泥厂化验室专家系统的各项功能。实际上，这相当于为水泥厂员工进行了一次计算机启蒙教育。

第一个派员工来学校学习的是中国建筑第八工程局水泥厂。由于矿渣活化技术在他们厂取得了显著的效益，厂长李志科对我的技术深信不疑。我向他介绍了水泥厂化验室专家系统的功能后，他立刻派出了三名员工到学校学习。

除了让厂家派人来学习，有时我们也亲自到厂家去教授计算机基础知识，然后再教他们如何使用水泥厂化验室专家系统。比如，武汉一冶水泥厂购买了系统，由于离学校不远，我们经常前往协助。有一次，他们的计算机因病毒感染导致系统无法使用，厂方非常着急，我们便派人去帮忙修复。修复后，我们提醒他们不要使用外来的软盘。谁知一听到是"病毒"导致的问题，工人们吓得不敢再接触计算机，担心自己也会"感染"。经过我们的再三解释，他们才恍然大悟，这让我们哭笑不得。

1999年，在世纪交替之际，出现了所谓的"千年虫"问题。这指的是某些计算机程序由于年份仅使用两位十进制数来表示，在跨世纪时可能会出现日期处理错误，从而导致系统功能紊乱甚至崩溃。为了应对这一问题，一些地方政府部门专门成立了"千年虫"办公室，负责检查各地的计算机系统，然而，这也为他们提供了到处走访、借机大吃大喝的名目。

有一个用户听说了政府部门关于"千年虫"的宣传后，担心"千年虫"会从系统中爬出来伤人，不断向我们询问水泥厂化验室专家系统是否会受到"千年虫"影响。我们试图向他们解释，但他们听不懂技术细节。最后，我只能半开玩笑地对他们说："你们放心吧，这个系统交给你们之前，我们已经把里面的'千年虫'全都杀光了，连虫卵都消灭了。不会再有'千年虫'了。"

听了这番话，他们终于放下心来，并用同样的说法回应了政府来检查的人员，结果顺利过关。后来我到他们厂参观时，看到计算机主机上贴着一张盖有政府部门公章的纸条，上面赫然写着："千年虫已杀。"这让我忍俊不禁。

经过艰苦的努力，水泥厂化验室专家系统逐步推广开来。截止到 2000 年 4 月，已有包括华新水泥股份公司在内的几十家水泥厂成功应用了该系统，赢得了众多水泥企业的青睐，取得了显著的社会和经济效益，推动了我国水泥工业在计算机应用领域的技术进步。

2000 年 10 月 15 日，湖北省科学技术厅组织专家对水泥厂化验室专家系统进行了鉴定。2002 年 12 月，该系统荣获湖北省科技进步一等奖。2003 年 12 月，水泥厂化验室专家系统软件正式获得了计算机软件著作权证书，标志着该技术成果在法律层面的进一步保护和肯定。

经过一段时间的推广和应用，我发现不少水泥厂产质量并未出现明显变化。为了解决这一问题，我亲自前往这些工厂进行调查，最终发现问题的根源在于生料配料的控制方法上。虽然专家系统提供了最佳配料方案，但实际操作中得到的生料成分并不完全符合方案要求，导致最佳配料方案无法真正执行，因而没有实现预期的效果。

为什么会出现这样的结果呢？这要归因于当时我国大多数水泥厂的生料配料控制方法。除了一些从国外引进的先进工艺外，大多数水泥厂仍采用传统的"钙铁控制"方法。这种方法只是通过控制出磨生料中的氧化钙和氧化铁含量来校正入磨生料的配比。而不管生料中二氧化硅和氧化铝等其他成分的波动。因此，无法有效保证出磨生料率值的稳定性，这意味着即使专家系统给出了最佳的生料配料方案，也很难得到执行。

也就是说，要想保证生料配料的精确和稳定，必须直接控制出磨生料的率值，而不能采用钙铁控制方法。这意味着要进行一场生料配料控制方法的革命，淘汰传统的钙铁控制方法，直接引入更先进的率值控制方法。这不仅是一个充满挑战的课题，更是一个充满希望和前景的技术革新。

8.4 生料配料率值控制系统

要直接控制出磨生料的率值并非易事，如何校正计算生料的配比一直是个难题，国内外都没有现成的计算方法。当时，都是依靠经验人工调整，必须找到一种精确的数学方法，否则无法实现真正意义上的出磨生料配料率值控制。如何进行计算呢？我开始反复思考这个问题。

1997 年 6 月 1 日清晨 5 点左右，我刚刚醒来，头脑格外清晰，还未起床便在床上静静思索。突然，一个想法涌现在脑海：为何不采用"平移"的方法？这个灵感让我顿时兴奋地从床上跳了起来，立即着手建立生料配比反馈校正计算的数学模型。

所谓的"平移"方法，是基于原料的平均成分，建立起生料配比与生料率值之间的函数关系。只要给率值一个增量，就能相应地得到生料配比的增量。通过这种生料配比的增量来校正入磨生料的配比，便可以将出磨生料的率值调整到预期的水平。简单来说，就是"将错就错"，无论误差是如何产生的——是由原料成分波动、分析误差，还是物料离析等原因——都可以通过出磨生料率值的偏差，计算出入磨生料所需的修正值。按这个修正值"平移"原料配比，就能够将出磨生料的率值调整到所希望的数值。这就是生料配比反馈校正计算的基本原理。

当天，我便将生料配比反馈校正计算的数学模型建立了起来，并在 Excel 上编写了计算软件。经过几次试算，结果十分理想，与实际情况高度吻合。石灰石、黏土、铁粉，哪个原料该增加？哪个该减少？增减的量是多少？都比人工估算更加精确。这个方法的成功不仅让生料配比控制更加科学，也填补了水泥生料配比调整计算方法的空白，还实现了生料配比调整的计算机自动控制。

1997 年 2 月，西安西核精达仪器有限公司与广西平南新桥监狱水泥厂签订了一份核子秤的购销合同，合同中明确要求出磨生料的合格率必须达到一定指标。然而，核子秤投产后，出磨生料的合格率始终未能达到合同要求，导致项目迟迟无法验收。

到了 1997 年 10 月前后，西安西核精达仪器有限公司的总经理苏建平找到我，希望我能帮忙解决这个问题。在听完他的介绍后，我立刻意识到问题的根源所在。当时我已将刚刚突破的生料配料率值控制的计算方法，编入了"水泥厂化验室专家系统"中。我便向苏建平推荐了这套系统。我对他说："使用水泥厂化验室专家系统，绝对可以提高出磨生料的合格率，如果没有效果，不收一分钱。"他表示同意尝试。

随后，我派人前往广西平南新桥监狱水泥厂进行安装和调试。使用"水泥厂化验室专家系统"中的"生料配料率值控制"软件后，出磨生料的合格率迅速提升，达到了合同中规定的要求，问题迎刃而解。

从 1997 年 11 月起，我们加大了"水泥厂化验室专家系统"的推广力度，将生料配料率值控制功能作为重要卖点进行宣传。然而，许多水泥厂对软件的价值有所质疑，认为软件不值钱，不愿意购买。这让我深刻体会到，在中国，单纯的软件往往很难卖出理想的价格。

因此，1998 年 11 月，我决定将生料配料率值控制计算软件从"水泥厂化验室专家系统"中拆分出来，单独编制成一套独立软件并配上硬件设备，命名为"水泥生料配料率值控制系统"。这一举措不仅提升了软件的市场价值，也为后续推广提供了更好的平台。在随后的几年中，我对其进行了多次升级和功能扩展，使之功能更加完善。2003 年 12 月，获得了计算机软件版权。次年，该系统获得了科技部颁发的科技型中小企业技术创新基金支持。2005 年，荣获国家重点新产品证书，进一步肯定了该系统在水泥生产领域的技术创新与应用价值。

在长期的科研成果推广过程中，我深刻体会到，技术越新，推广难度就越大，特别是当大家对该技术尚不了解时更是如此。当时，我国大多数水泥厂对生料配料率值控制这个概念并不熟悉，他们习惯了采用简单的钙铁控制方法。然而，由于无法有效控制出磨生料率值的稳定性，这种方法严重影响了我国水泥的产量和质量。要让众多水泥厂改变这种固有的习惯，淘汰落后的钙铁控制方法，转而采用生料配料率值控制技术，实际上是一场生料配料控制方法的革命。

那么，如何推动这场革命呢？一天，我和夫人在接待一帮客人时，大家在饭桌上闲聊，我提到了自己刚成立了一家高科技公司，计划在全国范围内重点推广生料配料率值控制系统。这时，有位武汉大学研究营销的教授给我出了一个非常实用的建议。他建议我以专家教授的身份，在全国各地开展讲座，向厂家讲授水泥生产技术，并在讲座中自然地、无意间推广生料配料率值控制的理念，而不必专门宣传该技术。

这个建议让我眼前一亮，我欣然接受。通过这种方式，不仅能够顺利地推广新技术，还能够让厂家在实际生产中逐渐意识到生料配料率值控制的重要性，从而推动水泥行业的科技进步。

当时，国家正在强制推行 GB175-1999《通用硅酸盐水泥》新标准，旨在与国际 ISO 标准接轨。这次标准的变化幅度相当大，直接导致水泥的检测强度下降了大约一个等级。原本 42.5 等级的水泥可能会被降至 32.5 等级；而原本生产 32.5 等级的水泥厂，如果不采用措施，就无法继续生产。

图 8.7 全国各地巡回技术讲座

这一变革引发了许多水泥厂的危机感，意识到如果不做出调整，将难以适应新标准的要求。我们抓住了这一时机，建议厂家通过对生料配比的优化调整，采用最佳配料方案，并结合生料配料率值控制技术，稳定生料成分，提高水泥的质量，以适应水泥的新标准。

第一次对外宣传水泥生料配料率值控制系统是在 1999 年 7 月，当时由西安西核精达仪器有限公司在西安举办了一场新技术讲座。我在会上介绍了大约 1 小时的生料配料率值控制技术。

从 2000 年起，我在全国各地开展巡回技术讲座，讲座的主题定为"适应新标准的水泥技术讲座"，以帮助水泥厂适应 GB175-1999《通用硅酸盐水泥》新标准的要求。随着时间的推移，到了 2003 年 3 月，许多水泥厂已经适应了新标准，从那时起，我将讲座的主题改为"水泥生产疑难问题咨询会"，以更好地解决各厂在实际生产过程中遇到的技术难题。

讲座的主办方多为各地的水泥协会和质检站，也有几次是我们公司独自主办的。讲座通常是我个人专场，专家讲师只有我一个人。讲座为期两天，第一天主要是授课，围绕水泥生产中的技术问题展开，同时顺便介绍我们公司的产品。第二天则是开放式的现场答疑，听众可以就任何水泥生产相关的问题提问。这一环节难度颇大，因为听课的都是各水泥厂的技术骨干，涵盖了从窑、磨到化验室等各个专业领域，他们提出的问题五花八门，往往非常具体甚至稀奇古怪。尽管如此，这些咨询会极大地帮助了水泥厂解决生产中的难题，也为我们的技术推广打下了良好基础。

图 8.8 适应新标准的水泥技术讲座留影（2001.9.1 西安）

刚开始讲座时，我请大家把问题写在纸条上，然后传上来，我现场念出问题并逐一作答。后来，为了提高讲座的互动性和效果，我请助手将问题录入计算机，并通过 U 盘传给我，我再将问题投影到屏幕上，让大家一目了然地看到所有问题，并逐一解答，这样的方式深受听众欢迎。

十几年来，我已经在全国各地举办了 100 多场这样的讲座，每场讲座中我都会回答 200 多个问题。至今，我从未遇到过无法回答的问题，所有问题都能应对自如。

我的讲座听众累计超过了 1 万多人次，其中还有不少"回头客"，他们参加了多次讲座，每次都表示收获颇丰。这让我非常感动，通过这些讲座，我也积累了几千个技术问题，为我日后撰写《水泥十万个为什么》提供了丰富的素材。

当然，我也参加过一些并非为我个人专门举办的讲座，与其他专家共同讲授水泥新技术。在这样的会议上，由于分配给我的时间有限，往往无法解答听众提出的所有问题。然而，这些讲座依然为我推广技术、分享经验提供了宝贵的机会。

全国巡回讲座给我带来了丰硕的成果，越来越多的人接受了生料配料率值控制的理念，全国各地的水泥厂也开始淘汰落后的钙铁控制方法，我的生料配料率值控制系统逐渐打开了市场。不过，这背后也付出了大量的精力和代价，光是讲课用的笔记本电脑就损坏了两台。

2004 年 10 月 20 日，在唐山由河北省硅酸盐学会举办的水泥生产新技术讲座上，一名服务员热情地为我倒茶，但不慎将整杯茶洒在了我的笔记本电脑上，导致主板当场烧坏，电脑报废。

2005 年 12 月 27 日，在哈尔滨农垦大厦由黑龙江建材协会主办的水泥生产新技术讲座上，哈尔滨工业大学的一位老师先讲了半小时，然后由我主讲。为了表示尊重，这位老师为我倒水时，不小心碰倒了矿泉水瓶，水洒在了我的笔记本电脑上。我迅速拔掉电源，将电脑交给我的助手王永刚，让他用电吹风吹干。虽然键盘失灵，但鼠标还能使用，我用鼠标继续完成了讲课。然而，课后检查发现主板还是烧坏了。

全国各地的巡回讲座，时间和地点通常在一个多月前就已确定，因此到了指定时间，无论遇到多大的困难都必须准时到场，这是不成文的规矩。最让我担心的就是在关键时刻因病无法讲课，或者交通问题导致不能准时到达现场。

2005 年 5 月 19 日，在重庆由重庆市水泥协会主办的"水泥生产技术疑难问题咨询会"上，我正遭遇重感冒，发着低烧，喉咙痛得厉害，只能靠含着金嗓子喉宝，勉强完成了两天的课程。讲座结束后，喉咙痛得连吃饭都成了问题。

在交通不便的地方讲座，经常需要转机，最怕的就是飞机延误，耽误后续行程。每次转机时都提心吊胆，几次险些没赶上下一班飞机，紧张得不得了。

连续两天不间断地独自举办讲座，这在全国范围内只有我一人能做到。然而每次讲完后，嗓子都会疼得厉害，完全依靠金嗓子喉宝才能坚持下来。讲完两天的课程后，通常需要好几天才能恢复过来。有一次在武汉梅山水泥厂调试设备时，恰巧遇上感冒，嗓子完全哑了，这是我从未遇到过的情况。由于水泥厂无法停产等我，我只能前往。幸好厂里没几个人，我只能通过写字和他们交流，最终成功解决了生产问题。

讲课需要丰富的实践经验，而公司分管营销的副教授赵前，由于缺乏实践经验，无法在关键时刻替我顶上。因此，十几年来讲课的重任始终由我一人承担。

图 8.9 亿胜科技报和水泥答疑　　　　图 8.10 林教授水泥答疑专栏

除了全国巡回技术讲座，我还通过多种形式为水泥企业提供技术支持，包括编印《亿胜科技报》和《水泥答疑》，在《中国建材报》开设"林教授水泥答疑"专栏，以及在网络上进行在线答疑等等。

经过 20 多年的艰苦努力，生料配料中的钙铁控制在中国已彻底被淘汰，成为历史，生料配料率值控制技术已全面普及，并被广泛接受。我开发的水泥生料配料率值控制系统如今已经非常完善，功能日益强大。目前，该系统已在越南、埃及、吉尔吉斯斯坦、柬埔寨、蒙古、卢旺达、也门、哈萨克斯坦、厄立特里亚和台湾等国内外 1000 多家水泥厂推广应用，创造了巨大的社会和经济效益。

8.5 参政议政

全国人民代表大会是国家最高权力机关，全国人大代表通过间接选举方式，由省、自治区、直辖市的人民代表大会选举产生，每届任期为五年。实际上是由省委组织部推荐人选名单，由省人大代表无记名投票选举，淘汰率约为 30%。有工人、农民、知识分子、党政领导、民主党派、各少数民族等代表组成，代表名额是按人口数进行分配，当时是城市人口每 20 万人 1 名代表，农村人口每 80 万人 1 名代表。要想成为全国人大代表或者全国政协委员，前提条件必须是行业的翘楚或在某一领域有突出贡献。

1998 年 3 月和 2003 年 3 月，我作为无党派人士有幸连续两届被选为第九届和第十届全国人大代表。

第九届全国人大代表共 2980 名，第十届全国人大共 2985 名。虽然名义上代表具有广泛性，但实际上真正的工人和农民代表人数还是比较少，比如大型国企的老总通常是工人代表，县长或村长一般都归类为农民代表，著名大学的校长往往是知识分子代表。全国人大代表中政府官员很多，共产党员约占70%，各省民主党派的主委一般都是全国人大代表或政协委员。为了加强党的领导，确保党的方针和政策的贯彻落实，"两会"期间都要成立临时党支部。

中国人民政治协商会议全国委员会，由中国共产党、各民主党派、无党派人士、人民团体、各少数民族和各界的代表，香港特别行政区同胞、澳门特别行政区同胞、台湾同胞和归国侨胞的代表以及特别邀请的人士组成，并设若干界别，每届任期为五年。

2008年3月，我夫人由武汉市推荐并当选了全国人大代表，而我有幸又被选为第十一届全国政协委员。同时，还被选为第十一届全国政协人口资源环境委员会委员。第十一届全国政协委员共有2237人，共产党员约占30%。

每年一次的全国人大代表和全国政协委员全体会议，通常称为"两会"，一般在

图8.11 与夫人在人民大会堂合影

每年的3月份举行，会期10～15天不等。我们湖北代表团一般2月28日就出发前往北京，通常3月16日前后可返回武汉，记得会期最长的一次是3月19日才返回武汉。武汉距离北京不算远，但也不算很近，所以有时候是坐火车前往，有时候也乘飞机，有空军的包机，也有乘民航的包机。那时还没有高铁，如果是坐火车，在车上还会举行联欢

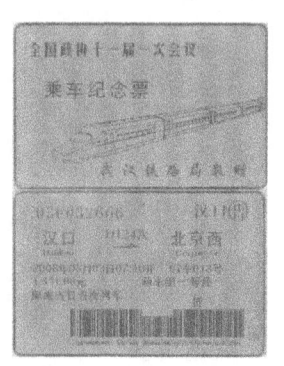

图8.12 乘车纪念票

会，邀请一些著名的演员表演各种节目。只要是乘坐火车，武汉铁路局都会给每个代表和委员赠送一张24K足金制成的乘车纪念票，作为纪念。

"两会"期间，每年3月8日妇女节，女同胞们都会收到一份节日礼物。如果，你的生日在"两会"期间，那么每年开会期间你都会收到一份生日礼物。

我自从1998年3月开始参加"两会"以后的15年期间，感觉"两会"的安全保卫工作，一年比一年严。第九届人大一次会议时，还组织大家到王府井百货商场购物，到世界公园和天安门城楼参观游玩，每天晚上都可到中科院礼堂看电影等活动。后来，这些活动都慢慢取消了，代表的娱乐活动都安排在住地了。

全国人大代表中，政府官员很多，当时盛行"跑部钱进"，为了当地经济的发展，这些官员每天到处请客吃饭，很少有在住地吃饭的。后来，发现情况越来越严重，就开始统计在住地吃饭的人数，约束到处请客吃饭的行为。代表们吃饭都是采取自助餐，饭菜相当丰富，还有各种名酒和饮料，随便饮用。后来，也开始约束，不再提供名酒了。代表们吃饭是免费的，只有一年每个代表交了30多元的餐费，后来就再也没交过餐费了。

人大代表和政协委员通常都是住在北京四面八方的宾馆里，有的离人民大会堂不远，如京西宾馆，也有的距离很远，如北京会议中心。当在人民大会堂开全体会议时，通常都要早早就起床，按路途远近定时出发，一路上采取交通管制，代表和委员们的车队畅通无阻，每次都能做到各代表团有序地到达天安门广场，提前半小时进入人民大会堂。

一般全体会议都是上午9点整开始，下午3点整开始。全团或小组讨论一般都是安排在住地进行，当有中央领导来参加会议时，往往会安排在人民大会堂各自的会议厅进行。我们湖北代表团，一般都是在人民大会堂的湖北厅。晚上通常都没有什么事，所以开会期间是相当轻松的，感觉有很多空余时间。第二年开始，我每次开会就带着笔记本电脑，写我的著作了。

1998年3月，我参加第九届人大一次会议，当时的北京天气异常寒冷，车队刚抵达宽阔的天安门广场，就可见到数百名记者在寒风中坚守着自己的岗位，他们采访着代表和委员。特别是那些电视台的女记者，为了上镜穿着比较单薄，但是精神非常热情饱满，代表和委员也很配合他们，站在寒风中接受他们的采访。

第一次走进人民大会堂，感觉特别新鲜，到处游览，什么上海厅、北京厅、湖北厅、香港厅等等，装潢都相当精美，具有非常独特的地方色彩。站在大会堂一楼的大厅里，可用"人声鼎沸"形容那里的热闹场面。基本上看不到单人的状况，有的是和其他人在沟通，有的是在接受各家媒体的采访，有的在认真翻阅政府工作报告。代表和委员们都盛装出席，各少数民族代表都各自穿上漂亮的五颜六色的本民族服装，有的还带着高高的帽子，特别显眼，也是记者镜头追逐的对象。

图8.13 记者采访名人

大会开始前半个小时，代表们就基本上进入了人民大会堂，一般都在一楼东大厅喝茶，这时可以见到许多名人，不少代表到处找明星合影。但我不太关注这些，除了到处游览人民大会堂的景色外，一般早早就进入了会场。

广场上的一些记者专门"围攻"名人，名人一下车还没走进大会堂通常就会被记者给埋没了。有一次北京奥运会的总导演张艺谋刚下车，就被一大群记者围了个水泄不通，根本迈不开步子，好长时间都难以脱身。雅典奥运会冠军刘翔，也是全国人大代表，他常常利用跑得快的优势，一下车就飞快地往人民大会堂跑，等记者反应过来，无奈跑不过他，只好眼睁睁地看他跑进了大会堂。

采访"两会"的记者是分等级的，不是所有的记者都能进入大会堂，挂在胸前的记者证上都标明了等级和允许进入的地点。虽然有不少记者允许进入大会堂，但只有极少数记者可以允许进入会场内，就几个记者可以上主席台，大多数的记者只能在大会堂外采访代表和委员。大会堂北大厅的过道旁设有记者席，路过的部长和重要人物往往会被拦住接受记者的采访。

走进会场，就可见到主席台上帷幕正中的国徽熠熠生辉，国徽两侧的十面红旗也分外鲜艳。大会堂灯光璀璨，气氛庄严，各位代表精神抖擞。在二楼的看台上，还可看到中国人民解放军军乐队，采访"两会"的中外记者以及大量把焦点都对准主席台的照相机和摄像机。

图8.14 中国人民解放军军乐队　　　　图8.15 大会堂北大厅过道旁记者席

每年全国人大会议，都有政府工作报告、国民经济和社会发展计划执行情况报告、两院报告、人大常委会报告等。每次总理在做政府工作报告时，都会赢得30次以上的掌声，有一些代表还专门在统计掌声的次数和掌声持续的时间。后来，我发现了一个规律，只要作报告的人把声调提高一点，再停顿一下，台下就必然会响起一阵掌声，而且声调越高，掌声就会越激烈。

全国人民代表大会开会期间，除了在大会堂召开全体代表会议外，还有代表团会议和小组讨论会。法律规定人大代表具有言论自由发表权，人大代表在人民代表大会各种会议上的发言和表决，不受法律追究。

本人自1998年3月起至2013年3月为止的15年期间，特别是在第九届全国人大会议期间，亲身感受到了人大代表们的言论自由受到了保护。甚至极个别的代表，在全团会议上公开发表反对共产党的言论，事后也没有受到追究。代表们都能自由地发表各自的观点和看法，有的言论还相当激烈，观点也相当犀利，而且发言相当踊跃，特别是全团会议，大家都是抢着发言。举行全团会议时，通常都会有中央或各部委的领导来参加会议。有时国家主要领导人也会来参加会议，如江泽民总书记、李鹏委员长、朱镕基总理、吴邦国委员长等，这时往往会把会议地点放在人民大会堂湖北厅举行。

大部分的人大代表，都忘了宪法赋予自己的职责，把审议政府工作报告当作学习政府工作报告。无论是全团还是小组讨论，经常可以听到："今天我认真学习和听取了总理的政府工作报告，心情无比激动，总理的报告讲出了我们的心声。总理的报告催人奋进，激动人心，为今年的工作指明了方向，回去后一定要认真贯彻执行。"殊不知，人大代表是代表人民来审议政府工作报告来的，是来给政府提意见的，不是来唱赞歌的。可以听得出来，小组讨论中，许多代表在说假话，不是在吹嘘本单位的成绩，过去一年取得了多大多大的成就，就是向国家要项目，说某某项目多重要多重要。我是一个搞科研的人，实在是不会讲这种官话，所以往往是默不作声。

图8.16 人民大会堂湖北厅

图8.17 代表审议政府工作报告

图8.18 九届人大二次会议小组讨论

图8.19 湖北代表团全体会议

每届人大第一次会议，都要举行国家主席、人大常委会委员长、副委员长、秘书长、人大常委会委员等选举活动，均采取无记名投票的办法。每位代表都能拿到了一张浅红色的选票，上面印有汉、蒙、藏、维吾尔四种文字。代表席按照座位划分为八个投票区，每个区设置票箱一个，主席台上单独设了一个投票箱。国家主席、全国人大常委会委员长、副委员长和秘书长实行等额选举，常委会委员实行差额选举，差额幅度为5%。人大代表如果不同意，可以另选其他人，但如果这个人不在候选人名单上，是肯定选不上的，因为票数不可能那么集中。由大会推选出的33名监票和1名总监票进行监票计票。候选人获全体代表过半数的选票始得当选。在收回的选票中，少于或等于发出的选票数，选举有效，多于的选举无效。每张选票所选人数等于或少于应选人数的有效，多于应选人数的无效。

图 8.20 投票选举国家主席

2008 年 4 月，我当选全国政协委员后，即参加了中央社会主义学院第十期无党派人士理论研究班。才知道，政协委员的法律地位远不如人大代表高，宪法规定全国人民代表大会是国家最高权力机关，政协是参政议政机关，是共产党和民主党派共同协商解决国家大事的机构。政协委员的产生机制是邀请制，不是通过选举产生，是由各单位提名推荐，中共党委有关部门对推荐的名单进行综合评定，形成建议名单，最后经全国政协常务委员会过半数同意通过，即可成为政协委员。政协委员除了参政议政、民主监督的职责外，还有一项不为人知的任务，就是学习。

在中国的政治体制中，按规定应该是人大比政协地位高，比如法律法规的通过需要人大通过才能生效，特别是重大法律法规，但现状是人大和政协都属于参政议政，人大代表和政协委员都是政治身份的象征，在现实生活中没有什么实质性区别，都是一种政治荣誉。

通过中央社会主义学院理论研究班的学习，我才搞清楚了"人民代表"和"人大代表"的本质区别。人大代表的全称是人民代表大会代表，是一个特定的政治和法律概念，是对国家权力机关组成人员的特称。人大代表是国家权力机关的组成人员，全国人民代表大会代表是国家最高权力机关的组成人员。这是对人大代表的法律地位的定位。而人民代表是一个很宽泛的政治概念，具有鲜明的阶级性。"人民"这一政治概念，泛指拥护我国宪法和法律的社会各阶级、阶层和各人民团体、组织。在我国经济社会生活中，只要是能在某一方面或某些方面代表人民群众的，由人民群众选出的，都可以称之为"人民代表"。因此，"人民代表"的内涵比"人大代表"要广泛。

图 8.21 中央社会主义学院无党派人士理论研究班

人大代表的产生过程必须严格按照法定程序，并且肩负着相应的法定职责。而人民代表的产生并不一定需要像人大代表的产生方式那样必须按照严格的国家法律程序来进行。例如，派遣出国访问的工会代表、政协委员代表、参加共青团代表、妇联代表等，都可被视为人民代表。人大代表当然是人民代表，但人民代表不一定是人大代表。

在我当全国人大代表的时候，每次去北京开会，都可以收到许多小礼品。许多公司研发的新产品都会赠送给全国人大代表。会议结束后，回武汉时，各种各样的名烟和小商品，都可以装满一个大旅行箱。显然，这不符合廉政的要求，后来几年就开始限制，到了 2008 年我当选全国政协委员时，就几乎没有收到什么礼品了。但每次开"两会"时所发的文件袋，都是很高级的手提包。全国政协还给每个委员赠送了一个很高级的背包，质量很好，至今我出差时还在使用这个包。卸任全国政协委员后，全国政协还给每个委员赠送了一个纪念牌，做工也相当高级。

人大代表和政协委员的住地都是设在北京市的各大宾馆，安全保卫和后勤服务都是一流的。各住地服务"两会"的礼仪小姐都是统一着装，当代表和委员散会后从人民大会堂出来时，一眼就可以看到各住地的礼仪小姐举着各自住地的牌子，组成一个人链，很容易就将代表和委员准确地引导到各住地的大巴车上。这些礼仪小姐也成了"两会"的一道独特的风景线，受到记者的青睐。

每年"两会"期间，在代表和委员的住地，都要举办一次联欢活动。联欢会上表演的节目水平都相当高，因为许多代表和委员都是国家一级演员。部分国家领导人有时也会参与联欢，并在联欢会上表演节目。中共中央政治局常委、全国政协主席俞正声就曾经上台参与过合唱。外交部长杨洁篪还上台表演过苏州评弹，其表演水平不比专业演员差。此外，会务组还会请来不少著名的演员参与联欢，每次联欢会都可以给我们留下深刻的印象。

图 8.22 服务"两会"的礼仪小姐

图 8.23 聋哑演员舞蹈千手观音

图 8.24 湖北代表团联欢会

图 8.25 杨洁篪表演苏州评弹

"两会"期间代表团前往北京时，湖北省党政领导人都会到车站或机场送行；到达北京后，各住地都会组织礼仪小姐到车站或机场欢迎；会议结束后，各住地都会组织欢送活动。会议结束回到武汉时，最初几年我们学校都会派人到机场或车站迎接，并给我送花。后来次数多了，我也不要他们来接，就自己回家了。

图 8.26 会议结束欢送代表回家

图 8.27 视察武汉天兴洲长江大桥

每年"两会"期间，国家建材工业总局和中国水泥协会等行业领导，都会宴请建材行业的全国"两会"代表。

图8.28 政协委员视察广州环保企业　　　　　　图8.29 传达"两会"精神

"两会"结束后，都要求代表回原单位传达"两会"的精神，我们学校每年都要求我作"两会"辅导报告，这是没法推辞的。可洪山区人大和珞南街人大也经常邀请我去作报告，我又不是搞政治的，实在是不愿意去，可没办法他们通过关系找了很多人来邀请，我也只好去了几次。

在我担任全国人大代表和政协委员期间，几乎每年都要参与省人大和省政协组织的参观和视察活动，特别是担任全国政协人口资源环境委员会委员后，每年的视察活动就更多了。

图8.30 张人为局长宴请建材行业"两会"代表和委员（2003年3月）

全国人大代表在出席全国人大会议时，需要审议各项报告、议案和其他议题，并发表意见，可依法联名提出议案、质询案、罢免案等。此外，还可对各级政府的工作提出建议、批评和意见。

在"两会"举行期间，人大代表和政协委员通常都会提出很多议案（政协称为提案）、批评和建议。议案（或提案）需要 30 位人大代表（或政协委员）联名才能生效，而批评和建议则没有人数的限制。每次"两会"期间，代表和委员们都非常踊跃，通常每次会议都可以收到 1000 多件的议案（提案），有一些代表甚至一次会议就可以提出 20 多件议案。我作为专业人士，没有时间也没有精力提那么多的议案，但对本行业的发展，我每年都要发表自己的一些看法，并提出一些批评和建议。

"两会"期间，几乎所有的报社和新闻机构均会派出记者，采访"两会"。《中国建材报》作为建材行业的主流报社，也不例外，每年都会派记者采访我，而我对建材行业的发展，也提出了许多看法、批评和建议。

1999 年 9 月 17 日，国家建材局颁发了关于实施水泥新标准的通知，其核心内容是将我国水泥强度检验方法（GB 177-1985）改为 ISO 法（GB/T 17671-1999）。与此相适应的通用水泥标准中的水泥强度标号改为 ISO 强度等级，目的是为了适应世界经济发展一体化的客观要求，使我国水泥产品与水泥强度检验方法与国际接轨。

但是，水泥强度检验方法改为 ISO 法后，所用的标准砂就必须改用 ISO 标准砂，一些权力部门就乘此机会，大幅度提高 ISO 标准砂的价格，从中牟取巨大的利益。

水泥标准砂是水泥厂化验室用量最大的标准物，原标准砂价格一般不过 2000 元/吨左右，而新标准砂虽然各地价格略有差别，但都在 8000~9000 元/吨之间，有的还高达 12000 元/吨，也就是说一吨标准砂要比一吨大米贵 4 倍多，各水泥生产厂家对此很有意见。

2000 年 3 月，在全国人大第三次会议召开之际，我针对标准砂问题，向全国人大提出了"砂子比大米贵四倍——水泥实验用标准砂价格惊人"的批评案。一石激起千层浪，新华通讯社、中国建材报、工人日报等各新闻单位纷纷给予了报道。我在这个批评案中要求有关部门好好思考一下："农民种大米需要几道工序，付出了多少劳动，价格又是多少？而标准砂从开采到包装成本是多少？在经营过程中又加了多少价？有什么理由比大米贵四倍多，请回答！"

图 8.31 接受记者采访

我提出了这个批评案后，形成了强大的新闻舆论，引起了国家建材局领导的高度重视，马上责成有关单位立即改正，标准砂的价格也大约下降了一半，算是为行业做了一件好事。

8.6 创建公司

1996 年 4 月，"水泥厂化验室专家系统"软件出版后，开始对外销售。但仅销售软件不容易被厂家接受，因此我们将软件安装在电脑中，与电脑一同销售，销量有所提升，然而，这种方式带来了新的问题。

问题在于，购买电脑后，我们需要将其在学校国有资产处登记，才能报销。但一旦登记为国有资产，这些电脑就不能随意对外销售。此外，学校的财务手续繁琐，货款的往来不及时也不灵活，严重影响了产品销售和技术推广的效率。因此，亟需一个能够独立运营、具备灵活财务权的公司，才能适应市场经济的运作模式，推动产品销售和技术推广的顺利进行。

当时，武汉工业大学已经有几位老师成立了公司，各级政府也大力支持高校老师成立高科技公司，转化科技成果，并给出了许多优惠条件。我看准了这个机会，就联络了湖北双环科技开发投资有限公司，一起创建一家高科技公司，以推广我的科研成果。

湖北双环科技开发投资有限公司是一家国资公司，隶属于湖北双环集团。2000 年 4 月 7 日，湖北双环科技开发投资有限公司、林宗寿教授和武汉工业大学科技开发总公司签订了"校企联合成立高科技公司的合同书"，决定将林宗寿的科研成果与湖北双环的资金、品牌和管理能力结合，共同推动科技成果的产业化。

三方决定组建一家高科技公司，总股本为人民币 1000 万元。湖北双环以货币资金出资 490 万元，占股 49%。林宗寿以专用设备、未销售产品及现有技术共计折合 427.5552 万元入股，占股 42.76%，并自愿从中拿出 4% 的股份赠与留校工作的四位学生，使其持股比例降至 38.76%。武汉工业大学以专用设备、未销售产品和现有技术折合 82.4448 万元入股，占 8.24%。

2000 年 8 月 17 日，湖北海信有限责任会计师事务所出具了验资报告，确认公司已投入注册资金 1000 万元人民币。8 月 22 日，武汉亿胜科技有限公司正式成立，林宗寿担任董事长兼总经理。

2000 年 9 月 19 日，公司获得了武汉市质量技术监督局颁发的《中华人民共和国组织机构代码证》。10 月 9 日，公司取得了《武汉市技术交易许可证》。公司顺利进入正常运营，但就在我准备全力以赴大干一场时，发生了一件出乎意料的事情。

2000 年 5 月，武汉市宣布将全力依托东湖新技术产业开发区，打造中国首个光电子产业基地——"武汉·中国光谷"。按照规划，武汉市计划在 5 年内让光电子信息产业年产值突破 1000 亿元，成为我国最大的光电子信息产业基地。当时的武汉市长、原华中理工大学校长周济雄心勃勃，提出要在 5 年内再造一个武汉。随着"武汉·中国光谷"概念铺天盖地，投资者纷纷涌向与光电子相关的公司，这类企业的估值迅速飙升，备受追捧。

湖北双环科技开发投资有限公司总经理周喜泉看到这一趋势后，转而希望投资与"光"相关的高科技公司。而我的公司主要服务于水泥行业，与光电子无关，周喜泉因此对之前的投资感到后悔，开始有了撤资的想法。在一次公司会议上，他对各项事务频频挑刺，表示各种不满。我意识到继续留住湖北双环可能会影响公司发展，于是对他说："如果你想撤资，那就撤吧。"他听后喜笑颜开，立即表示同意。在会上，大家决定由我个人接手湖北双环的全部股份。490 万元对我来说并不困难，依靠矿渣活化技术的推广，我的收入早已远超这个数目。

为了尊重学校的意见，我首先找到了时任武汉工业大学科研副校长的张清杰。当时他因病住在武汉军区总医院，我到医院向他说明了湖北双环科技开发投资有限公司撤资的情况。他一开始误以为我希望学校出资购买股份，立刻表示："学校不愿意出资，只愿意提供技术和专利权入股。"根据《公司法》，股东有优先购买权，于是我提议由我个人买下湖北双环的股份。张副校长对此非常支持，当场同意了我的建议。

2000 年 10 月 30 日，湖北双环科技开发投资有限公司、林宗寿和武汉工业大学科技开发总公司签订了正式的撤资协议，湖北双环退出了武汉亿胜科技有限公司，公司继续运营。

2001 年 2 月 14 日，公司被武汉市科学技术委员会认定为高新技术企业。同年 9 月 28 日，公司召开全体股东会议，会议决定由于武汉工业大学与其他高校合并成立了武汉理工大学，原武汉工业大学科技开发总公司变更为武汉理工大产业集团有限责任公司，并相应更改股东名称。会上，乔秀臣因故离职，我收回了其股份，同时为了激励员工，我将部分股份赠与骨干成员：黄赟的股份增加至 5%，刘金军增至 3.5%，赵前增至 2.5%，并进行了工商备案。

会议还讨论了公司的发展规划和产业基地建设，大家一致通过了我的提议。随后，为公司选择了北港科技园作为产业基地，并于 2001 年 12 月 25 日与洪山区经济发展区管理委员会签订了 15 亩土地使用权转让合同。当时这一片都是农田和藕溏，很偏僻和荒凉，道路和房子都没有。我看了规划后，选择了书城路（原出版城路）和文治街（原机场三路）交叉路口处的一个藕溏。最早这地方是南湖的一部分，后来农民把它围成了藕溏。洪山区政府把这一片土地规划为科技园后，进行了"三通一平"，填土高达 4m，我接手后感觉还是不够高，就自己出钱再填高了半米。后来发现这决策非常正确，2016 年大洪水时，周边都淹了，可我的公司却安然无恙。

购买土地后，我立刻组织公司大楼的设计并启动各项审批手续。考虑到公司当时不需要太多的办公空间，我将园区规划为两期，第一期先建设约 4000 平方米，并将靠近十字路口的土地预留给二期工程使用。当时，洪山区政府非常支持科技园的建设，允许入驻企业一边申报手续，一边施工，大大加快了建设速度。

2002年3月29日，武汉市洪山区发展计划委员会发文（洪计基〔2002〕30号），批准武汉亿胜科技有限公司在北港科技园新建生产基地的立项。2002年11月8日，武汉亿胜科技大楼一期工程正式破土动工。由于我投入了490万元现金，公司资金充足，且无负债，大楼建设进展迅速，仅用8个月就基本完工。

2003年7月5日，公司生产部和食堂率先搬入园区。随后，8月25日，其他部门开始陆续搬迁。到8月29日，除营销部外，所有部门已全部入驻。到了9月初，营销部也顺利搬进园区，公司整体搬迁工作圆满完成。9月15日，首届水泥工艺师培训班就在科技园开学了。11月8日，园区大门、围墙、绿化等所有工程全部竣工。

图8.32 武汉亿胜科技大楼一期工程

公司大楼一期工程完工后，园区正式投入使用，配备了篮球场、食堂、生产车间、学术报告厅、会议室、员工宿舍、展览室、活动室及各类办公室。公司秉承"服务行业、面向未来、注重成效、稳步发展"的经营理念，紧跟国家产业政策，抓住水泥行业需求的发展机遇，充分发挥自身优势，与时俱进，求实创新，推动我国水泥工业现代化进程。

在注重业务发展的同时，公司也非常重视企业文化建设。我为公司确定了企业精神："慎言敏行，求实创新"。"慎言敏行"源自《论语·里仁篇》："君子食无求饱，居无求安，敏于事而慎于言。"意思是言语谨慎，行动敏捷，言必行，行必果；"求实创新"则寓意忠诚踏实，勇于开拓，永远引领行业前沿。

"亿胜"名称源于英文"E-Cement"的音译，"E"代表高科技，"Cement"为水泥，寓意为高科技在水泥工业中的应用。公司的徽标是一匹驰骋的骏马马首，三撇飞扬的马鬃象征着公司源自武汉理工大学，勇往直前，驰骋于市场风雨中。这一徽标后来也成功注册为商标。

此外，园区内还树立了一座不锈钢雕塑，由"亿胜"谐音的字母"e"和"s"交叉组成，尾部带有五条风影。"e"代表高科技，"s"象征起飞的大鸟，寓意公司将凭借高科技展翅高飞。

自公司成立以来，我们陆续招收了一批新员工，包括应届大学毕业生和来自水泥厂的技术人员，迅速组建起了一支强有力的团队。

为了提高工程技术人员的技术水平，我们一有时间就组织技术学习。如果工厂遇到问题，员工可以随时打电话给我，我远程指导。每年春节期间，我都会亲自主持技术培训，结合具体案例进行讲解，使员工的业务能力显著提升。然而，员工流动性较大，部分技术人员在公司锻炼后，身价提高，离开公司后很快就成为其他企业的技术骨干。有些员工甚至不告而别，连出差借款也不还，消失得无影无踪。还有一些软件人员，公司花费大量资金送他们去北京学习，结果刚回公司就辞职了。

研发部的范鹤鸣，专攻自动化，2000年11月加入公司，2003年7月辞职。令人气愤的是，辞职前一天他提交了一张8000多元的档案管理报销发票，我毫不犹豫地给他报销了，没想到第二天他就递交了辞呈。更过分的是，临走前他将公司电脑的硬盘全部格式化，导致他两年多的工作成果和数据全部丢失。

营销部员工解增信，2003年加入公司，起初工作十分勤奋，也为公司做出了贡献。不久后，他却在外成立了自己的公司，私下获取公司技术资料，请深圳的工厂代加工，生产与公司相同的产品，并建网站进行宣传。他一边领着公司的工资和出差补贴，一边卖自己的产品，实在令人气愤。

另一个案例是贾志奎，2001年从甘肃古浪水泥厂加入公司从事营销工作。他原本有社保关系，按理应转到武汉市，但当时跨省社保无法转移，他请求我们将社保费用直接发给他，声称自己会拿回甘肃缴纳。我们信以为真，从2001年2月起，每月将社保款与工资一起打入他的账户。直到2012年8月，公司法律顾问提醒我们这样做存在风险，我们才停止直接支付社保费用，转为在武汉缴纳。2013年8月，贾志奎离职，双方签订了解除劳动合同协议书。然而，2018年5月，他突然起诉公司，要求补缴2002年1月至2012年7月的社保费用。最终，我们不得不按照2018年的标准补缴，并支付滞纳金和罚款，给公司造成了不小的经济损失，这也成为了我们的一次教训。

在公司经营过程中，我们非常担心员工发生意外伤害，比如交通事故、工伤或疾病等。无论是因公还是因私，一旦发生，公司往往难以完全撇清关系。有一位员工，徐某某，辽宁人，2002年10月25日加入公司，原先是国营水泥厂的员工。自加入公司以来，他的工作表现一直非常出色，堪称优秀。有一年春节期间，他因为去云南出差，没能及时买到回程车票，只好在昆明过年，这让我非常感动。

2006年12月，徐某某从内蒙古完成项目返回公司后，第二天便感到头晕。我以为是高血压，于是安排公司员工送他去医院就诊。然而，住院一天后，病情迅速恶化，他被紧急转到广州军区武汉总医院，确诊为中风，随后陷入昏迷。谁也没想到年仅40岁的他会中风，而且病情发展如此之快，他被立即送入ICU病房。

我们迅速联系了他的家属，他们从沈阳赶到武汉。到达后，家属强烈希望公司为他支付开颅手术的费用。由于担心手术风险，我咨询了医生："这样的手术成功率如何？"医生告诉我："做过5例，没有一例存活。"听到这个结果，我认为手术风险过大，可能会带来无法挽回的后果，便建议家属选择保守治疗。然而，家属们误以为我不愿意出资，一再请求，有的甚至哭闹。

尽管压力很大，我坚持建议再观察几天，看看病情变化。令人惊讶的是，几天后徐某某奇迹般苏醒，病情逐渐好转，最终顺利出院。他的所有治疗费用，包括家属的往返机票和食宿费用，全部由公司承担。

另有一位员工，高某某，于2004年加入公司，平时血压一直较高。2007年3月，他突然离职，去了内蒙古的一家水泥厂担任技术员。没过多久，我们得知他因脑溢血去世。幸运的是，这起意外发生在他自动离职后，公司因此避免了一场潜在的法律纠纷。

尽管人员流动频繁，公司依然成功组建了一支相对稳定的队伍，并在新技术、新产品研发和技术创新方面不断取得突破。自公司成立以来，我们成功研发并推向市场的主要软件产品包括：水泥厂化验室专家系统、球磨机专家系统、生料率值控制系统、化验室管理系统以及QCS水泥生料质量控制系统。硬件配套设备方面，我们推出了可控粉料螺旋取样器、电子单摆物料定位检测仪、可控多点循环布料系统、联机通讯设备、可控磨内喷水设备、视频反馈系统、重锤式料位计、磨机负荷控制系统、新一代可调速防冻智能取样器和磨内喷雾降温系统等。

此外，公司还开发了多款水泥厂化验室检测仪器，包括：氧弹式发热量快速测定仪、SA-Ⅰ硅铝测定仪、SA-Ⅱ单片机控制硅铝测定仪、液晶显示的新型氧弹式热量快速测定仪、氯离子测定仪、水泥抗起砂性能测定仪以及水泥抗裂性能测定仪。公司研发的水泥新品种则包括过硫磷石膏矿渣水泥、高性能少熟料矿渣水泥和矿山尾矿胶结剂等。

与此同时，公司的营销工作也取得了显著进展。我们建立了一支能吃苦耐劳的营销团队，并在全国范围内逐步形成了有效的营销网络。通过在各地举办水泥生产新技术讲座，公司产品的知名度和市场份额大幅提升，带来了可观的经济效益。公司因此步入快速发展的轨道，财务状况稳健，各项工作都已走上正轨。

8.7 购买水泥厂

2001年10月，我公司刚成立不久，广东国叶有限公司有意涉足道路工程施工业务，急需土壤固化剂技术。于是，他们派永野绍雄来到我们学校找我洽谈合作，提议双方联合成立一家新材料公司，专门生产土壤固化剂。永野绍雄是二战时期留在中国的日本遗孤，从小在武汉长大。

广东国叶有限公司成立于 1996 年 7 月 15 日，位于广州市天河区黄埔大道，经营范围包括百货、针织品、纺织品、工艺美术品、普通机械、建筑材料等。公司法人代表是叶选廉，实际控制人则是朱运荣。叶选廉在中国保利集团下属的凯利公司和深圳国叶实业有限公司担任重要职务，因此广东国叶有限公司的名声很响亮。不过，我虽然多次到访公司，却从未见过叶选廉，至于他与广东国叶有限公司的真实关系，我也不得而知。

2001 年 10 月 18 日，广东国叶有限公司与武汉亿胜科技有限公司经过友好协商，签订了"联合成立新材料公司"的合同书，双方达成一致意见，共同开发土壤固化剂产品系列。新成立的公司命名为广东国叶亿胜新材料有限公司，总股本为人民币 1000 万元。广东国叶有限公司以货币资金方式出资 700 万元，占股 70%；武汉亿胜科技有限公司则以土壤固化剂的专有技术（包括两项固化剂专利）出资，折合 300 万元，占股 30%。

广东国叶亿胜新材料有限公司成立后，我公司派出了孙谋远、左劲松和慕喜才等技术人员参与公司经营。为更好地承接道路工程项目，广东国叶有限公司提供了一整层办公楼，设立了"林宗寿教授广东实验室"，专门从事土壤固化方面的实验研究。同时，我们积极考察各地水泥厂，计划建立一个土壤固化剂的生产基地。

20 世纪 90 年代中期，国有企业普遍面临效率低下、负债累累的问题，许多企业长期依赖政府补贴生存，给国家财政带来了巨大负担。为应对亚洲金融危机的影响，并推动社会主义市场经济体制的完善，1998 年中国政府加快了国企改革进程，旨在提升企业效率和竞争力，减轻财政压力。改革的核心是"抓大放小"政策，即保留并发展大型国企，通过重组和改制提高其竞争力，同时放开小型国企，通过改制、拍卖等方式走向市场化或私有化。此政策大幅减少了小型国企数量，减轻了政府负担。

时任总理朱镕基提出了"三年脱困"目标，推动国企通过资产重组和现代化管理摆脱亏损。与此同时，产权制度改革引入外部资本，推动国企股份制改造和公司治理结构的现代化，部分企业通过上市进入资本市场。

广东国叶亿胜新材料有限公司刚成立不久，决定顺应这一潮流，参与收购国有企业。2002 年 7 月 3 日，公司成功收购了清远市七星水泥厂，并将其更名为清远市国叶亿胜水泥厂。

2002 年 8 月 10 日，我们正式进厂接管水泥厂，永野绍雄担任总经理，孙谋远任生产副总经理。随后，我们对全厂的生产设备进行了维修和改造，同时对办公室进行了重新装修。我们将一台 $\phi 2.2 \times 6.5m$ 水泥磨改为矿渣磨，并扩建了矿渣堆棚、散装水泥库，升级了窑和磨的收尘设备,并修复了烘干机等相关设备。

2002年9月8日,原料破碎机开始投料生产。9月20日,立窑点火,全厂正式投入正常生产。

然而,2002年11月,国叶亿胜水泥厂刚投产不久,广东省就爆发了由SARS冠状病毒引发的非典型性肺炎疫情。该病毒通过飞沫和接触传播,症状包括发热、咳嗽、全身酸痛,严重者出现呼吸困难甚至死亡。疫情在2003年初迅速蔓延至中国大陆、香港、新加坡、加拿大等地,最终导致全球约8000人感染,近800人死亡。

图8.33 清远市国叶亿胜水泥厂

初期,疫情控制不力,导致快速扩散。中国政府随后加大了防控力度,通过隔离病患、限制人员流动等措施,逐渐控制了疫情。世界卫生组织(WHO)在2003年3月发布全球警告,各国加强检疫、限制国际旅行等应对。到2003年7月,疫情基本结束。

受非典疫情的影响,2003年上半年广东的水泥市场不景气,水泥价格低迷,加之技术改造的投资,国叶亿胜水泥厂经营陷入困境。2003年10月前后,广东国叶有限公司在未告知我们的情况下,单方面将清远市国叶亿胜水泥厂秘密卖掉,事后才通知我们。然而,仅仅过了7天,广东的水泥价格就大幅上涨,所有水泥厂都赚得盆满钵满。我们公司算是功亏一篑,广东国叶有限公司也错失良机,煮熟的鸭子飞了,后悔也已无济于事了。

广东国叶有限公司在未经过股东会和董事会的情况下,就擅自将国叶亿胜水泥厂卖掉,这显然是违法行为。至于他们为何如此操作,我并不清楚,可能与内部人事斗争有关,也可能是经营目标发生转变,听说他们后来买了一艘游船,不再想继续经营水泥厂和道路工程。这次事件虽然没有给我们公司带来多少经济损失,但白白耗费了我们不少精力。

非典过后,我国国民经济迅速恢复并进入高速增长期,我公司的销售业绩也随之大幅提升,取得了飞跃式的发展,资产和经济实力明显增强。这时,我萌生了单独购买一家水泥厂的想法。

2004年9月18日,应河南安阳市硅酸盐学会的邀请,我在安阳市委招待所做了一场水泥生产新技术讲座。期间,学会会长提到了林州市红旗水泥厂破产拍卖的事,这引起了我的兴趣。讲座结束后,我前往河南省林州市考察红旗水泥厂,并结识了安阳市陈副市长、林州市张钤副市长以及中小企业服务局牛局长等人。

林州市资源丰富，红旗水泥厂与当地几家钢铁厂相邻，拥有大量廉价的矿渣资源。

图 8.34 林州市红旗水泥厂

红旗水泥厂始建于 1974 年，是个国营企业，由于经营不善，企业亏损严重，无法偿还债务，林州市人民法院于 2001 年 4 月宣布其破产并成立清算组。自 2002 年起，水泥厂多次拍卖，起价从 6700 万元降至 2500 万元，但仍无人问津。尽管期间有山西、郑州等地的公司前来洽谈，最终都未能达成交易。

红旗水泥厂配备了两台 Φ2.9×10m 机立窑和一条日产 1000 吨的预分解窑熟料生产线，以及两台 Φ2.2×6.5m 水泥磨和两台 Φ2.2×6.5m 生料磨。尤其是周边钢铁厂的矿渣每吨仅 4 元，非常适合我的矿渣活化技术。因此，我萌生了购买这家水泥厂的计划。

为了购买林州市红旗水泥厂，我专门成立了武汉亿胜材料有限公司，以武汉亿胜科技有限公司为主，部分员工也参与投资，很快筹集到 1700 万元资金。2005 年 1 月 18 日，武汉亿胜材料有限公司与红旗水泥厂破产清算组签订了资产整体出售合同，购买价为 2500 万元。合同约定，在 3 个月内支付首期款 1000 万元，6 个月内支付第二期款 500 万元，剩余 1000 万元在两年内付清。林州市政府承诺，出售资产不存在任何第三方权益或法律限制。

然而，合同签订后不久，当地水泥价格暴涨，水泥厂成为抢手货。一家山西来的水泥厂向林州市政府提出一次性支付 2500 万元购买红旗水泥厂的请求。尽管我们的合同已生效，林州市政府仍试图违约，将水泥厂卖给山西人。得知情况后，我迅速在 2005 年 4 月 8 日通过招商银行汇出了首期款 1000 万元，迫使林州市政府无法单方面违约。然而，他们转而企图通过职工代表大会否决我们的合同。

2005 年 4 月 14 日，破产清算组召开了职工代表大会，我在会上介绍了水泥厂技改和经营方针。尽管部分职工代表支持我们的方案，但由于林州市政府提前施压，大多数代表投了反对票，导致购买方案被否决。

对此，我向安阳市陈副市长汇报，他立即派副秘书长前来协调。最终，林州市政府要求我们一次性支付 2500 万元，并只给了 5 天时间，要求 4 月 19 日前付清，否则合同作废。对武汉亿胜材料有限公司来说，一次性付清 2500 万元，再加上技术改造所需的投资，总额将达 3500 万元，超出了我们的财务能力。

为此，我联系了佛山市三水区三鹿水泥有限公司的叶国雄。三鹿水泥公司成立于 1999 年，效益良好，法人代表叶国雄及股东陈力平和郑沛钊均为诚信之人。接到我的电话后，他们迅速飞往林州市考察红旗水泥厂，并决定投资。经过协商，我们达成合作协议，双方共同出资收购红旗水泥厂，并成立了林州市亿胜红旗渠水泥有限公司，总股本3500万元，其中武汉亿胜材料公司出资1900万元，占54.286%，三鹿水泥公司出资1600万元，占45.714%。

在林州市政府规定的期限前，我们于2005年4月18日成功支付了2500万元，顺利收购了林州市红旗水泥厂，并将其更名为林州市亿胜红旗渠水泥有限公司。

虽然我们成功购得了红旗水泥厂，但顺利进厂并非易事。当时，红旗水泥厂已经被程某某等当地地头蛇承包。他们在我们进厂前购进了大量劣质煤，并用少量好煤掩盖以次充好。此外，他们还试图强行将生产线上的各种原料和半成品高价卖给我们，并通过各种手段威胁。为了顺利进厂并尽快投产，我们不得不做出很多让步。经过林州市中小企业局的协调，双方于2005年4月29日达成协议，最终在2005年5月19日正式进厂，恢复生产并启动技术改造。

进厂后，我们迅速开展了紧张的技改和扩建工作，新增了两台¢2.6×13m大磨机用于矿渣粉磨，增加了10台除尘器和2座水泥散装库，并完善了钙铁分析仪、硅铝快速测定仪、氧弹仪及水泥生料配料率值控制系统等水泥质量保障设备。我们还全面更换了生料、熟料和水泥的配料微机和包装机，改造了两台烘干机和两台立窑，修复了4台¢2.2×6.5m球磨机，并更换和修复了几十台皮带输送机和提升机，确保立窑生产线正常稳定运转。然而，由于资金有限，日产1000吨的新型干法窑技改暂时未能启动。

图8.35 扩建两台¢2.6×13m矿渣磨

不巧的是，水泥厂投产后，河南北部的安阳市和林州市一带水泥价格迅速下跌，因供大于求，我们的水泥和矿渣粉不得不远销郑州、洛阳等地。然而，由于运输距离远，水泥出厂价格始终偏低，每吨仅160元左右。与此同时，周边一些水泥厂通过偷税漏税、缺斤少两、在水泥中掺盐等不法手段降低成本。例如，本应50公斤一包的水泥，他们只装45公斤，每吨成本就能降低近20元。加入盐作为早强剂虽然能提高水泥的早期强度，但会导致混凝土中的钢筋生锈，严重缩短建筑寿命，而用户对此却毫不知情。尽管我们采用矿渣活化等技术降低生产成本，但由于我们不参与这些违法行为，竞争优势逐渐丧失。

同时，周边矿渣等原材料价格大幅上涨，最终导致水泥厂经营出现亏损。

此外，水泥厂周边的治安环境也令人堪忧。刚进厂不久，我们聘请了一位当地出纳，第二天正赶上发工资，有一笔 8 万元现金，我特别叮嘱她要尽快存入银行，结果她却把钱留在了财务室，还无人值班。当天夜里，财务室保险柜被撬，8 万元现金被盗。几天后，这位出纳也辞职离开了。我们报警后，派出所称已破案，抓到了小偷，并要求我们送些食用油和大米表示感谢。我们满心以为能追回这笔损失，送去了东西，却左等右等，最终一分钱也没拿回来。不仅损失了 8 万元，连送给派出所的油和米也打了水漂。

治安环境差，投资环境更糟，林州市政府毫无诚信。自从我们在 2005 年 1 月 19 日与林州市政府签订了整体收购红旗水泥厂资产的合同以来，尽管我们已按合同支付了全部款项，但林州市政府始终未将红旗水泥厂的全部资产移交给我们。特别是《红旗水泥厂资产评估报告》明确标示的 10.3 亩"C 块土地"被盗卖，我们至今未能收回。

红旗水泥厂在 2001 年破产时拥有 A、B、C 三块土地，其中 C 块为生活用地，面积 10.31 亩，早在 1993 年已被征用并建有两座职工宿舍楼，其余部分为空地。2005 年，我们收购红旗水泥厂时，这块土地本应归我们所有，却发现已被非法出售，甚至还办理了合法使用权证。经过一年多的调查，我们掌握了充分证据，证明 C 块土地的合法归属属于红旗水泥厂。然而，尽管我们投入了大量精力维权，却因人为的障碍和阻力，始终未能讨回这块土地。2006 年 7 月 6 日，我们向时任林州市委书记来亮和中小企业服务局反映情况，但毫无结果。

不仅如此，水泥厂的房产证和土地证也迟迟不发放。经过多次交涉，最终只给了部分证件，但银行告知这些房产和土地已被抵押，无法用于贷款。我们质疑："红旗水泥厂不是已经破产并拍卖了吗？"银行却回复："还需法院的终审判决，才能正式将资产判给你们。"我们四处奔走，但法院依然拖延不作终审判决。

此外，我们在签订合同时，合同明确规定了多项免税优惠政策，且有相关附件为凭。然而，税务部门仍然前来征税。我们出示合同，他们却不认可林州市党委的文件。税务部门最后承诺"先征后返"，但实际缴纳的税款至今未返，所谓的优惠政策完全成了空谈。

林州市红旗水泥厂的粉磨工艺采用的是联合粉磨车间，配有 4 台 $\phi 2.2 \times 6.5m$ 磨机，两台用于生料粉磨，另两台用于水泥粉磨。我们接管后保持了原有的工艺布局，只是在车间旁新增了两台 $\phi 2.6 \times 13m$ 矿渣磨。自我们进厂后，这个粉磨车间怪事频发。

有一次，车间主任季某某在给生料磨尾的小火炉加煤时，炉门突然喷出火焰，烧伤了他的手，住院半个多月。这个小炉子是为了防止生料磨尾烟囱结露，已使用多年，从未出过这样的事故。

2005 年 10 月下旬，一起更严重的事故发生了。一台生料磨的离心选粉机位于车间的五层楼，因减速器故障需要更换，张宝玉副厂长、季主任和一名维修工人负责维修。为了方便将新减速器吊入，他们割开了选粉机旁的铁窗。

设备修好后，季主任觉得试运行时有些偏心振动，便提议打开盖子查看。然而，他在选粉机未完全停稳的情况下，违规打开了维修孔的盖子。就在提起四方型盖子的一瞬间，盖子的一角碰到仍在旋转的风叶，被猛烈反弹，季主任失去平衡，向后摔出临时割开的铁窗，头朝下从五层楼高处跌落，瞬间昏迷不醒。

他被紧急送往林州市医院抢救。当时正值晚上7点，我和孙谋远总经理在林州市郊吃饭，接到电话后立刻赶往医院。季主任已经深度昏迷，呼吸微弱。急诊医生用一根粗塑料管直接插入他的肺部进行处理，看得我们心惊胆战。随后，我们将季主任送去做脑部CT，结果显示脑部大面积出血，情况极为危急。林州市医院建议我们立即转院至安阳市医院。

在急救车赶往安阳市途中，季主任的20多岁的儿子赶到医院，情绪失控，冲上来就对孙谋远打了几拳。遗憾的是，急救车还未抵达安阳，季主任的心跳已经停止，最终不治身亡。

季主任去世后，整个工厂的气氛十分沉重。尽管事故的发生是由于他的违规操作，但我心里依然觉得十分愧疚。这时，季主任的家属表示天气炎热，希望为他租个冰棺，我毫不犹豫就同意了。没想到，他们把装有季主任遗体的冰棺直接挡在了水泥厂的大门口，切断了交通，导致所有原料和产品无法进出，水泥厂被迫停产。

随着事故赔偿谈判的展开，我们发现他们可能请了专业的"医闹"，谈判的局面完全被他们掌控。他们狮子大开口，提出了远超公伤标准的赔偿要求，双方始终无法达成协议，水泥厂因此停产了一周，当地政府部门也没有出面干预。无奈之下，我们向安阳市陈副市长汇报了此事，他立即指示林州市政府介入。张钤副市长亲自协调，通过施压和劝解，双方最终达成了协议，但赔偿金额远高于公伤死亡标准的两倍以上。

虽然事故赔偿问题最终解决，但这笔高额赔偿让水泥厂本已紧张的财务状况更加恶化，真是雪上加霜。

林州市亿胜红旗渠水泥有限公司陷入亏损，由于无法获得银行贷款，也未能得到股东增资支持，为了维持生产，我们只能依赖武汉亿胜科技有限公司的借款来勉强维持。此时，招商银行发现我们公司的现金流不大，便"嫌贫爱富"地提前行动。虽然我们向招商银行借贷的900万元贷款期限是两年，但还没到期，他们的业务员就频繁上门催债。若不采取果断措施，公司极有可能面临资金链断裂的风险。无奈之下，我只能把家里的所有存款拿出来，还卖掉了一处房产，才勉强还清招商银行的贷款。

三鹿水泥公司见此情形，也失去了信心，提出退股。显然我们无力回购他们的股份，而水泥厂持续亏损，需要不断投入资金，这让我压力倍增，整日忧心忡忡，心情沉重。

2006 年 7 月，我陪客人游玩安徽天柱山，顺道去了三祖寺。寺中有一块著名的"解缚石"，导游讲述了一段故事：14 岁的四祖道信曾向三祖僧璨求教解脱之道，僧璨反问："是谁将你缚住？"道信答："无人束缚。"僧璨接着说："既然没有束缚，你又求什么解脱？"道信当即大悟。我听完这个故事，仿佛也顿悟了：为何不卖掉林州市亿胜红旗渠水泥有限公司呢？于是，我下定决心，决定卖掉水泥厂或引入新的投资方。

通过网上公告和熟人介绍，我找了许多人希望找到投资者，但大多数人一听说是在河南投资，就打了退堂鼓。大家都说河南的政府不守信用，资金一旦进入，往往会遭遇"关门打狗"的局面，许多前去投资的人最终都亏损而归。经过艰难寻找，终于找到了福州某港建材有限公司，他们表示愿意接手。

2006 年 12 月 16 日，我与福州某港建材有限公司达成了《股份转让合同书》。协议约定，林州市亿胜红旗渠水泥有限公司的全部资产、债权债务，包括土地、房产、设备、原材料、半成品、成品、交通工具、无形资产等，作价总计 4000 万元人民币。福州某港建材有限公司出资 3500 万元人民币，其中 1000 万元作为增资，2500 万元用于购买原股东股份。增资后，林州市亿胜红旗渠水泥有限公司的总股本增加至 5000 万元，福州某港建材有限公司占 70%的股份，原股东占 30%。

合同规定，福州某港建材有限公司在预付 100 万元定金后，即可派人进厂监督生产和经营。合同生效后，福州某港建材有限公司需再支付 1500 万元，累计达到 1600 万元后，即可参与公司的生产管理。其中 1000 万元用于技改和流动资金，600 万元用于购买股份。剩余的 1900 万元将在 2007 年 9 月 1 日前支付。如果到期未付清余款，福州某港建材有限公司将按银行同期一年期贷款利率支付利息。若到 2008 年 3 月 1 日仍未付清，则原股东有权要求不再支付剩余款项，福州某港建材有限公司已支付的资金将视为股本，双方重新划分股份。

这个合同表面上看似完善，实则不然，因为福州某港建材有限公司根本没有打算遵守条款。他们支付了 1600 万元（其中 1000 万元用于技改，400 万元给三鹿水泥公司，200 万元给亿胜材料公司）后，便迅速掌控了全厂的经营权，随即挑起各种矛盾。

在进行资产交接时，某港建材公司故意刁难，测量堆场上的煤明明是 20 米长，却硬说只有 17 米；1.9 米深硬说成 1.5 米深。他们蛮横无理，强词夺理，令人气愤。在测量圆库原料时更是胡乱报数，清点其他资产时也采取同样手段，导致资产数量与合同附件中注明的相差甚远。对此，他们要求从我们的股份中扣除，完全不讲理，简直像强盗。

不久之后，他们仅支付给亿胜材料公司 200 万元购股款，便企图夺取我的法人代表身份并更改公司名称。有一天，他们收买了当地工商管理人员，试图悄悄修改公司名称和法人代表。巧合的是，我及时发现了这一阴谋，立刻闯入办公室，警告那些工商人员停止违法行为，并亮明了自己全国人大代表的身份，才挫败了他们的计划。

事实上，福州某港建材有限公司资金有限，他们的资金是由几十个人集资而来，根本无力提供后续资金。他们的打算是通过这1600万元获得水泥厂控制权，然后用水泥厂的利润慢慢偿还我们的股金。进厂后，他们开始改造回转窑，但由于资金不足，改造尚未完成便因缺钱而被迫停工。

2007年5月，河南省政府强制关闭立窑，手段极为粗暴。一天，公安、工商局和其他政府部门突然来到水泥厂，毫无预警地赶走工人，随后安装炸药，一声巨响后，两台立窑和窑房一起被炸毁。我们曾要求自行拆除立窑并改作他用，但被拒绝。

随着立窑被炸，水泥厂的经营更加困难。此时，经营权在福州某港建材公司手中，他们开始变卖不常用的备品备件和设备，甚至将原来红旗水泥厂的设备维修厂全部出售，然而这些举措无法根本解决问题，水泥厂的经营很快陷入困境。

尽管我卖掉了林州市亿胜红旗渠水泥有限公司的大部分股份，且未拿到全额转让费，但至少不再需要为水泥厂亏损补贴。我用家里的资金还清了招商银行的贷款，保住了武汉亿胜科技有限公司。然而，购买红旗水泥厂给我的公司带来了巨大的损失，严重打击了公司的运营。但这也促使我萌生了进一步降低水泥生产成本，研发少熟料水泥的构想。

2006年11月，我开始研发少熟料水泥技术，然而，直到2010年2月才成功研发出高性能少熟料水泥，错失了在林州市亿胜红旗渠水泥有限公司应用的机会。

林州市亿胜红旗渠水泥有限公司再次陷入困境后，作为法人代表，我不得不考虑公司的未来。由于公司还有大量资产留在水泥厂，我担心福州某港建材有限公司的不当经营，特别是若他们从事偷税漏税等违法行为，我也可能受到牵连，因此，我开始寻找新的投资方。

经过多方努力，终于找到了湖北某磊置业有限公司，他们愿意收购水泥厂。某磊公司起家于承包水泥厂，曾承包过多家水泥厂，并在重庆拥有一家日产2000吨的新型干法水泥厂，经营状况良好。

2008年1月16日，经过多次协商，湖北某磊置业有限公司、福州某港建材有限公司、武汉亿胜材料有限公司、佛山市三水区三鹿水泥有限公司达成了协议。湖北某磊置业有限公司同意分期付款收购福州某港建材有限公司和佛山市三鹿水泥有限公司的全部股份，首次分别支付福州某港建材有限公司600万元，佛山市三水区三鹿水泥有限公司100万元。同时，某磊公司还同意以475.5万元的价格收购武汉亿胜材料公司37.78%股份中的16.78%，并采用分期付款的方式，首次支付了100万元，并承诺在收购完成并进厂后支付200万元，股权工商登记后支付剩余的175.5万元。

2008 年 3 月，湖北某磊置业有限公司支付首付款后顺利进厂接管了林州市亿胜红旗渠水泥有限公司。虽然某磊公司没有福州某港建材有限公司那样蛮横无理，但也同样不守信用。首次付款后，他们再未履行承诺支付余款。事实上，很多个体投资者购买水泥厂时，都是用这种模式：支付首付款后，再用水泥厂的利润偿还债务。如果水泥厂无法迅速盈利，后续的款项通常难以兑现。

某磊公司接管水泥厂后，注入了资金，恢复了回转窑的技改工作，并于 2008 年 9 月顺利投产。然而，回转窑的生产成本远高于立窑，而附近的水泥市场行情一直不景气，水泥价格持续低迷，导致水泥厂的亏损进一步加剧。欠下的原材料款越来越多，股东之间也互不信任。福州某港建材有限公司和佛山市三鹿水泥有限公司这两位股东始终不合作，只想着退出并拿回资金。由于股东之间无法达成共识，水泥厂的经营再度陷入困境。

2010 年 2 月，我成功研发出高性能少熟料水泥，并于同年 3 月 4 日在云南昆明蓬莱水泥厂顺利实施。当时，我想借助这一技术来挽救水泥厂，还特意邀请了湖北某磊置业有限公司的彭主任到云南考察。但由于股东之间无法达成共识，没有任何一方愿意增资，最终高性能少熟料水泥未能在水泥厂实施。

到了 2011 年 3 月 15 日，股东之间的矛盾愈演愈烈，水泥厂再次陷入停产状态。最终，我们几位股东无奈以极低的价格，一次性付款将股份全部卖给了湖北某磊置业有限公司。听说他们随后就将水泥厂转卖给了一家当地公司，具体交易金额我也没有兴趣再过问了。

此次收购水泥厂的失败，原因是多方面的。最主要的因素是水泥市场低迷，其次是政府的不守信用。在整个经历中，我深刻体会到，在商业领域，契约精神和诚信是至关重要的。如果各方都能严格遵守合同条款，按照既定的规则行事，许多困境或许可以避免。遗憾的是，现实往往事与愿违。当市场环境恶劣、资金短缺时，违约似乎成为了一些人的常规操作。而当政府的承诺无法兑现时，企业家们就不得不承担更大的风险和代价。在这种情况下，守法与诚信经营反而成了软弱的象征，因为在一个缺乏法治保障的环境里，那些无视规则、投机取巧的人反而能获利。

这次失败让我更加认识到，做企业不仅需要技术和资金的支持，更需要一个公平、公正的商业环境。如果制度不健全、诚信缺失，那么再好的计划和创新也难以为继。或许这次失败是命运的安排，但它也提醒我，在未来的商业活动中，要更加谨慎地评估合作伙伴的诚信度，以及环境的可预见性。真正的成功，既在于企业自身的能力，也在于外部环境的支持和保障。

8.8 高性能少熟料水泥

林州市亿胜红旗渠水泥有限公司经营出现亏损后，为了降低生产成本，我考虑到水泥厂最便宜且易磨的原料是石灰石，便设想用石灰石替代部分矿渣和熟料来生产水泥。2006 年 11 月左右，我拟定了一个实验方案，并交给公司员工欧小弟负责实验，目标是研发一种特别廉价的水泥。经过近一年的试验探索，我们发现，使用石灰石、石膏、矿渣和钢渣几种原料可以配制出一种新的水泥，我们称之为石灰石矿渣水泥。这种水泥可以完全不使用或只使用极少量的熟料，因而大大降低了生产成本。

　　2007 年 11 月，我的硕士研究生武秋月接手该课题，继续深入研究并完善了水泥的配比，使得该水泥的各项性能指标均符合 GB/T 3183-2003《砌筑水泥》国家标准的要求。

　　2008 年 10 月 13 日，我们在实验室使用小型粉磨设备，按照石灰石 60%、石膏 8%、矿渣 22%、钢渣 10% 的配比，粉磨了几十公斤水泥试样。随后，我们在公司园区内按 1:2 的砂浆配比进行了实际粉墙施工实验，检验这种水泥的施工性能。实验结果显示，这种水泥的施工性能优于普通水泥，无需添加砂浆王等外加剂即可达到理想的施工效果。

　　2008 年 6 月 22 日，我们申请了武汉市科技攻关计划项目，并于 2009 年 1 月成功立项，获得 15 万元的经费支持。2008 年 10 月 4 日，申请了发明专利，并于 2010 年 2 月 24 日获得了发明专利权。2009 年 11 月 17 日，该项目通过了武汉市科技局组织的专家鉴定。

　　2008 年 12 月 18 日，华新水泥（武汉）有限公司由于受到武汉周边众多小水泥厂的竞争，决定生产一种廉价的水泥产品，以在价格上取得优势，打败这些小型厂商。为此，我们与华新水泥技术管理（武汉）有限公司签订了"新型砌筑水泥生产技术许可使用"合同，承诺生产出的新型砌筑水泥的物理力学性能将符合 GB/T 3183-2003《砌筑水泥》国家标准。

　　2009 年 4 月，石灰石矿渣水泥投产，经过化验室严格检测，各项性能指标均符合 GB/T 3183-2003《砌筑水泥》国家标准。随后，2009 年 4 月 12 日，我们用工厂生产的 22.5 等级砌筑水泥与武汉市场上购买的水泥进行了砌砖和粉墙施工对比实验。实验过程中未发现任何问题，施工效果良好，因此该产品正式投放武汉市场。

　　在几个月的销售期间，大多数用户对水泥的使用效果表示满意，但少数几家用户反映水泥粉墙后容易掉粉。我立即前往现场调查，发现这些用户有一个共同点：施工前没有很好地对墙底施水，有的甚至完全未进行施水，施工后也没有进行淋水养护。而我们在施工试验时，严格遵循施工规范，因此未出现类似问题。然而，这些用户表示，他们一贯采用这种施工方式，使用其他水泥时从未发生掉粉现象。我当即意识到 GB/T 3183-2003《砌筑水泥》国家标准以及我们生产的水泥可能存在缺陷。

　　经研究，我很快找到了原因，由于这种水泥的主要活性组分是矿渣，当水泥与水混合后，钢渣部分水解，释放出钙离子，使溶液呈碱性，矿渣在这种碱性环境中发生水解，生成各种水化产物。矿渣的水化反应主要通过溶解和沉淀的方式进行，因此必须有充足的水分才能持续反应。相较之下，普通水泥的水化既包含溶解沉淀反应，也有就地反应，即使在水分不足的情况下，普通水泥仍能吸收环境中的水分进行水化反应，因此对水分的要求不如矿渣水泥严格。

查明原因后，我建议立即停止生产，重新进行水泥配比的研究，解决掉粉问题后再恢复生产。

要解决水泥粉墙后掉粉的问题并不容易。所有水泥产品的国家标准中都没有关于掉粉的性能指标，也没有具体的实验方法来衡量这一问题。要找到最佳的不掉粉水泥配料方案，至少需要一个可对比的指标，然后根据该指标进行实验对比，才能得出最佳的配方。

该如何应对呢？开发一种新的实验方法显然不是短期内能完成的工作，但生产不能一直停滞，必须尽快找到合适的配比方案。于是，我们决定采用最原始的方法。在华新水泥（武汉）有限公司化验室的后面找到了一块空地，化验室主任曹庆隆购置了几立方米的泡沫粉煤灰砌块，砌了一堵墙用于粉刷水泥的试验。在公司领导卢九松和曹中海的大力支持下，我与华新水泥武汉公司的肖汉英和曹庆隆三人一同进行了试验研究。

2009 年 7 月，在气温经常超过 37℃的炎热天气下，我们利用泡沫粉煤灰砌块砌成的墙面进行水泥砂浆的实验。由于墙面非常容易吸水，我们故意不对墙面预先施水，直接将不同配比的水泥砂浆涂抹在砌块上。在这种严重缺水的情况下，我们观察水泥砂浆的硬化情况，重点检测是否有掉粉现象。为了评估不同配比的效果，我们用木筷子刮水泥砂浆表面，人工打分，掉粉越少的配比得分越高，掉粉越多的得分越低。

在这种实验方法下，如何快速找到最佳配比方案呢？一次，我与华新水泥武汉公司的同事一起前往武钢钢渣选铁厂考察钢渣。当我从一堆已破碎好的粒状钢渣中拿取一块时，发现这块钢渣被牢牢粘结在一起，与其他钢渣颗粒紧紧结合，必须用力才能掰下来。显然，雨水引发了钢渣颗粒的反应，产生了水化产物，从而使其粘结在一起。让我惊讶的是，钢渣堆表面的钢渣颗粒几乎无法保留

图 8.36 石灰石矿渣水泥试生产

太多水分，却仍然能够产生粘结力，这说明钢渣的水化反应并不需要大量水分。

这一发现启发了我。我决定大幅提高钢渣在水泥配比中的比例，同时相应降低石灰

石的掺量。经过这一调整，我们很快找到了可以有效避免掉粉的水泥配比。我将这种新型水泥命名为"钢渣基无熟料免煅烧水泥"，其主要成分为钢渣，辅以矿渣和石灰石，并加入少量的石膏和熟料。这一配比不仅解决了掉粉问题，还显著提升了水泥的性能。

正当我们调整了粉磨工艺，改变了磨机内部的隔仓板和研磨体级配，万事俱备，准备开始生产"钢渣基无熟料免煅烧水泥"时，华新水泥（武汉）有限公司突然被当地环保部门强制关停了。

原来，华新水泥（武汉）有限公司位于武汉市青山区青山镇鸡鸣村的长江边。建厂时，这一地区还相当偏僻，但随着武汉市的快速发展，水泥厂周围的环境发生了巨大变化。不久之后，青山到汉口的天兴洲长江大桥在水泥厂附近建成，水泥厂的地理位置变成了大桥的桥头，发展前景原本非常好。然而，周边的房地产市场迅速崛起，房地产开发逐渐包围了水泥厂。当地居民（不排除有房地产商在背后推动）以水泥厂污染为由，堵住了水泥厂的大门，甚至有人向时任温家宝总理写信投诉。温总理对此作了批示，随后武汉市环保部门对水泥厂实施了关停。

华新水泥（武汉）有限公司被关停后，我开始寻找其他厂商来生产这种水泥。然而，许多厂家认为砌筑水泥市场有限，并且常被视为低品质水泥，更多厂家倾向于生产32.5或更高等级的水泥。这促使我进一步思考如何生产熟料掺量少、但性能优异的高性能少熟料水泥。

结合我在全国推广矿渣活化技术的多年经验，以及对水泥和混凝土的理论研究，我逐渐形成了一种新的理论——"优化粉磨"理论。

所谓"优化粉磨"就是根据水泥原料的特性，采取各组分单独及部分混合粉磨的措施，控制水泥各组分的粒径范围，在满足水泥颗粒级配，能形成最紧密堆积的基础上，又能充分发挥水泥各组分活性的粉磨技术。

从2009年9月开始，我依据"优化粉磨"理论制定了详细的试验方案，并由公司员工李大志负责具体实验。经过多次反复试验，最终成功研发出高性能少熟料水泥。对于32.5等级水泥，熟料掺量从原来的45%降低至约15%；对于42.5等级水泥，熟料掺量从80%降至25%；而对于52.5等级水泥，熟料掺量则从90%降至35%。

2010年2月20日，我们使用昆明钢铁公司的矿渣和钢渣等原料，进行高性能少熟料水泥的实验。实验取得了显著成功，生产32.5等级水泥时，熟料掺量仅需15%。由于这个熟料掺量远低于GB175-2007《通用硅酸盐水泥》国家标准的下限规定，因此不能称之为"通用硅酸盐水泥"。然而，GB13590-2006《钢渣硅酸盐水泥》国家标准中并未对熟料掺量作出限制，因此我们按照这个标准进行生产。这一创新不仅有效降低了熟料用量，还显著提升了水泥的性能，开创了新的生产方式。

2010 年 3 月 24 日，我们与云南昆钢水泥建材集团有限公司签订了《钢渣硅酸盐水泥生产技术服务合同》。合同要求生产 32.5 等级水泥，熟料掺量不超过 20%，钢渣掺入量不低于 30%。尽管签署了合同，昆钢方面仍持怀疑态度。为确保万无一失，2010 年 4 月 26 日，昆钢水泥建材集团有限公司派技术员到我们学校进行验证实验。他们自带原料，从原料粉磨到水泥配料，再到强度实验，全部由他们的技术员亲自操作。实验结束后，他们带走了水泥样品，交由云南省水泥质检站检验。最终结果证明，所有性能指标均达到了合同要求，并符合 GB13590-2006《钢渣硅酸盐水泥》国家标准。

此后，云南昆钢水泥建材集团有限公司开始建设年产 100 万吨的水泥粉磨站。到 2013 年 3 月 11 日，水泥厂建成并开始投产时，我发现所用的矿渣与之前实验中的矿渣有所不同。昆明钢铁公司原先使用澳大利亚的铁矿石，但在 2012 年前后改为使用国产铁矿石，导致矿渣成分发生了重大变化，矿渣活性显著降低。高性能少熟料水泥对矿渣的活性要求非常高，以往在生产这种水泥之前，我们都会严格检验矿渣的活性。然而，由于矿渣活性变差，水泥中的熟料掺量不得不高于 20%，这意味着我们无法达到合同规定的指标。

正巧当时我已经研发出了一种专用于矿山充填的新型矿山充填胶结剂，正在准备申请发明专利。该胶结剂的熟料掺量在 10% 左右，石膏掺量 15% 左右，主要成分为矿渣，但对矿渣的活性要求不高，能够适用于各种矿山尾矿砂的固化胶结。其强度高，用量少，胶结效果优于普通 42.5 水泥。恰好，昆钢大红山铁矿当时正需要为其矿井充填尾矿砂，并对外招标，因为之前使用的几种胶结剂效果都不理想，尤其在处理特别细的尾矿砂时表现不佳。

2013 年 5 月 29 日，在我的指导下，昆钢水泥建材集团生产了一批矿山充填胶结剂，并提交应标。6 月 1 日，昆钢大红山铁矿开始进行填井试验，使用我们的胶结剂与 42.5 普通水泥进行对比。结果表明，矿山充填胶结剂的效果显著优于 42.5 普通水泥，最终大红山铁矿决定采用我们的产品。

两年后，2015 年 4 月，我们与云南昆钢水泥建材集团有限公司达成协议，允许他们在云南地区免费长期使用矿山充填胶结剂技术，并免收技术使用费。同时，2010 年 3 月 24 日签订的《钢渣硅酸盐水泥生产技术服务合同》终止履行，双方同意自协议生效之日起，未履行的合同义务不再执行，且互不追究因合同产生的责任与后果。作为补偿，双方同意已收取的 100 万元技术费不予退还，昆钢也无需支付剩余的 100 万元技术费。这样一来，高性能少熟料水泥技术再次受到挫折，但通过矿山充填胶结剂技术的成功应用，我们达成了双方互不相欠的结局。

虽然高性能少熟料水泥技术经历了两次挫折，但我们并未放弃。2010 年 3 月 24 日，我们与云南宜良县蓬莱水泥有限公司签订了生产 32.5 等级钢渣硅酸盐水泥的合同，合同金额同样为 200 万元，预付 100 万元。

2012 年 1 月 23 日，蓬莱水泥有限公司经改造后正式投产，生产过程非常顺利。投产后，产品的各项性能指标立即达到了合同要求。尽管产品刚投入市场时，许多用户因为担心熟料用量太少可能影响质量，最初不敢使用，但一年后，这种水泥因其优越的施工性能，尤其适用于粉墙等工程，迅速获得了用户的广泛欢迎，许多客户还专门指定要使用这种水泥。

蓬莱水泥厂还拥有一个商品混凝土搅拌站，最初在配制 C50 混凝土时遇到困难。后来他们发现，使用这种 32.5 等级的钢渣水泥替代一半普通 42.5 水泥后，C50 混凝土可以轻松配制出来。这一发现成了他们的秘密武器，成功击败了周边的混凝土搅拌站。其他搅拌站在配制 C50 混凝土时，由于强度不足，必须先将砂子用水清洗去除泥土，才能勉强达标，而蓬莱水泥厂却无需考虑这些问题，直接就能生产出高强度的 C50 混凝土。这一优势为他们在市场竞争中占据了绝对的领先地位。

蓬莱水泥有限公司投产一年后，遵守合同约定，及时将剩余的 100 万元技术使用费如数汇给了我们。

虽然我们与蓬莱水泥有限公司成功签订并执行了钢渣硅酸盐水泥的技术转让合同，但我始终没有忘记水泥粉墙后掉粉的问题。因为大部分 32.5 等级水泥主要用于砌墙和粉刷，必须找到一种有效的水泥起砂性能检测方法。

2010 年 9 月，我的多哥留学生贝格杜（Beguedou Essossinam）进入了研究生毕业论文阶段。我将他的论文题目定为："水泥起砂成因与改善措施研究"，主要研究水泥为什么会起砂，以及影响水泥起砂的各种因素。然而，我们遇到了一个难题：当时并没有现成的水泥抗起砂性能的检测方法。经过一番思索，我提出了一个临时方案：让贝格杜在制作好试块后，每次进行起砂试验时，使用塑料刷均匀地在水泥试块表面刷 100 次，然后称重，以失去的质量来定义起砂量。虽然这种方法可以大致得出影响水泥起砂的因素和趋势，但由于不同的人进行实验，结果会出现误差，这显然是不够科学的。

2012 年 6 月，贝格杜在公司会议室顺利完成了硕士论文答辩。贝格杜毕业后，同年 11 月，我的硕士研究生杜保辉进入了毕业论

图 8.37 贝格杜硕士研究生论文答辩

文阶段。吸取之前的经验，我为杜保辉定下的论文题目是："水泥抗起砂性能测定仪的开发研究"，着手开发一套科学、标准化的水泥抗起砂性能检测设备，以更准确地评估

和改进水泥的抗起砂性能。这一步标志着我们在解决水泥起砂问题上迈出了关键一步。

我们学校有一位已退休的老师，名叫王全，他原来是西安飞机制造厂的设计人员，后来调到我们学校任教。我经常请他帮忙进行机械设计工作。这次水泥抗起砂性能测定仪的设计也是在他的帮助下完成的。起初，我画了一个草图，将我的设计思路详细与王全老师沟通后，他根据这些想法设计出了正规的机械加工图。我随后将设计交给武汉东湖新技术开发区的一个五金加工厂进行加工。

在测定仪加工完成后，我制订了详细的实验计划，并交给研究生进行反复试验。经过多次实验和调整，水泥抗起砂性能测定仪终于研发成功，并于 2016 年 9 月 21 日获得了发明专利授权。

2012 年 5 月 25 日，我们与江西一家水泥厂签订了高性能少熟料水泥的生产技术转让合同，主要产品为 42.5 等级的矿渣硅酸盐水泥（熟料掺量不超过 25%）和 32.5 等级的钢渣硅酸盐水泥（熟料掺量不超过 15%）。随后，我们对该厂进行了技术改造，投产后经检验，产品的各项性能指标都符合合同要求，我们顺利完成任务并返回。可是，几个月后，厂长打电话告知我，用户反馈水泥容易开裂。

水泥混凝土开裂是常见的病害，成因复杂且难以处理。开裂的原因有很多，既可能是混凝土配合比不当、施工养护不良、混凝土结构形状不合理，也可能是水泥本身的问题。通常情况下，水泥比表面积过大（即粉磨过细）更容易导致开裂。因此，在我的"优化粉磨"技术中，我特别强调：非活性的混合材料应该磨得粗一些，起骨架作用；而胶凝性好的组分则应该磨细，以充分发挥其胶凝性能。

我到达该厂后，很快发现问题所在。他们为了进一步降低成本，使用了一种石子破碎粉，也就是从混凝土骨料筛选出来的石渣，这种石渣含有大量泥土，但价格低廉，每吨仅 13 元。他们将这种含有泥土的石渣加入矿渣中一起粉磨。由于这种石渣易磨性很好，和矿渣一起粉磨后被磨得非常细，这增加了水泥的干缩率，进而导致混凝土更容易开裂。

随着国民经济的发展，水泥市场已经供大于求，因此改善水泥性能以满足用户需求势在必行，其中，水泥的抗裂性能成为一个重要指标。然而，现行的通用水泥国家标准中，并没有抗裂性能的要求，且缺乏检测抗裂性能的具体方法。目前虽然有一种现成的水泥收缩率检验方法，但这种方法是水泥硬化一天后脱模测量初始长度，主要检测的是一天以后的收缩率。而事实上，水泥混凝土的大部分开裂问题都发生在硬化的第一天内，因此，用检测水泥干缩率的方法无法有效评估水泥的抗裂性能。

面对这一困境，我决心研发出一种新的方法和仪器，专门用于检测水泥的抗裂性能。这将为水泥行业提供一个重要的技术创新，帮助解决长期存在的开裂问题。

2014 年 8 月 1 日，我设计了一份模具的草图，并再次请王全老师将其转化为正规的机械加工图。模具的加工依然交由武汉东湖新技术开发区斯华五金加工厂负责。同时，我编写了详细的实验方案，指定公司员工李大志负责实验。经过大量的试验，我们成功研发了水泥抗裂性能测定仪，并获得了专利权。

2015年11月，我的硕士研究生杨逸博进入了硕士论文阶段，我将他的论文题目定为："水泥抗裂性能检测方法及影响因素研究"。研究结果表明，矿渣中加入石渣并一起粉磨，确实增加了水泥的开裂度，使水泥更容易开裂。在这些实验数据的指导下，厂家对水泥配比进行了调整，从而有效改善了水泥的抗裂性能，重新赢得了市场的认可。

此后，高性能少熟料水泥生产技术在云南易门、玉溪以及山西等地得到广泛推广应用，取得了显著的经济效益。这不仅进一步证明了"优化粉磨"理论的实用性，也为水泥行业的技术创新提供了新的途径。

8.9 创建过硫水泥与混凝土理论体系

磷石膏是生产磷酸时排放的固体废弃物，每年我国的磷石膏排放量已超过7000万吨，不仅占用大量土地，还造成了严重的环境污染和安全隐患。2007年5月，我公司与湖北省黄麦岭磷化工有限公司达成合作协议，计划利用磷石膏生产磷石膏球，用作水泥缓凝剂。该项目的核心是将磷石膏煅烧成半水石膏，然后加水成球作为产品。然而，由于磷石膏球仅仅是替代天然石膏使用，而湖北的石膏资源非常丰富，价格低廉，每吨仅30多元，附加值较低。就在我们完成了工厂设计和主机设备订购后，煤炭价格从每吨80元猛涨到每吨400元，单是用于煅烧磷石膏的煤炭成本就已超过每吨40元，显然继续进行该项目将面临亏损，因此项目不得不停工。

面对这一困境，我开始思考如何提升磷石膏的附加值。如果能够将磷石膏转化为水泥，其附加值将大幅提升，解决磷石膏的问题也将变得不那么困难。然而，磷石膏一直被视为气硬性材料，遇水即溶解，强度迅速丧失，如何将其转变为水泥是一个特别棘手的问题。

2008年5月前后，我开始思索将磷石膏变成水泥的办法。基于钙矾石和水化硅酸钙的特性，我构思出一种设想：以磷石膏为核心，利用钙矾石和水化硅酸钙将磷石膏包裹，形成一个空间网络结构，从而得到类似水泥石的硬化体。这个设想虽然大胆，有些异想天开，但如果成功，磷石膏就有可能被转化为水泥。

艺高人胆大，基于这一大胆的设想，我制定了详细的试验方案，并交给公司员工欧小弟负责实验。在第一次试探性实验中，我采用的配比是：磷石膏50%，熟料7%，矿渣43%，分别将这些组分磨细后混合均匀，然后进行强度测试。实验结果显示，3天和7天的强度都非常理想，但到了 28 天，试块出现了弯曲现象。我立刻意识到问题出在水泥水化产物中钙矾石的生成量过多。

如何解决这个问题？我知道钙矾石是一种四元化合物，由钙、铝、硫和水组成。铝主要来源于矿渣，含量较多，无法限制；硫来自磷石膏，而这个水泥的主要目的是利用磷石膏，因此也不能减少；水泥必然要接触水，水的量也无法减少。唯一可能的解决方法，就是通过控制水泥中的钙含量来限制钙矾石的生成量。

基于这一思路，我进行了系列实验，结果与预期相符，成功将磷石膏转化为水泥，成为世界上首次制备出以磷石膏为主要组分的水泥，即过硫磷石膏矿渣水泥。这一突破性发明显示出巨大的潜力，并确定了适宜的配比范围：磷石膏 45%～55%，矿渣 42%～52%，熟料 2%～4%。同时，我们也确定了这种水泥的性能特点、控制指标和相关方法。

这一发明具有颠覆性的意义，不需煅烧即可将工业废弃物磷石膏转化为水泥，解决了困扰已久的环境问题。2008 年 9 月，我的在职博士研究生黄赟，放弃了他已研究半年多的水泥开裂性能课题，转而投身于磷石膏基水泥的开发研究。

2008 年 10 月 21 日，武汉理工大学与武汉亿胜科技有限公司联合申请了首个关于以磷石膏为主要组分制备水泥的发明专利，专利名称为"矿渣硫酸盐水泥"（后正式命名为过硫磷石膏矿渣水泥，简称过硫水泥）。2011 年 8 月 31 日，该发明获得了专利授权。这项重大发明为磷石膏的资源化利用开辟了新的道路，显示出广阔的应用前景。

2008 年 11 月 26 日，我在第一届"两岸三地绿色材料学术研讨会"上作了题为"磷石膏基免煅烧水泥的开发研究"的学术报告，这是首次向外界公开一种全新的水泥新品种——"过硫磷石膏矿渣水泥"，简称"过硫水泥"。

2009 年 2 月，"过硫水泥"的第一篇论文《磷石膏基免煅烧水泥的开发研究》在《武汉理工大学学报》上正式发表，这一创新性成果引起了学术领域的广泛讨论和关注。随后，我的硕士研究生殷晓川、师华东、徐军等先后参与了这一研究项目，分别从磷石膏基水泥的组成与性能关系、磷石膏基水泥混凝土及制品的研发、以及磷石膏基水泥在矿山胶结料中的应用等多个角度进行了深入研究。

在他们的努力下，我们不仅取得了多项研究成果，还相继申请了多项专利，并在国内外的学术期刊上发表了多篇相关论文。这些研究不仅进一步完善了过硫水泥的理论基础和应用前景，还推动了该技术在实际生产中的广泛应用，为磷石膏的高效利用和环保问题的解决提供了重要的技术支持。

2009 年 3 月，当时主管我们学校科研的副校长陈冬生调往北京化工大学任副校长。在他离开武汉理工大学之前的 2008 年 7 月 4 日，他带领材料学院的刘韩星院长、赵宏声书记、硅酸盐材料国家重点实验室的赵修建主任等一行 7 人来到我公司进行考察。随后，陈冬生副校长还单独到我的办公室两次，与我长时间交谈，主要是希望我把主要精力重新投入到硅酸盐材料国家重点实验室，积极参与国家重点实验室的工作。

事实上，我一直没有离开硅酸盐材料国家重点实验室，我的名字也一直在实验室名单上。只不过，自从2000年我创办了武汉亿胜科技有限公司后，公司开始独立运营，我的大部分精力都投入到公司的工作中，除了指导研究生，我很少过问其他事务。我的实验室设在学校机电大楼西配一楼，而不是在硅酸盐材料国家重点实验室的楼内。除了开会，我几乎不进实验室的大楼，因此渐渐被边缘化，大家似乎忘了我的存在，有事也不会找我。

有一次，刘韩星院长在九龙酒店请我们几个二级教授吃饭，席间他对我说："你做点事吧，别什么都不做。"当时我很困惑，我每天忙得不可开交，怎么能说没做事？后来细想才明白，刘院长的意思是我没有参与材料学院的工作，没有积极申报国家项目，也没有帮助他们撰写各种验收和评审材料。

在陈冬生副校长调离之前，硅酸盐材料国家重点实验室为我腾出了三间实验室，并进行了简单装修，随后让我搬进去使用。那时，我家正好从学校搬到汉口永清庭苑，有一套多余的沙发和空调，于是就搬到了实验室里，还另外购买了一些桌椅和电脑供研究生使用。许多人都想要这几间实验室，我很清楚，让我搬进去的主要目的就是希望我积极申请国家项目。

对于学校来说，搞科研的标准就是申请国家项目，只要你能申请到纵向项目，就算是在搞科研。至于有没有实际成果或者应用，这并不是最重要的，只要写几篇论文就可以交差。所以，许多教授都把精力放在申请项目上，手里时刻准备好几份项目申请书，一有机会就立刻提交。项目申请到后，招几个研究生随便做一下，最终都能顺利验收。然而，真正的科研成果寥寥无几，大部分成果除了几篇论文，几乎没有实际应用。这种现象在很多高校都很普遍。学校每年申请到的项目数不胜数，但能转化为实际应用的却凤毛麟角。

问题在于，许多课题并非基于生产实际，也不是为了解决实际问题而设立，自然没有实际应用价值。项目验收的标准也不以是否有实际应用为主，而是更关注论文的数量和专利的申请。因此，学校的科研项目往往与实际脱节，成为一种形式主义。

当然，基础理论研究可以以论文为主要成果，这我并不反对。但对于我们这种工科院校，主要是做应用研究的，如果不以实际应用为考核目标，显然是不合适的。

有一次，学校组织材料学院的学术委员会讨论职称评定条件。1993年我还是副教授时，就已经是材料学院职称评定委员会的委员。当时，我没有正教授的投票权，但两年后晋升为教授后，便有了完全的投票权。我深知职称评定条件是一根"指挥棒"，会影响年轻学者的行为方式。出于对学校发展的关心，我提出了许多意见和建议，还专门给学校人事处写了一份书面建议，提出应采用"双轨制"：申报纵向项目、撰写论文是一条科研途径，但同时也应该认可自选课题研究，特别是那些在实际中得到应用并取得成绩的项目。这种思路在我看来是合理的。然而，不久后，学校人事处给了我回复，明确强调科研必须通过申请纵向项目，否则不算科研。由此可见，当时学校对纵向项目申请的重视程度到了何种地步。

2011年6月，水中和教授来到我办公室，动员我申报国家项目。考虑到学校对申报纵向项目的高度重视，我联合了几位同事，于2011年6月17日向科技部递交了题为"新型低碳水泥研发及产业化"的"研究开发类项目推荐书"。

该项目的主要内容是：以水泥行业节能减排为目标，利用钢渣、磷石膏、脱硫石膏、粉煤灰、磷渣、废弃混凝土等固体废弃物为主要原料，进行组分设计、结构分析和性能研究，开发出基于这些废弃物的新型低碳水泥。同时，系统研究新型低碳水泥及混凝土的各种性能，以及其在工业和民用建筑、地下工程、大体积混凝土工程和道路工程中的实际应用。项目还计划制定新型低碳水泥技术标准和主要应用技术规程，并研究相应的制造工艺和装备，建设一条年产60万吨磷石膏基钢渣矿渣水泥生产示范线，推动我国水泥行业的低碳转型。

这是一个大型项目，包含多个研究课题。项目申请递交后不久，我们接到了电话答辩的通知。由于答辩只通过电话进行，且没有PPT图像展示，再加上时间有限，许多评委并不熟悉水泥行业，有些评委误以为我的项目是"凝石"，这导致我的答辩得分不高。

"凝石"是清华大学孙某某教授大力推广的一种碱矿渣水泥，属于国家"973"研究项目。它以矿渣为主要成分，掺加少量碱激发剂产生强度，最大石膏掺量为14%。而我研发的磷石膏基钢渣矿渣水泥的石膏掺量高达45%以上，两者在硬化机理和成分上完全不同。然而，评委对"凝石"十分敏感，主要是因为孙教授的项目申请到国家"973"项目后，为了推广，他联合30多位两院院士向国务院写了报告，建议大力推广"凝石"项目。国务院将报告转给了中国建筑材料工业协会，引发了水泥界的广泛反对。

"凝石"实际上是1957年由乌克兰基辅建筑工程学院的维·德·格卢霍夫斯基教授开发的碱矿渣水泥。虽然这种水泥在苏联和中国的水泥界进行了一些应用研究，但因为矿渣和碱的成本都非常高，实用价值不大，无法得到广泛推广。加上"凝石"项目存在诸多问题，最终变得声名狼藉，成为"伪科学"的代名词。因此，当时评委对类似项目格外警惕，任何涉及固废利用的项目都会被质疑为"凝石"。

最终，我申报的项目被并入国家"863"高科技计划重大项目——"大宗工业固废处理与资源化技术及示范"中，成为其中一个课题，名为"多元固废复合制备高性能水泥及混凝土技术"。在2011年11月11日北京的答辩会上，我利用这次机会详细介绍了"凝石"与我的项目的区别，最终成功赢得评委的理解和支持，项目申报成功。

由于科技部给的研究经费有限，并且还将其他几个单位的项目并入我的项目中，让我负责管理，我不得不将原计划中的许多研究课题削减，重点集中研究"磷石膏基钢渣矿渣水泥"。该课题由武汉理工大学牵头，清华大学、中国建材研究总院、桂林理工大学、广西港桥水泥有限公司等单位参与，我担任课题负责人。项目分为六个子课题，涵盖了从水泥组成、性能、应用到试生产线建设的全方位研究。

2012年3月6日，科技部正式下达了国家高技术研究发展计划（863计划）课题任务书（课题编号：2012AA06A112），研究期限为4年。参与该项目的主要人员包括：武汉理工大学的林宗寿、黄赟、水中和、赵前、万惠文等，武汉亿胜科技有限公司的欧小弟、李大志等，中国建筑材料科学研究总院的刘晨、郑旭，清华大学的金峰、安雪晖，湖北省黄麦岭磷化工有限公司的张富荣等。

在审查课题任务书时，一位评委提出"磷石膏基钢渣矿渣水泥"中的"磷石膏基"不符合水泥命名原则。经过长时间讨论，我提出用"过硫"来命名该水泥品种，因为该水泥的最显著特点是在水化产物中存在大量未化合的"过剩"石膏。国际上有一种石膏掺量较高（约15%）的水泥称为"超硫水泥"，而我们的水泥石膏掺量超过45%，因此命名为"过硫磷石膏矿渣水泥"，简称"过硫水泥"，得到了大家的认可。

课题任务书下达后，"863"课题研究团队开始系统研究过硫磷石膏矿渣水泥及混凝土的组成、水化硬化机理、物理力学性能、生产工艺、质量控制以及应用领域。研究结果表明，过硫水泥具有良好的耐久性，其长期强度、抗淡水侵蚀、抗冻融、耐高温等性能与普通硅酸盐水泥相当；抗硫酸盐侵蚀性能优于硅酸盐水泥；掺入聚羧酸外加剂后，抗碳化性能和抗起砂性能与普通硅酸盐水泥相当。此外，当过硫水泥混凝土强度等级达到C30及以上时，不会出现钢筋锈蚀问题。该水泥在水泥制品、墙体材料、道路混凝土、水工工程等领域具有广阔的应用前景。

负责过硫水泥混凝土制品生产线建设和试生产的是黄赟，合作单位为湖北黄麦岭磷化工有限公司。为节省投资，黄麦岭磷化工有限公司联络了邻近的大悟县新富源水泥制品有限公司共同参与。我们为他们改造了设备，新建了球磨机、料斗、储浆池、搅拌机和泥浆泵等设备，还设立了一个简易化验室。尽管配料微机尚未安装完毕，2014年9月15日，团队通过人工配料试生产了一批植草砖，以应付现场检查。

2014年9月24日，科技部组织专家对生产示范线进行了现场检查，并听取了课题组的汇报。专家们肯定了该项目在磷石膏资源综合利用方面的创新，并提出了新的要求，包括继续研究各种混凝土制品的耐久性，对生产的水泥制品进行检测，制定产品标准，以及加大技术经济合理性研究和推广力度，以尽快实现产品的推广和应用。这些建议为未来的研究和产业化发展指明了方向。

科技部现场检查结束后，正当我们准备继续完善试生产线时，负责试生产的黄赟因要出国进修一年，尽管试生产任务紧迫，但考虑到进修机会难得，我同意他出国，并亲自到现场指导中试。

2014年11月初，配料秤和配料微机安装完毕，同时我们还购买了压砖机的植草砖模具，准备进行试生产。我们使用的是黄麦岭磷化工有限公司的磷石膏，矿渣粉从武钢矿粉厂采购，并用42.5普通水泥替代熟料粉。为了控制成本，我们从项目经费中给予生产补助，生产多少，补助多少。然而，在生产过程中，我很快发现普通水泥的配比过高，原因是输送普通水泥的绞刀流量太大，根本无法控制，导致一开机普通水泥的掺量就超标。这个问题非常严重，因为过硫磷石膏矿渣水泥中的普通水泥掺量需要严格控制在2%～4%之间，过多会导致混凝土安定性不合格，最终使产品崩溃成废品。

发现问题后，我立即要求停止生产，并更换绞刀，使用流量较小的绞刀。然而，新富源水泥制品有限公司的老板文化水平有限，难以理解钙矾石和安定性等专业术语。我简化解释，告诉他如果普通水泥加得太多，产品最终会开裂、变成废品，但他仍不相信，反而质疑水泥加多怎么可能导致问题。无奈之下，我向黄麦岭磷化工有限公司的项目负责人反映情况，请他帮助劝说新富源公司的老板，但最终他们还是没有听取建议。

在这种情况下，我只好安排公司员工马章奇停用绞刀，改用人工添加普通水泥的方法进行生产。我们生产了一批产品，经过养护后将样品送至武汉产品质量监督检验建材站进行检测，结果显示产品质量达标。之后，我们撤走了全部中试人员，并要求他们停止生产。几个月后，正如我所预料的那样，大部分产品崩溃，变成了废品。而人工配比生产的那批产品，其中有十几块植草砖用在我公司的停车场内，至今已经过了十几年，仍然完好无损。由此证明，这次中试虽然经历波折，但总体是成功的。

虽然这次中试生产出不少废品，但它却让我们积累了宝贵的经验，掌握了大量的技术参数，建立了完善的质量检验方法和质量控制指标，为制订产品标准提供了可靠依据。在武汉理工大学和中国建筑材料科学研究总院的通力合作下，我们通过对过硫磷石膏矿渣水泥性能影响因素的研究，结合中试生产的实际情况，最终确定了该水泥混凝土的生产控制指标、性能评价方法和评价指标，编制了《制品用过硫磷石膏矿渣水泥与混凝土》的建材行业标准。

2014年4月9日，工业和信息化部正式立项《制品用过硫磷石膏矿渣水泥与混凝土》标准。2015年11月22日，完成了送审稿。2015年12月6日，在苏州举行了标准的审订会。最终，2016年3月17日，标准报批稿正式完成。

2017 年 4 月 12 日，工业和信息化部发布公告，JC/T 2139-2017《制品用过硫磷石膏矿渣水泥与混凝土》标准正式发布，并于 2017 年 10 月 1 日开始实施。这标志着我们多年来的研究成果得到了官方认可，产品也走向了规范化应用。

2016 年 6 月 16 日，科技部委托中国 21 世纪议程管理中心在北京组织召开了"多元固废复合制备高性能水泥及混凝土技术与示范"课题的验收会。验收专家组听取了汇报，审阅了验收材料并进行了质询，最终我们通过了国家验收。

尽管"863"课题顺利通过了验收，对我来说，工作远没有结束。因为我发明过硫磷石膏矿渣水泥的主要目标是应用于实际，解决磷石膏带来的环境污染问题。然而，长期从事技术推广工作的经验告诉我，推广一项新技术比研发它要困难得多。推广过硫磷石膏矿渣水泥技术尤其艰难，因为该水泥的主要产品是建筑材料，而磷化工厂的主要产品是磷酸和磷肥，两者的产品方向不同。磷化工厂不愿意涉足建材生产，他们通常希望将生产建材的任务交给其他企业。与此同时，小型制品厂或个体经营者也不愿意生产这种产品，因为他们担心磷石膏价格上涨，影响自己的利益。

这种情况确实曾经发生过。贵州的一家公司曾打算生产过硫磷石膏矿渣水泥制品，磷化工厂也同意免费提供磷石膏。然而，当他们即将签订合同时，磷化工厂突然决定每吨磷石膏加收 8 元的上车费。这一变化让小公司感到不安，担心未来价格会进一步上涨，最终决定放弃生产。

为了加强过硫水泥技术的推广力度，我还印制了几百张彩页广告，寄送给磷化工厂和水泥制品厂。只要有机会，我就四处讲演、宣传这项技术，致力于让更多人了解并应用这一创新成果。

图 8.38 讲授磷石膏变成水泥的关键技术

2015 年前后，水中和教授与湖北昌耀新材料有限公司董事长吴赤球来到我的办公室，商讨将过硫磷石膏矿渣水泥用于制备钢筋混凝土水泥管。当时我非常谨慎，因为这种水泥尚无标准，也没有进行过长期的钢筋锈蚀试验。我建议他们先将该技术用于非承重制品或道路基层等相对安全的领域，待耐久性验证后再推广到结构工程中。吴赤球董事长和水中和教授采纳了我的建议，决定先将过硫磷石膏矿渣水泥用于道路基层和底基层。

2017 年 8 月，我受邀到该公司进行考察和技术指导。在车间，我发现他们在混凝土搅拌机前安装了一台小磨机，用于粉磨磷石膏浆，并直接将其添加到硅酸盐水泥混凝土中用于制备钢筋混凝土水泥管。显然，他们对过硫磷石膏矿渣水泥的原理不够了解，幸好磷石膏的掺量不高，否则可能会导致严重问题。我立即为他们详细讲解了过硫磷石膏矿渣水泥的基本原理，并赠送了几本《过硫磷石膏矿渣水泥与混凝土》的专著，指出了他们在磷石膏应用中的一些问题，帮助他们走上了正确的道路。

2018年12月21日，水中和教授在学校材料学院科技报告厅举办了一场技术交流会，我借此机会作了"坚定信心，促进磷石膏水泥产业化"的报告，进一步增强他们的信心。同日晚，我还专门前往湖北昌耀在武汉的办事处，为公司的技术骨干们讲解关键的技术和质量控制方法。

在推广过硫磷石膏矿渣水泥用于道路基层和底基层时，技术本身没有太大问题，但施工后的环境影响评估却需要环保部门出具相关结论，这方面的花费不小。湖北昌耀新材料股份有限公司在这方面投入了大量资金，并做了许多工作。在帮助他们进行生产线改造时，吴赤球董事长向我提出签订保密协议，要求我不得将该技术转让给其他厂家。我当场拒绝了，因为我的初衷是全面推广这项技术，解决磷石膏污染问题，垄断不符合我的愿景。

2019年7月，吴赤球董事长特地来武汉找我，提议我们学校与他们公司联合召开技术鉴定会。虽然我认为鉴定会意义不大，但在他的坚持下，我联系了学校的成果科，最终双方同意由武汉理工大学作为第一鉴定单位，我为第一发明人。

2019年8月19日，鉴定会在湖北昌耀新材料有限公司的会议室顺利召开，会上我作了"过硫磷石膏矿渣水泥混凝土及其在公路基层中的应用"的报告。经过详细的环境监测和评估，过硫磷石膏矿渣水泥产品符合相关环保标准，具有较大的应用潜力。

鉴定会通过后，该项目受到了省、市各级领导的高度重视和调研考察。然而，随着项目影响力的扩大，湖北昌耀新材料股份有限公司开始觉得他们在利益上"吃亏"了，认为武汉理工大学作为第一发明单位，他们的贡献未得到充分体现。这让我感到十分不满。过硫磷石膏矿渣水泥技术是我们"863"项目团队经过十余年努力的成果，而他们公司不过是在实际应用中做了一部分工作，却想垄断整个技术，这与我的初衷背道而驰。我希望通过推广该技术，真正解决磷石膏的环境问题，而不是让其成为少数企业的专利。这也是我在推广过程中一直坚持的原则。

2018年6月27日，在江西三清山举行了我的专著《矿渣基生态水泥》的首发仪式，其中有一章专门介绍了过硫磷石膏矿渣水泥与混凝土的内容。发布会后，在餐厅偶遇清华大学的路新瀛教授，他是混凝土领域的专家，大家在一起边吃边聊。他对我说："看到有人写专著，总让我肃然起敬。"我笑着回应道："其实没什么，只要静下心来就能做到。"他接着说："以后肯定会有人说这些成果是他们做的，不信你就看吧。"

不久后，果然发生了类似的事情。广西一家钢渣综合利用厂，他们的钢渣水泥配比与我书中介绍的一模一样。厂里的技术员还加了我的微信,表示我的书给了他很多启发,但他们对外宣传时,却声称这是他们的研究成果。显然,过硫磷石膏矿渣水泥与混凝土的研究成果也可能遭遇类似的问题。在微信、网络等宣传媒体上,某些公司将过硫磷石膏矿渣水泥的具体应用说成是他们的自主发明,甚至改换名称,不提"过硫"二字,尽量回避我的名字,以此显示他们拥有自主知识产权。

2021年4月,湖北昌耀新材料有限公司修订了"公路路面基层稳定用磷石膏矿渣水泥基材料技术规程",却没有告知我,也将我排除在外,甚至将我们学校列为第三编制单位,而让孙涛老师作为参编人。然而,孙涛老师告诉我他并没有实际参与。更重要的是,他们将"过硫磷石膏矿渣水泥"改成了"磷石膏矿渣水泥",去掉了"过硫"这两个至关重要的字。

磷石膏矿渣水泥本是已有的水泥品种,而过硫磷石膏矿渣水泥的关键突破在于其石膏掺量达到了45%至60%,打破了传统水泥化学理论中对石膏掺量的限制。因此,"过硫"二字是对这种新型水泥的核心特征的准确描述,不能被随意删除。

2021年6月9日,我从网上看到"公路路面基层稳定用磷石膏矿渣水泥基材料技术规程"征求意见稿,立刻给负责鉴定会的中国混凝土与水泥制品学会科技服务部主任陈玉发了一封邮件,明确表达了希望保留"过硫"字样的意见。虽然陈玉转达了我的建议,但最终还是没有得到回应。

到了2021年7月,我接到了孙涛老师的电话,他提议制定一项中国工程建设标准化协会关于过硫磷石膏矿渣水泥用于道路稳定层的技术规程,我立刻表示支持。2021年11月15日,标准审查会通过了《道路过硫磷石膏胶凝材料稳定基层技术规程》的审查,规程中保留了"过硫"两个字,只是将"矿渣水泥"改成了"胶凝材料"。虽然我认为"矿渣水泥"更加精准,但仍然支持这一规程的推广。

2021年12月31日,中国水利企业协会邀请我担任"《磷石膏混凝土制品护岸施工规范》团体标准立项审查会"的评委。会上,我提出了许多修改意见,建议将名称改为"过硫磷石膏矿渣水泥混凝土制品",并对技术要求进行了调整。这些意见最终得到了规范编写单位的采纳。

按高校科研的常规套路,取得科技成果后的最后一步就是申报科技奖励。科技奖励制度是我国科技政策的重要组成部分,是科研评价的具体体现,也是广大科研工作者获得社会认可的重要方式。各大高校对此非常重视,我自己在十几二十年前也曾报过两次奖,获得过两次省科技进步一等奖,当时主要是为了职称评定。然而,由于申报过程繁琐复杂,后来我就没有再继续报奖了。

尽管如此,我们学校对报奖工作仍然非常重视。材料学院李明忠书记多次主持会议,每次都邀请我参加，鼓励我积极报奖。他对我特别关照，为了表示尊重，我决定响应他的号召。按照学校的规定，报国家奖要先经过学校奖、省部级奖的筛选，科技部还要求项目完成后三年内才能报奖。因此，我决定申报 2019 年度的学校技术发明奖。

然而，现在的报奖与我二十年前的经历已大不相同，报奖已经演化成一门极其专业的学问。并非项目水平高就一定能获奖，报奖过程中涉及的关系和技巧复杂得令人惊叹，甚至可以称之为"报奖专业"，一点也不夸张。

为帮助大家顺利申报奖项，学校科技发展院特别从北京请来了一位报奖专家，举办了专门的讲座。会上，专家详细讲解了如何撰写申报书，并通过实例演示了如何将普通项目包装成极具竞争力的大课题，甚至把一些看似不起眼的成果描述得意义非凡。我听完后，深感佩服，这些技巧确实令人叹为观止，但显然不是短时间内能掌握的。

由于时间紧迫，我只能硬着头皮，于 2019 年 6 月 24 日提交了武汉理工大学科学技术奖申报书，题目是"过硫水泥与混凝土体系的创立及在磷石膏资源化中的应用"。通过初评后，我被通知于 2019 年 9 月 27 日参加复评答辩。答辩时，需要用 PPT 进行项目介绍，每个项目的陈述时间不超过 10 分钟，随后由评委提问并现场答辩，答辩总时长不超过 20 分钟。

为了增加获奖机会，学校特地请来了省科技奖的评委，然而，我并不认识任何一位评委。答辩过程中，我详细介绍了项目的发明背景、技术创新点、应用情况及社会经济效益。可没想到，一位评委竟开口道："你写的是什么材料呀？乱七八糟的，不是阿猫阿狗都能来报奖的。"我惊讶于如此轻率的评价，尤其是在面对一个国家"863"计划下的原创性重大发明时。他翻了几页资料后，意识到这是国家项目，才改变语气说："还是国家 863 项目啊。"随后，他和其他评委问了一些外行问题，我这才发现，整个评审团中竟然没有一个水泥或混凝土领域的专家。通过这次答辩，我本来希望能得到一些有价值的建议，以便来年申报省部级奖时完善材料，但面对外行的评委，我知道这种期待是不现实的。

2019 年 10 月 30 日，评审结果公布，我的项目获得了学校技术发明二等奖。负责评审工作的宋少坤老师和材料学院科研办公室第一时间通知了我。我查看了公示，发现自己只得了二等奖，感到极其不公平。作为一个原创性的科研成果，竟只得到二等奖，我实在难以接受，气愤之下打电话给宋少坤，要求撤回我的项目。

宋少坤听到我要撤回项目，有些紧张，解释道："我们也是按流程做的呀，如果撤回，明年就不能再报省部级奖了。"我只是简单回应："不怪你，是我没做好工作，你撤吧。"对我来说，这个二等奖不仅没有任何实际意义，反而是对我个人的侮辱。我想，我都六十多岁了，拿奖又有什么意义？难道我还缺这点奖金吗？

其实，二十多年前，我也曾担任湖北省科技进步奖的评审员，深知评奖过程的复杂性。评审员往往要在一天内对几十个不同领域的项目进行评估，很多项目根本不是自己熟悉的领域，这种情况下的评审，能做到多专业？有些评委的发言往往起到引导作用，结果好项目未必能获奖，反而是一些二、三流的项目上榜，这种现象十分普遍。

从 2002 年起，我就再也没报过奖，也不愿再当评审员了。尽管江西、福建、河北等省科技厅多次邀请我担任评审员，我都一一拒绝了。2020 年，国家科技进步奖邀请我担任评审员，我想亲身体验如今的评审氛围，便答应了。

2020 年 4 月，在国家科技进步奖评审过程中，我分在非金属材料组，评审了 12 个项目，但只有三个是我熟悉的。按规定，评审员不允许接受任何打招呼的请求，但事实上，所有项目都通过各种关系找到了我，这让我感叹，报奖真的成了一门"学问"。

怪不得我们学校科技发展院谢文峰科长总是提醒我："如果想报奖，你就必须全身心投入，不然就别报了。"他还举例说明，华中科技大学一位老师，为了报奖整整一年不干其他事，专注于报奖相关的工作。这一切让我真正明白了报奖的复杂性和艰辛。

我从网上撤回获奖项目后，最感到遗憾的莫过于硅酸盐材料国家重点实验室的陈伟副主任。因为国家重点实验室经常面临评估和检查，非常需要科技奖项的支撑。他特意跑到我的办公室，了解具体情况，并向主管科研的校长做了汇报。随后，陈伟教授转达了校长的意见，希望我来年继续申报省部级奖。然而，我明白，如果要报奖，就得四处奔走，逐一汇报，还要"意思意思"送个信封，竭尽所能。我年纪大了，实在拉不下这个脸，因此决定坚决不再报奖。

其实，国家到底是否需要设立科技奖，一直存在争议。这一问题由来已久，国家科技奖励制度本质上是计划经济的产物，已不再适应当前的体制。搞科研的真正动力并不在于设奖，比如应用研究，它的动力来源于市场需求，靠市场和竞争推动。研究的好坏，不会因是否有奖项而改变，尤其是基础研究，它依赖兴趣和人才的培养。科研是一个水到渠成的过程，绝不可能仅仅为了拿奖、甚至诺贝尔奖而去研究。靠奖项来激发科研热情的做法，在现代经济体系下显得过时。

事实上，国家在 1999 年对科技奖励制度进行过一次全面改革，调整了奖项设置、奖励力度、评价标准和评审方法，并在 2003、2004 和 2008 年多次修订了《国家科学技术奖励条例》。但这些改革似乎未能从根本上解决问题，不仅科技界内部对评价体系的呼声越来越高，公众对学术界频发的学术不端行为也感到愤怒和失望。

科技当然需要激励，但什么才是科学的激励？当下中国并没有有效肯定科学家的方式，所以只能采用一些无奈的手段，这种做法耗费了大量资源，却未必奏效。国家奖励条例几年一修订，却没有深刻反思它的问题根源。我认为，即便取消国家奖，对科研、教学或生产的影响并不会太大。在市场经济条件下，取消奖项不会对社会产生显著影响，而改革这个体制却非常困难。

我觉得之所以有人反对取消国家奖，是因为他们看重的并非奖项本身的激励作用，而是背后附带的好处。这些好处不仅包括物质奖励，还包括满足虚荣心、获得相关部门认可等非物质层面的利益。这种心态早已背离了设奖的初衷。

真正一流的科研人员往往并不热衷于报奖，反而是那些生怕别人不知道自己做了什么的人最积极。然而，科技奖如果无法评出真正的顶尖成果，反而把二流、三流的项目推上台面，这是很可怕的。要知道，我国院士评选的主要依据是国家奖项，如果奖项本身的评选不公正，难以真正识别好项目，那院士头衔的公信力还能可靠吗？我不敢说所有院士都不配称号，但我确实认识一些院士，他们没有多少理论建树，甚至连一本专著都没有，却也评上了院士，这实在难以服众。过去，我听到"院士"这个头衔时，总会肃然起敬，而如今，这种敬畏之心已荡然无存。但愿未来，"院士"头衔不会成为学术腐败的代名词。

国人特别推崇诺贝尔奖，因为它具有极强的公信力。诺贝尔奖是如何评选的，大家并不陌生。那么，为什么我们不借鉴这种评选方法呢？

2019 年 10 月 31 日，当我从网上撤下报奖项目时，感到前所未有的轻松。我已完成了这一生的主要工作，是时候该激流勇退了。

其实，早在 2011 年春节时，我就患上了严重的冠心病。当时并不知道是冠心病，只是稍微运动一下就感到喉咙痛，以为是咽喉炎，但吃药一直无效。2011 年 7 月 13 日，夫人带我去同济医院检查，张存泰教授经验丰富，我一描述症状，他就怀疑是冠心病。做了动态心电图检查后，很快确诊为冠心病。张教授建议我尽快做心脏支架手术，但由于网上很多人说支架手术是过度医疗，伴有后遗症等，我也犹豫了，决定先采取保守治疗，开始每天吃药。

吃药后症状有所缓解，但一运动还是喉咙疼痛。一次出差到南京，走几步路就觉得吃力，甚至要停下来休息好几次。2012 年 4 月，校医院王永红院长得知我的情况后，感到非常危险，立即联系广州军区武汉总医院，帮我安排好所有手续和检查，李汉东医生陪同我做了 320 排螺旋 CT，并拍了影像。结果显示，我的心脏左降支血管堵塞了 95%，情况非常严重，随时有生命危险。这时我才意识到问题的严重性。

于是，我再次到同济医院复查。张存泰教授请来了著名的陆再英教授主持专家会诊，讨论后决定进行支架手术。手术前两天，我上网查阅了有关支架手术的资料，了解到手术成功率高，但毕竟是在心脏上动手术，仍然存在一定风险。考虑到女儿已经长大，我唯一牵挂的就是国家"863"项目，因此我特意叫来黄赟和李福州两位老师，交代万一我不行，希望他们能够接手把项目完成。

2012年5月8日上午，我在同济医院做了心脏支架手术，由马业新教授主刀，吴华副院长、麻醉专家田玉科教授、张存泰教授、张凌惠护士长等都在现场。我夫人姐姐的儿子冯敏是协和医院的脑外科医生，也特意请假陪我到手术室。手术采用局部麻醉，我清醒地听到手术室里的对话，甚至手术中因喉咙痒咳嗽了一下，还引起了血压波动，吓得我夫人两脚发软。马教授开玩笑缓解气氛，问夫人"用国产的支架还是进口的？"她毫不犹豫地回答："用最好的。"

手术非常顺利，30分钟左右，马教授微笑着告诉我："林教授，手术做完了。"我被推到干部病房接受特别护理。那天晚上，护士在床前守护，但我怎么也睡不着，就让她在门外守着，有事再叫她。术后我只住了两晚就出院了。整个手术过程并没有什么难受的感觉，唯一不舒服的地方是止血时用纱布压住血管，手掌都压成了猪肝色。

手术后，马教授对我夫人说："堵得这么严重，太危险了，一般早就心肌梗死了，你先生没事，肯定是积了德。"他还建议我第二天可以试着爬楼，我照做了，轻松地爬到了六楼。事后想起来，我也感到后怕，这么严重的病情还到处奔波，爬水泥厂的高处，确实很危险。如果不是王永红院长热心安排，后果不堪设想。

自手术后，我感恩于生命的延续，于是决定激流勇退。我把《过硫磷石膏矿渣水泥与混凝土》《水泥十万个为什么》等十几本专著扫描成电子版，免费公开在网上供大家下载，并无偿为感兴趣的朋友提供咨询。生料配料率值控制系统的核心算法、研磨体级配计算方法等，也都公开发表。对于还有经济效益的技术，我也主动寻找接班人。比如，我把生料率值控制系统软件给了河南志信科技公司，将过硫磷石膏矿渣水泥与混凝土生产技术交给江苏一夫股份有限公司，并继续指导他们进行研究。

然而，有时事情并不如愿。我曾找黄赟接手荆门磷石膏综合利用项目，但他明确表示对项目没有兴趣。最终，我找到了万惠文教授，顺利签订了技术服务合同。这样一来，大部分工作已安排妥当，只剩下未出版的《水泥与混凝土科学技术5000问》十本著作，以及将生料配料反馈计算方法编入第三版《水泥工艺学》。

2019年12月5日，丁庆军教授打电话告诉我，湖北工业大学贺行洋教授想申报磷石膏综合利用国家项目。我立即提供了全部资料，项目申报顺利通过。我衷心希望他在固废综合利用领域取得成绩。

2021年11月1日上午，中国建筑第三工程局的杨帆等人来到我办公室，表示他们希望开展磷石膏及其他固废的综合利用项目。我一如既往地有问必答，坚决支持，并免费提供了大量技术资料。到了2022年8月，他们成功试生产了600多方过硫磷石膏矿渣水泥泡沫混凝土，用于肥槽回填，取得了显著成果。2023年6月，他们又将过硫磷石膏矿渣水泥配制成 C30 混凝土，用于路面施工，同样获得成功。此外，他们还计划将过硫磷石膏矿渣水泥应用于钢管水泥混凝土和海洋工程等项目。

此后，越来越多的厂家前来拜访，向我请教过硫磷石膏矿渣水泥与混凝土的技术。我始终耐心解答、提供指导，免费分享了大量资料，从不向他们索取任何报酬。

蜂儿酿就百花蜜，只愿香甜满人间。

8.10 兴建公司新大楼

2007 年末，北港科技园一带已然极为繁华。曾经的田地、藕塘与湖面之处，皆建起了商品房。我们公司所处之地也成为热闹的中心区域。北港科技园的土地已被充分利用，再无剩余空地，众多科技型小公司苦于找不到办公地点。在此情形下，北港科技园管委会鼓励我们将空余房间出租给这些科技型小企业。彼时，我深入分析了水泥行业的发展趋势，为增强公司抗风险能力，提出充分利用房产和土地资源，并强化水泥化学及工艺过程的研发，进而对公司的经营方向予以调整。

2008 年初，我公司启动沿街门面建设工程，投入 50 余万元，将原有的工棚改造成了沿街门面房，建成了 40 余间沿街门面及一座汽车修配厂。同时，把公司现有闲置空房全部出租，为公司开辟了新的收入渠道。至此，公司基本形成房产、计算机软件设备、水泥生产技术三个经营方向。

2010 年 3 月 24 日，高性能少熟料水泥开始推广应用，为公司创造了巨大效益，还清了我的借款后，公司重新起步，再度踏上稳步发展之路。然而，此时我公司面向书城路的 5 间门店突发火灾，掀起了巨大波澜。

2012 年 8 月 19 日凌晨 3 点左右，租我公司门面房的湖南米粉店员工吴春子起床工作，插上电源后便外出上厕所。待她归来时，插头已起火，大火迅速蔓延至房顶，且火势凶猛，很快波及旁边几间门店。正巧，武汉市洪山区市容环境卫生管理局的洒水车路过门前，环卫工人立即用洒水车灭火，火势很快得到了控制。

火灾过后，我公司值班人员未及时通知我，直至天亮才让我赶赴现场。经清点，此次火灾无人员伤亡，共烧毁 5 间门店，其中 2 间为湖南米粉店，兰州拉面馆、梦园副食店和特百惠餐馆各占 1 间。我立即组织人员用钢管和帆布搭建围墙，将火灾现场隔离，随后进行清点、造册并评估损失。

火灾当天上午 8 点左右，武汉市消防部门、珞南街派出所民警及北港科技园领导来到现场，召集众人开会，要求我们公司对门店人员进行安抚，先照顾好他们的生活，再评估损失并商议赔偿事宜。我表示同意，于是公司腾出两间办公室供他们住宿，并订购盒饭一日三餐供其食用，他们的生活得以安定。此时，珞南街派出所民警带走了湖南米粉店直接责任人吴春子，决定行政拘留15天。

上午时光转瞬即逝，到了中午11点左右，珞南街派出所民警再次来到我们公司，提醒我们要特别注意兰州拉面馆的新疆人，以免引发民族矛盾。民警对我说："武汉市大约有200多个新疆人，他们非常团结，若处理不当，他们可能会一起到你公司静坐示威，我们都对此有所担忧。"随后，民警表示要做笔录，先将分管房产的副总经理冯其寿叫到派出所。冯其寿一到派出所，民警借口有点事要办，让他在房间等候，随后关上铁门离开，将他晾在里面不再理会。

过了一会儿，民警又叫我去派出所，声称要做笔录。此时已过11点，我患有糖尿病，不能挨饿。我对他们说："好，你们稍等。"说完，我便跑到车里拿北京小吃驴打滚，以防血糖过低。这时，一个小民警误以为我要逃跑，立刻追了上来。我当时有些生气地说："你追什么，我拿个吃的，有什么好逃跑的。"随后，我乘坐他们的警车来到珞南街派出所。一位民警打开计算机为我做笔录，先询问了我们公司的情况，接着让我介绍火灾经过，最后问我是否负主要责任。我说："我们一直重视防火防盗，都有指定专人负责。"民警接着问："有文件吗？"我说："没有。""没有文件，那就是你负责。"民警继续说道。我心想，由其他人负责还不如我来负责，便说："那就我负责吧。"最后民警打印出笔录，让我签字。我看了一下笔录，发现他删去了大部分对话过程，只留下我负责这一结论。我心想他们还挺会诱供，不过无所谓，就让我负责吧，于是签了字。中午1点多，我才从派出所出来，叫了辆出租车回公司。幸好我带了北京小吃驴打滚，否则可能已出现低血糖症状。

当天下午4点左右，冯其寿仍被关在派出所未被放出，珞南街派出所民警再次来到我办公室，借口此次事件牵涉新疆少数民族，怕我们处理不好引发民族问题，要求我们缴纳20万元现金作为保证金，若事件能圆满处理，便将保证金归还我们。

20万元我公司并非没有，但都在银行账上，公司怎么会有这么多的现金呢？这也不符合财务规定。而且，下午4点多了，去哪里取现金呢？我便说："明天取行不行，你先把冯其寿放了。"当时，我们确实无法取到现金，公司账号不能取这么多现金，我的银行卡放在家里，不在公司，也无法取款。当时我公司总经理刘金军表示，他银行卡里有2万元钱，他马上就去取。民警看到我们确实取不到现金，便离开了，也未答应放人。刘金军取到2万元现金后，送到派出所。走到派出所门口时，刚好碰到北港科技园的一位工作人员，他说认识派出所的人，进去打了个招呼，钱也没要，冯其寿就被放出来了。实际上，此次火灾我们并非直接责任者，而是间接责任，不应该对我们的人员采取强制措施，更不应该缴纳什么保证金。

当天，火灾现场很快就清点完毕。湖南米粉店、兰州拉面馆和特百惠餐馆没什么东西，主要是梦园副食店有一些烟、酒之类的物品被水淋湿，但基本都在，很容易清点。这几家门店知道湖南米粉店没钱赔偿他们，便要求我们公司赔偿损失。他们的理由很简单，即他们租了我们的房，我们把他们的东西烧了，就应该赔偿。我也同意赔偿他们，关键是赔偿多少以及如何评估的问题，双方一直纠缠不清。我希望通过司法程序解决，由法院判定赔偿金额，但他们坚决不同意，坚持要按他们所说的价格赔偿。

　　看到这种情况，我决定一个一个解决，先易后难。首先解决兰州拉面馆的问题。开兰州拉面馆的是一对约 50 岁的夫妻，新疆人，不太爱说话，他们说请他们的"舅舅"来解决。现场清点发现，除了几张桌椅和平时做礼拜用的一张小毯子外，没什么东西，其他锅、碗、瓢、盆也都没坏。问他们有什么损失，他们开始说有 10 万元现金被烧了，但现场并没有钱被烧后的灰烬。他们也觉得说不过去，又说花了 10 万元转租到这间餐馆。我觉得不可思议，我这样一个简易房子，怎么值这么多钱，10 万元转租费，那得卖多少碗拉面呀。我们向他们要发票或合同，他们又没有，也不知道是真是假。我们一直反对转租，他们入住签订合同时，我们就明确告知他们，我们不承认转租的事，他们上一家租这房子的时候，除了租金我们就没收什么转租费。

　　没过几天，来了一个新疆人，穿着新疆穆斯林常穿的衣服，戴着一项白帽子，身高 1.7 米左右，有点胖，说是他们的"舅舅"，其实就是武汉新疆人的头头。这个"舅舅"普通话非常流利，能说会道，一开口就要我们赔他们 20 万元。按照我们的清点，充其量也就损失 2 至 3 万元，即使加上转让费 10 万元，也只有 13 万元，20 万元显然是狮子大开口。由于派出所民警有交代，要搞好民族关系，我就想最后解决这家的问题，便对他们说，我先给你们 8 万元补偿费，待其他几家全部解决完后，我们再谈，他们表示同意。于是，2012 年 9 月 21 日，我们先给了兰州拉面馆 8 万元，暂时安抚了他们。

　　接着，着手解决特百惠餐馆的事。经营特百惠餐馆的是一个 50 岁左右的老太婆，她们餐馆的位置在最边上，火烧到他们那儿时，基本上就被扑灭了，所以烧得不是很严重，许多东西都是好的。按照我们的清点，全部东西加在一起也就 2 至 3 万元左右。可她有个 20 多岁的儿子，整天来我办公室闹，有一次实在气不过，我们公司员工还与他打了起来。他们开口要 10 万元，最后经过商谈，2012 年 10 月 9 日我们赔了他们 7 万元左右了事。过了两天，他们又来要两个煤气罐，他们也知道这两个被火烧过的煤气罐应该属于我们了，可他们这次不是来吵架，而是说了好多好话，我想想算了，这煤气罐我们也没什么用，就同意给她了。谁知道，第二天我们放在园区里的十几个煤气罐全部都没有了，也不知道被谁偷走了。

　　最为令人愤慨的是梦园副食店的老板林东方。此人四十岁左右，居住于武汉市黄陂区祁家湾区李桥村，身高约为 1.6 米，留着小平头，口才甚佳。他一开始便宣称店内有一古董被烧毁，价值颇高。当我们提议进行鉴定时，他却不敢行动。接着又声称有数万元被烧毁，然而同样找不到任何灰烬的迹象。实际上，他们店铺的受损情况并不严重，仅仅是一些普通的烟酒被水淋湿，物品基本完好无损。双方共同派人进行清点后，若按照他所说的价格全部收购，大约为 13 万元左右，但是他却坚决要求 20 万元的赔偿。鉴于差距过大，我表示不同意，并要求通过司法程序解决，由法院判定赔偿金额。可他明白，如此一来他将无法获得期望的金额。后来我得知，此人在汉口开店时也曾遭遇过一次火灾，此次又抓住了机会。因此，他经验丰富，将妻子和孩子都叫到公司居住，每日索要饮食。他不断地来到我的办公室进行纠缠，始终不肯让步，所以我决定先拖延一段时间再说。

2012 年 10 月 22 日上午，林东方来到我的办公室，向我发出最后通牒，声称若再不给予他 20 万元，就将采取行动。我心想不就是要钱嘛，还能有什么行动呢？我依旧要求他走司法程序，让他向法院起诉，双方依旧未能达成一致。

2012 年 10 月 23 日上午，刚上班便发现我们公司门口聚集了十几个老太婆，每人手中拿着一条白布条，一边挥舞，一边大声呼喊："跳楼啦！跳楼啦！亿胜公司欠钱不还啦！"梦园副食店的林东方则手持一把菜刀，爬上了我们公司靠近书城路的四层楼顶，面向马路，一边挥舞着菜刀，一边大声叫嚷："亿胜公司欠钱不还，我要跳楼啦！我要跳楼啦！"当时正值上班高峰期，围观群众众多，将马路堵塞得水泄不通。没过多久，电台和电视台的记者纷纷赶来。在听取我们介绍情况后，他们都认为："并非你们烧毁了他的店铺，为何要找你们要钱呢？"显然，我们遇到了一个无赖，此人根本不会跳楼。然而，洪山区政府为了维护社会稳定，不可能允许这种情况发生，也无需我们报警，特警迅速赶到现场。当时，我正在三楼会议室与北港科技园的彭士林主任商议二期工程事宜。只见四五个特警冲上屋顶，瞬间将林东方制服在地。然后，四个特警一人抓住林东方的一只手或一只脚，将他从楼顶拖了下来，强行塞进警车带走了。那些明显是被雇来专门闹事的老太婆见状，立刻跑得无影无踪。而林东方的妻子和孩子却不在现场，可能事先已被安排回家。

这场跳楼闹剧很快被平息，但问题仍需解决。当天下午，珞南街派出所民警担心再次出现影响治安的事件，便出面主持谈判。民警采取两边施压的策略，一方面要求我们提高赔偿金额，另一方面要求林东方降低要价。林东方此人经验丰富，死活不肯松口。最后，民警让他将价格降至 18 万元，然后打电话给我，对我说："就赔偿 18 万元了，如果你觉得气不过，我们可以将他拘留 15 天以解你心头之恨。"我当时确实非常气愤，明明不是我们的直接责任，而且物品加起来也只有 13 万元，却要我们赔偿 18 万元。但考虑到尽早解决问题，二期工程就能早日开工，二期工程早日开工，这笔钱也能赚回来。于是我对民警说："算了，我吃点亏，就按 18 万元吧。你们也不用拘留他了，这是损人不利己的事情。"于是，林东方被释放。当天，我们就与梦园副食店的林东方签订了协议，火灾补偿 18 万元，退还押金 2000 元，退还房租 8791.2 元，合计 190791.2 元。这件事情终于得以解决。可过了几天，林东方又找来了，这次不是找麻烦，而是索要我们的冰柜。原来，他卖冰棍用的冰柜是租来的，现在想归还，可这已经属于我们的资产了。他想要回去，我就说那你得按照原来的报价给我钱，原来清单上的报价是 3500 元，你就以 3500 元买回去吧。可这家伙又是死皮赖脸地纠缠不休，最后我们只收取了 1500 元，就把冰柜给了他。

2012 年 11 月 8 日，兰州拉面馆的"舅舅"找来了。经过摆事实、讲道理，他把价格降到了 16 万元。最后我说："我对穆斯林兄弟非常尊敬，做生意讲究公平，对吧？你要求我们赔偿这么多钱，公平吗？"他一听，就说再降 1 万，15 万元成交。我想算了，就同意了，于是再补给他 7 万元，此事得以了结。

几天后，引起火灾的那家湖南米粉店，看到其他店铺都拿到了赔偿款，也找上门来要钱。我一看正好，就对他说："我们还在找你呢，你让我们损失如此之大，赔偿、罚款加上请客送礼，前后共花费了 50 多万元，你得赔偿我们。"他一听就跑得无影无踪，再也找不到人了。我们也知道他们根本没有能力赔偿，就没有再追究。

这场火灾看似给我们公司造成了巨大损失，实则给我们公司带来了新的发展机遇。由于收购林州红旗水泥厂失败，我们公司损失了一大笔资金。后来，由于高性能少熟料水泥的发明和推广，公司的财务紧张状况才刚刚有所缓解，账上也没有多少资金，根本没有准备兴建亿胜科技大楼的二期工程。但这场火灾让我下定决心马上开始兴建二期工程，再次从家中拿出资金用于二期工程的建设。当时，钢筋每吨才 2000 多元，混凝土每方 30 多元，水泥每吨才 200 多元，是建筑材料价格最低的一年，被我们赶上了。如果没有这场火灾，二期工程还不知道要拖延到什么时候，也算是因祸得福了。

2012 年 9 月，我们聘请武汉开来建筑设计有限公司进行设计，同时开始办理各种审批手续。办理审批手续绝非易事，需要规划、土地、财政、审计、建设、工商、税务、消防、环保等部门层层审批，我也不清楚一共盖了多少个公章，据说审批过程中需要盖 200 多个章。每一个部门都要填表盖章，由于行政审批各部门独立成线，互不隶属，且不少手续是后面的前置条件，而每个环节又都有办理期限，这种直线型、串联型的行政审批，两年之内能完成就算效率很高了。还有个别行政机关存在不作为、慢作为等作风问题，使办理各种手续更加困难。

2013 年 6 月 10 日，审批手续总算基本完成，工地开始打围，施工单位进驻，"砂霸"和"石霸"也马上随之而来。所谓"砂霸"和"石霸",实际上是当地的一些混混,他们垄断了砂、石、水泥的供应以及土方工程,价格自然要高很多。可你只能从他们那里购买,否则你的工地就不得安宁,而且送货的司机也不敢来,怕被殴打。

2013 年 11 月 5 日,我们总算办齐了各种手续,拿到了施工许可证。2013 年 8 月 16 日,武汉惠安基础工程有限公司进场,开始打管桩。2013 年 11 月 4 日,开始挖基坑。

2013 年 11 月 13 日,举行奠基仪式。我用一个琉璃玻璃瓶,装入各种硬币,有澳大利亚、新西兰、英国、欧元、港币、人民币等硬币作为奠基物。瓶子用水泥砂浆封口,瓶口用一枚有英女皇头像的硬币封面。奠基物放在最靠近十字路口的一根管桩内,用纸盒包装后沉入了大约 26 米深的地下。

2013 年 12 月 11 日,基础承台和地下室底层混凝土浇筑完毕。2013 年 12 月 25 日,±0.00m 平面混凝土浇筑完毕。2014 年 4 月 4 日,大楼封顶。2014 年 5 月 1 日,开始幕墙施工。2014 年 7 月 7 日,地下室装修完工,开始投入使用。

最后就是验收阶段,房地产工程验收涉及众多部门,这些部门都想从中获取利益。最为可笑的是气象部门,过去房地产项目验收时,也需要气象部门盖章,后来因为盖章过多,政府取消了气象部门的盖章手续,气象部门却找上门来,声称防雷必须由他们设计才行,实际上设计院早就设计好了,最终我们没有理会他们。

我们的房子都是钢筋混凝土建造的,又不怕白蚁侵蚀,可也必须请白蚁防护部门来走走过场,否则也无法验收。

绿化部门负责种花种树,看似无关紧要,实则是一个非常难过的关卡。他们将绿化指标定得很高,绿化面积要达到 30%,而且许多绿化面积不算在内,比如房屋滴水线内的绿化不算,植草砖的绿化面积只能算一半等等。这样一来,许多单位的绿化面积都达不到要求,都被卡在这一关卡而无法办理房产证。我们想尽办法才勉强达到要求,通过了绿化验收。

2014 年 8 月 15 日,花岗岩幕墙施工通过验收。2014 年 8 月 20 日,电梯通过验收。2014 年 8 月 28 日,消防通过验收。2014 年 8 月 29 日,规划通过验收,大楼开始启用。

2014 年 9 月 15 日,新安装的变压器开始启用。2014 年 10 月 9 日,园区沥青路面施工完成。2014 年 10 月 27 日,园区停车收费系统开始使用,二期工程全部完工。

图 8.39 公司新大楼建成

2015 年 8 月 18 日,我们拿到了新大楼的房产证。公司新大楼的落成,成为北港科技园内中小企业的理想办公之地,也为公司带来了稳定收入,可谓皆大欢喜。

第9章 著书立说

自从 1985 年我研究生毕业留校工作后，转眼 37 年过去了。我不知疲倦、兢兢业业，已经公开发表学术论文 151 篇，获得专利权 33 项，正式出版教材和著作共计 39 本。如果加上作为技术资料自行印刷的 4 卷《来自水泥企业的为什么》，和学校教务处印刷的内部教材《无机非金属材料工学》1 本，共计 44 本书，总字数约 3000 万字。

9.1 大学教材

1996 年，当时的武汉工业大学，应教育部面向 21 世纪材料类专业课程体系改革的要求，加强学生基础理论知识，调整知识结构，拓宽知识面，以无机非金属材料二级学科作为专业方向，促进传统的三级学科间的联系、交叉和专业知识的相互利用，招收了一个无机非金属材料专业的教改试点班。这是全国高等学校首次以"无机非金属材料"作为名称的专业。

当时，武汉工业大学隶属于国家建材局，国家建材局人事教育司具体指导我校教改试点班的工作，当务之急是编写一本无机非金属材料的专业教材。由于在这之前，全国高校就没有无机非金属材料专业，自然也就没有无机非金属材料的教材。国家建材局人事教育司对这个教材的要求是：要面向生产实际，内容要偏重工程，要反映最新的生产技术和工艺过程，内容必须包括：水泥、混凝土、玻璃、陶瓷、耐火材料等无机非金属材料的主要品种。他们明确要求必须要由有工程实际经验的老师来担任该教材的主编。

由于我自 1985 年研究生毕业后，一直从事应用技术的研发，熟悉生产实际，并且已经具有了教授的职称，国家建材局人事教育司就将任务书下给了我，还下拨了一笔经费，由我担任主编，组织编写无机非金属材料专业教材。

考虑到教材要偏重工程，面向生产实际，征得国家建材局人事教育司的同意，我将教材的名称定为《无机非金属材料工学》，而不是《无机非金属材料工艺学》，以加强工程方面的内容。

这是我第一次编写教材，也是我第一次写书。我请了李凝芳教授、赵修建教授、刘顺妮教授担任副主编，刘书君、吴建锋、余海湖、崔崇、周立秋、崔亚伟、姜洪舟、徐晓虹、梅炳初等老师参与编写。

编写第 1 版《无机非金属材料工学》教材相当困难，国内外都没有类似的教材可供参考，我找来了近百本的参考资料，内容包括我们学校现有的水泥、玻璃、陶瓷、混凝土等专业的教材，以及各种专著、辞典、手册和相关论文等。整天埋头苦读，慢慢有了一点思路，再经过全体教材编写委员会的多次反复讨论，终于大家形成了一个共识，采用"单元操作"进行编写。也就是说，把无机非金属材料当作一种材料，这种材料有许多品种，比如水泥、玻璃、陶瓷、耐火材料、人工晶体、碳素材料等都是它的品种。无机非金属材料的生产工艺由许多"单元操作"组成，"单元操作"有破碎、烘干、粉磨、熔化、煅烧、搅拌、成型、输送等等。不同品种的无机非金属材料，由几个不同的"单元操作"组成生产工艺，比如水泥的生产工艺是由破碎、烘干、粉磨、煅烧这几个"单元操作"组成。只要把这些"单元操作"都学会了，不同的无机非金属材料品种，只不过是这些"单元操作"的不同组合罢了。

但是，不同的无机非金属材料品种，其性能和特点相差很大，应该分品种进行介绍，为了解决这个矛盾，我又将教材分为上、下篇。上篇主要介绍无机非金属材料生产的"单元操作"，下篇主要介绍无机非金属材料的主要品种和性能。这样一来，就把原来的几个专业都合并成了一个专业，几本教材的内容凝聚成了一本教材。

接着的问题是内容太多，教材编得太厚也不行，怎么办呢？我首先确定编写大纲，然后列好目录章节，按照学时数要求，给各章节分配编写字数，要求各位作者内容尽量精减，不能超过这个字数。这样一来，第 1 版《无机非金属材料工学》就编得很精练，只有 68.6 万字，计划的学时数是 80 学时。

经过三年多的努力，第 1 版《无机非金属材料工学》总算编写完成，1998 年 8 月，我亲自排版并打印出样书，交给学校教务处影印了几十本，作为学校内部试用教材。1998 年 9 月，我亲自上课，在教改试点班第一次采用了这版教材。1999 年 7 月，国内外第一本《无机非金属材料工学》教材由武汉工业大学出版社正式出版。出版之前由中国工程院院士吴中伟、上海同济大学陆厚根、武汉工业大学曹文聪，分别进行了主审。

第 1 版《无机非金属材料工学》出版后，经过 5 年多的教学实践，我广泛听取了各方的不同意见。并且由于这一版教材在编写前，尚无类似的教材，属于第一次编写，必然存在一些不足之处，还有 5 年来许多国家标准的修改以及生产工艺的进步，设备的更新换代，因此，我们决定对第一版教材《无机非金属材料工学》进行改编。为此，重新组织了由林宗寿任主编，赵修建、吴建锋、叶青任副主编的教材改编小组，对该教材进行了修改，形成了《无机非金属材料工学》第 2 版，2006 年 8 月由武汉理工大学出版社出版。

近 20 多年来，我国国民经济高速增长，无机非金属材料工业也得到了飞速发展，生产工艺过程和市场需求都出现了很大的变化，一些落后产能和产品被加速淘汰，同时也出现了许多新工艺、新技术和新产品。我们教材编写组，也与时俱进，及时对教材进行了更新和修改。

2008年8月出版了第3版，2013年12月出版了第4版，2019年1月出版了第5版，2020年8月第五版第二次印刷时又作了部分修改。2024年综合了许多授课教师的意见，又进行了一次大的修改，出版了第6版。

第6版《无机非金属材料工学》教材分为三篇（三册），第一篇主要介绍无机非金属材料工业的生产单元与设备；第2篇主要介绍普通无机非金属材料品种；第3篇主要介绍先进无机非金属材料品种。并采用二维码将"文本资料""视频资料""课件PPT资料""微课资料"等参考资料与教育部专用网站连接，形成了多种表达形式，如图形图像、文本、音频、视频、动画等等，可用手机扫描二维码后观看。

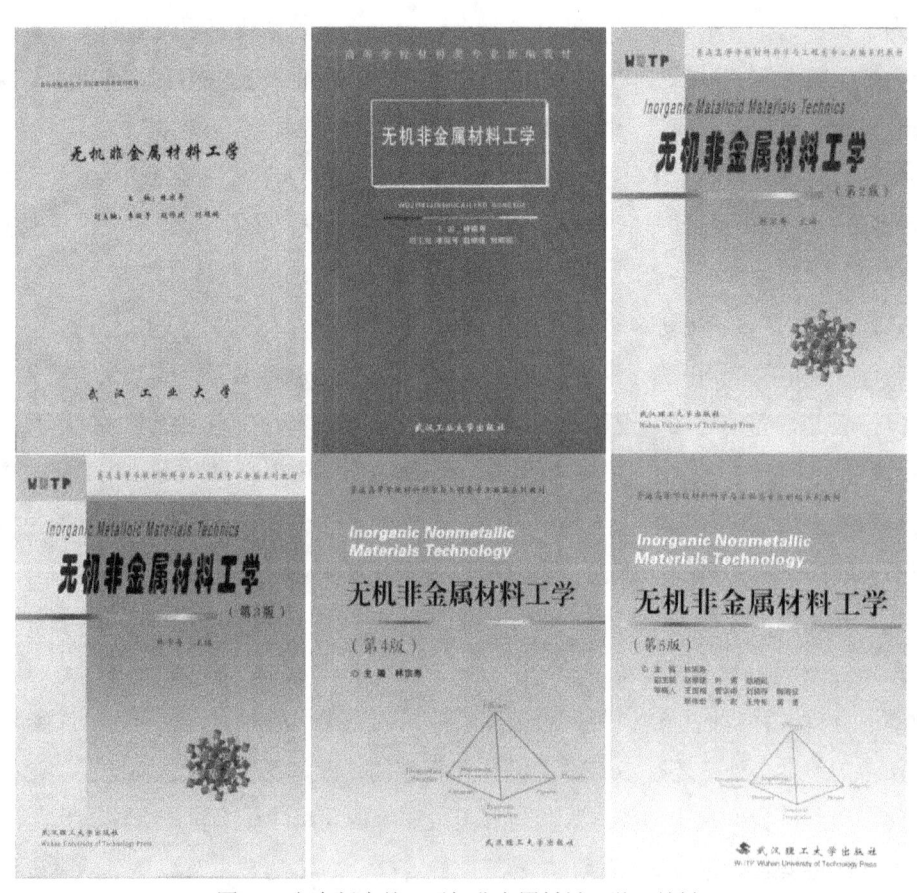

图9.1 六个版本的《无机非金属材料工学》教材

我们学校，自从1996年第一次招收了无机非金属材料专业的试点班后，不久就全面停止了招收水泥、玻璃、陶瓷、混凝土制品专业，全部改为无机非金属材料专业。原来的《水泥工艺学》《胶凝材料学》等教材就不再作为本科生的专业课教材了，全部采用《无机非金属材料工学》这本教材。但还有不少大学还在上《水泥工艺学》和《胶凝材料学》等课程，或者作为选修课程。

1977 年恢复高考后的 77 级水泥专业本科生，所用的专业课教材是《水泥工艺原理》，由南京化工学院、武汉建材学院、同济大学、华南工学院联合编写，由张学明、童大懋任主编，黄文熙、沈威、陈志源、杨东生等参与编写。

1986 年 7 月，沈威任主编，黄文熙、闵盘荣参与编写，中国建材工业出版社出版了《水泥工艺学》，内容与《水泥工艺原理》有较大的改变，增加了粉磨工艺和生产控制与均化等内容。

1991 年 7 月，沈威任主编，黄文熙、闵盘荣参与编写，对 1986 年 7 月版的《水泥工艺学》进行了小部分的修改，由武汉工业大学出版社出版了 1991 年版的《水泥工艺学》本科生教材，此后此版本的教材经过多次印刷，但再没有修改过。

直到 2012 年，沈威主编的《水泥工艺学》教材内容已经严重老化，20 多年来我国水泥工业的生产技术、设备、工艺和标准均发生了翻天覆地的变化，此教材已经到了非改不可的地步。这时，"普通高等学校材料科学与工程类专业教材编审委员会"找到我，要求我对《水泥工艺学》教材进行改编。接到任务后，我参考了众多版本的《水泥工艺学》及《水泥工艺原理》教材，结合了我三十多年来的教学、科研及从事水泥生产和水泥技术服务的实际经验。在保留了水泥工艺基本原理的基础上，重点补充了作为水泥厂工艺技术员所必须具备的设备知识，对水泥应用过程中所出现的一些疑难问题及其处理措施等进行了补充，对各章节内容的顺序进行了大胆的调整，及时引用了水泥化学及工艺过程的最新技术，全部更新了水泥及其混凝土的各类标准。并于 2012 年 12 月，由武汉理工大学出版社出版了我独自编写的第一版《水泥工艺学》教材。之所以由我一个人编写，主要是为了避免内容的重复，并有利于内容的连贯性，但我请了好多位专家审查，请他们提意见，以确保教材的质量。

2017 年 4 月，我又对第 1 版《水泥工艺学》的部分内容和产品标准进行了更新，特别是对"水泥生产过程与设备"章节进行了大量的删减和补充，大胆地淘汰了部分老旧工艺和设备，补充了近年来水泥工艺的最新成果，反映了水泥化学及工艺过程的最新进展，并出版了第 2 版《水泥工艺学》教材。

第 2 版《水泥工艺学》出版后，经过几年的使用，2023 年 12 月，由于我国水泥生产技术的进步和水泥标准的改变，我认为有必要再次对第 2 版《水泥工艺学》进行修改。于是决定对部分内容和产品标准进行全面更新，并公开生料配比反馈校正计算方法，将它写进教材，填补了水泥工艺学的空白，出版了《水泥工艺学》第 3 版。

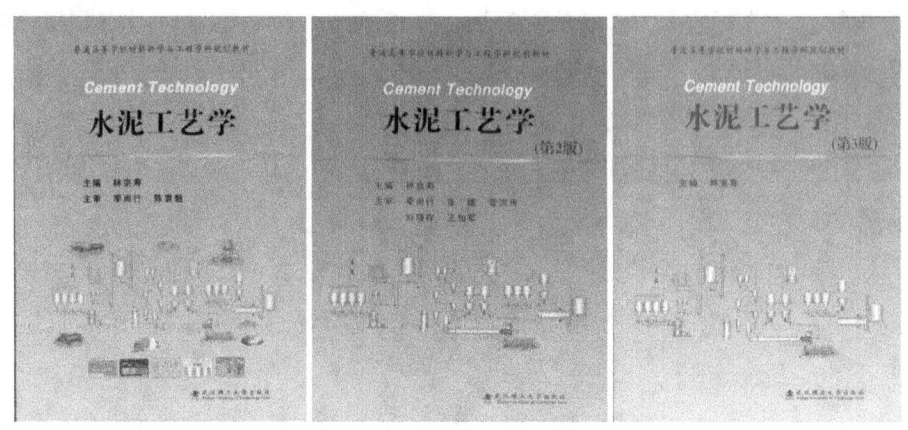

图9.2 三个版本的《水泥工艺学》教材

袁润章主编的《胶凝材料学》作为高等学校建筑材料与制品专业用的教材，于1980年由中国建筑工业出版社第一次印刷出版。1989年全面修改后由武汉工业大学出版社出版。1996年再次改版，由武汉理工大学出版社出版，之后多次重印。

2006年12月20日，袁润章教授因病在武汉逝世，但武汉理工大学出版社还在2009年12月再次重印了袁润章主编的《胶凝材料学》第2版。

2013年3月，武汉理工大学出版社感到袁润章教授主编的《胶凝材料学》第2版内容已经陈旧，必须进行改编，于是又将此任务交给我。由我任主编，邢伟宏和陈伟任副主编。我接到任务后，就在袁润章教授主编的《胶凝材料学》第2版的基础上进行了改编，在基本保留了原来章节的基础上，对各章的内容进行了大范围的更新和增删，并引入了最新的国家标准和研究成果。2014年8月，由武汉理工大学出版社出版了我主编的《胶凝材料学》第1版。

图9.3 四个版本的《胶凝材料学》教材

2017年，德国德古意特出版社（DE GRUYTER）欲购买该书版权，并翻译成英文在全球发行，作为研究生教材使用。为此，武汉理工大学出版社要求我再次对该书进行了修改，并于2018年10月出版了第2版《胶凝材料学》，同时翻译成了英文，2018年11月在国内出版了一版英文版的《胶凝材料学》。

德国德古意特出版社购得该书版权后，经过重新排版和修改，2019 年 5 月在德国柏林和美国波士顿同时出版发行了英文版的《胶凝材料学》。这是我校有史以来第一本版权输出的教材，过去我们都是引进外国的教材，现在总算也有西方国家采用我们的教材了。2024 年《胶凝材料学》也终于被评为"十四五"国家级规划教材。

三十多年来，我一直脚踏实地，埋头苦干，产、学、研相结合，把论文写在祖国的大地上。所取得的成果是有目共睹的，而且随着时间的推移，后期的成果更大，更有意义，但这些并没有给我带来多少荣誉和好处，相反我在学校的学术地位还日益下降。上世纪 90 年代初期，我就是材料学院的职称评定委员会委员、学位委员会委员和学术委员会委员。可每换一个院长，我都要掉一个委员的名头，到了王发洲当材料学院院长时，我就什么也不是了，甚至连博士和硕士研究生的招生资格也被剥夺了。

为什么会发生这样的现象呢？这主要是由于我们国家高校的科研是以发表论文为终极目标的。在过去的几十年里，我国高校一直以论文的影响因子、发表篇数、引用次数来论英雄。一些人想脚踏实地，做一番于国、于民、于己有利的研究工作，结果往往是干着、干着，就没有了立足之地。当然，在这种唯论文论的科研生态环境下，是不太可能出现重大原创性成果。

2018 年 5 月，我们学校要进行博士生导师、硕士生导师的招生资格审核，考核的指标只有一个，就是要求在 2015 年 5 月 15 日～2018 年 5 月 15 日期间，发表过三篇 SCI 论文，才能通过招生资格审核，否则不能再继续招生。

我在 2015 年 5 月 15 日～2018 年 5 月 15 日，三年间共发表 7 篇论文，但都发表在国内的杂志上，有《武汉理工大学学报》《水泥技术》《水泥》等中文杂志，不是用英文发表的，自然不是 SCI 论文，所以不算数。论文指标达不了要求，可我在 2015 年 5 月 15 日～2018 年 5 月 15 日期间，出版了《水泥起砂成因与对策》和《矿渣基生态水泥》两本专著和 1 本《水泥工艺学》（第 2 版）教材，因为不是 SCI 论文，也不算数。

实际上，三年来我一直把主要精力放在撰写专著和教材上，从 2017 年 9 月起，就在改编我的《胶凝材料学》教材，并出版了第 2 版《胶凝材料学》，同时翻译成了英文，在国内出了一本英文版，并被德国德古意特出版社购买了版权在国外出版了一本英文版的《胶凝材料学》。

两本专著、一本教材和 7 篇论文，居然也顶不上三篇 SCI 论文，叫人难以理解，可以说是荒唐之极。中国科学院陆大道院士毫不讳言地指出："中国科研资金、方向正被西方国家的 SCI 所支配，我们的科研人员贫于创新、贫于思想！"

这背后暴露的是科技界诟病已久的人才评价"四唯"倾向，即"唯论文、唯职称、唯学历、唯奖项"。

无疑，"四唯"对我国科技进步的危害已越演越烈，已成为激发人才创新活力的障碍。因此，2018 年以来，中央和国务院密集出台政策文件，向"四唯"亮剑。2018年 2 月，中共中央办公厅、国务院办公厅印发了《关于分类推进人才评价机制改革的指导意见》，提出要科学设置评价标准，坚持凭能力、实绩、贡献评价人才，克服唯学历、唯资历、唯论文等倾向，进一步明确了人才评价激励改革的方向。同年 10月，科技部、教育部、人力资源社会保障部、中国科学院和中国工程院联合发布《关于开展清理"唯论文、唯职称、唯学历、唯奖项"专项行动的通知》，明确清理范围，指明任务方向，人社部门重点清理人才项目、职称评审等工作中涉及"四唯"的做法。一场刀刃向内的自我变革推动更科学的人才评价机制加快形成。

我有个硕士研究生名叫张小伟，1998 年 6 月研究生毕业后分配在苏州科技大学土木系任教。2018 年 10 月 31 日，他到我们学校材料学院调研学习教学管理事宜。材料学院李明忠书记知道他是我的研究生，那天中午就在我们学校的东院莘子食堂的二楼包间宴请了张小伟，请我来作陪。在座的还有材料学院分管教学的副院长，是个年轻人，我不知道他叫什么，还有一个是马保国教授。当时，我刚出版了一本《矿渣基生态水泥》的专著，就带了一本送给我学生张小伟。

我们几个人，在吃饭期间无意间谈起了我今年被剥夺了研究生招生资格的事，马保国教授一听就马上说道："你去找他们去呀，你不是有这本专著吗？难道还顶不过三篇 SCI 论文？"我回答道："这有什么好找呢？不让招就不招。"在场的李明忠书记一听，感觉事情还蛮严重，因为他们刚接到教育部《关于开展清理"唯论文、唯职称、唯学历、唯奖项"专项行动的通知》。我在网上也知道了有这个通知，于是就对李书记说："这是典型的'四唯'，你看怎么办吧？"李明忠书记接着说道："你放心，我回去马上解决这个问题。"

第二天中午 10:24，材料学院分管研究生的董丽杰副院长就给我发来了短信。意思是让我重新申报，走绿色通道，恢复我的研究生招生资格。所谓绿色通道，就是专门为引进的人才（如国外回来的人员）设置的快速评审通道，不受时间限制，随时都可以申报。其实，这事不能怪董丽杰她们，她们是按规定办的，当时全国各高校都是以 SCI 论文为中心的。实际上，我也不在乎什么研究生招生资格不资格的，就不想再填表了，随便由她们去解决。

第二天晚上，李明忠书记也给我发来了微信，意思是说大家都一致同意恢复我的招生资格，之所以会发生这样的事，是由于没看到我提交的资料，加上人数太多，没注意到，没及时提醒我去复核，他们会帮我办好相关手续的。

其实，我知道是怎么一回事，我过去一直是材料学院学位委员会委员，审核研究生导师资格这种事我也参与过好多次了。

审核研究生导师招生资格时，通常先定一个条件，然后交由学院办公室办事人员进行统计，把够格的人员列出来，形成一个名单，最后在学位委员会会议上让大家通过。如果认真一点，再把落选的人看一遍，一般都是按照名单一次性全部通过的。只有审查新担任研究生导师时，才会认真一个一个地进行审查。像我这种情况，由于论文没达标，在办公室办事员手上就被淘汰了，根本就不会出现在名单上。人员太多，这是事实，因为我们评的是整个材料学科，这包括材料学院、两个国家重点实验室和学校测试中心等单位。

于是，我就给李明忠书记回复说："这不符合事实，第一我提交了材料，后来评审时，院里有个人要我补交论文，我说没有，你们看着办吧！后来就落选了。第二，这次我为什么这么认真，不是为我个人，是想要你们修正各种唯论文的规定！为理工大学多保留些干实事的人。"李明忠书记回复道："好的，我一定督促他们办好相关的事宜，请您多提宝贵意见，谢谢您。"

2018 年 11 月 27 日上午，我收到李明忠书记的微信，说道："已看到网上公示，热烈祝贺您顺利通过博导资格审核！非常感谢您长期以来，对学院及学科各项工作热情细心的关心帮助，祝您万事如意！有两个公示，一个是博导的，另一个是硕导的。"

虽然，恢复了我的研究生招生资格，但我决定再也不招研究生了。2018 年 5 月 17 日，我的最后一个研究生杨杰通过了硕士论文答辩后，我就把主要精力放在了撰写《水泥与混凝土科学技术 5000 问》的著作上了。

三十多年的教学科研实践经验告诉我，要想把论文写在祖国的大地上，就必须深入到生产一线去实践，这样才能事半功倍，才是真正的产学研相结合。我们必须牢记强国兴邦的使命，淡泊名利，静下心来去思考什么才是国家和社会需要的科研。我国早已成为世界论文大国了，却仍然不是科技创新强国，科技对经济增长的贡献度还不高，在许多科技领域还存在着"卡脖子"现象，难道我们还要继续坚持"唯论文"论吗？

所谓 SCI 论文，是指被 SCI(Scientific Citation Index)，即科学引文索引所收录的 SCI 期刊上刊登的学术期刊论文。要成为 SCI 收录的论文，必须以英文发表。如果说我国高校的老师们所发表的 SCI 论文，都很有用的话，那为什么要用英文发表在国外让外国人看呢？为什么不用中文发表在国内，让中国人受益呢？以 SCI 论文挂帅，其客观结果是使我国的科学事业逐渐脱离"中国特色，自主创新"的方向。当然不可避免地扼杀科技创造力，导致我国科技界贫于创新、贫于思想。

作为高校，必须承担这样的引导和扶持责任，鼓励大多数人沉下心来研究，同时必须给出一片水草丰盛的土壤。唯有这样，我们的科研成果才能真正落地生根、强国兴邦。否则，脱离土壤，万物都将无法生长。

9.2 科研专著

2012年3月6日，科技部在给我们国家"863"课题组下达"多元固废复合制备高性能水泥及混凝土技术与示范"课题任务书中，就规定了课题结束时需要完成的各种指标，其中有一条就是要发表论文50篇，技术标准2项，专著2本，申请发明专利7项，其中国际发明专利1项，计算机软件著作权1项。

因此，在国家"863"项目基本完成时，2014年8月我就开始总结各子课题组的研究成果，制订出了《过硫磷石膏矿渣水泥与混凝土》专著的编写大纲。全书分为9章，由我撰写前言、第1～5章和第9.1节；水中和撰写第6章（除第6.1.9节）；黄赟撰写第7.1节、第8章和第9.2～9.5节；刘晨撰写第7.2节；金峰撰写第6.19节和第9.6节。

经过全体国家"863"课题组的艰苦努力，2015年3月16日，《过硫磷石膏矿渣水泥与混凝土》专著，由武汉理工大学出版社正式出版发行，计45.6万字。该书系统地阐述了过硫磷石膏矿渣水泥与混凝土的组成与制备、水化硬化机理、性能及耐久性、生产工艺过程与主要设备、生产过程质量控制与技术标准，对该新品种水泥的应用前景也作了较详细的叙述，体现了近年来在资源有效利用、节能减排、低碳水泥新品种开发等方面的新成果。

图 9.4 过硫磷石膏矿渣水泥与混凝土

《过硫磷石膏矿渣水泥与混凝土》专著出版后，我感到有点时间，就利用暑假，与我夫人一起去美国旅游了一趟。那时，我女儿已取得了两个硕士学位，并在美国波士顿找到了工作。

2015年6月25日，我们从武汉直飞到美国旧金山，游览了旧金山和洛杉矶的一些著名景点。6月30日开车前往拉斯维加斯，游览了拉斯维加斯和西峡谷后，7月2日，飞往盐湖城。7月3日，开车前往黄石国家公园。7月5日，返回盐湖城，第二天飞往波士顿。在波士顿住了几天后，7月15日驱车前往纽约，然后又驱车前往费城和华盛顿。7月20日，由华盛顿飞往旧金山，第二天再由旧金山飞回武汉。

这次到美国旅游，前后共花了 26 天的时间，这是我第一次到美国，算是见了世面，其实我夫人去过的地方很多，世界各地基本上都走遍了，完全是陪我游玩的。

从美国游玩回来后，我就着手开始撰写《水泥起砂成因与对策》专著。水泥起砂现象严重影响建筑物质量，但目前仍缺乏水泥抗起砂性能检测方法，更不知如何提高水泥的抗起砂性能。

哈佛大学　　　　　　　　自由女神像　　　　　　　　黄石公园

图 9.5 美国旅游景点

自从 1985 年，我对外开展水泥技术服务以来，就不时听到水泥生产厂家反映水泥起砂的问题。2008 年 10 月，我在研究推广新型低碳水泥时，发现用户反映水泥起砂的问题比较强烈，有时甚至影响到了水泥的销售。为此，我下决心开展水泥起砂问题的研究，并开始查找资料和构思研究方案。

经过多年对水泥起砂原因及机理的系统研究，我们成功研发了一种操作简单、重现性良好、可定量的水泥抗起砂性能检测设备及检测方法。并以此为基础，详细研究了水泥配比、粉磨工艺、外加剂等水泥生产工艺过程对水泥抗起砂性能的影响规律，从而实现了从水泥生产控制角度出发，提高水泥的抗起砂性能。此外，我们还研究了水泥施工时的水灰比、灰砂比、施工操作及养护条件等因素，对水泥砂浆及混凝土表面起砂量大小的影响，并从微观角度分析了水泥起砂的机理。最后，还详细探讨了水泥起砂的预防措施，以及水泥起砂后的修复方法。

图 9.6 水泥起砂成因与对策

最终，我将这些研究成果，都汇聚在了《水泥起砂成因与对策》一书中。2016 年 2 月，23 万字的《水泥起砂成因与对策》专著，由中国建材工业出版社正式出版发行。

在《水泥起砂成因与对策》专著即将出版前，2016年1月2日，我女儿婚礼在武汉江城明珠豪生大酒店隆重举行。亲朋好友齐聚一堂，祝贺我女儿结婚，我哥哥和嫂子、姐姐和姐夫、弟弟和弟媳都从福建前来参加我女儿、女婿的婚礼。

图9.7 女儿女婿和双方家长

图9.8 女儿婚礼现场

图9.9 女儿女婿和伴郎伴娘合影留念

作为父亲，看着女儿一天天长大，如今步入了婚姻的殿堂，开启了人生的新航程，感到无比欣慰和快乐。祝愿他们俩永结同心，天长地久；一生、一世、一心、一意，忠贞不渝；在人生的旅途中永远心心相印，白头偕老，美满幸福；希望她们继承和发扬九牧家族的光荣传统和勤劳、善良、诚实、质朴的家风，用自己的聪明才智和勤劳双手去创造美好的未来。

2017年2月10日，我和夫人为了迎接大外孙的出生，再次前往美国。2月24日12时，我的大外孙在美国波士顿出生，取名叫刘林皓。大外孙的降临，让我们全家喜出望外，亲朋好友们纷纷表示祝贺。在美国医院的住院部里，我抱着出生刚 1 天的小宝宝，他居然还能冲着我笑，看着那胖嘟嘟的小脸，泛着健康的色彩，心中感到无比的欣慰。

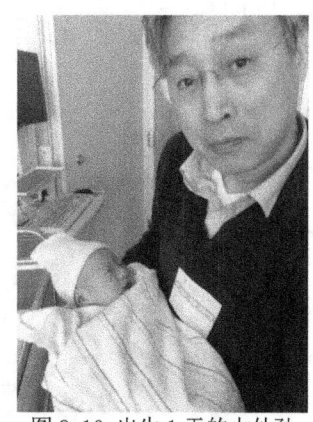

2017 年 3 月 8 日，我们放心回国了，想想我已经 60 周岁了，这一生研发了不少新技术和新产品，应该把这些经验和技术传承下去，于是就静下心来，开始总结我一生的主要发明和技术，并把它写成专著，取名《矿渣基生态水泥》。

所谓生态水泥就是利用各种废弃物，包括各种工业废弃物、废渣以及城市生活垃圾等作为原、燃材料，在生产和使用过程中，相对而言具有较好生态环境协调性

图 9.10 出生 1 天的大外孙

的水泥。研发生态水泥，将使水泥工业成为具有环境净化功能的产业，变污染产业为绿色产业，造福于人类。矿渣基生态水泥，就是以矿渣为主要成分的一类生态水泥的总称。

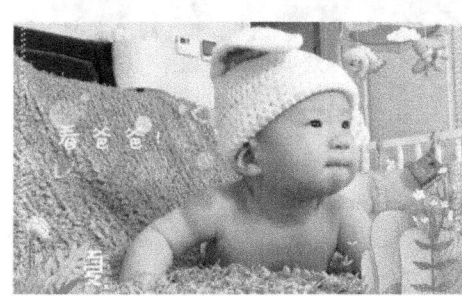

图 9.11 出生 6 个月的大外孙

图 9.12 大外孙 1 周岁抓周

这本专著，可以认为是我的代表作，其中汇聚了我 30 多年来的科学研究成果，所介绍的矿渣基生态水泥品种中，既有适用于现有水泥厂的技术改造，以节能减排、降低成本为目的生态水泥新品种，如：分别粉磨矿渣水泥、矿渣少熟料水泥、石灰石钢渣矿渣水泥、废弃混凝土钢渣矿渣水泥等。也有适用于制品厂、小粉磨站等企业，以大量消纳工业废弃物为目的生态水泥新品种，如：过硫磷石膏矿渣水泥、过硫脱硫石膏矿渣水泥、石灰石石膏矿渣水泥、废弃混凝土石膏矿渣水泥、矿山充填材料等。许多技术秘密均为首次公开，既有较高的经济价值，也有一定的理论意义。

2017 年 10 月，我完成了初稿，把她交给了中国建材工业出版社，经过几个月的紧张编辑和修改。2018 年

图 9.13 矿渣基生态水泥

5月，《矿渣基生态水泥》由中国建材工业出版社正式出版发行，计82万字。2018年6月29日，在江西上饶三青山举办的第五届井冈山论坛上，中国建材工业出版社和中国混凝土和水泥制品协会，共同举行了《矿渣基生态水泥》新书首发仪式，受到了大家的热烈欢迎，我在会上作了"用固废替代水泥制备生态混凝土"的学术报告，并回答了大家的问题。

图9.14 《矿渣基生态水泥》专著首发仪式

2017年底，女儿、女婿带着我的大外孙回武汉过年。2017年2月24日，我的大外孙满1周岁，我们在武汉给他庆祝周岁。在给他抓周时，他什么也不要就抓了科学计算器，但愿长大后能成为一名科学家。我大外孙很爱喝牛奶，我和夫人买了许多新鲜牛奶，心想1升牛奶够他喝几天吧，谁想1天不到就喝完了。刚从冰箱中拿出来的牛奶，温度很低，他居然也不怕，就是要喝凉的。2018年春节过后，我女儿、女婿就带着我的大外孙回美国了。

2020年1月19日，我女儿、女婿带着我的大外孙，再次回武汉过年。当时，武汉的新冠肺炎的疫情已经很严重，但是，由于那段时间湖北省和武汉市都忙于开"两会"，不但不准发布负面消息，甚至还在电视上大力宣传疫情"可防可控"，"不会人传人"，并不准医务人员带口罩，造成诸多医护人员被感染，并殃及到了他们的家人。致使我们大家都不知道疫情的严重性，我和夫人到武汉天河机场迎接我女儿她们时，都没采取任何防护措施，站在人群中间，还好碰到的大部分人都是从外地来武汉的，所以没有感染上新冠肺炎。后来，越来越多的医生被感染，大家也就知道了这病可以人传人。

2020年1月20日，在武汉实地考察后的国家卫健委高级别专家组组长钟南山代表专家组通报，新冠肺炎"人传人"，"除非极为重要的事情，一般不要去武汉。"武汉疫情警报拉响，一场新中国成立以来传播速度最快、感染范围最广、防控难度最大的重大突发公共卫生事件突如其来。

2020 年 1 月 23 日 10 时起，具有 1000 多万人口的武汉市全面封城。武汉全市公交地铁、轮渡、长途客运停运，机场火车站离汉通道全部关闭。随后，整个湖北省也全部封闭。

紧接着，16 个省以全包的方式，支援湖北 16 个市。医护人员争相报名，剪短发，剃光头，各种离别，各样视频，让人感动。据说来鄂的各省不只是人力支援，还自带医疗设备和防护用品，就连油盐酱醋诸多琐碎事，也一律自备，不给当地添加任何负担，这真是让湖北人民感激涕零。来自全国各地的 4 万多名医务人员驰援武汉，短短两周时间里，火神山和雷神山两所专业医院在武汉拔地而起，体育场馆和展览中心也被迅速改造成方舱医院。中国政府的指导思想非常明确："要不惜一切代价抢救生命！""宁可床等人，不可人等床！"武汉 14 家方舱医院准备了 1.4 万张床位，最终收治了 1.3 万病人。

图 9.15 武汉全城陷入了沉寂

图 9.16 全国各地医务人员驰援武汉

2020 年 1 月 25 日正月初一，我得了重感冒，体温升到 39 多度，但症状与网上介绍的新冠肺炎的症状不同，我坚信不是新冠肺炎，就把自己隔离在一个房间内，还好家里平时储存了一些感冒药，一个星期后，就自行康愈了，也没传染给家人，万幸。

著名的华南海鲜市场和汉口中心医院，都在我家附近。我家距华南海鲜市场直线距离只有 5 公里左右，距汉口中心医院才 1.4 公里，可以认为是疫区的中心，往年我春节前几天都要去附近的菜场买菜，恰恰 2020 年春节我没去，也是值得庆幸的事。

尽管被封在家里，倒也没有觉得很无聊，

图 9.17 武汉市全城消毒

大概我是属于宅惯了的人，相反倒觉得挺舒服的，不用上班，还可以睡懒觉。只是没有了保姆，得自己做饭。封城期间，我还学会不少菜的做法。

刚封城那阵子，武汉市民们比较忧心的是缺乏口罩。口罩是耗材，用量大。而且专家说，只有N95口罩才可以有效防止病毒。还好，我平时散步时，怕空气太冷，买了一批口罩在家，再加上我女儿一听到有疫情，就马上网购了一批口罩，后来就根本买不到了。不久，在全国人民的支援下，口罩就不缺了。

图 9.18 武汉封城期间学做菜

张健和冯良，他们俩位都是我家的亲戚，他们在充当志愿者，平时都穿着防护服到处活动。也经常帮我们带一些青菜和肉类等生活物品，不久后快递也得到了恢复，日常生活也就不感到有什么不便了。

关在家里的武汉人，只要没被感染，大家的心里基本上都还踏实。最可怜的还是那些病人以及他们的家属。因为病房一床难求，他们仍在煎熬之中。火神山工地建设得热火朝天，但毕竟远水救不了近火。他们是最大的受害人，不知道有多少家庭从此破碎。

疫情打乱了人们所有的生活秩序，医院更是，各路医生都忙于抗疫。其实，若无疫情，其他病人平时也是非常多的，现在这些病人都必须让位于抗疫，自己默默地忍受病痛，但是，时间长了，有些病人让路就是死路。一些透析的病人或是病重到必须马上手术的人，恐怕也都危在旦夕。因为感染病人太多，许多医院都腾出全部床位，专门收治新冠肺炎病人。而大多普通门诊也已取消，这导致当下生其他疾病的人，到了无处求医的地步。我认识的一位湖北省副省级领导，因犯老年痴呆症晚期而不能自主呼吸，在武汉大学附属中南医院住院，由于防疫的需要，也不得不拆除维持生命的仪器设备，终止了生命。逝世后，同样也只准一个亲人前往探望，没办法他们家只好派她的女儿，穿上防护服，作为代表到医院处理后事。所谓处理后事，实际上也是什么事也干不成，只能对着拉遗体的车，跪下拜了三拜，连火葬场都不准去，遗体怎么处理也都不知道。

对于早期的感染者，不止是死亡，更多的是绝望。是呼救无用，求医无门，寻药无着的绝望。病人太多，床位太少，医院也猝不及防。剩下的，除了等死，又能如何？多少病者都一直以为岁月静好，有病看医，毫无死亡的心理准备，更无求医不得的人生经验。

由于武汉封城很匆忙，许多外地人来不及离开武汉，又值春节期间，饭店和酒店均纷纷关门，只好被迫流浪在火车站等地。正月初二，从我们家远远可以看见汉口江滩围墙脚下躺着一个人，气温接近冰点，这么冷的天气，我们担心他被冻死，只好打电话给武汉市政府，要他们派人前来救助。

武汉封城后，美国是第一个从武汉撤侨的国家，并关闭了在武汉的总领馆，甚至还切断了所有中美航线。2020 年 1 月 29 日，我女婿由于要回美国上班，就申请乘坐美国政府派来的专机回美国，并得到了批准。事前将我的车牌告诉了美国大使馆，第二天我女儿开车送我女婿到天河机场，一路畅通无阻，顺利回到了美国。而已经怀孕的女儿不愿意跟着回去，和我的大孙子就留在了武汉，跟我们一起渡过了那段"封城"的艰难时期，直到 2020 年 8 月疫情缓解后，才经上海回到了美国。

图 9.19 封城早期在江滩散步

武汉封城早期，还允许人员出小区活动，汉口江滩也允许人员进入，那段时间，我们就经常带着大外孙到汉口江滩散步。平时人满为患的江滩，此时已经冷冷清清，不见游人的踪影。但，好景不长，到了 2020 年 2 月 17 日，最严的管控命令下达：所有人都必须呆在家里，只有不得不出门工作或执行公务的人，才能外出，但他们手上必须持有通行证。从此，我们只好在家里呆着，直到 2020 年 4 月 8 日，武汉"解封"为止。这个曾因疫情重灾区而举世瞩目的城市终于打开了城门，标志着中国战疫取得了阶段性的重大胜利。

2020 年 4 月 8 日武汉"解封"的当天，我驾车前往办公室上班，回到了久违的工作岗位，路上还是空无一人，但各处的关卡已经全部撤销，一路畅通无阻，武汉市开始慢慢地恢复正常，重获生机。

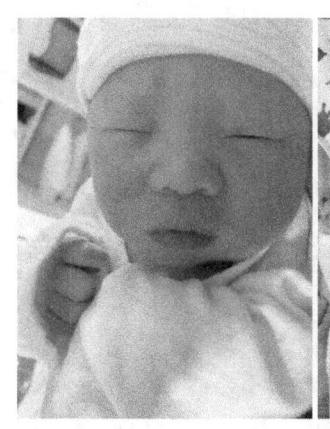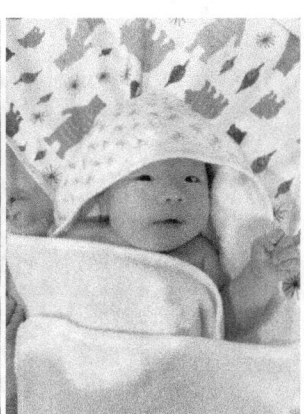

出生 1 天　　　　　　出生 1 个月　　　　　　1 周岁

图 9.20 第 2 个外孙林树威

2020 年 4 月 17 日，武汉市新冠肺炎疫情防控指挥部对外发布《关于武汉市新冠肺炎确诊病例数确诊病例死亡数订正情况的通报》，截至 2020 年 4 月 16 日 24 时，武汉市确诊病例为 50333 例，累计确诊病例的死亡数为 3869 例。由于新冠肺炎是从来没有过的疾病，而且是突然发生，一下子大面积传染，在疫情早期如何诊断和治疗都不是很清楚，免不了许多病人还没确诊就已经死亡了，所以到底有多少人染病以及死亡了多少人，恐怕是很难统计的。

2020 年 10 月 10 日上午 7:29，我的第二个外孙在美国波士顿出生，取名林树威。我夫人基本上每天晚上都要与两个外孙视频一阵，享受这天伦之乐。

9.3 解惑答疑

自 2000 年 3 月起，我为了在全国各地推广生料率值控制系统的科研成果，在不到 1 年时间内，就在南宁、桂林、南昌、武汉、烟台、郑州、昆明、长春、都江堰、达州、重庆、太原、西安等地举行了近 20 次的"水泥新技术讲座及疑难问题咨询会"。每次会议水泥生产厂家都提出了许多在生产中遇到的难以解决的疑难问题。内容相当广泛，包含了水泥生产的全过程，很快这些疑难问题就已超过了 2000 多个。几乎所有厂家一致要求将问题解答整理成册，印刷出版。

为了满足广大水泥生产厂家的要求，我日夜加班，在百忙中对水泥生产厂家提出的问题进行了归纳、整理和解答。在 2000 多个问题中，精心选择了有代表性的 325 个问题，作了详细的解答，并整理成册于 2001 年 9 月 30 日印刷装订完成。但没有公开出版发行，而是以技术资料形式自行印刷，用于内部交流。采用了大 32 开精装本，29.1 万字，并将之命名为《来自水泥企业的为什么》。

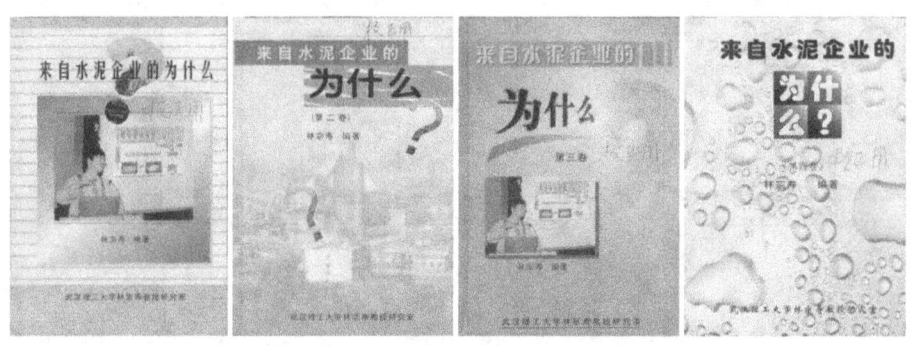

图 9.21 《来自水泥企业的为什么》1～4 卷

2001 年 9 月，《来自水泥企业的为什么》印制成功后，我陆续将她作为技术资料寄给了全国各地的水泥生产厂家，没想到受到了大家的热烈欢迎，大家强烈要求我继续编写续集。

随着"水泥新技术讲座及疑难问题咨询会"继续在全国各地举办，来自水泥生产企业的疑难问题就越来越多，我应大家的要求，不断地解答和汇编，于2002年4月完成了《来自水泥企业的为什么》第2卷，同样采用自行印刷的形式成书，解答了365个疑难问题，大32开精装本，共34.8万字。2002年10月完成了《来自水泥企业的为什么》第3卷，解答了365个疑难问题，大32开精装本，共27.9万字。2003年4月完成了《来自水泥企业的为什么》第4卷，解答了328个疑难问题，大32开精装本，共34.8万字。

自2000年4月起至2005年底，我应邀在全国各地已经主讲了70多场咨询会，累计与会人员已超过了1万人。每次咨询会都至少安排一天时间与学员们进行互动式答疑解惑。通过这些答疑，我获得了大量第一手资料，也让我体会到了在水泥生产过程中，岗位工人和生产管理人员经常会遇到一些疑难问题。这些问题，手册中查不到，教材中一般又不涉及，查阅期刊既不方便，也未必具有针对性。大家普遍反映缺少一套内容全面、简明实用、针对性强的水泥技术参考书。

2003年4月，武汉理工大学出版社余海燕，获知我编著了一套《来自水泥企业的为什么》后，就极力鼓励我改编、扩充后正式出版，并帮我申请到了湖北省"十一五"重点图书项目，得到了部分资金的支持。

于是，从2003年4月起，我便对《来自水泥企业的为什么》进行了大规模的扩充和改编，并结合我长年积累的第一手资料，在原来1383个条目的基础上，增加了1967个条目。好在我从1993年起就习惯用计算机写文章，所以每增加一个条目，都可以用计算机检索一次，有效避免了内容重复。经过艰苦的努力，终于在2006年7月成功编著和出版了《水泥十万个为什么》1~8卷。随后2010年4月又出版了《水泥十万个为什么》第九卷，2012年7月又出版了《水泥十万个为什么》第十卷。

《水泥十万个为什么》是一套

图9.22 《水泥十万个为什么》

供水泥行业管理人员、技术人员和岗位操作工阅读和参考的系列工具书。它涉及了水泥生产从原料破碎、粉磨、烘干、均化、输送、化验室、煅烧、环保到计量、包装等全过程中常见的问题及解决方法。力求做到删繁就简、深入浅出、内容全面、突出实用，既有理论研究的浓缩和概括，又有实践工作经验的归纳与提升，全书分为十卷，共有条目3350余条，共计554万字。

2019年11月，《水泥十万个为什么》获得了建国70年湖北省优秀科普作品奖。

2016年6月，我主持的国家"863"科研项目通过了验收后，项目结束，原本应于2017年8月20日60周岁时退休，但按学校政策，博士生导师可以延长至65周岁退休，我也就决定再干5年后再退。按国家政策，凡是延长退休的国务院特殊津贴获得者，延迟退休期间所得工资可免征个人所得税，于是学校给我了一个延长退休的证明，让我得到了免征个人所得税的待遇。

图9.23 六十周岁纪念照片

一年又一年的含辛茹苦，一载又一载的风风雨雨，春去秋来，从上山下乡算起，一晃42年过去，弹指一挥间，我已是花甲老人了。回想自己走过的路，所历经的峥嵘岁月，所阅尽的人间沧桑，酸甜苦辣，一步一个脚印，走到了今天，不免悲从心来，伴随这悲哀之情，似乎感到壮志未酬，使命尚未完成，更应抓紧时间给这个世界留下点什么。

2017年1月1日，武汉理工大学下达了2017年1月1日～2019年12月31日新任期的任务书。我作为教学科研岗位的二级教授，必须签署承诺在未来的三年内完成以下的任务：

一、人才培养：

1. 至少组织一次教学研究活动，为本科学生进行一次专业学术讲座，或邀请知名专家来校为青年教师举办一次教学研讨与交流，或承担班主任工作；

2. 至少主持或参与1项教学质量工程项目，或至少获得1项省部级教学研究成果奖励，或指导的博士学位论文获省级以上优秀论文；

3. 每年至少承担一门本科生理论课程，授课学时数不少于16学时，年龄在55岁及以上，每年本科授课学时不少于32学时；

4. 每年至少指导1名本科生进行导师制（科研为主型2名）；聘期内至少指导一名青年教师进行本科理论教学；

5. 聘期内招收博士后工作人员≥1名，或博士生≥2名，或硕士生≥3名。每年给研究生至少作1次学术报告；

6. 三年教学工作量平均值达到学院年度考核工作量标准。

7. 教学效果达到良好。

二、科研教研工作：

1. 主持国家级重大、重点科研项目，开展创新性研究，或指导团队成员取得国家级重大、重点科研项目，或者获得省部一等奖及以上的科技成果奖、国际学术奖，或省级一等奖以上教学成果奖；

2. 搭建高水平研究平台，并取得创新性研究成果；科研为主型聘期内至少发表 2 篇 1 区文章。

3. 聘期内到校财务的个人科研经费达到规定的要求；

4. 发表或组织团队成员在国内外权威学术期刊上发表高水平论文、出版有影响的专著或教材，或出版一部国家级规划教材。

三、学科及团队建设：

1. 掌握本学科最新学术动态及研究成果，把握学科或专业发展方向，带领本学科或专业在其前沿领域保持或赶超国际国内先进水平；

2. 指导本单位的学术发展规划和学科建设、科研基地建设和实验室建设工作，发挥领衔作用，指导具体建设项目的论证；

3. 组织科研创新团队建设，力争在国家级创新团队取得突破。

四、其他学术工作：

1. 营造良好的学术氛围，积极组织学术活动，举行高水平的专题学术讲座；

2. 发挥在国内外学术交流中的领衔作用，担任国际学术交流学术委员会副主席以上职务；

3. 与国外著名高校或科研院所建立固定的国际合作与交流关系，举行二次以上国际学术交流活动，组织申报重大国际合作项目，扩大学校的影响力与知名度；

4. 担任国内外学术组织负责人。

5. 认真履行教授职责，每年至少参加学院教授会 2 次。

当时，武汉理工大学共有教职工 5500 余人，其中，教授 680 人，副教授 1257 人。教授中作为一级教授的两院院士只有 2 人。二级教授具体人数不是很清楚，但从每次开会的人数看，也只有几十个人。

我个人认为：对高校教师的考核评价是高校教师选聘、任用、薪酬、奖惩等人事管理的基础和依据；是调动教师工作积极性、主动性的"指挥棒"。特别是对于二级教授的考核，应该鼓励潜心研究、长期积累，应极力避免急功近利的短期行为，应给二级教授们一个宽松的环境，以便在某个领域有所突破。可看了学校下达的任务书，面面俱到，说难吗？不难，但每个都要做到，哪里还有时间去开展突破性的工作？面对学校下达的任务书，我是签了字的，但绝对不会照办，我只想在有生之年做一点实事，留下一点东西，做我喜欢做的事，至于考核不考核随它去吧。

自从 2012 年 7 月，《水泥十万个为什么》第十卷出版后，我就一直保留着一个习惯，只要一有空就收集资料并整理成问答形式的文章保存着。经过几年的准备，我又掌握了许多素材。

2018 年 6 月，武汉理工大学出版社的杨学忠和余海燕两位社长又要求我对《水泥十万个为什么》进行修改和扩充，并帮我申请到了湖北省公益学术著作出版专项资金。于是我就把全部精力投入到了对《水泥十万个为什么》的修改和扩充中。我集中精力对书中的所有内容进行了审核和修改，并进行了大规模的扩充，删除了约 570 余条立窑、湿法回转窑等落后技术的内容，补充了约 2620 余条近十年来水泥与混凝土工业的新技术、新设备、新工艺和新成果，对水泥与混凝土的相关标准和规范全部进行了更新修改，并大幅度扩充了混凝土和砂浆的内容，并改名为《水泥与混凝土科学技术 5000 问》，共分 10 卷，有条目 5400 余条，采用大 16 开精装版，共计 1050 万字。涉及了从原燃料、破碎、粉磨、烘干、均化、输送、化验室、煅烧、环保、安全、计量、包装等水泥生产全过程，以及混凝土配合比、施工及病害预防等两大行业中常见的问题及解决方法。

图 9.24 水泥与混凝土科学技术 5000 问

2019 年 3 月，我完成了全部书稿后，武汉理工大学出版社极为重视，杨学忠社长亲自参与编辑，组织了 20 多人的编辑队伍，大家同心协力，经过两年多艰苦和紧张的编辑和修改，终于在 2021 年 8 月正式出版发行。

2019 年 10 月 2 日，我利用国庆节时间，与我夫人两个人一起去看望了我的导师童大懋教授。当时他已经 90 周岁了，身体还很硬朗，多年来忙忙碌碌，很少来看望他，深感歉意。可一见面，他居然最关心的还是我国水泥工业的发展，还是不断勉励我们要努力奋斗，为我国水泥工业的科技进步作出贡献，其爱国情怀可见一斑。

图 9.25 看望导师童大懋教授

三年的任期转眼就过去了，武汉"封城"刚解封不久，学校就开展了任期考核工作。按规定，一级教授（院士）不需考核，二级教授需要在学校学术委员会述职答辩，最后由学校学术委员会投票决定考核结果。其余人员由各学院负责考核。

2020 年 5 月 26 日，我填写了 2017 年 1 月 1 日至 2019 年 12 月 31 日的任期考核表。考核表非常详细，基本上按照 2017 年 1 月 1 日下达的任务书逐条进行打分。考核结果，我只得了 32 分，当然是不及格了。

详细分析这打分，第一项师德与工作表现，我得了 7 分。第二项人才培养方面，因为教育部有规定，教授必须上课，所以我每年也上了一门 40 学时的课，很受学生欢迎，学生们给我的评教分都在 90 分以上，所以第二项我得到了 20 分。第三项科学研究方面，我出版了 1 本《矿渣基生态水泥》专著，以及《水泥工艺学》第 2 版、《无机非金属材料工学》第 5 版、《胶凝材料学》第 2 版、《Cementitious Materials Science》4 本教材，其中《胶凝材料学》教材还是我们学校第一本版权输出的教材，应该很有意义，但也只得了 5 分；第四项是 0 分。

由此看来，只要听话，所谓政治思想好，就可得到 7 分，这 7 分得的好轻松，几乎所有人都能达到，而费尽心力、辛辛苦苦写出了这么多的著作和教材，也只能得到 5 分，好像没有什么公理可言。

我提交了 2017~2019 年聘期考核审核表后，2020 年 6 月 23 日，共有 35 位二级教授在学校光纤大楼会议中心 104 会议室，向学校学术委员会进行了述职答辩，按规定是每个人介绍 8 分钟，然后回答评委的提问。由于我对这样的考核很有意见，所以只作了 2 张 PPT 讲稿，不到 5 分钟时间就介绍完了。

我对评委们说，聘期内我出版了 1 本专著和 4 本教材，但实际上这些都是聘期前做的工作，刚好在聘期内出的版。三年来我的实际工作是在撰写《水泥与混凝土科学技术5000 问》这本著作。这是一套巨著，分为 10 卷，共有 1050 万字，我把主要精力都投到里面去了。任务书上要求的其他事我都没做，考核分是 32 分，不及格，你们看着办吧。

还好明白人还是占大多数，经过投票，学校学术委员会最终给我定了个优秀。从不及格一下子又提到了优秀，相差实在是太大。要知道，得优秀的人数是有限制的，大概是 15%左右。其实，优秀不优秀对我而言，我不是很在乎，但也感到挺高兴的，主要是因为大家承认了我的工作。

通过这次聘期考核，也证明了那个任务书和考核评分表都有问题，不但无法做到鼓励潜心研究、长期积累，而且根本不能避免急功近利的短期行为，但这也不是我们学校的错，因为教育部也是这样考核我们学校的，国内许多著名高校也都是这样考核的。

瑞典当地时间 2022 年 10 月 10 日，瑞典皇家科学院宣布，将 2022 年诺贝尔经济学奖授予经济学家本·伯南克、道格拉斯·戴蒙德和菲利普·迪布维格，以表彰他们在银行与金融危机研究领域的突出贡献。而得主之一的迪布维格（Philip H. Dybvig）曾在我国西南财经大学担任金融研究院院长长达十年之久，直到 2021 年未获校方续聘，结果迪布维格 2022 年就获奖了。而从网上公布的一些迪布维格教授英文个人简历中，可以看到他还专门用中文注明了"西南财经大学金融研究院院长"一行字，这说明他本人也一直很重视与西南财经大学的合作。网络盛传，迪布维格是因未能通过中国教育部的"双一流大学"考核，遭校方解聘的。有知情人表示，迪布维格本人在考核不能通过后，也表达了自己想要继续留在西南财经大学继续任教的想法，说明他对西南财经大学的感情还是比较深的，但还是被西南财经大学拒绝了，这才无奈之下到华盛顿大学继续自己的教学和科研生涯。

据称，迪布维格不仅十分热爱中华文化，还是中国女婿，太太是成都人。有网友说，迪布维格在西南财经大学是一个很显眼的人物，留着长发，有时候还扎辫子，"非常美国"，同时又爱穿着唐装，"比中国人还中国"，他为学生开讲座，也大受欢迎。还有人说，中国的大学考核标准真是异常严格，"诺贝尔奖得主都远远达不到要求，估计牛顿、爱因斯坦来了也只能端茶倒水。"想想，我算什么呢？我的任期考评分不及格，也没必要耿耿于怀了。

2021 年 6 月 15 日，《水泥与混凝土科学技术 5000 问》编辑工作已进入了尾声，杨学忠社长已经明确表示，一定要在 2021 年 8 月他退休前出版，这时我感到没什么事可做了。习惯了每天不停地写呀写的我，感到很不舒服。接近退休了，何不把自己的一生经历写出来呢？我这样想着。我出生于"大跃

图 9.26 与杨学忠和余海燕两社长一起

进"运动前夕，经历过三年困难时期，参与过文化大革命，又上山下乡，1977 年恢复高考有幸成为了"天之骄子"，赶上了出国潮出国留学，回国后成为大学教授，走产学研相

结合道路又创建了高科技公司，还参与了国企改革，购买过国营企业，当上了全国人大代表和政协委员，还著有几十本专著和教材。往事一幕幕浮现在眼前，这是一个伟大的时代，一个激荡变革的时代，一个从贫穷走向富强的时代，我应该把她记录下来。此想法一经提出，立即得到我夫人、哥哥、姐姐、弟弟们的热烈支持，于是我就开始撰写我的回忆录。

撰写回忆录不是一件容易的事，由于年代久远，许多事件发生的时间和人物姓名等都不怎么记得了。还好有许多亲朋好友给我提供了许多资料和照片，中学同学微信群、大学同学微信群、研究生同学等都给我提供了许多信息和资料，历时 9 个多月的写作，总算在 2022 年 2 月 15 日完成了初稿。随后进行了多次修改，于 2024 年 1 月由武汉出版社正式出版。2025 年我又进一步增加了部分内容，并对部分内容进行了删减，修改完成了本稿。

2021 年 6 月 28 日，我接到了学校工会的通知，说是中国教科文卫工会全国委员会给了湖北省 3 个名额，推荐年龄在 65 岁以下，身体健康，适合外出活动，在教育、科技、文化、卫生健康、体育系统一线，特别是在老少边穷艰苦地区和在重大科研项目中发挥骨干作用的劳模，到北戴河疗养。

学校工会推荐了我，并得到了批准，具体时间是 2021 年 7 月 25 日～7 月 31 日，共 1 周时间。感谢学校工会记得我，在此之前，类似的北戴河疗养机会学校工会至少已经给了我 3 次，而我每次都因工作忙推辞掉了，记得有一次都已经买好了火车票，就在临上火车之际，突然接到一个厂家的电话，我仍然还是二话没说不去了。我马上就要退休了，这次可以说是最后一次机会，就同意去见识一下北戴河疗养是怎么一个体验。

2021 年 7 月 25 日，我从武汉乘坐高铁直接到达北戴河火车站，中华全国总工会北戴河疗养院就派人到火车站接站，并受到了他们热情的接待。

图 9.27 报到当天举行了签名仪式　　　　图 9.28 北戴河疗养留念

全国总工会北戴河疗养院座落在北戴河美丽的大海之滨，是个驰名中外的疗养、避暑旅游胜地，她依山傍水，风景秀丽，气候宜人，阳光、沙滩、蓝天、碧海、绿树、清风。全院占地面积 3 万 5 千平方米，建筑面积 1 万七千平方米，绿化、美化占全院的 70%，有长廊、果树和各种美丽的鲜艳花卉。有4栋疗养楼，特设劳模餐厅，专为劳模服务，医疗中心检查、治疗、按摩设备齐全，距海边、沙滩仅8分钟的路程。

图9.29 全体北戴河疗养劳模合影留念

来自全国各地的81名劳模，报到当天就举行了签名纪念活动，7天时间里，我们游览了鸽子窝公园、山海关古城、李大钊纪念馆、西港花园、秦皇岛玻璃博物馆等地，还组织了去海边海浴，举行了健康保健讲座，以及分组交流。可惜，在疗养即将结束的最后几天，全国多地又发现了"新冠肺炎"疫情，已经准备好的联欢会等多项活动也被迫取消了。为防疫情，在短短的几天时间里，我们连续进行了两次核酸检查，结果全部都是阴性。2021年7月31日中午，我按计划乘坐高铁回到了武汉。

图9.30 与材科1905班、1906班同学合影留念

2021 年 11 月 10 日，我给材科 1905 班和材科 1906 班两个班级的《无机非金属材料工学》课程，上了最后一堂课，这也是我职业生涯中最后一次给本科生上课，即将接我班的材料学院副院长刘刚教授组织学生给我送了一束鲜花。

2021 年 11 月 19 日，我接到材料学院党总支办公室的电话，要我上校园网确认拟退休教职工的信息。

2021 年 11 月 24 日，我上网确认了我将于 2022 年 8 月 20 日正式退休的申请。

图 9.31 最后一堂课后与同学们再见

后 记

2022 年 8 月 20 日，是我身份证上的出生日期，我满 65 周岁了。我女儿给我寄来了一个塑像，是根据我照片定做的。尽管做得不是很像，但我还是感到很高兴。

我中学时期的同学金宗龙，给我发来了五首诗，以庆祝我的退休。

一、才华横溢

九牧林家一面旗，状元及第耀宗祠。

深稽博考科研业，名震山河太姥诗。

二、筑梦年华

一生教授育英才，废寝忘餐献讲台。

产学科研疑答解，江城筑梦继开来。

三、扬名立万

著书立说著文章，科技创新满室香。

参政京城商国是，矿渣活化永流芳。

四、学富五车

等身著作史无前，答解疑难十万篇。

活化矿渣亲手创，水泥工艺利千年。

五、故园情深

太姥山人成你号，家乡川岳也扬名。

何时解甲归田日，重续童年不老情。

在我生日的前几天，我的学生万惠文教授给我打来了电话，说是要组织学生到武汉来为我祝寿和庆祝退休。我的学生现在已经分布在全国各地，大部分都处在重要岗位，都很忙，再加上当时"新冠肺炎"病毒经过近三年的传播，早已遍布了全世界，而且还在不断地变异。正在流行的是奥密克戎 BA.2.76 变异株，以无症状感染为主，症状相对轻微，占到病例的 90% 左右，但具有较强的传染性，可在 2 分钟左右进入宿主细胞，快速在上呼吸道呈现指数复制，12～24 小时后从感染细胞中释放成熟的病毒颗粒，最快的可在不到 24 小时就能把病毒传染给另一个个体，2 天不到就能传播一代。有症状的患者主要是流鼻涕、打喷嚏、喉咙痛等一些症状。虽然已经没有死亡的病例，但由于国内本土疫情仍呈多点散发、多地频发的态势，为了确保中秋、国庆节前后不发生本土规模性疫情，保证党的"二十大"正常召开。尽管失业率不断攀升，经济增长率不断下滑，企业经营困难加重，但政府还是顽强地坚持"动态清零"政策不动摇，要求全体市民每天都进行核酸检测，只要发现有 1 例阳性，就要封控整个居民小区，有的还将居民家的大门焊死，不让出入。还发明了手机"绿码""灰码""红码"，用于限制人员流动，避免人员聚集。

所谓"动态清零"，即在医学收治的同时调查流行病学、隔离一切有接触可能性人员、控制病毒的影响范围，以减少传播和确诊人数的一种防疫抗疫政策。该政策在疫情初期取得了良好成效，然而，随着传播力更强的奥密克戎变种的出现，尤其是 2022 年第二季度大规模封控后，清零政策收效愈发微，而其所引发的民生、经济、次生灾难也逐渐引起全国各地民众不满情绪。鉴于这种全国性的防疫形势，我就婉言谢绝了万惠文教授组织学生为我庆祝退休的提议。

不幸的是，2022 年 11 月 24 日新疆乌鲁木齐发生了火灾，导致至少 10 名居民丧生（疑似因消防车因为封控政策无法进入小区救援），从而引发了大规模民众抗议运动。

2022 年 11 月 26 日为悼念新疆乌鲁木齐火灾的南京传媒学院发起了白纸行运动，很快引发了全国大规模反对清零政策的示威潮。所谓白纸运动，其得名自当地民众迫于言论受限而举起白纸的象征行动。此次运动也引发了国际舆论的广泛关注，被视作 1989 年八九民运以来中国大陆爆发最大规模的反政府集会示威运动。

图10.1 西南交通大学学生手举白纸以示抗议

本次运动最终促使中国政府让步，国务院联防联控机制在 2022 年 12 月 7 日发布"新十条"，动态清零政策实际上终止实施。新型冠状病毒即以雷霆万钧之势在不到 1 个月的时间内感染了全国绝大多数人。我也在 2022 年 12 月 6 日感染了新型冠状病毒，持续高烧了 7 天，体重下降了 4 千克。由于当局没有准备好就匆忙放开管控，感染人员过于集中，造成药品紧张，医疗资源缺乏，绝大多数人都是硬扛过来。经过一波感染后，新型冠状病毒慢慢消声灭迹，人们很快就恢复了正常生活。

2022 年 8 月 20 日我生日的当天，我的学生电子科技大学中山学院教授、博士生导师王悦辉，武汉科技大学材料与冶金学院院长、教授、博士生导师韩兵强，国家知识产权局专利复审和无效审理部材料工程申诉一处副处长米春燕等，纷纷给我发来了微信和信息，祝我生日快乐和光荣退休！

南开大学物理科学学院光科学与技术系副主任、教授、博士生导师涂成厚给我发来了信息："林老师您好，今天是您的生日，学生祝您生日快乐！祝您和师母身体健康、万事如意、幸福平安！这几年一直想回去看看您和师母，无奈疫情和忙于工作，再加上 2020 年又生了个老二，所以一直也没成行，请林老师批评学生，学生一定会找时间回去看您和师母。在研究生学习期间，您对我很好，各种实验生活条件都是学院最好的，当时真的很自豪也很受益。您的言传和身教让学生一生受益，也是这么多年学生一直前进的动力源泉。您仿佛总有使不完的劲和不断涌出的新想法，让学生记忆深刻，在日后的工作学习中也尽量去学习您，一路走来虽然比较艰辛，但一直觉着快乐。如今学生也成了老师并指导硕士和博士，但总是觉得不敢怠慢和停歇，怕给老师丢脸，也怕老师见面批评我不求上进。您和师母是我学习、工作和生活的榜样，虽然学生不能达到您的高度，但我会一直努力的！做了老师更能理解老师，学生希望您和师母永远快乐、永远年轻！学生也真诚邀请您和师母有机会来天津看看，学生给您和师母当司机和导游。再次祝恩师生日快乐！学生：涂成厚于天津。"

电子科技大学的王悦辉教授在微信的朋友圈中说："林老师 90 年代就可实现课题组每人一台电脑，让我学了诸多电脑和网络知识及技能。实验室门前的红旗牌轿车是林老师是否在实验室内的特征标识。印象最深的是林老师几乎会修实验室的各种大小实验设备，师兄们搞不定的设备，一定就由林老师亲自动手了……。"

已调往学校光纤中心任党总支书记的李明忠，在我生日当天也发来了微信："新年新气象，壬寅增福寿。感谢您长期以来对材料学科各项工作热心细心的关心和帮助，正值您的生日，祝您生日快乐！万事如意！新年吉祥！明忠"。并赠送了一首诗：

太姥山人林宗寿，创建产业亿胜楼；

精通水泥混凝土，引导同行解千愁。

产学研用何时够，志同道合逐代候；

学者风范企业友，光辉业绩耀千秋。

我大学时期的同学同济大学陈增堂教授，也赠送了一首诗给我：

同学林宗寿；实乃林中秀。

当年人不识，白云未出岫。

毕业四十载，耕耘不曾休，

如今翘楚者，皆言林教授！

2022 年 8 月 20 日 6 时 37 分，武汉中心气象台发布了高温红色预警信号："预计今天白天，除神农架、恩施高海拔地区外，我省大部地区最高气温将升至 39～41℃，局部

42~44℃，请注意防范！"

武汉今年夏天是有气象记录以来最热的，类似的高温预警已经连续发布了好几天。出梅以来，武汉平均气温 31.7℃，较常年同期偏高 2.8℃（常年同期平均 28.9℃），为历史同期第 1 位。其中高温日数达到了 36 天，较常年同期偏多 18.8 天；炎热日数达 23.2 天，较常年同期偏多 18.2 天，极端最高气温突破历史极值。不仅高温持续时间长，夜间气温也不见下降，武汉平均最低气温 27.8℃，较常年同期偏高 2.2℃，同样排在历史同期第 1 位。

受长江流域持续高温少雨影响，长江干支流来水量较常年同期偏少 2~8 成，上中游来水量为 1949 年以来同期最少，长江三峡来水偏少 4 成，汉江丹江口水库来水偏少近 7 成；8 月 25 日 8 时，长江汉口站水位 16.26 米，较历年同期日均值偏低 7.52 米，较 8 月份历史最低水位偏低 0.67 米。

鉴于武汉炎热的天气，我夫人为了庆祝我的退休，特意请了 5 天假，陪我到湖北恩施避暑度假。我们住在"云上·花间"的恩施民宿，海拔高度有 1700 米，白天最高气温只有 26℃，PM2.5 只有 15 µg/m³。天空澄碧，纤云不染，远山含黛，夕阳含羞，春风送暖，夏日释凉，秋风送爽，冬来飞雪，这便是云上花间民宿的情调四季和梦幻日常。

云上花间有落日弥漫的橘，天边透亮的星，夕阳深又浅，晚霞淡又浓，这景象印羞了天空，染红了天际，旷了神怡，醉了心绪。霁色漫添万山翠，夕阳闲放一堆欢。新月已生飞鸟外，落霞更在夕阳西。

2022 年 8 月 20 日，在我 65 周岁的当天，我们到云上花间山脚下的清江漂流。清江漂流区，自恩施市汾水河至巴东县水布垭，全长 87 公里，是清江最美、最具原生态特色的河段。全程分为红花峡、千瀑峡、蝴蝶峡三个峡段，峡谷两岸屏峦如画、石峰雄奇、飞瀑流泉。两岸的吊脚楼和土家田园掩映在青山碧水间，风景迷人，风情醉人。

2022 年 8 月 19 日，学校人事处打电话给我，要我在 8 月底之前到人事处领取银行卡，说是退休后发退休金用。8 月 29 日上午，我到学校人事处领取了银行卡，顺便问了一下他们，还需要办理什么手续吗？他们说可以领一个退休证，不领

图 10.2 恩施清江漂流

也行，其他的就没什么手续了。我没想到退休手续这么简单，回想起过去水泥教研室老教师退休时，都会举办一个欢送会，我曾经参加过好几次。就问他们："就这样偷偷摸

摸地退休吗？什么仪式也没有？"他们回答说："是的，过去有，现在没有了。"我回来后，也问了几个刚退休不久的同事，他们也回答说是这样偷偷摸摸地退休，没有什么欢送会。我想这也许是时代的进步吧，就再也没说什么了。

2022年9月1日上午，材料学院副院长刘刚教授给我打来了电话，请我参加会议。他说："学校每年都要召开教师节表彰大会，有一个荣誉教师表彰环节，要上台领奖，还有鲜花，全校不超过十名退休教师，对在职老师树立榜样和激励作用。"我想我曾经得到过国家、省和各级组织很多荣誉和奖励，退休就不需要表扬了，把名额让给其他教师更好，就回答说："我不去了，你把这名额给其他人吧。"

2022年9月7日上午，无机非金属材料系党支部书记饶美娟副教授给我打来电话，说："材料学院党总支卢少平书记对我的退休表示慰问，要专门上门来看望我。"我没想到卢少平书记对我的退休这么关心，但也不想让他上门来慰问什么的，就推说："武汉疫情严重，到处都在封控，就请他别来了，我心领了"。饶美娟副教授又说："材料学院要专门为我开个荣休仪式，问我什么时候方便有时间。"这倒是我没想到的，心想现在退休不都是偷偷摸摸的吗？还要为我开什么荣休仪式？倒是令我感动，我就说："好，我去，等疫情稍为缓解以后再举行吧"。这实际上是我的借口，时间一长大家都忘了这事，退休仪式也就不了了之。

秋天是个美丽的季节，美在她的风景，美在她的意蕴，美在她的空旷与豁达。我将在这美好的季节，走完人生最宝贵、最灿烂、最富有活力的阶段，即将退休。这就意味着和自己热爱的工作分离，和朝夕相处的同事分离，和社会的角色分离。离别时分总有些说不出来的滋味和眷恋，眷恋熟悉的学校，眷恋我的科研，眷恋自己热爱的事业。在这65年的人生旅途中，有喜有悲，有苦有乐，有平静也有波涛，有奋斗的艰辛，也有收获的喜悦。虽然有稚拙的脚印，但大都是踏实的，没有留下碌碌无为的悔恨。一直以来，失败的沮丧，成功的喜悦，始终伴随着我奋斗的轨迹。

2022年8月31日，我正式退休了。

我有时间规划自己的退休生活，也有时间静下心来思考生命的意义。毕竟我是小人物，上不了凌烟阁，也成不了网红，朝花夕拾，只为纪念逝去的岁月，也为感悟生命。时光缓缓前行，挡不住容颜的衰老，留不住永远的生命。尝尽酸甜苦辣，走过千山万水，就会发现变老也是一种风景。往事如烟随风去，心静如水不兴波。我年轻过，桀骜过，憧憬过，奋斗过，爱过，恨过，哭过，笑过，苦过，乐过。我经历了完整的人生过程，享受了生命的多彩和富饶，仰不愧于天，俯不怍于人。

有此，人生无憾也。

www.ingramcontent.com/pod-product-compliance
Lightning Source LLC
Chambersburg PA
CBHW081528120626

46550CB00009B/2648